DEUTSCHE SCHWESTERN

Vierzehn
biographische Porträts

Herausgegeben von
Katharina Raabe

Rowohlt · Berlin

1. Auflage März 1997
Copyright © 1997 by Rowohlt · Berlin Verlag GmbH, Berlin
Alle Rechte vorbehalten
Umschlaggestaltung Walter Hellmann
(Foto oben: dpa / Alice und Ellen Kessler; Foto unten links:
Luise, Königin von Preußen 1776–1810; unten rechts:
Friederike, Prinzessin von Preußen 1778–1841.
Bildarchiv Preußischer Kulturbesitz)
Redaktion Annette Vogler
Satz Bembo PostScript, QuarkXPress 3.32
Gesamtherstellung Clausen & Bosse, Leck
Printed in Germany
ISBN 3 87134 300 5

INHALT

VORWORT
von Katharina Raabe
9

«DEN VIER SCHÖNEN UND EDELN SCHWESTERN AUF DEM THRONE»
Charlotte, Therese, Luise und Friederike,
Prinzessinnen von Mecklenburg-Strelitz:
Zwei Fürstinnen – zwei Königinnen
von Dagmar von Gersdorff
13

«DAS GEISTIGE LEBEN STEHT MIR HELL VOR DER SEELE»
Caroline von Wolzogen
und Charlotte von Schiller
von Ursula Naumann
41

VON DER PERIPHERIE INS ZENTRUM ZUR PERIPHERIE
Dorothea Schlegel
und Henriette Mendelssohn
von Hazel Rosenstrauch
87

Die Schöne, die Schlampe, die Faule, das Dummchen
Aloysia, Constanze, Josepha, Sophie –
Mozarts «Weberische»
von Eleonore Büning
125

Kobold und Paradiesvogel
Bettine von Arnim und Gunde von Savigny
von Christa Dericum
152

Beruf Tochter
Marie und Eugenie Schumann
von Beatrix Borchard
173

«Es wäre wirklich sehr schade, wenn du das Schreiben aufgeben müsstest...»
Jenny, Laura und Eleanor Marx
von Ariane Thomalla
214

«Deine kleine Hand, mein Herz, fiel aus meiner längst»
Ricarda und Lilly Huch
von Christiane Raabe
244

Das ungeschriebene Leben
Elli, Valli und Ottla, die Schwestern Franz Kafkas
von Alena Wagnerová
281

SCHWESTERNREISE INS EXIL
Lilli Palmer, Irene Prador und Hilde Ross
von Gabriele Mittag
306

**«MAN MUSS ETWAS MACHEN,
UM SELBST KEINE SCHULD ZU HABEN»**
Sophie und Inge Scholl
von Hermann Vinke
341

DIE OST-WEST-SCHWESTERN
Camilla und Steffie Spira
von Cornelia Geißler
378

«ICH HABE ZWEI LEBEN GELEBT...»
Grace Patricia und Petra Kelly
von Marina Friedt
404

SISTER IS WATCHING YOU!
Die Kessler-Zwillinge
von Michael Winter
441

DIE AUTORINNEN UND IHRE BEITRÄGE
455

ABBILDUNGSNACHWEIS
463

Vorwort

von Katharina Raabe

Es gibt sie nicht, die weiblichen Brüder Grimm, Humboldt und Weizsäcker. Wo ist die Musikerin, die Gedichte ihrer Schwester vertont, wo sind die Wissenschaftlerinnen, die gemeinsam eine Soziologie begründet hätten? Schwestern in der Geschichte und Kultur deutscher Sprache – der Reiz dieser Konstellation liegt nicht darin, sich mit großen Werken zu beschäftigen und das denkwürdige Leben ihrer Schöpfer nachzuzeichnen, sondern Spuren zu verfolgen, vom Bekannten ins immer Unbekanntere vorzudringen.

Aus Gründen, die seit Jahrzehnten diskutiert werden, sind Frauen niemals so auffällig geworden, daß man nach ihrem Auftritt ein neues Kapitel der Musikgeschichte aufschlagen oder einen Umbruch des Weltbildes verkünden mußte. Dennoch gab es sie zu jeder Zeit, die Ungeduldigen, Ungebärdigen, die sich mit der ihnen zugedachten bescheidenen Rolle nicht abfinden wollten; manche hatten das Glück, in einer Umgebung aufzuwachsen, die ihre Begabungen und Wünsche nicht erstickte, sondern erkannte und förderte. Trügen sie nicht die Namen ihrer berühmten Väter, Ehemänner oder Brüder, wir wüßten wohl nichts über sie. Und neben ihr, der kleinen weiblichen Berühmtheit, tritt nun endlich eine fast Unbekannte aus der Vergessenheit: ihre Schwester.

Dieses Buch versammelt die Geschichten von Frauen aus drei Jahrhunderten. Sie haben geschrieben, gesungen, übersetzt, Salons geführt, mit Napoleon verhandelt, sie haben geforscht, unterrichtet, auf der Bühne und vor der Kamera gestanden, einige haben rebelliert und dafür mit dem Leben bezahlt. Töchter haben sich der Betreuung des väterlichen Vermächtnisses verschrieben, andere waren schon zu Lebzeiten des Vaters seine wichtigsten Mitarbeiterinnen.

Wie sie sich mit ihren Begabungen, ihren Leidenschaften herumgeschlagen haben, wie sie mit den ihnen gesetzten Grenzen zurechtgekommen sind, berührt uns seltsam vertraut. Selbst wenn ihnen Wege vorgegeben waren, sie haben sie nicht willig und mit Selbstverständlichkeit beschritten. Vielleicht bedarf es des längeren Hinsehens, um unter der Oberfläche eines scheinbar angepaßten Frauenlebens die Strudel zu erkennen, die in die Tiefe ziehen.

Uralte Bilder von Schwesternbeziehungen schieben sich wie Kulissen auf die Bühne, auf der sich diese ungewöhnlichen, von ihrer Zeit geprägten und beschädigten Lebensgeschichten abspielen: Antigone und Ismene, die mutige, zornige Jüngere, die vernünftige, zaudernde Ältere; Goldmarie und Pechmarie, Schneeweißchen und Rosenrot, Aschenputtel – die Märchen bewahren den Idealtypus, den später die Schwesternforschung in Hunderten Fallgeschichten wiederfinden wird: die «Jüngste war die Allerschönste», die Kluge und die Dumme, die Fleißige und die Faule.

Im Mosaik der Familienrollen wird kein Steinchen doppelt verwendet, lautet eine Erkenntnis der Geschwisterpsychologie. Eltern haben für ihre Kinder unterschiedliche Rollen vorgesehen, doch fast immer, wie könnte es in einer männerdominierten Gesellschaft anders sein, unterscheiden sich die der Jungen und der Mädchen grundsätzlich. Liegt hier der Grund dafür, daß die Schwesternbeziehung, wie noch Margaret Mead meinte, von allen Familienbeziehungen am stärksten von Konkurrenz geprägt ist?

Sie kratzen sich die Augen aus, die Mädchen. Und verbünden sich mit den Brüdern, wollen sein wie sie. Zu nah, zu feinhörig, zu empfindlich die Schwester, zu sehr wie ich selbst, daher durchschaubar. Wie sonst könnte sie zur intimsten Feindin und schlimmsten Rivalin werden?

Der ältesten Schwester kommt nach der Beziehung zu den Eltern größte Bedeutung zu – Gouvernante wider Willen, zu früh zur Vernünftigkeit, zur Zähmung der wilden Seele verdonnert, brav, klug und etwas langweilig. Je nach Altersunterschied sind erstgeborene Mädchen sowohl schwesterliche Vertraute der Mutter als auch Ersatzmütter für die Geschwister. In ihrem Schutz und Schatten kann die jüngere Schwester ihr Talent entwickeln und ihre Verantwortungslosigkeit genießen. Hochbegabte Mädchen sind nicht allein

Papas Lieblingskinder gewesen, oft genug waren es Schwestern und Mütter, die sie nach Kräften förderten. Und es ist nicht nur der Schatten des übermächtigen Vaters, sondern auch, wie bei Clara Schumanns Kindern, die Persönlichkeit der Mutter, aus deren Bannkreis die Töchter sich nicht lösen.

Schwestern als Mitstreiterinnen – die Frauenbewegung ist undenkbar ohne diesen Gedanken. Die Schwester – das ist die Freundin, die Geliebte, Schwestern sind alle, die für dieselbe Sache kämpfen: Befreiung der Frauen aus unwürdigen Beschränkungen. Doch der postulierten äußeren Gleichheit muß nicht innere Nähe, muß nicht Schwesterlichkeit des Herzens entsprechen. Als die Diskussion der siebziger Jahre über Mütter und Töchter von der Schwesterndiskussion abgelöst wurde, als die ersten wissenschaftlichen Arbeiten über Schwesternbeziehungen erschienen, war auch der sogenannte Schwesternstreit voll entbrannt: nicht nur Gleichheit muß erkämpft werden, sondern auch die Kunst, mit Ungleichgewicht umzugehen. Daß unterschiedliche Fähigkeiten «unter Schwestern» nicht zwangsläufig Trennung, Neid, Destruktivität bedeuten, sondern genutzt werden sollten – vielleicht war das so schwer zu lernen, weil politischer und privater Selbstbehauptungswille für identisch erklärt wurden. Womöglich gibt es ein tief eingewurzeltes Bedürfnis von Frauen, sich lieber als früh geknickte, unheilbar gekränkte Wesen zu analysieren denn als starke, konfliktfreudige Persönlichkeiten zu imaginieren. Unter solchen Voraussetzungen muß das Verhältnis zur Schwester stets ambivalent sein: sie wird bewundert und beneidet, abgewiesen und mit Sehnsucht erwartet. Heroische Frauen wie Rosa Luxemburg und Ulrike Meinhof werden als «Schwestern» idealisiert und geliebt, während untereinander die Tyrannei der Schwesterlichkeit herrscht.

Stets hat es produktive, kämpferische Frauen gegeben, deren engste Vertraute eine Frau war – oftmals die Schwester. Ihre Biographien zu ermitteln ist aufgrund der spärlichen Quellen schwierig genug, die Erforschung ihres Verhältnisses zueinander, soll sie nicht im Spekulativen steckenbleiben, erfordert detektivische Lektüre. Briefe, Tagebücher, Romane, Flugblätter, Spendenaufrufe und Radiosendungen geben Auskunft darüber, wie diese Frauen einander angeredet, wie sie einander gedacht, wie sie ihre eigene Stimme gefunden haben.

Eine Filmsequenz, eine Widmungszeile verraten, wie andere diese Schwestern sahen, wie sie sich selbst gesehen haben. Alle diese Bilder sind nur ein Teil der Wirklichkeit, trügerisch, idealisierend, verzerrt. Fast unmöglich, Frauen nicht aus der perspektivischen Beschränkung zu sehen, solange Biographien über ihre berühmten männlichen Namensgeber die einzigen verfügbaren Quellen sind. Deshalb stützt sich fast die Hälfte der Beiträge in diesem Buch zusätzlich auf unveröffentlichtes Material oder auf Gespräche mit Zeitzeugen.

«Haben diese Schwestern existiert, oder hat sich die eine die beiden anderen, die ältere und die jüngere, zum Trost erschaffen?» fragt Ilse Aichinger in der Vorbemerkung zu ihrem Hörspiel «Die Schwestern Jouet», einer fernen Antwort auf die englischen Dichterinnen Brontë. Wenn man über die aufregenden Lebensläufe nachdenkt, die in diesem Buch versammelt sind, Geschichten über Frauen, aus deren Leben die Schwestern nicht wegzudenken sind, möchte man fast sagen: sie hätten einander erfinden müssen, wenn sie nicht zufällig existiert hätten.

«Den vier schönen und edeln Schwestern auf dem Throne»

Charlotte, Therese, Luise
und Friederike,
Prinzessinnen von Mecklenburg-Strelitz:
Zwei Fürstinnen – zwei Königinnen
von Dagmar von Gersdorff

Ich wurde in ein schönes Zimmer geführt, da erschien die Königin wie die Sonne unter den Sternen, freute sich herzlich mich zu sehen, präsentierte mich an Dero drei Schwestern ... Die Königin ging an einen Schrank und brachte ein kostbares goldenes Halsgeschmeide, und nun erstaune!!! befestigte es um meinen Hals mit Ihren eigenen Händen ...»

Diejenige, die das Ereignis noch ganz unter dem Eindruck des Geschehens beschreibt, ist keine Geringere als Goethes Mutter. Zu ihrer eigenen Überraschung war sie an einem Sommertag des Jahres 1803 ins Frankfurter Palais der Thurn und Taxis gebeten und fürstlich bewirtet worden, und nun schwärmte sie nicht nur bei ihrem Sohn, sondern auch bei Bettine Brentano von der Begegnung mit der jungen Königin und Dero drei liebenswürdigen Schwestern ...

Von wem war die Rede? Frau Rat Goethe sprach von den vier Töchtern des Herzogs Karl von Mecklenburg-Strelitz, die wegen ihrer geistigen, künstlerischen und politischen Fähigkeiten weithin berühmt waren. Unterschiedlich in Wesen und Temperament, verschieden auch in ihrem Äußeren – die beiden älteren dunkel wie der Vater, die beiden jüngeren blond wie die Mutter –, blieben die vier Schwestern Charlotte und Therese, Luise und Friederike trotz aller Gegensätze zeit ihres Lebens eng miteinander verbunden.

Die von Goethes Mutter gerühmte Königin, «die Sonne unter den Sternen», war die dritte Schwester, der die anderen eine Karriere als Königin von Preußen am wenigsten zugetraut hätten. Gewiß, Luise war von liebenswürdiger Heiterkeit und hatte ein warmherziges Wesen – aber über besondere Geistesgaben verfügte sie nicht. Dafür empfand nicht nur ihr Gatte Friedrich Wilhelm III.

Bewunderung für ihre strahlende Erscheinung; sie riß die Dichter ihrer Zeit zu begeisterten Elogen hin, und Jean Paul widmete «den vier schönen und edeln Schwestern auf dem Throne» seinen großen Roman «Titan».

Der von Frauen umschwärmte Jean Paul – Königin Luise belohnte ihn mit einem silbernen Teeservice – behielt recht. Jede der «edeln» Schwestern stieg hoch auf: die beiden älteren avancierten zu regierenden Fürstinnen, die beiden jüngeren zu veritablen Königinnen, wobei sie es fertigbrachten, das ihnen zugewiesene Amt auch auszufüllen und zu bewältigen. Ihnen wurde Anerkennung und Ruhm zuteil, aber jeder von ihnen war auch ein Schicksal beschieden, das Unglück und Tragik in reichem Maß bereithielt.

Charlotte von Sachsen-Hildburghausen

Geboren in Hannover, wo Herzog Karl von Mecklenburg-Strelitz (1741–1816) im Auftrag seiner Schwester, der Königin Charlotte von England, als Gouverneur residierte, war den vier kleinen Mädchen und ihrem Bruder Georg ein harmonisches Familienleben vergönnt, bis ihre Mutter, Friederike von Hessen-Darmstadt, nach zehn aufeinanderfolgenden Entbindungen mit dreißig Jahren starb. Das Los der Frau, Gebärmaschine für einen möglichst zahlreichen Nachwuchs zu sein, müssen ihre Töchter auf gleiche Weise erleiden: jede bekommt zehn oder mehr Kinder, die ihrer Gesundheit schaden; durch die Schwangerschaften geschwächt, stirbt die preußische Königin Luise schon mit vierunddreißig Jahren.

Beim Tod der Mutter sind Charlotte und Therese zwölf und neun, Luise und Friederike sechs und vier, der einzige Bruder Georg drei Jahre alt. Lange dürfen die Geschwister nicht zusammenbleiben, die erste Trennung steht schon bevor, als die vierzehnjährige Charlotte (1769–1818), mit ihren dicken schwarzen Locken, den dunklen Augen und dem sanften Wesen die Lieblingstochter des Vaters, zu einer unsäglichen Heirat gezwungen wird. Von einer Neigung zwischen ihr und Herzog Friedrich I. von Sachsen-Hildburghausen (1763–1834) kann nicht die Rede sein. Es war, wie so oft, eine aus rein dynastischen Gründen geschlossene Verbindung, bei der die Braut, wie man zu sagen pflegte, «in ein kaltes Brautbett steigen» mußte.

Es traf die sensible Charlotte besonders hart. Sie war mit einer herrlichen, durch den Italiener Giuliani professionell ausgebildeten Stimme begabt, veranstaltete Konzerte und betätigte sich auch auf anderen künstlerischen Gebieten, so daß sie hoffte, das Schloß von Hildburghausen zu einem Musenhof umgestalten zu können. Sie protegiert Schriftsteller und Komponisten, lädt Reichardt ein, den Kapellmeister der preußischen Könige, auch Jean Paul ist ihr Gast, der ihre «schönen Kinderaugen» liebt und ihre Gedichte lobt. Doch die neue Umgebung bietet der begabten jungen Frau im Grunde nichts als eine menschlich und geistig verknöcherte Hofatmosphäre, die ihr trostlos erscheinen mußte. Geldmangel und Geiz machten ihr das Leben schwer. Dabei war die «arme Lotte» fast ohne Unterbrechung schwanger. Sie brachte elf Kinder zur Welt; ihre Tochter Therese heiratete im Oktober 1810 König Ludwig I. von Bayern; seither wird in München das Oktoberfest auf der Theresienwiese gefeiert.

FÜRSTLICHE KINDHEITEN

Nach der mehr oder weniger geglückten Vermählung seiner Ältesten quittiert Herzog Karl den englischen Gouverneursposten in Hannover und bringt die drei mutterlosen Töchter Therese, Luise und Friederike, dreizehn, zehn und acht, in die Obhut seiner in Darmstadt residierenden Schwiegermutter, der resoluten, aber warmherzigen Landgräfin Marie Luise Albertine von Hessen-Darmstadt (1729–1818), die den Kindern eine liebevolle Großmutter wird. Ihr an Temperament und Lebensfreude ähnlich ist Luise, fröhlich bis zur Albernheit, verspielt und eitel, aber auch einsichtig und versöhnlich.

Das Aufwachsen ohne Luxus, ohne Zwang und Einschnürung erwies sich letztlich als vorteilhaft, obwohl die Mädchen in ihren Lehrfächern Französisch, Geographie und Geschichte nur oberflächlich unterrichtet werden. Sie lernten aber, auf ihr eigenes Urteil und ihre

Menschenkenntnis zu bauen und sich von nichts und niemandem blenden zu lassen. Entsprechend angetan von ihrer Natürlichkeit ist Frau Rat Goethe, in deren Frankfurter Haus am Großen Hirschgraben Luise, Friederike und der elfjährige Georg anläßlich der Krönung von Kaiser Leopold II. 1790 wohnen durften. An ihren Sohn in Weimar schreibt die Rätin von den «Jugendlichen Freuden»: «alle Mittag kamen sie mit 3 Gablen bewaffnet an meinen kleinen Tisch – gabelten alles was Ihnen vorkam – es schmeckte herrlich – nach Tisch spielte die jetzige Königin auf dem piano forte und der Printz und ich walzten ...»

Unter dem Schutz und hilfsbereiten Verständnis der Großmutter erleben die Schwestern in Darmstadt eine Kindheit unbeschwerten Glücks, wie sie hochgeborenen Sprößlingen nur selten vergönnt war. Noch die Brautbriefe Luises sind Zeugnisse einer glücklichen Jugend in Freiheit und Geborgenheit.

Fürstliche Heiratspolitik machte es dann erforderlich, auch die zweite Tochter unter die Haube zu bringen. Therese, vierzehnjährig (1773–1839), wurde vom siebzehnjährigen Prinzen von Thurn und Taxis (1770–1824), dem Erben der Postdynastie und Besitzer eines Millionenvermögens, umworben. Ohne zu ahnen, welches Schicksal er sich einhandelte, hatte er sich glühend in die dunkelhaarige Schönheit verliebt. Therese wies ihn kühl ab, und Goethes Freund Johann Heinrich Merck mußte als Vermittler eingeschaltet werden. «Alle klugen Leute sind indessen der Meynung, diese Heurath würde dem Prinzen von Mecklenburg, der noch mehrere Töchter hat, wohl anstehen», meldete er dem Goethe-Herzog Karl August, «und der Prinzessin noch mehr, die an Taschengeld und Juwelen nirgend eine reichere Erndte finden kann.» Sein Urteil gibt den Ausschlag. Der Gewinn des Hauses Thurn und Taxis beträgt allein in jenem Jahr über eine Million Taler. Es wäre töricht und unklug, eine solche Verbindung auszuschlagen.

THERESE VON THURN UND TAXIS

Von den vier Schwestern war Therese bei weitem die intelligenteste, und sie wußte ihre Geistesgaben geschickt einzusetzen. Mit ihrer schönen Gestalt, dem aparten, bräunlich ovalen Gesicht, den dunklen Augen unter starken Augenbrauen war sie Charlotte ähnlich, besaß auch deren Musikalität, spielte Harfe und Klavier, war ungewöhnlich belesen und gebildet, aber im Gegensatz zur ältesten Schwester ließ sie sich niemals von anderen dirigieren – wenn jemand zu herrschen verstand, dann sie. Nach zähen Eheverhandlungen nahm die Sechzehnjährige Abschied von den jüngeren Schwestern, die alles aufmerksam verfolgt hatten: daß die einzige Lebenschance eines Mädchens in einer guten Partie bestand, hatte man ihnen von Kindesbeinen an eingetrichtert – jeder Roman handelte davon.

In Regensburg war die junge Fürstin von Thurn und Taxis bald ebenso berühmt wie berüchtigt – ihres für jene Zeit emanzipatorischen Verhaltens wegen. An ihrem glänzenden Hof schuf sie sich eine eigene Domäne. Sie pflegte Kontakte zu Musikern und Schriftstellern, lud Kotzebue und Lavater, Jean Paul und Rückert ein, der ihr seine Werke widmete, und erwarb eine auf ihre Interessen zugeschnittene, umfangreiche Privatbücherei mit eigenem Bibliothekar, der einen Katalog ihrer französischen, italienischen und englischen Literatur anlegte. Bei Therese suchte Luise, als sie Kronprinzessin von Preußen war, Rat in Bildungsfragen, bat sie um eine Bücherliste, warnte aber zugleich, es sei für eine Frau nicht ungefährlich, sich mit den Wissenschaften zu befassen, da es der Sinn weiblichen Daseins sei, andere Menschen – dabei dachte sie an ihren schwierigen Friedrich Wilhelm – glücklich zu machen.

Luises Ratschläge lassen die ehrgeizige Schwester kalt; in ihrer Lebensauffassung sind sie beide völlig verschieden. Das Glück ihres Gatten Karl Alexander – den sie später verließ – war für die Fürstin nicht halb so wichtig wie der eigene Lebensplan, den sie zielstrebig verfolgte. Es gehörte ebenso zu ihrem Programm, inmitten einer streng katholischen Umwelt protestantisch zu bleiben, also das Recht auf Religionsfreiheit gegen den starken katholischen Klerus durchzusetzen, als auch dem Adel zu zeigen, daß Ehebruch nicht allein ein Privileg der Männer sei.

Die schöne Therese wurde von vielen Verehrern umworben, von denen sie, wie es heißt, den russischen Zaren Alexander, den französischen Diplomaten Talleyrand, den Grafen Lerchenfeld und Alexander von Miltitz zu Liebhabern nahm. Nach ihrem Tod sagte man, daß allein die Alimente, die sie für die Schar ihrer illegitimen, zum Teil in anderen Familien untergebrachten Kinder zahlte, ein Vermögen verschlangen. Niemals ging sie ohne Liebhaber auf Reisen – Therese sah nicht ein, daß das moralische Verhalten von Mann und Frau mit zweierlei Maß gemessen würde. In einer für ihre Zeit provozierenden Art verlangte sie die Gleichstellung mit dem Mann, und sie erreichte, was keiner ihrer Schwestern gelang: die Emanzipation im eigenen Leben durchzusetzen.

Königliche Brautwerbung

Im Jahr von Thereses Eheschließung bricht im Nachbarland Frankreich mit der Erstürmung der Bastille 1789 eine neue Epoche an. Das Volk erhebt sich gegen Ungerechtigkeit und Ungleichheit, gegen Fürstenwillkür und Ausbeutung. Die Französische Revolution, die die Ideale einer sozialen Gesetzgebung, einer Erneuerung des Staates verkündet, macht nicht an Frankreichs Grenzen halt; sie wird die Ordnung Europas von Grund auf verändern.

In Paris richten fanatische Revolutionäre ein Blutbad an; Tausende werden hingerichtet, Abertausende fliehen. Als König Ludwig XVI. verhaftet wird, überschreiten 1792 preußische Truppen als Verbündete Österreichs bei Longwy die französische Grenze. In der Armee dienen auch der zweiundzwanzigjährige preußische Kronprinz Friedrich Wilhelm (1770–1840) und sein zwanzigjähriger Bruder Ludwig (1772–1796). Beide erleben die von Goethe geschilderte Kanonade von Valmy mit, deren Greuel aus dem Kronprinzen einen entschiedenen Pazifisten machen. Ihr Vater, König Friedrich Wilhelm II. (1744–1797), plant im Frankfurter Winterquartier ein galantes Unternehmen: er wünscht, daß seine Söhne die Kriegspause nutzen, um passende Ehegattinnen zu finden, und denkt dabei an die beiden noch unverheirateten Prinzessinnen von Mecklenburg-

Strelitz, die ihm von mehreren Seiten angepriesen worden waren. «Frische Fische – gute Fische» ist der Kommentar dieses notorischen Schürzenjägers.

Die Darmstädter Großmutter ist empört, als sie die Pläne des bekanntermaßen unmoralischen Preußenkönigs erfährt, der seine eigene Frau vom ersten Tage an betrog. Doch um den Mädchen die Chance nicht zu verderben, gibt sie nach und trifft im März 1793 unter dem Vorwand, in die Komödie gehen zu wollen, mit ihren ahnungslosen Enkelinnen in Frankfurt ein.

Zur allgemeinen Überraschung scheint der Plan zu klappen. Schon nach den ersten Gesprächen, dem ersten Tanz ist die siebzehnjährige Luise von dem zwar etwas hölzernen, aber dafür ehrlichen Kronprinzen angetan. Er gefalle ihr um so mehr, schreibt sie an Therese, da er «außerordentlich gut und gerade» sei und «kein unnötiger Wortschwall» seine Rede störe.

Das ist in der Kürze der Zeit treffend beobachtet. Friedrich Wilhelm ist schwerblütig und phantasielos, wortkarg und schüchtern, ein Draufgänger ist er nicht gerade. Die Zurückhaltung wird mit seiner kargen Jugend erklärt; schon als Kind wurde er von seinen zerstrittenen Eltern getrennt und unter einem von Friedrich dem Großen überwachten Plan so streng erzogen, daß der sensible Junge, verklemmt und verschüchtert, noch als König unter Hemmungen und Entschlußlosigkeit litt. Sie wurde ihm auch jetzt zur Qual: Für welche der beiden Schwestern soll er sich entscheiden?

Zunächst bevorzugt er, allen sichtbar, die aufreizend kokette fünfzehnjährige Friederike. Der königliche Vater war mit allem einverstanden: «Wie ich die beiden Engel zum ersten Mal sah, war ich so frappiert von ihrer Schönheit, daß ich ganz außer mir war.»

«Außer sich» ist der Kronprinz nicht, das entsprach weder seinem Temperament noch seiner erotischen Begabung. Immerhin bemerkte er, «daß die jüngste Prinzeß in ihrem ganzen Wesen viel Grazie und, was man sagt, séduisantes hatte ...» So verführerisch wie Friederike war Luise nicht. «Wir wurden näher bekannt, die Verlegenheit verlor sich und sie gefielen mir immer mehr, doch hatte ich keine Wahl getroffen», notiert der Kronprinz. «Ich saß neben meiner nachherigen Frau. Die Unterhaltung ging gut vonstatten, sie gefiel mir immer mehr – die Schwester aber nicht minder.»

Friederike, von Goethe verehrt, von Friedrich von Gentz als schönste Frau begehrt, verkörperte, um es mit Schillers Begriffen zu sagen, die «Anmut» in reizender Gestalt, während Luise hoheitsvolle «Würde» ausstrahlte. Nie wieder hat Friedrich Wilhelm eine so einleuchtende Entscheidung getroffen wie damals in Frankfurt, als er, vor Aufregung stotternd und «in unzusammenhängenden Phrasen», um das Jawort seiner «ewig unersetzlichen» Luise bat.

DOPPELHOCHZEIT IN BERLIN

Es war eine Sensation ohnegleichen, ein nie dagewesenes Ereignis, zu dem ganz Europa gratulierte: der preußische König gab bekannt, daß seine beiden ältesten Söhne mit den beiden jüngsten Töchtern des Mecklenburger Herzogs an den Weihnachtstagen 1793 vermählt würden.

Doppelhochzeit. Doppelbrautzeit. Schwesterliche Verbundenheit: sogar die Brautbriefe sind oft von beiden unterzeichnet – Ausdruck eines ungewöhnlichen Zusammengehörigkeitsgefühls. Seit ihrer Geburt waren Luise (1776–1810) und Friederike (1778–1840) niemals getrennt gewesen. Beide hatten durch die Erzieherin Salomé de Gélieu den gleichen Unterricht erhalten, hatten dieselben Reisen gemacht, wie 1791 die nach Holland, über welche Luises Tagebuch exakt Auskunft gibt. Beide dunkelblond und schlank, waren sie zwillingsgleich aufgewachsen, und so zeigt sie auch das einzige Doppelporträt, das jemals von zwei Schwestern in dieser Art geschaffen wurde: Schadows «Prinzessinnengruppe», ein Meisterwerk, das sie «nach dem Leben» wiedergibt, wobei der Künstler «Jugend, Schönheit und Anmut» zum Bildgedanken erhob.

Daß Luise auch in Berlin in ihrer Nähe bleiben würde, war ein Trost für die blutjunge Friederike, die von ihrem frostigen Bräutigam keinen Funken Sympathie zu erwarten hatte. Auch Luise hat Angst – weniger vor der Ehe als vor dem preußischen Hof, an dem einerseits strengste Vorschriften gelten, andererseits die verlangte Moral vom König selbst mit Füßen getreten wird, da er, der seit Jahren mit seiner Mätresse im Konkubinat lebt, sich darüber hinaus

Nach ihrer Doppelhochzeit 1793 trennten sich die Lebenswege von Luise und Friederike. Als Schadow sein Standbild 1797 fertigstellte, genossen Luise Königin von Preußen und ihr Mann den Ruhm eines vorbildlichen Monarchenpaares, während die junge Witwe Friederike ihre amourösen Abenteuer vor der Schwester zu verheimlichen suchte.

zwei Ehen «zur linken Hand» erlaubte – Verhältnisse, die sein korrekter ältester Sohn verabscheut.

Luise weiß, daß ihre Schwiegermutter, Friederike Luise von Hessen-Darmstadt (1751–1805), eine andere Schwiegertochter vorgezogen hätte. Doch schon bei den Hochzeitsfeierlichkeiten gelingt es ihr, Sympathien zu gewinnen. Achim von Arnim, als Schüler während der Vermählung Page im Berliner Schloß, schildert, wie er Luise, deren Würde sogar auf die Königin Eindruck machte, «im Glanze ihrer Schönheit mit gesenktem Haupte durch die gedrängten Säle langsam hingehen sah». Vom Kronprinzen heißt es, daß er trotz eines kühlen Gesichtsausdrucks «aufs tiefste von seinem Glück durchdrungen» war.

Für Friederike war es bitter, das Glück der Schwester unmittelbar vor Augen, täglich die Kälte des eigenen Mannes ertragen zu müssen. Er hielt sich – nachdem er seiner Aufgabe als Erzeuger des Nachwuchses pflichtgemäß Genüge getan hatte – entweder bei seiner Mätresse oder seinem Regiment auf. Als er mit dreiundzwanzig Jahren an Diphtherie starb, hinterließ er eine mäßig trauernde, achtzehnjährige Witwe mit drei kleinen Kindern.

Friederikes Bewerber

Derjenige, der die Ehen der Schwestern Luise und Friederike empfindlich störte, war Prinz Louis Ferdinand (1772–1806), zwei Jahre jünger als Friedrich Wilhelm, gutaussehend, gebildet und hochmusikalisch, so daß er Beethovens Freundschaft errang. Der Prinz war beliebt beim Militär, politisch aktiv und ein Rivale des zukünftigen Königs. Seit er die jugendlichen Schwestern 1793 als Bräute im preußischen Hauptquartier von Bodenheim kennenlernte, wo auch Goethe, im Zelt des Herzogs Karl August versteckt, die «himmlischen Erscheinungen» beobachtete, hatte er ein Auge auf Luise geworfen. «Früh kam der Prinz Louis Ferdinand, der wegen Masken-Kostümen mit der Prinzessin sich verabreden wollte. Ich kann die Freundschaft mit ihm nicht gut heißen», notiert sich die Oberhofmeisterin von Voß im Januar 1794 in ihr Tagebuch.

Dem verschwenderischen und leichtsinnigen Frauenverehrer Louis Ferdinand war der Ärger des königlichen Vetters ziemlich gleichgültig – er flirtete mit der achtzehnjährigen Luise, die sich von ihrem Ehemann keine Vorschriften machen ließ und auf Anhieb vom Charme des Prinzen bezaubert war. «Szenen ohne Ende», heißt es knapp, aber bezeichnend im Tagebuch der Voß.

Friedrich Wilhelm mißtraute Louis Ferdinand in jeder Hinsicht – nicht zu Unrecht, wie sich herausstellen sollte. Als Napoleons Eroberungszüge auch Preußen nicht verschonten und sich der junge König zu Entscheidungen gezwungen sah, die seinen pazifistischen Tendenzen widersprachen, war Prinz Louis Ferdinand mit einer Denkschrift zur Stelle, in der die bisherige Friedenspolitik scharf verurteilt wurde. Er selber, darf man vermuten, hielt sich für geeigneter, die Staatsgeschäfte in die Hand zu nehmen, und es gab viele, die den «Abgott der Armee», wie Clausewitz ihn nannte, vorgezogen hätten. Friedrich Wilhelm tobte, als er das Schriftstück las, zumal er erfuhr, daß sich die Unterzeichner – darunter seine beiden jüngeren Brüder Wilhelm und Heinrich – zuvor die Zustimmung Luises geholt hatten. Er schloß sich mit ihr im Zimmer ein und schrie sie an; über die Auseinandersetzung hat keiner von beiden jemals ein Wort verloren.

War Prinz Louis Ferdinand in politischer Hinsicht unzuverlässig, so war er in seinem Privatleben rücksichtslos. Kaum war die Trauer für Prinz Ludwig vorbei, belagerte er Friederike, die als Schwägerin des Königs eine glänzende Partie darstellte, und begann eine Liaison mit ihr. Er war nicht der einzige, der um sie warb – Gerüchte, daß sie in Schloß Schönhausen Liebhaber empfinge, mehrten sich, obwohl die Zwanzigjährige peinlich bemüht war, ihre wechselnden Affären vor den strengen Augen der königlichen Schwester geheimzuhalten.

Das war auch geboten, denn mit Luise war, seit sie den Thron bestieg, eine Veränderung vor sich gegangen. Nach dem Tod des alten Königs im Herbst 1797 stand ein junges Paar an der Spitze des Staates, auf dem die Hoffnung des ganzen Landes ruhte, ein Monarchenpaar, das zum Staunen der Welt harmonisch en famille lebte.

«Auf ein verschwenderisches und sittenloses Regiment folgte das der strengsten Rechtlichkeit, Sparsamkeit und Sittlichkeit», stand zu lesen, und der Dichter Novalis erklärte die Ehe von Friedrich Wilhelm III. und Luise zum Vorbild für die ganze Nation. Die große Verantwortung lastete auf ihnen. «Du wirst mich vermutlich nie mehr so glücklich sehen, als Du mich verließest», schrieb Luise ihrem Bruder. «Ich bin nicht zur Königin geboren, das glaube mir, doch will ich gern das Opfer werden, wenn nur sonst in Zukunft dadurch was Gutes gestiftet werden kann ...»

Von Anfang an sah Luise in ihrer Stellung ein Opfer. Das Diadem sei schwer zu tragen, erklärte sie, doch wolle sie alles in ihrer Macht Stehende tun, um ihr Volk glücklich zu machen. Luises politischer Einfluß wurde überschätzt, als man von ihr erwartete, Preußens Schicksal durch eine Unterredung mit dem verhaßten Napoleon wenden zu können. Daß die Königin ungewöhnlich populär und beliebt war, verdankte sie eher ihrer persönlichen Ausstrahlung und ihrer patriotischen Haltung als etwa politischer Einflußnahme. Sie genoß den größten Ruhm, der je einer preußischen Fürstin zuteil wurde, und das nicht erst nach dem Tode – man huldigte ihr schon zu Lebzeiten. Heinrich von Kleist überreichte ihr zum Geburtstag 1810 ein Gedicht, welches das allgemeine Staunen über ihre Persönlichkeit ausdrückt: «Wir sahn dich Anmut endlos niederregnen / Wie groß du warst, das ahndeten wir nicht!» Achim von Arnim, der sie 1807 im Königsberger Exil persönlich kennenlernte, rühmt ihre Güte, ihre Warmherzigkeit und schreibt im Juli 1810 an Bettine Brentano, sie habe «eine Würde, eine Sicherheit und Ruhe, die selbst Napoleon imponierte ... und mitten in der drohendsten Zerstörung den Glauben an die Dauer unsres Staates fesselte».

Als Königin in die Pflicht genommen, fühlte sich Luise nun auch zur Hüterin ihrer Geschwister berufen. Ihre pädagogischen Bemühungen machten weder vor Therese halt, der sie – weil sie sich mit der Philosophie Kants beschäftigte – unweibliche Bildungssucht vorwarf, noch bei ihrem Bruder Georg, den sie zurechtwies, weil er sich in ein Mädchen verliebt hatte, das nicht ebenbürtig war. «Lieber Freund ... Lasse Dich nicht so gehen wie ein Romanheld ... Hätte ich nicht so gut wie Du eine Leidenschaft fassen können zu jemandem, der nicht von meinem Stand gewesen wäre, was hättest Du dann dazu sagen wollen, wenn *ich* von unüberwindlicher Leidenschaft gesprochen hätte wie Du jetzt.» Ihre Briefe, wie der vom April 1800, hatten die gewünschte Wirkung. Georg verläßt seine Geliebte, findet aber keine Freundin mehr wie diese und bleibt zwanzig Jahre lang unverheiratet.

Ein Trommelfeuer von Ermahnungen geht auch auf Friederike nieder, das schwarze Schaf der Familie, die schon deshalb den besonderen Unwillen der Königin erregte, weil Luise in diesem Punkt selbst reizbar und verletzlich war. Es handelte sich um Friederikes

Beziehung zu Prinz Louis Ferdinand, letztlich aber um ihre leichtfertige Sexualmoral. In einem bisher unpublizierten siebenseitigen Brief in französischer Sprache, der ihre eigene erotische Gereiztheit zum Ausdruck bringt, bittet Luise die Schwester, den Schwüren des Prinzen keinen Glauben zu schenken, sich nicht mißbrauchen zu lassen und sich vorsichtiger zu verhalten.

«Verzeih, liebe Friederike, wenn ich sage, daß Du es seit einiger Zeit nicht liebst, auf unsere Ratschläge zu hören, sondern nur Deinem eigenen Kopf folgst ... Ich habe noch eine glühende Bitte. Du triffst unausweichlich den Prinzen Louis Ferdinand; vor allem ändere Dein Verhalten ihm gegenüber, sei kühl und lasse ihn spüren, daß er Dir nicht den Hof machen soll. Glaube Deiner Luise – er ist es nicht wert – er besitzt Geist, doch benützt er ihn schlecht. Er ist ein Lügner, Spieler, *libertin* und falsch. Er ist dem König ein Abschaum, unserem Vater ein *horreur*, und ich schwöre Dir, daß er Dich mißbraucht wenn er sagt, daß er Dich liebt. Er hat hier sogar geprahlt, daß er Dich spät in der Nacht aufsuchen könne, schwang sich aufs Pferd und ritt Gott weiß wohin – wenigstens erkennst Du daraus, daß er lügt ...»

Friederike ließ alle Warnungen unerwidert und genoß ihre Freiheit in vollen Zügen. «Jeder will sie haben; wer sie sieht, ist in sie verliebt», bemerkt die erfahrene Voß. Prinz Louis Ferdinand war nur einer von vielen; er zog sich zurück, als andere Bewerber erschienen, in Pyrmont Prinz Adolf von Cambridge, mit dem die Prinzessin von Preußen eine Liaison begann, in Potsdam Prinz Friedrich Wilhelm von Solms-Braunfels (1770–1814), von der Gräfin Voß «der windige Solms» genannt (der er auch war), in den sich die junge Witwe gleichwohl glühend und folgenreich verliebte.

Lange genug hatte Friederike jene doppelte Moral, die von der Gesellschaft bei Männern geduldet, bei Frauen aber gegeißelt wurde, im eigenen Hause miterlebt. Vor dem Hintergrund eines revolutionären Geistes und durch entsprechende Bücher, wie etwa Friedrich Schlegels «Lucinde», werden bisher akzeptierte Moralgesetze in Frage gestellt. Zu denen, die ihr Leben selbst bestimmen wollen, gehört nicht nur Therese, die mit ihrem Geliebten, dem Grafen Maximilian von Lerchenfeld, illegitime Kinder zeugt, dazu gehört auch ihre jüngste Schwester Friederike, die das Glück einer selbstgewählten Partnerschaft erleben und sich ihr Recht auf eine eigene Lebensform nicht länger nehmen lassen will.

Luises Vorhaltungen machen Friederike nur rebellisch. Um in Schloß Schönhausen, das ihr der königliche Schwager als «Witwensitz» zudachte, nicht auch noch ausspioniert zu werden, zog sich die Zweiundzwanzigjährige von ihrer Schwester zurück. Am Ende des Jahres 1798 war nicht länger zu verheimlichen, daß die Schwester der preußischen Königin ein uneheliches Kind erwartete.

DER VERTRAUENSBRUCH

Mehr als über die Liebschaft und ihre Folgen war Luise über Friederikes Täuschungsmanöver betroffen, ja im Innersten verletzt. Die Beziehung war erschüttert, und selbst die spätere enge Gemeinsamkeit im Königsberger Exil kann das schwesterliche Vertrauen nicht wiederherstellen. Luise hatte Friederikes Sorgen geteilt, als ihr kleiner Sohn Karl im Sterben lag – und starb –, sie hatte nichtsahnend bei dem Kind gewacht, während Friederike vergnügt mit Prinz Solms schäkerte. Die Täuschung führte in die tiefste Enttäuschung. Das Gefühl, perfide hintergangen worden zu sein, nagte an ihr – abgesehen davon, daß die Affäre das Ansehen des Königshauses belastete. «Diese Entdeckung und alle Nebenumstände haben der Gesundheit meiner armen Königin sehr geschadet. Ihre Seele hat dabei mehr gelitten, als sich aussprechen läßt, und das Gefühl, so lange getäuscht worden zu sein, war auch hart für sie», so steht es im Tagebuch der Oberhofmeisterin.

Friederikes «Fehltritt» wurde zum Tiefpunkt der schwesterlichen Beziehung. Luise, völlig deprimiert, konnte nicht verhindern, daß der König die sofortige Heirat einleitete und Friederike mit Prinz Solms Berlin auf der Stelle verlassen mußte. Ihr Sohn aus der Ehe mit Prinz Ludwig wurde zurückbehalten, weil den Vierjährigen bei dieser Mutter keine einem Preußenprinzen entsprechende Erziehung erwarte. Daß die Mutter – bei Zusicherung «guter Führung» – ihre kleine Tochter vorerst bei sich behalten durfte, war vermutlich den Bitten Luises zu verdanken.

Friederikes Schicksal ließ den König, der seiner Schwägerin zugetan war, nicht unberührt. Als er die Hochschwangere mit dem unfähigen Solms, der wegen Krankheit bald den Offiziersdienst quittieren mußte, zu seinem Regiment nach Ansbach schickte, fühlte er sich in der Weise für sie verantwortlich, daß er für ihre finanzielle Zukunft Sorge trug: er setzte ihr eine jährliche Pension aus. Das Kapital, das er ihren zukünftigen Kindern aus der Ehe mit Solms überschrieb, war auf die stattliche Summe von 104 000 Talern angewachsen, als Friederike 1814 zum drittenmal heiratete. Die Vorsorge war nur allzu nötig. Friederike bekam mit dem «windigen Solms», der keine Einkünfte mehr erhielt, fünf Kinder, die sie schließlich alleine großzog.

«Sie ist fort! ja, sie ist auf ewig von mir getrennt. Sie wird nun nicht mehr die Gefährtin meines Lebens sein!» Dieser Aufschrei kommt nicht etwa von der scheidenden Friederike, sondern von Luise, für die es unfaßbar ist, die Schwester verloren zu haben. «Mein Trost ist, daß sie den Prinzen Solms über alles liebt...» Die Oberhofmeisterin ergründet das Geschehen psychologisch. «Sie (die Königin) verlor in dieser Schwester eine zärtliche geliebte Gefährtin, die sie seit ihrer ersten Kindheit nie verlassen hatte. Aber vielleicht war dieser Verlust dennoch ein Gewinn für die Königin, und es war besser für sie, die Prinzessin zu entbehren, als wenn dieselbe immer neben ihr geblieben wäre.» Aus ihren Bemerkungen geht hervor, daß sie von Friederikes Einfluß auf Luise nichts hielt.

Über das Kind, dessen Geburt unmittelbar bevorstand, liegen widersprüchliche Angaben vor. War es das Kind des englischen Herzogs? Entstammte es der Liaison mit Prinz Louis Ferdinand? War es von Solms? Mit keiner Silbe hat sich Friederike je dazu geäußert.

Ein merkwürdiger Zufall wollte, daß die Cousine des Königs, Fürstin Luise Radziwill, an einem kalten Januarmorgen des Jahres 1799, als Friederike Berlin gerade verlassen hatte, auf dem Wilhelmplatz Kinderweinen hörte. Eine Kammerfrau ging dem Gewimmer nach und brachte einen mit Wachstuch bedeckten Kasten, in dem ein neugeborenes Mädchen lag. «Wäre nicht der glückliche Zufall unserer Abreise gewesen, so hätte das Kind bei der Kälte umkommen können.» In die Tücher eingestickt fanden sich die Buchstaben S. v. B., was durchaus «Solms von Braunfels» hätte heißen können.

Die Fürstin ließ das Neugeborene in ihr Schloß Bellevue bringen, vermutlich hielt sie es für Friederikes Kind.

Anders lautet der Jubelruf, den Luise bald danach an Georg sendet: «Ich eile, dir die gute Nachricht von Friederikes glücklicher und schleuniger Entbindung zu geben.» Danach handelte es sich um eine Tochter namens Caroline, geboren im Februar 1799, gestorben schon im Oktober des gleichen Jahres. In den preußischen Hausakten findet sich zudem die Eintragung: «Die Gevatterschaft hat Ihre Majestät die Regierende Königin von Preußen mittels eines schwesterlich-freundlichen Schreibens übernommen.»

Die nüchterne Aktennotiz beweist: Warmherzigkeit und Verständnis sind Luise nicht abzusprechen. Trotz der Täuschung und des königlichen Unmuts bleibt sie unverändert herzlich, und nichts konnte versöhnlicher sein als die Geste, über jede innere und äußere Entfernung hinweg die Patenstelle bei dem neugeborenen Kind ihrer leichtsinnigen jüngeren Schwester anzunehmen.

Eine Reise durch Deutschland

Vier unterschiedliche Schwestern wechseln Briefe über ihre Lebensvorstellungen. Der Zusammenhalt der Familienmitglieder, der niemals abriß, beweist eine Anhänglichkeit, wie sie beim Hochadel nur selten anzutreffen war. Luises Vorschlag, sich im Sommer 1803 auf einer gemeinsamen Reise wiederzusehen, wurde von allen Schwestern sofort begrüßt.

Jeder von ihnen war es gelungen, sich einen eigenen Einfluß- und Machtbereich zu erobern, der mit ihrer persönlichen Haltung und Zielvorstellung verknüpft war. Die vierunddreißigjährige Charlotte hatte sich in Hildburghausen eingerichtet und sich mit großem privaten Engagement, mit Schwung und Elan für die Förderung der Künste, vor allem des Theater- und Konzertlebens, der Musiklehre und -ausübung in ihrem Land eingesetzt – sie hatte aus ihrem Reich ein «kleines Weimar» gemacht. Charlotte war in Sachsen-Hildburghausen als regierende Fürstin anerkannt, wie es im preußischen Ansbach die vierundzwanzigjährige Friederike von Solms-Braunfels

Liebenswürdigkeit und Schönheit der jungen Schwestern Therese (o. l.), Charlotte (o. r.), Luise (u. l.) und Friederike (u. r.) faszinierten alle, die ihnen begegneten.

war, die von einer städtischen Abordnung im Namen der Bewohner wie eine Regentin empfangen worden war.

Größtes Geschick im Hinblick auf ihre politischen Ziele entfaltete Therese, die vom ersten Tag ihrer Ehe nur eins vor Augen gehabt hatte: die reichen, über ganz Mitteleuropa verzweigten Besitzungen des Hauses Thurn und Taxis selber zu leiten. Sie verfügte über das dafür notwendige Selbstbewußtsein, und ihre intelligente Verhandlungspraxis, ihre Souveränität und ihr gewandtes Auftreten verschafften ihr in einer für Frauen bisher unüblichen Weise Zutritt bei Monarchen und bedeutenden europäischen Ministern. Die Fürstin von Thurn und Taxis kann als eine Vorhut aktiver weiblicher Diplomatie gelten. Nach dem Tod des allmächtigen Schwiegervaters im Jahre 1805 vermochte sie ihren Mann von der Führung der politischen Geschäfte weitgehend fernzuhalten, und selbst bei den schwierigen Verhandlungen in Paris und 1807 in Erfurt war sie es, die mit Napoleon direkt verhandelte.

Als man sich zu Beginn der Reise in Schloß Hildburghausen getroffen hatte, war das Wiedersehen weniger fröhlich ausgefallen als erhofft. Charlotte, körperlich und seelisch angegriffen, trauerte über den Tod eines Sohnes, war «gebeugt, matt und niedergeschlagen», wie Luise vermerkte. Immer befand sie sich in Geldnöten – Hildburghausen war das kleinste und ärmste unter den sächsischen Ländern. Dabei war die kunstsinnige Herzogin unverändert bemüht, ihrem Hof geistiges Gepräge zu verleihen: Die Quandtsche Theatergruppe mit dem jungen Carl Maria von Weber und seinem Vater gastierte im herzoglichen Hoftheater; wiederholt war Jean Paul zu Gast, der Charlotte glänzend zu schmeicheln verstand: «Ihr Kopf ist für mich so schön, daß ich immer vergesse, daß ein Fürstenhut darauf sitzt», flötete er. Um der Schwester finanziell unter die Arme zu greifen, hatte Luise, die selber so gut wie nie mit ihren Revenuen auskam und ihren Mann immer wieder um Tilgung ihrer Schulden anbetteln mußte, eine Summe von 100 Friedrichsdor zusammengespart, damit «die arme Lotte», die ja «überhaupt so wenig Freude hat», wie sie dem Vater schreibt, sich den gemeinsamen Kuraufenthalt in Wilhelmsbad genehmigen konnte.

Die vier fürstlichen Schwestern, mit einer preußischen Königin in ihrer Mitte, die so umjubelt wurde, daß die an der Reiseroute gelegenen Universitäten schließen mußten, weil die Studenten in hellen Scharen zu ihrer Begrüßung pilgerten, standen im Zenit ihres Lebens. Auf Empfängen und Bällen, die die Städte zu ihren Ehren gaben, erschienen sie in fließenden, der Antike entlehnten Kleidern à la grecque, die eine von der Revolution beeinflußte, freiheitliche

Haltung demonstrieren sollten. Susette Gontard, Hölderlins Geliebte, die am Ball im Frankfurter Rothen Hause teilnahm, erblickte in den graziösen Fürstinnen «vier schwebende Wedgewood-Figuren». Es fand auf dieser Reise durch Deutschland 1803 auch die eingangs geschilderte Szene statt, bei der Goethes Mutter von der Königin Luise mit einem goldenen Halsschmuck beschenkt wurde. Die Geste ist bezeichnend: Napoleon verleiht einen Orden an Goethe, Luise als Frau aber ehrt seine Mutter.

Im Gegensatz zur Zurückhaltung Charlottes trat die dreißigjährige Therese während dieser Reise als Inkarnation des Erfolges auf. Seit sie sich von ihrem Mann getrennt hatte, lebte Therese mit ihrem Geliebten Maximilian Graf Lerchenfeld zusammen, mit dem sie fünf außereheliche Kinder bekam. In ihrer Schönheit und mit einer Eleganz, die Luises Auftritt verblassen ließ, bot sie den Anblick strahlenden Selbstbewußtseins. In Weimar erlag ihr der Goethe-Herzog Karl August und wurde ihr Favorit, sehr zum Ärger seiner Geliebten, der Schauspielerin Caroline Jagemann, die zehn Jahre zuvor noch begeistert geschrieben hatte: «Die Prinzessinnen von Mecklenburg sind wunderbar schöne Damen, äußerst liebenswürdig und lustig und küssen sehr gern» – jetzt wurden die Küsse der umworbenen Therese der Anlaß ihrer glühenden Eifersucht.

Luise, die keinen intellektuellen Ehrgeiz besaß und in den Jahren vor Preußens Katastrophe 1806 politisch kaum Einfluß nahm, stand der emanzipierten Schwester in einer Mischung aus Bewunderung und Ärger nahezu «hausbacken» – so Rahel Varnhagens Urteil – gegenüber. «Therese stärker, weißer, hübscher, aber eitler und im Costume, das der Coquetterie sehr gleich war», so Luises Resümee. «Th. ist mir in allem überlegen, aber meine Tugend macht mich stark.» Das war ein unfreiwilliges Eingeständnis, wobei neben der moralischen Entrüstung auch der Neid der Konkurrentin mitschwang.

FRIEDERIKE, KÖNIGIN VON HANNOVER

In ihrer vielbeschworenen «Tugend», die sie auch in ihren eigenen Briefen oftmals wie zur Verteidigung erwähnt, entsetzte Luise sich über den «moralischen Niedergang» Friederikes. «Ich glaube, wir empfanden in dem Augenblick des Wiedersehens und der ersten Umarmung den ganzen Umfang des Unglücks, voneinander getrennt zu sein, denn sie weinte so heftig, daß sie sich nicht erholen konnte ...», schreibt sie ihrem Bruder Georg. Die Jüngere hatte ihr nämlich «Geheimnisse» anvertraut, die Luise «erzittern» ließen – und zwar «der Folgen wegen». Es hatte neue Affären gegeben und neue Liebesbeziehungen, die fast unglaublich klangen. «Die Geschichte mit P. S. (?) *wahr, sehr wahr*. F. (Friederike) mit tränenden Augen hat sie mir gesagt. Ach! lieber Georg, da war es trübe! ... Ich sprach mit Kraft, ich tadelte, warnte, machte aufmerksam und sagte dabei die Wahrheit, nämlich, daß der Ruf gesunken und es an ihr und ihrem Betragen sei. Ich betrübte, doch ich stärkte.»

Ein ganzes Arsenal pädagogischer Verhaltensmaßregeln richtete sich gegen das leichtsinnige «Ixelchen», die «gute Ika», die ohnehin unter den Wutausbrüchen und Depressionen ihres Mannes, des «windigen Solms», zu leiden hatte. Seine Geisteskrankheit zeichnete sich bereits ab, doch wollte sich die unselbständige, fünfundzwanzigjährige Friederike keinesfalls vom Vater ihrer Kinder – das dritte wurde erwartet – scheiden lassen.

Daß Luise darüber hinaus kein Vertrauen in Friederikes Zuverlässigkeit und Sparsamkeit setzte, macht einer der wenigen erhaltenen Briefe deutlich, der erst nach dem Tod der Königin im Schloß Charlottenburg «in dem rothen Maroquinkasten» gefunden und bisher nicht publiziert wurde. Der Brief, der von Ermahnungen überquillt, wurde 1806 niedergeschrieben, nach der Gründung des Rheinbundes durch Napoleon, in deren Folge Friederike mit ihrer Familie nach Bayreuth fliehen mußte.

«Noch eine Sache, worum ich dich recht herzlich bitte, ist recht *economisch* mit deinen *revenus* zu Werke zu gehen», schreibt Luise der Schwester. «Hüte dich vor allem vor Schulden, denn dieses wäre der Fall, wo mein Mann *nie zu Hülfe kommen würde* ... Also halte das wenige zu Rathe, und ohne zu geitzen thue nicht zu viel. Du bekömmst deine Revenuen alle Viertel Jahre ... Ich bitte dich, beachte dieses ... damit du erst auskömmst und von dem Überfluß vielleicht einmahl eine Kriese thun kannst, wozu du sonst Geld borgen müßtest und Schulden machen würdest ... Fourage und Holtz hast du frey, und waß die Pferde des Prinzen anbelangt nimmst du keine Notiz ...»

Da Friederike das von ihrem königlichen Schwager gestiftete Kapital nicht angreifen wollte, litt sie fast immer unter akutem Geldmangel, zumal seit Prinz Solms kein Gehalt mehr bezog. Doch anders als die ernste Charlotte verstand es die verwöhnte Jüngste, ihre aufwendige Lebensführung auf hohem Niveau beizubehalten. Alljährlich genoß sie die Sommeraufenthalte in den mondänen und kostspieligen Bädern Teplitz und Karlsbad, knüpfte enge Beziehungen zum spendablen Fürsten de Ligne wie zu dem Journalisten und Diplomaten Friedrich von Gentz, der sich leidenschaftlich in sie verliebte. «Es ist auch unbegreiflich, wie vollständig schön, wie harmonisch schön sie ist und von welchen unendlichen Ressourcen», schrieb er im Oktober 1810 an seine Freundin Rahel Levin.

Häufig traf Friederike während der Badeaufenthalte auch Goethe, der für die anmutige Prinzessin eine entschiedene Vorliebe an den Tag legte: er empfahl sich «von der Wiege bis zum Grabe, im Bilde und in der Wirklichkeit» ihrer Gunst (Januar 1812) und korrespondierte «in Liebe und Anhänglichkeit» mit ihr, um sich «ihrer belebenden Güte abermals zu erfreuen» (November 1813).

In Friederikes Leben trat eine große Veränderung ein, als sie – von Prinz Solms, der 1814 einem Gehirnschlag erlag, bereits getrennt – ihren dritten Mann kennenlernte. Er bot ihr, einer Mutter von nicht weniger als sieben Kindern, sein Herz und eine Krone an. Er selbst, Junggeselle und zukünftiger König von Hannover, habe sich schon beim ersten Anblick in sie verliebt, gestand Herzog Ernst August von Cumberland (1771–1851), Sohn des englischen Königs Georg III., als er die schlanke Gestalt auf den Stufen des väterlichen Schlosses von Hohenzieritz stehen sah.

Ihre Hochzeit fand 1815 statt, und mit Genehmigung König Friedrich Wilhelms III. zog das Paar nach Berlin, wo Friederike im Palais Unter den Linden – nahe ihrer ersten Wohnung am Kronprinzenpalais – einen Salon führte, der die «gebildete Welt» – die Brüder Humboldt und die Radziwills, Arnim und Fouqué, Caroline von Berg und Varnhagen, Wittgenstein und Nostitz – versammelte. Friederike war es auch, die in Berlin den familiären Zusammenhalt stärkte und ihre verwaisten Neffen und Nichten nach dem Tod Luises im Jahre 1810 liebevoll betreute, bis sie an der Seite ihres zum König ernannten Gatten Ernst August 1835 nach Hannover übersiedelte.

In ihrer dritten Ehe bekam Friederike von Cumberland noch zwei weitere Kinder. Nach einer Tochter, die früh starb, brachte die Einundvierzigjährige den ersehnten Thronerben Georg zur Welt, dessen tragisches Geschick sie miterlebt, vielleicht sogar mitverschuldet hat. Auf einem Auge ohne Sehkraft geboren, schleuderte sich der Junge die Troddeln einer Geldbörse so unglücklich in das gesunde Auge, daß er völlig erblindete. Dennoch scheint er als Regent auf dem hannoverschen Thron beliebter gewesen zu sein als sein Vater Ernst August, dessen reaktionäre Politik ihn unrühmlich bekannt machte: Auf sein Konto geht die Entlassung der «Göttinger Sieben», jener Professoren, die den von ihm angeordneten Verfassungsbruch nicht unterzeichneten und darum ihres Amtes enthoben wurden, unter ihnen die Brüder Grimm, die erst von König Friedrich Wilhelm IV., Luises ältestem Sohn, rehabilitiert wurden.

Die preussische Katastrophe

So sehr sich der pazifistisch gesonnene König Friedrich Wilhelm III. um Erhaltung des Friedens bemühte, ein Konflikt mit Napoleon war auf Dauer unvermeidlich. Die Eroberungszüge des Usurpators waren beängstigend, in Preußen wuchs die Kriegsbegeisterung, und zur antifranzösischen Partei, die einen Angriffskrieg befürwortete, gehörte auch die Königin Luise – die deshalb nach der Niederlage von der französischen Presse als «blutrünstige Amazone» verspottet wurde.

Das Entsetzen war groß, als schon bei den Vorgefechten in Saalfeld der bei der Armee beliebte Prinz Louis Ferdinand vierunddreißigjährig den Tod fand. Zwei Tage später, am 14. Oktober 1806, besiegten die Franzosen die zahlenmäßig stärkere preußische Armee. «Der gestrige Tag ist einer der unglücklichsten meines Lebens gewesen» – mit diesem Brief an Luise gestand der König die Niederlage ein und gab Befehl zum Rückzug. Die Franzosen besetzten Berlin, Napoleon hielt durch das Brandenburger Tor Einzug in die eroberte Stadt, er ließ im Schloß Charlottenburg den Schreibtisch der Königin aufbrechen und die dort befindliche Korrespondenz sichten, um ihre «parfümierte Liaison» mit Zar Alexander I. von Rußland, dessen Porträt in ihrem Schlafzimmer hing, in aller Welt verbreiten zu lassen.

Zum erstenmal in ihrem Leben verlor Luise die Nerven. Aus den Tagebüchern des Leibarztes Hufeland wissen wir, in welchem Zustand er sie am Morgen des 18. Oktober 1806 vorfand, «mit verweinten Augen, aufgelösten Haaren, in voller Verzweiflung ... Sie kam mir entgegen mit den Worten: ‹Alles ist verloren. Ich muß fliehen mit meinen Kindern, und Sie müssen uns begleiten.›» Von Küstrin aus floh das Königspaar vor den nachdrängenden Franzosen bis in den letzten nordöstlichen Winkel des Landes, nach Memel – es war die demütigendste Situation, in die ein König geraten konnte. Kälte und Entbehrungen, Enttäuschungen und Zukunftsängste setzten Luise zu; sie war während des dreieinhalb Jahre dauernden Exils häufig krank, von ihrem «kalten Fieber» sprach ganz Königsberg.

Während Napoleons Truppen von Sieg zu Sieg eilten und sich die preußischen Festungen nahezu kampflos ergaben, wartete Friedrich Wilhelm III. einigermaßen hilflos auf Napoleons Maßnahmen. Er fürchtete den Verlust von Land und Thron, ein Schicksal, das den spanischen Bourbonen widerfahren war. Luises Briefe aus dieser Zeit an die Geschwister, vor allem an Therese, die sie anfleht, in Paris ihre Position zu vertreten, beweisen ihre Verzweiflung. Die Verhandlungen zwischen den «drei gekrönten Häuptern» Friedrich Wilhelm III., Alexander I. und Napoleon verliefen ergebnislos; nur ein Gespräch der Königin mit dem Kaiser der Franzosen könne, so glaubte man allgemein, die starre Haltung des Siegers möglicherweise positiv beeinflussen.

Im Zeichen Napoleons

Einunddreißig Jahre alt und mit ihrem neunten Kind schwanger, reiste Luise in zehnstündiger Fahrt nach Tilsit, um dem verhaßten Teufel, dem «monstre», persönlich gegenüberzutreten. Ihr erschien allerdings der Usurpator, als sie ihn Auge in Auge kennenlernte, weniger häßlich und «gemein» als erwartet, wie umgekehrt die Köni-

Königin Luise von Preußen verdankte ihre Popularität vor allem ihrer Ausstrahlung und ihrem Patriotismus. Ihrem politischen Einfluß waren Grenzen gesetzt, wie die Unterredung mit Napoleon zeigte. Gemälde von Josef Grassi, 1804.

gin großen Eindruck auf ihn gemacht zu haben scheint, soweit es den Briefen an Joséphine zu entnehmen ist. Doch ihr Versuch, ihn durch Bitten umzustimmen, schlug fehl. Die Unterredung, so hoffnungsvoll sie sich anließ, wurde von Napoleon zu noch maßloseren Waffenstillstandsforderungen benutzt.

Luise mußte erfahren, daß ihre Geschwister sehr viel besser mit Bonaparte verhandelten als sie selbst, sowohl ihr Bruder Georg, der als Erbprinz von Mecklenburg-Strelitz für sein Land eintrat, als auch Charlotte von Hildburghausen, deren Herzogtum dem Rheinbund beigetreten war. Am erfolgreichsten kämpfte ihre unnachgiebige, «mit Willen und Verstand ausgerüstete» Schwester Therese. Das Haus Thurn und Taxis sah sich vom Untergang des alten Römischen Reiches Deutscher Nation überschattet und vom Verfall des Reichspostwesens bedroht. Die Mediatisierung stand bevor: das Fürstentum Thurn und Taxis verlor seine Landeshoheit und mußte sich der Herrschaft Bayerns und Württembergs beugen. Fürst Karl Alexander schrieb seiner Frau Therese nach Paris: «Es handelt sich um unsere Existenz. Jetzt muß bestimmt werden, ob unsere Familie wohlhabend bleibt oder ich ein armer Edelmann werde.» Nach zähen Verhandlungen gab ihr Napoleon die bereits beschlagnahmten Herrschaften Braine le Château, Haut-Itré und Impden zurück.

Erfolge verzeichnet Therese auch auf dem Erfurter Kongreß, wo Zar Alexander abends ihr Haus aufsuchte und «länger blieb» als die anderen und wo sie sich vom französischen Außenminister Talleyrand hofieren ließ in der Aussicht, die privaten Zugeständnisse zu politischer Münze umprägen zu können. Auf dem Wiener Kongreß wurde das Postimperium im Juni 1815 durch Österreich, Bayern und Preußen in seine alten Rechte eingesetzt und nahm einen nicht mehr vermuteten Aufschwung an Macht und Ansehen – ein Erfolg, der auch Thereses diplomatischen Fähigkeiten zu verdanken war.

Für Luise scheint die einzige Freude in dieser Zeit der Verbannung von 1806 bis 1809 der Besuch von Friederike gewesen zu sein, die ihr über die entwürdigende Lage hinweghalf. Gemeinsam nehmen sie in Königsberg Geschichtsunterricht beim Kriegsrat Scheffner, führen Schillers «Maria Stuart» auf, segeln auf die Ostsee hinaus, schlafen nachts in einem Zimmer und sind fast wieder so vertraut wie in ihrer Jugend.

Im Frühjahr 1808 sah die Königin erneut einer Geburt entgegen: es war das neunte Kind in fünfzehn Ehejahren. Unter Übelkeit und Seelenqual leidend, beklagte sie sich bei ihrem Mann über diese Zumutung: «Schließlich ist der Zustand, in dem ich mich befinde, eine Pein, zudem eine Strafe ... Ich befürchte eine Blutung.» Ungewohnte Töne, die Friedrich Wilhelm zwar erschreckten, die aber nicht verhinderten, daß auf die kleine Luise (spätere Königin von Holland) ein Jahr später, 1809, wiederum Nachwuchs folgte, Prinz Albrecht. Er war das zehnte und letzte Kind des Paares, geboren noch in Königsberg, bevor Friedrich Wilhelm mit Einwilligung Napoleons im Dezember 1809 nach Berlin zurückkehrte.

DER TOD DER KÖNIGIN LUISE

Um Preußen stand es schlecht. Das Königspaar kehrte in ein von Reparationen und Besatzungskosten ausgelaugtes, durch die Kontinentalsperre wirtschaftlich geschädigtes Land zurück, das dringend der materiellen und geistigen Wiederherstellung bedurfte. Derjenige aber, der imstande gewesen wäre, aus dem bettelarmen Land wieder ein kräftiges Staatsgebilde zu machen, war seiner franzosenfeindlichen Einstellung wegen von Napoleon verbannt worden und nach Riga gegangen: Fürst Hardenberg.

Mit einer Energie, die auch vor Intrigen nicht haltmachte, setzte sich die Königin Luise mit nie zuvor gesehener Hartnäckigkeit für den Wiedereintritt Hardenbergs in die Regierung ein. Seit ihrer Unterredung mit Napoleon schreckte Luise nicht mehr wie früher vor politischer Einmischung zurück. Am Rande einer Katastrophe stehend, die durch die Übergabe Schlesiens an Frankreich noch verschlimmert zu werden drohte, falls Preußen die geforderten Millionen nicht aufbringen würde, verfaßte sie Memoranden für das Ministerium, schrieb an den Finanzminister und an Napoleon selbst. Schließlich erreichte man die Rückkehr Hardenbergs nach Berlin; seine Ernennung zum preußischen Staatskanzler kam hauptsächlich durch Luises hartnäckige Vermittlung zustande.

Auch Therese von Thurn und Taxis hatte sich in Paris für die preußischen Belange eingesetzt. An sie geht Luises letzter langer Brief vom Juni 1810, der ihr zu einem ernsten Lebensbericht gerät und den Gegensatz zu ihrer früher positiv bestimmten Weltsicht aufzeigt. «Ja, es gibt Wunden, die unheilbar sind. Könnte ich Dich doch nur einmal noch sehen, um mit Dir zu weinen – welch ein Wiedersehen nach so unaussprechlichen Leiden. Meine Seele ist grau geworden durch Erfahrung und Menschenkenntnis, aber mein Herz ist noch jung ... Alles erträgt man, aber was das Herz bricht, wenn man es überlebt, so steht man doch als seine eigene Ruine da ...»

Im Sommer 1810 genehmigt Friedrich Wilhelm seiner Frau den ersten «Familienurlaub» ihres Lebens: einen Besuch im väterlichen Schloß von Neu-Strelitz. Die frohlockende Ankündigung der vierunddreißigjährigen Luise an die zwei Jahre jüngere Friederike endet mit Worten aus ihrer Kindheit: Sie sei «tull, vull und varucky», sagt sie. Glücklich nimmt Friederike diese Worte in ihrem (bisher unveröffentlichten) Antwortbrief auf: «Tull, vull und varucky bist du nicht allein, bester Engel, denn ich bin es auch ... Ich armer Worm habe gestern Abend wieder splitterrasendes Kopfweh gehabt, weil alles zu sehr auf meine Nerven wirkt, der Himmel gebe mir nur kein Kopfweh und Zahnweh in Zeit du hier bist, damit ich das Glück genießen kann ...»

Es wird ihr letztes Wiedersehen. Zwar hat Friederike «kein Kopfweh und Zahnweh», aber Luise, geschwächt durch zehn Geburten und die Entbehrungen der Exiljahre, erkrankt an Lungenentzündung. Bis zum Schluß wacht die «treue Ika» am Bett ihrer sterbenden Schwester. «Ich bringe keinen Arzt mit, wenn ich mir den Hals breche, klebt ihn mir Hieronymi wieder an», hatte Luise übermütig auf den Briefumschlag gekritzelt. Doch der Arzt war machtlos, er setzte Blutegel, die Königin erlitt mehrere Ohnmachtsanfälle und starb, nachdem sie noch ihren Mann und die beiden älteren Söhne umarmt hatte.

Ausgerechnet Friederike, dem Enfant terrible unter den Geschwistern, gelang, was niemand ihr zugetraut hätte: den Zusammenhalt der Familie zu bewirken, die durch den Tod der Königin ihres aktiven weiblichen Mittelpunktes beraubt war und auseinanderzufallen drohte. Friederikes umfangreiche, Tausende von Briefen umfassende Korrespondenz aus den fast dreißig Jahren, um die sie die Schwester überlebte, läßt erkennen, daß sie als Integrations- und Bezugsperson von den Familienmitgliedern akzeptiert wurde. Das gilt besonders für die vier ältesten Kinder Luises, die Töchter Charlotte, seit 1825 Zarin von Rußland, und Alexandrine, Großherzogin von Mecklenburg-Schwerin, für den Kronprinzen und späteren König Friedrich Wilhelm IV., der als «Romantiker auf dem Thron» in die Geschichte einging, und dessen Bruder Wilhelm, der als Wilhelm I. 1871 zum deutschen Kaiser gekrönt wurde.

Luises Tod scheint Friederike verändert und ihrem Leben eine andere Richtung gegeben zu haben. Dem Kriegsrat Scheffner, der sie und Luise in Königsberg unterrichtet hatte, schreibt sie im November 1810, noch unter dem Eindruck des Verlustes:

«Mein Herz ist so tief verwundet, mein ganzes Gemüth so gewaltig erschüttert ... Sie, die geliebteste, die Gefährtin meiner Jugend und meiner Kinderjahre sterben zu sehen! – nichts Schrecklicheres hätte mir widerfahren können ... Ihrem Auge kann es nicht entgangen seyn, wie fest und treu das Band unserer Liebe geknüpft war ... Sie glauben nicht, mein lieber Freund, wie ernst mir mein Leben geworden ist und wie dunkel es vor mir liegt, jetzt, da ich weiß, daß sie mir auf diesem Kreise nicht mehr begegnen wird.»

«Das geistige Leben steht mir hell vor der Seele»

Caroline von Wolzogen
und Charlotte von Schiller
von Ursula Naumann

Graf von Gleichen

Der Sage nach soll ein thüringischer Graf von Gleichen auf einem Kreuzzug in türkische Sklaverei geraten sein. Die schöne Tochter des Sultans verliebte sich in ihn, und nachdem sie einige Jahre mit ihm zusammengelebt hatte, verhieß sie ihm gegen ein Eheversprechen die Freiheit und große Schätze. Der Graf ließ sich darauf ein, obwohl er zu Hause schon eine Frau hatte, und begab sich nach glücklich gelungener Flucht zum Papst nach Rom, der dem Grafen die Doppelehe erlaubte, die Heidin taufte und mit dem Grafen traute. Seine erste Frau nahm sie freundlich auf, und der Graf und seine zwei Frauen lebten – und schliefen – fortan in einträchtiger Liebe zusammen: in einem «dreischläfrigen Bett mit rundgewölbtem Himmel, grün angestrichen». Der baltische Maler Karl Graß, der 1790 / 1791 öfter bei Schillers zu Besuch gewesen war, fühlte sich auch ohne dreischläfriges Bett lebhaft an diese Geschichte erinnert. «Ich bitte Sie mit der herzlichsten Versicherung meines Dankes, der lieben Frau Hofräthin und der Frau vize Canzlerin mich zu empfehlen», schrieb er in einem Dank- und Abschiedsbrief und mit gebührender Berücksichtigung aller Titel. «Ich kann Ihnen nicht meine Empfindung über die Liebe dieser treflichen Schwestern unter einander und zu Ihnen bergen. Es war mir oft als ob die Frau Hofmeisterin nur eine Tochter, und Sie, wie der alte Graf von Gleichen, laut der Sage, zwey Frauen hätten.» (3. Juli 1791) Die Frau Hofmeisterin, das ist Schillers Schwiegermutter Louise von Lengefeld, die Hofrätin seine Frau Charlotte und die Frau vize Canzlerin seine Schwägerin Caroline von Beulwitz, die damals noch mit einem hohen Hofbeamten des thüringischen Duodezfürstentums Schwarzburg-Rudolstadt verheiratet war und später eine zweite Ehe mit ihrem Cousin Wilhelm von Wolzogen einging.

Die «Doppelliebe», die Schiller vor und ein wenig auch noch nach seiner Hochzeit mit beiden Schwestern Lengefeld verband, hat seinen Biographen schwer zu schaffen gemacht, und es ist erheiternd, manchmal auch ärgerlich zu lesen, wie sie mit diesem «moralischen Problem» und «psychologischen Rätsel» umgegangen sind – wenn sie es nicht einfach wegretuschierten wie Caroline selbst, die in ihrer Biographie des Schwagers (1830) fast alle Spuren dieser doppelten Neigung getilgt hat. Die folgenden Beispiele sind beliebig und in ihrem Bestreben, den idealistischen Nationaldichter der Deutschen von dem Vorwurf der Unmoral zu exkulpieren, symptomatisch. Das «eigentümliche empfindsame Dreierverhältnis» setzt nach Benno von Wiese «das seelische Klima des 18. Jahrhunderts voraus, das zwischen Freundschaft und Liebe keine klare Grenzlinie kennt». Ob denn dieses Verhältnis wirklich moralisch bedenklich gewesen sei, fragt Ernst Müller, rhetorisch natürlich: «Das ist eben das Große an dieser Doppelliebe Schillers, daß sie von einem hohen sittlichen Geist erfüllt war.» Doppelliebe? Eine veraltete, popularisierende Einschätzung, meint Peter Boerner in einem neueren Lexikonartikel. «Moderne Biographen erkennen ... in den überlieferten Zeugnissen eine schon früh ausgesprochene Neigung Schillers für Lotte u. sehen ihn so in seiner Wahl zwischen den beiden Schwestern viel entschiedener.»

Caroline war verheiratet, als Schiller die Schwestern kennenlernte, und so könnte man einwenden, daß es für ihn damals nicht viel zu wählen gab, doch jedenfalls hatte er die richtige Frau genommen, wie er selbst schon bald befriedigt feststellte. Das fanden auch seine Biographen: «Gut gemacht, Schiller!» Zwar war Caroline intelligenter, geistig lebendiger, interessanter und unterhaltsamer (das ist nur selten bestritten worden), aber eben auch anspruchsvoller, schwieriger, labiler, unsteter, unmoralischer und unweiblicher, obwohl sie sich die größte Mühe gegeben hat, in den Grenzen «schöner Weiblichkeit» zu bleiben, auch als Schriftstellerin. Zu ihrer Zeit war das ein Widerspruch in sich, schreiben war für eine Frau nicht «comme il faut». Von ihren literarischen Arbeiten hat die Schiller-Biographie bei der Nachwelt noch am meisten Beifall gefunden, als Frauendienst an einem großen Mann. Ihre zwei Romane und ihre Erzählungen sind für heutige Leserinnen ungenießbar, gerade weil sie in den Grenzen schöner Weiblichkeit bleiben, die sie als Ideal propagieren. Caroline Auguste Fischer, eine mit ihr fast gleichaltrige Autorin, hat für diese Fixierung ein treffendes Gleichnis gefunden: «Man erzählt von den Hühnern, daß, wenn man ihnen einen Strich mit Kreide vor den Schnabel zieht, sie beständig darauf hinstarren, und sich einbilden, weiter kommen zu können. Ob das von den Hühnern gilt, weiß ich nicht; daß man sich aber, statt dieses Kreidestrichs, des Wortes ‹Weiblichkeit› mit demselben Erfolg bedient habe, ist keinem Zweifel unterworfen.»

Der Verfasserin der bisher einzigen ausführlichen und um Verständnis bemühten Biographie Carolines, Carmen Kahn-Wallerstein, waren die Texte ihrer Helden ziemlich peinlich. Ihr Buch nannte sie «Die Frau im Schatten». Im Schatten der Schwester natürlich.

Die Porträts von Charlottes Verehren oszillieren zwischen anbiedernder häuslicher Idylle («Schillers Lotte») und Hagiographie («der edelste Besitz von Deutschlands edelstem Dichter»). Beim Schwesternvergleich gewann sie fast stets um Längen. «Eine nach Geist und Charakter trefflich veranlagte, in sich geschlossene, harmonische Natur» nennt sie Hermann Mosapp, der bedauernd feststellt: «Nicht eben dasselbe kann von ihrer Schwester Karoline gesagt werden ... Ist ein Vergleich aus der Natur erlaubt, so möchten wir Karoline dem bunten Falter vergleichen, der leichtbeschwingt von Blume zu Blume hüpft, bald da, bald dort verweilt, wo's ihm gefällt, bald fröhlich flattert, bald in sich geduckt in einem Blütenkelche sitzt; Charlotte dagegen der ernsteren Honigbiene, die zielbewußt ihrem Berufe lebt, wohl auch fröhlich sich tummelt über des Schöpfers farbenprächtigen Gebilden, aber immer den ernsten Zweck vor Augen hat, süßen Gewinn aus ihnen zu ziehen.»

MAUSE

Als sich der angesehene und vermögende schwarzburg-rudolstädtische Oberforstmeister Carl Christoph von Lengefeld 1761 um die Hand des unbemittelten Fräuleins Louise von Wurmb bewarb, war er 46 Jahre alt, 28 Jahre älter als sie, und zudem durch Lähmungen an Arm und Bein, die von einem Schlaganfall zurückgeblieben waren, schwer behindert. Charlotte berichtet, daß sich ihre Mutter aus «Neigung und Ehrfurcht» mit Lengefeld verbunden habe, was finanzielle Gründe nicht ausschließt. Die Briefe, die der väterliche Bräutigam Carl Christoph an seine «Herzlichgeliebteste Louise», sein «liebstes Kind» schrieb, lassen eine überaus gewinnende Persönlichkeit erkennen, souverän, entspannt, liebevoll und von selbstverständlicher Frömmigkeit, die sich mit zärtlicher Rokoko-Erotik anmutig verbindet: «Wenn ich nur noch ein Maulgen hier hätte, so reisete [ich] viel ruhiger ab, in Gedanken küsse [ich] mein liebes Pfotgen» ... «Ich verehre und liebe übrigens von ganzem Herzen mein bestes Küsse (in tiefen Gedancken es soll heisen Kind) und bleibe lebenslang der treueste Carl.» Am 27. Juli 1761 konnte er seiner Verlobten schreiben: «Gott hat auch endlich ein Quartier bescheret. Es ist ... zwar etwas theurer 100 Thal[er] Miethgeld, indessen hat es auch viele Gemächlichkeiten, die Kirche ganz nahe und die Passage vor mich nach Hofe bey gutem Wetter zu gehen»; ein paar Tage später schickte er ihr den Grundriß des geräumigen Hauses, das dem Weimarer Oberstallmeister Josias von Stein gehörte, mit dem Wunsch zu, «daß es meinem liebsten Kinde angenehm seyn ... möge». In diesem Haus wurden ihre zwei Töchter geboren (ein Sohn starb kurz nach der Geburt): am 3. Februar 1763 Friederike Sophie Caroline Auguste und am 22. November 1766 Louise Charlotte Antoinette. Beide hatten eine Unmenge von adligen Paten, bei Caroline waren es 52, bei Charlotte 75, unter ihnen auch die durch ihre Beziehung zu Goethe berühmte Charlotte von Stein, die Frau des Hausvermieters, die ihr später eine treue Freundin wurde. Mit den Schwestern wuchs eine etwas ältere Cousine Amalie auf, die die Lengefelds ins Haus genommen hatten.

«Die Lage unserer Wohnung war höchst romantisch; an einer kleinen Anhöhe, die mit Obstbäumen bepflanzt war, lag unser Haus. Die vordere Seite hatte einen großen Hof, der mit einem kleinen Garten begrenzt war. Vor uns lag ein fürstliches Lustschloß und rechts eine alte Kirche, deren schöner Thurm mir manche Phantasien erweckte, und das Geläute der Glocken, das ich zu allen Stunden hörte, stimmte mich oft ernst und melancholisch. Ich stand stundenlang an meinem Kammerfenster, sah in die dunkeln Fenster des Thurms hinein, hörte den Glocken zu und sah die Wolken am Himmel sich bewegen. Mein Horizont war frei. In der Ferne sahen wir schöne Berge und ein altes Schloß auf dem Berge liegen, das oft das Ziel meiner Wünsche war.» Charlotte beschreibt in ihren aus dem Nachlaß veröffentlichten Kindheitserinnerungen eine Seelenlandschaft schwermütiger Geborgenheit und idyllischer Geschichts- und Entwicklungslosigkeit: «Ein einziger Tag meines früheren Lebens ist die Geschichte aller ... Ich lernte dadurch auf mir selbst zu ruhen.» Morgens kamen Lehrer ins Haus, dann wurde zu Mittag gegessen, nachmittags spielte sie bei schönem Wetter draußen. Die fast vier Jahre, die sie von der älteren Schwester trennten, waren damals noch ein tiefer Graben, aber sie hatte sich früh daran gewöhnt, in ihren Phantasien mitzuleben. «War es böses Wetter, so setzte ich mich still in einen Winkel und hörte Karolinen und Amalien zu, die eine Art dialogisierter Romane spielten; eine war immer eine Heldin des Stücks und statt zu erzählen wie es geschehen sei, dramatisierten sie die Geschichte. Dieses hatte unendlichen Reiz für mich. Ich saß dabei und hörte Alles an und war begierig, wie es enden würde. Wie alle Romane und Theaterstücke, so endete sich dieses auch immer mit einer Heirath.» Nach dem Abendessen wurde gesungen, gebetet, «und so gingen wir gläubig zur Ruhe und erwarteten den andern Morgen, um wieder so zu leben».

Nach elfjähriger Ehe, am 29. Oktober 1772, schrieb Carl Christoph von Lengefeld an seine Frau: «Du bleibst ubrigen die alte christliche angenehme und verständige Louise, und wenn unsere liebe Mause so wie die alte gerathen und dencken werden, so wird sie Gott seegnen und die Welt hochachtung gönnen.» Louise von Lengefeld hat sich mit einem für damalige Zeiten ungewöhnlichen Eifer der Erziehung und Ausbildung ihrer Töchter gewidmet. Es freue ihn, daß die «Möpsgens» so schön Französisch lernten und daß sie überhaupt «so große Sorge und Fleiß» anwende, «das Glück dieser lieben kleinen Geschöpfe in der Erziehung zu gründen», lobte sie ihr Bruder. Doch nicht die «alte Maus», die «christliche angenehme und verständige Mutter Louise», spielt in den Erinnerungen der Töchter die Hauptrolle, sondern der Vater. Rückblickend sahen beide in ihm den ersten großen Mann ihres Lebens, auf den sie sich nach dem Vorbild der Mutter und auf je eigene Weise bezogen haben. Caroline schrieb ihm in ihrer Schiller-Biographie das eigentliche Verdienst an der mütterlichen Erziehungsarbeit zu: «Der Vater wollte die Töchter besser unterrichtet sehen, als es in dem kleinstädtischen Wesen, das uns umgab, gebräuchlich war; und unsre Mutter ... die auch selbst eine bessere Erziehung genossen, ging ganz in seine Gesinnung ein.» Für Charlotte war die Mutter überhaupt nur für den Vater da und mit ihr die Töchter: «Sie liebte ihn mit Wärme und lebte ganz für ihn. Alles geschah für ihn, und um ihn lebten alle am liebsten. Er war heiter, gesprächig, hatte viel Witz, Lebhaftigkeit des Geistes und etwas Genialisches in seinem ganzen Wesen und Treiben. Meine Mutter nahm immer Antheil an seinen Beschäftigungen und entsagte gern den Vergnügungen ihres Alters, um sein Leben zu teilen.» Als Höhepunkt des Tages beschreibt sie die gemeinsamen Mahlzeiten mit dem Vater: «Er war immer heiter und freundlich bei Tisch, erzählte uns lustige Geschichten, erkundigte sich nach unserem Fleiß, ließ sich auch oft von seinen Jägern erzählen, wie es in der Welt ging, die ihn interessierte ... Ich hörte gar zu gerne zu, wenn solche Gespräche kamen.» Ihre Schwester machte mehr aus diesen Tischgesprächen.

«Seiner klaren und weiten Weltsicht, die sich meist bei Tisch, wo er gerne lange saß, aussprach und die gar nicht im Lehrton, sondern im heitern Gespräch in uns überging, verdankten wir eine frühe Anregung [des Verstandes]. Wir lernten den Geist erkennen und schätzen, der alle Erscheinungen auf ihren Ursprung, auf ihren Grund zurückführt. Die Welt, die wir uns hinter unsern blauen Bergen dichteten, gewann im Lichtblick seines Verstandes feste Umrisse. Wir lernten zeitig fühlen, was wir suchen sollten. Ein Gefühl des wahren Wertes des Menschen, der männlichen Würde insbesondere, faßte Wurzel in uns; denn die verehrte Gestalt des Vaters, die Festigkeit in Grundsätzen der Ehre und schöne Sitte ausdrückte, war ihr reines Abbild.»

Carl Christoph von Lengefeld war in seinem Beruf ein sehr tüchtiger Mann und dafür weit über die Grenzen des Fürstentums, dem er diente, bekannt. Zahlreiche Schriften, die zu seinen Lebzeiten nicht gedruckt wurden, weisen ihn als Pionier der damals noch in den Kinderschuhen steckenden Forstwissenschaft aus, von der

«Nötigsten Wissenschaft eines Jägers», über «Anmerkungen von den auf dem Thüringer Wald bekanntesten drei Arten Nadelhölzern, als der Tanne, Fichte und Kühnbaums» (Kiefer) bis zu «Zufälligen Gedanken vom lebendigen Ober- und Unterstamm oder Buschholz, wie solche anzubauen, einzuteilen, abzutreiben und zu nutzen» und anderem mehr. Sein sachverständiger Rat war auch bei anderen Fürsten sehr begehrt; im Februar 1763, gegen Ende des Siebenjährigen Krieges, versuchte Friedrich II., ihn in seine Dienste zu ziehen. Trotz des überaus ehrenvollen und finanziell verlockenden Angebots – Lengefeld wäre so etwas wie ein preußischer Forstminister geworden und hätte neben einem hohen Gehalt von 5000 Talern weitere Vergünstigungen wie freie Wohnung und freien «Vorspann» bei Reisen bekommen – blieb er in Rudolstadt. Der Grund für das Scheitern der Verhandlungen – zwei Forstleute, die Carl Christoph von Lengefeld als Mitarbeiter für die nötigen Reformen im preußischen Forstwesen hatte gewinnen wollen, sagten ab – erscheint vorgeschoben; das Gesprächsprotokoll, das Lengefeld von seiner Audienz mit dem König am 10. Februar aufzeichnete, läßt erkennen, daß er die Stelle nicht wollte. Er gab sich die größte Mühe, dem König alle Schwierigkeiten des Unternehmens vor Augen zu stellen, bereitete ihn auf Mißerfolge und Rückschläge vor – «Daß dergleichen holz Anbaue nicht alle gerathen wollten» –, gab zu bedenken, daß mit schnellen Erfolgen nicht zu rechnen sei – «Daß die Forst Arbeit nicht sogleich und kaum in etlichen Jahren sichtbar werde» –, daß erfahrene Mitarbeiter «nöthig wären, um etwas gutes zu schaffen», und bat wenigstens um eine Probezeit, «daß nur eines weils ein Versuch gemachet werden dürfe». «Es brauchet keinen Versuch, Er versteht es», hielt der König allen Bedenken Lengefelds entgegen, aber der ließ sich dadurch ebensowenig verführen wie durch die günstigen Konditionen. Er wußte, daß ihn die Stelle physisch überfordert hätte.

Charlottes Kindheitserinnerungen brechen mit dem Tod des Vaters ab, der am 3. Oktober 1775 vermutlich an einem erneuten Schlaganfall starb: «So lebte und trieb ich mein Wesen in engen Umgebungen bis in mein neuntes Jahr, wo unser guter Vater uns entrissen wurde.» Caroline freilich hat das «uns» so nicht gelten lassen. Sie reklamierte den Vater als ihr Eigentum, um ihn dann der Schwester in effigie zum Geschenk zu machen: «Der Tod entriß uns den Trefflichen, als ich dreizehn Jahr alt war; die drei Jahre jüngere Schwester nahm aus meinem reiferen Anschauungsvermögen die Züge seines Bildes auf, das sich unmittelbar noch nicht hatte einprägen können.» In ihrem Roman «Agnes von Lilien» hat sie ihren Traum vom Vater-Lehrer-Geliebten ausphantasiert. Seine Titelheldin wächst ohne Mutter und Schwester im Haus eines alleinstehenden Pflegevaters auf, der sie sorgfältig erzieht, den Sinn für alles Höhere und Schöne in ihr weckt – Gott, Natur, Kunst, Literatur, Musik- und für sie Gefühle zu hegen scheint, die mit einer alten Leidenschaft innig verknüpft und ihr zum Verwechseln ähnlich sind: «Ich fühlte, daß irgend ein Gefühl seinen Busen drängte, welchem er Gewalt anthat, und es war mir, als schwebte auf seinen Lippen: ‹Du bist doch mein Liebstes in der Welt.›» Die Ankunft eines Mannes, der Agnes aus der väterlichen Idylle entführt und nach vielen Verwicklungen heiratet («Wie alle Romane und Theaterstücke, so endete sich dieses auch ... mit einer Heirath»), macht dieser inzestuösen Liebesgeschichte ein Ende oder führt sie vielmehr auf einer anderen Ebene weiter, denn auch der Ehemann in spe ist eine Vaterfigur, viel älter, erfahren und bedeutend.

Lichtblick des Verstandes

Der teure Größenwahn deutscher Kleinherrscher verschaffte dem Fürstentum Schwarzburg-Rudolstadt im 18. Jahrhundert gleich drei repräsentative Schloßbauten, die Heidecksburg, die sich über dem Residenzstädtchen Rudolstadt erhebt, das Stadtpalais Ludwigsburg und die Sommerresidenz Schwarzburg. Rudolstadts rund 4100 Einwohner lebten fast alle vom und für den Hof, die 23 hochadligen Familien ebenso wie die etwa 200 Angehörigen des hohen und niederen Hofstaats, die Rechtsgelehrten, Ärzte, Geistlichen und «Professionisten», die eine Statistik aus dem Jahre 1787 detailliert aufzählt, von den Apothekern (2) über die Huf- und Waffenschmiede (5) bis zu den drei Zinngießern und einem Zuckerbäcker. Für den Fürsten Ludwig Günther II. (1708–1790) führte in dessen späteren Jahren Erbprinz Friedrich Carl (1736–1793) die Regierung. Ein großes Licht war er nicht. Von den nächstgelegenen größeren Orten Erfurt, Weimar und Jena war Rudolstadt räumlich nur etwa 40–50 Kilometer, zeitlich jedoch mehrere Jahrzehnte entfernt: «Der Ort, wo wir lebten, war klein, der gesellschaftliche Ton so weit hinter andern Orten in der Nähe zurück, daß es einen späterhin dünkte, man sey fünfzig Jahre noch zurück in Allem, was gesellschaftliche Bildung betraf», urteilt Charlotte; Caroline spricht von der Langeweile, der Öde, der Rückständigkeit des von der Aufklärung noch kaum erreichten Städtchens, dessen schöne Lage im Saaletal für diese Nachteile entschädigte: «Dennoch erfrischte uns immerwährend der Zauber dieser Berge.»

Aber selbst der unbedeutendste Hof verbreitet doch noch Glanz. Carl Christoph von Lengefeld trug Diamantringe und Röcke mit Goldborten, und seine Frau ging in prächtigen, mit Spitzen geschmückten Roben zu Hofe. Und Provinz war auch damals schon weniger eine geographische als eine geistige Standortbestimmung. Beide Schwestern haben schon früh mit Büchern gelebt. Sie lasen die empfindsamen Moderomane der Zeit, sie lasen Gellerts Komödien, Rabeners Briefe und den «Magdeburgischen Greis», eine moralische Wochenschrift. Sie lasen Shakespeare, Rousseau, Plutarch. Als Caroline viele Jahre später einmal zu einem Besuch nach Rudolstadt kam, fand sie sich abends – es war Oktober und schon früh dunkel – dem Haus gegenüber, wo sie nach dem Tod des Vaters mit Mutter und Schwester gewohnt hatte. «Ich sah ein kleines Erkerzimmer erleuchtet wo ich zuerst Romane laß. Emil[e], den Contrat social in den 80er Jahren. Das geistige Leben steht mir hell vor der Seele.»

Über Carolines geistiges Leben wissen wir sehr viel, über Charlottes sehr wenig. Ihr Verhältnis zur Welt und zu sich selbst war anschauend, betrachtend: «Ich beobachte mich so gern, wie so alles von außen auf mich wirkt, und die Saiten meiner Empfindungen ausschlägt» (16.–21. September 1788); sie hatte Talent und Lust zum Zeichnen. Caroline hatte ein elementares Bedürfnis nach intellektueller Erkenntnis, nach dem zum Wesen der Erscheinungen, zu ihren allgemeinen Gesetzmäßigkeiten durchdringenden «Lichtblick des Verstandes», den sie schon früh vor allem auf sich selbst richtete: «Kein andrer Mensch hat auf mich gewirkt, weil mir das Schicksal keinen nah stellte, dessen Geistesobergewalt ich anerkannte, und immer hatte ich ein scharfes Auge für die Lücken des Verstandes und die Schwächen des Herzens, das mir angeboren zu sein scheint. Denn ich entsinne mich dessen im zärtesten Alter. Diese Einsamkeit zwang mich, mich mit mir selbst zu beschäftigen, ich wurde mir *selbst* früh zum Gegenstand der Contemplation.» Gibt es einen Gegenstand, der unerschöpflicher und unergründlicher wäre als das Selbst? Carolines lebenslange Selbstsuche schlug sich in ungezählten Blättern mit Reflexionen und Erinnerungen nieder, in einem von Rousseaus «Confessions» inspirierten Fragmentwerk ihrer Bekenntnisse: «Wenn alle Menschen so schnell von einer Empfindung zu andren übergehen als ich – welch unzuverlässiges Wesen ist da der Mensch», notierte sie im August 1784. «Imagination – du gewaltige Gebieterin vieler meiner Handlungen, übst du allein über mich so uneingeschränkt deine Macht, oder gehen im Innern vieler Menschen so viele Verwandlungen vor als in mir? ... Möchte ich mich abziehen können von sinnlichen Empfindungen; möchte meine Seele nicht ein See sein, in den jeder vorübergehende Gegenstand sich eindrückt.»

Wie sich Münchhausen am eigenen Zopf aus dem Sumpf zog, so hat sie sich vor dem Sichverlieren an das Chaos der Erscheinungen mit dem Ich-Ideal moralischer Schönheit zu retten gesucht, das sich ihr als literarisches Erweckungserlebnis offenbarte: «Keine Bücher haben je so einen Eindruck in meine Seele gemacht und sie gleichsam in eine andere Form geschmolzen als Plutarchs Biographien und die Heloise von Rousseau. Noch nie, weder in einem Buche, noch in der wirklichen Welt hatte mich moralische Schönheit gerührt ... Welche süße Schauer, welch unbekanntes Gefühl durchdrang mich, als ich die starken Seelen von Plutarchs Helden kennen lernte. Alle Beispiele von einer großen Kraft rührten mich besonders ... Ein heißes Streben zwang mein ganzes Wesen in die Höhe. Ich konnte nichts kleines in mir mehr leiden ... Es war mir ein so süßes Gefühl mich größer machen zu können als die Gegenstände, unabhängig von allen zu sein und mein Glück allein in der Vervollkommnung meiner Seele, in der Übung ihrer Kräfte zu finden ... Meine Eitelkeit und mein Streben nur bei denen etwas zu gelten, die um mich waren, nahm ab, ich wollte *nur bei mir selbst* etwas gelten.»

In einem Brief an Schiller hat Charlotte als Spiegel- und Gegenbild zum Bildungsroman der Schwester ihre Entwicklung zu sich selbst skizziert. Es habe Jahre gedauert, bis sie Freude an Plutarchs Biographien fand, aber vielleicht habe das daran gelegen, daß sie immer die Sucht gehabt habe, «nur das neue zu lesen; wie ich klein war wollte ich immer recht klug thun, und recht viel verstand zeigen. Ich möchte wohl daß ich weniger dazu wäre erzogen worden, mehr scheinen zu wollen, als ich wirklich war. Ich war sonst erstaunend eitel, und haschte nach lob, jezt ist aber dies alles durch Nachdenken vertrieben worden.» (8. April 1789)

Hauch der Freiheit

Als Friedrich Wilhelm Ludwig von Beulwitz (geb. 1755), der es im Alter von 29 Jahren schon zum Regierungsassessor gebracht hatte, um die Hand der 16jährigen Caroline von Lengefeld anhielt, war er sich ihrer Zustimmung gewiß. Eigentlich mußte sie gar nicht gefragt werden. Es war eine von Louise von Lengefeld und dem Vater des Bräutigams arrangierte, für Caroline finanziell und gesellschaftlich sehr vorteilhafte Konvenienzehe, die wegen des jugendlichen Alters der Braut noch um ein paar Jahre verschoben wurde. Charlotte sollte durch Vermittlung der Frau von Stein eine Stelle als Hofdame der Herzogin Louise von Weimar bekommen. «Damit meine Schwester sich für ihre nächste Bestimmung Fertigkeit in der französischen Sprache und Weltton erwürbe, beschloß meine Mutter, eine Zeitlang in der französischen Schweiz zu leben. Diese Reise entzückte unsern jugendlichen Sinn und durchwebte unser ganzes Leben mit lichten, schönen Bildern.» Daß ihr Verlobter mitreiste, erwähnt Caroline nicht.

Die Schweiz war in der zweiten Hälfte des 18. Jahrhunderts fast ein Synonym für Natur und Freiheit; als die Schwestern Lengefeld am 22. April 1783 um drei Uhr früh zu ihrer Reise aufbrachen, wußten sie schon, was sie finden würden: Natur und Freiheit eben. Ihre Reisetagebücher sind auf diese großen Worte und Werte gestimmt, wie noch Schillers «Wilhelm Tell», das späte Gipfelwerk der

Schweizer Mode: «Auf ein schönes Geläut müssen Sie denken, denn dieses Schweitzerische Stück fängt billig mit dem Klang der Heerden, mit dem Kuhhirten und den Kuhreigen an.» (Schiller an Iffland, 5. August 1803)

Während die Reisenden in Stuttgart mit Henriette von Wolzogen, einer Tante Louise von Lengefelds, zusammentrafen, lebte und arbeitete der aus den Diensten des württembergischen Herzogs Carl Eugen geflohene Regimentsmedikus und Dramatiker Schiller in Bauerbach, dem thüringischen Landgut Henriettes, die ihm dort Zuflucht und Asyl geboten hatte. Am 5. Mai fuhren die Lengefelds auf die Solitude, einem bei Ludwigsburg gelegenen Lustschloß des Herzogs, und machten dort die Bekanntschaft des herzoglichen Garteninspektors Kaspar Schiller und seiner Familie. Zwei Tage später nimmt Henriette sie mit zu einem Besuch in die Carlsschule, ein militärisch geführtes Internat mit Universitätsstatus, in dem Schiller von seinem 12. Lebensjahr an eingesperrt war und ihre vier Söhne es immer noch sind. Der älteste, Wilhelm, verliebt sich in die Schwestern, vor allem aber in Caroline, die rückblickend bereit war, mit der Schwester zu teilen: «Wir waren die ersten weiblichen Wesen, die bei einem Besuch in der Akademie sein Herz gerührt hatten, und seine Jugendträume blieben an unser Bild geheftet.» Charlotte schreibt in ihr Tagebuch: «Die Akademie ist sehr hübsch. Aber es macht einen besonderen Eindruck aufs freie Menschenherz, die jungen Leute alle beim Essen zu sehen. Jede ihrer Bewegungen hängt von dem Winke des Aufsehers ab. Es wird einem nicht wohl zu Muthe, Menschen wie Drahtpuppen behandeln zu sehen.»

Drei Tage später sind sie in der Schweiz, im freilich etwas düsteren Schaffhausen, und sie darf aufatmen: «Wie wohl wird einem nicht beim Gefühl der Freiheit! Der Despotismus verfinstert nicht die Herzen der Bewohner dieses glücklichen Landes.» Und Caroline: «Den 10. Mai betrat ich zuerst den geliebten, langersehnten Schweizerboden. Alles erschien mir schöner und herrlicher, wie vom Hauch der Freiheit angeweht, das Grün der Wiesen frischer, die Bäche klarer; die blühenden Bäume hoben ihr Haupt freier in die Luft.» Am Tag danach schon sehen sie große Natur, den Rheinfall von Schaffhausen, einen Höhepunkt jeder Schweizer Reise: «Den 11. [Mai] sahen wir den Rheinfall, dieses große unnennbar schöne

Schauspiel der Natur. Der Rhein stürzt sich über einen Felsen, der 80 Fuß hoch ist, schäumend herab. Es ist ein schöner Anblick, die schäumende Welle mit Getöse um die Felsen herab stürzen zu sehen. So stehen oft Menschen von Wogen des Schicksals umrauscht, ohne Trost, ohne Stütze, gleich der großen Steinmasse, die sich da erhebt, ruhig unerschüttert da.» Das ist Charlotte, die genügsame zweite Stimme in diesem schwesterlichen Duett, über die Caroline ihre weit und hoch ausschwingende Arie legt, ein immer wieder neu ansetzender Versuch, das Unsagbare doch sagbar zu machen: «Der 11. Mai wird mir unvergeßlich sein; ich sah das größte Schauspiel der Natur, das je mein Auge erblickte, den Rheinfall. Unmöglich ist es, ihn zu beschreiben, so treu, so lebhaft, so in seiner ganzen Würde, daß das Bild in eines Menschen Einbildungskraft sich darstellte, und sein Herz mit der seligen Empfindung erfüllte, die sein Anschauen erregt. Unmöglich ist dies ganz zu erreichen bei jedem Schauspiel der Natur, aber hier wird selbst der Gedanke Verwegenheit. Der Rhein fließt dicht an der südlichen Seite von Schaffhausen hin; sein Wasser hat eine schöne grünliche Farbe. Wir gingen zu Fuß nach dem Rheinfall. Nicht weit von der Stadt gehen schon die Felsen an, der Weg geht zwischen Wiesen und Feldern hin, die Aussicht ist durch eine Kette von Bergen, die schon zu Zürich gehören, eingeschränkt. Der erste Anblick des Falles ist groß und herrlich, doch erregte er das Staunen, das ich erwartet hatte, nicht in meiner Seele. Je mehr man sich aber nähert, desto mehr schmilzt jede Kraft der Seele in Bewunderung zusammen. Ich war so trunken von dem herrlichen Anblick, daß ich, als ich eine Viertelstunde von demselben weg war, kein deutliches Bild mehr davon in meiner Einbildungskraft hatte. Nach und nach erwachten einzelne Züge, und als ich nach Hause kam und ein Gemälde des Falles sah, da stand er wieder in aller seiner Größe vor meiner Seele. Nur für die, die ihn selbst sahen, kann ein Gemälde von ihm unterhaltend sein; sonst kann man sich schwerlich durch ein solches einen Begriff von der Erhabenheit des Schauspiels machen. Zwischen zwei Hügeln stürzen sich die gewaltigen Schaummassen hinunter. Der an der Zürcher Seite ist hoch und steil; auf ihm steht das Schloß Lauffen und gegenüber, ganz dicht am Fall, eine Drahtzieherei. Gegen drei majestätische Felsen, die der Wut der Wellen zu trotzen scheinen und deren graue Scheitel ein Kranz von Laub umzieht, brechen sich die Wellen.» Und damit noch längst nicht genug.

Die in einem erstaunlich leichten, reinen, blühenden Stil geschriebenen Ideallandschaften, die Caroline in ihrem Schweizer Tagebuch sammelte, beglaubigen ihre Äußerung, sie habe sich oft durchdrungen gefühlt «vom innigen Gefühl der Schönheit der physischen Welt». Sie haben echten poetischen Glanz: «Einer der schönsten Momente meines Lebens ist der, in dem ich ... den Genfer See erblickte. Es war hoch am Berge, Sonnenglanz umfloß die majestätischen Berge Savoyens, deren Haupt mit einer Eiskrone geziert war, und die niederen Berge, und die Welle des Sees.» Am 22. Mai 1783 kamen die Reisenden an ihrem Zielort Vevey am Genfer See an, dem Schauplatz von Rousseaus «Nouvelle Heloise». Abends machten sie noch einen Spaziergang auf der Seepromenade: «Die Stadt war geröthet vom Schein der Abendsonne, an den Bergen hinter ihr liegen goldne Triften. Der See war stille, u. sanftes blau des Himmels spiegelte sich in ihm, in der Ferne schwebten einige weiße Seegel und durchschifften seine blauen Wellen. Mein Auge konnte sich nicht sattsehen.»

Sie blieben fast ein Jahr. Caroline fand in ihrem Französischlehrer einen Mann mit dem «Lichtblick des Verstandes»; die Grammatik, die ihr bis dahin «immer nur ein lockeres Wortverhältnis» und «gleich einer Rechnung langweilig» gewesen war, erschloß sich ihr «als eine der Gedanckenwelt angehörige Sache», also als philosophische Disziplin, «Gegenwart, Vergangenheit, Zukunft in den Verbes». Charlotte verliebte sich, wir wissen nicht, in wen, und wollte schon bald nicht mehr Hofdame werden – wie hätte sich dieser Berufswunsch gegen die Schweizer Lektion noch behaupten können?

Auf der Rückreise trafen sie in Mannheim Wilhelm von Wolzogen wieder und machten zwei neue Bekanntschaften. Sie begegneten Deutschlands berühmtester Schriftstellerin Sophie von La Roche, die in ihrer Frauenzeitschrift «Pomona für Teutschlands Töchter» das «Schreiben einer jungen Dame, auf ihrer Reise durch die Schweiz» abdruckte, Carolines literarisches Debüt. Eine Begegnung mit Wolzogens Freund Schiller, der inzwischen als Theaterdichter in Mannheim lebte, hatte keine Folgen: «Seine hohe, edle Gestalt frappierte uns; aber es fiel kein Wort, das lebhafteren Anteil erregte.»

Chère mère

Louise von Lengefeld hieß bei ihren Töchtern nur «chère mère», und dieser Name – die vorschriftsmäßige, Liebe und Respekt bekundende Anrede im französischen Hofton – wurde von fast allen, die ihr und ihnen nahestanden, übernommen, weil er so gut paßte. Als sie Anfang 1789 eine Stelle als Erzieherin der beiden Rudolstädter Prinzessinnen annahm und damit nach der Fürstin die ranghöchste Dame bei Hof wurde, bewundert Schiller in einem Brief an Caroline und Charlotte den «herkulischen Muth, womit die Chère mère sich der sauersten Arbeit unter der Sonne unterziehen will. Das Wagestück ist groß und die ganze hochfürstliche Familie sollte in Prozeßion im Hemde und Wachskerzen in der Hand eine ganze kalte Winternacht lang vor ihrem Fenster ein Kirchenlied dafür singen, daß sie die Liebe haben will, ihr ein solches Opfer zu bringen. Daß sich die Chère mère darein finden wird, ist gar keine Frage; sie ist für den Hof gebildet, und was ihre Frau und Fräulein Töchter drücken und zur Verzweiflung bringen würde, ist ihr ein Spiel.» (5. März 1789)

Doch etwas später im gleichen Brief scheint er die deutliche Grenze, die er hier zwischen der Mutter und den Töchtern gezogen hat, wieder zu verwischen, als er – um «doch einmal galant [zu] seyn» – bemerkt, daß sie an ihren Töchtern schon bewiesen habe, daß sie ihrer neuen Aufgabe gewachsen sei.

Sie waren für den Hof erzogen, aber sie fühlten sich dort nicht heimisch. Charlotte kritisierte ihrem bürgerlichen Verlobten Schiller gegenüber, daß die Erziehung ihrer Mutter allzusehr auf das Scheinen, die Form, die Konvenienz, allzuwenig auf das Sein, die Natur, das Wesen ausgerichtet gewesen sei («Die chère mère kam eben herein ... sähe sie das *Du* da würden die Hände wieder über den Kopf geschlagen»); zur gleichen Zeit, als die absolute Macht der Könige gebrochen wurde, fand sie die Herrschaftsansprüche der chère mère ziemlich übertrieben: «Es ist ein Unglück für sie, daß sie zu Romanenhafte Ideen von dem Verhältniß der Kinder gegen Aeltern hat, und daher zuweilen Ansprüche auf uns macht, die gar nicht in der Natur liegen.» (9. September 1789) Nicht in der Natur? Louise von Lengefeld hätte das bestritten. Wenn sie ihre Töchter ermahnte, berief sie sich auf die Natur des göttlichen Willens und trat als dessen Interpretin auf.

«Da ich so wenige Gelegenheit habe mit dir meine liebe Caroline, allein zu sprechen, so will ich mich iezo der Feder bedienen um einiges mit dir zu reden und dir gedancken mit theilen welche mir manchesmal Sorge und Kummer machen», beginnt ein mütterliches Schreiben an die damals vermutlich 14- oder 15jährige Tochter. Sie sei in den Jahren, in denen sie es besonders nötig habe, sich auszubilden, «um in der Welt dereinst nach den willen unseres Schöpfers und Wohltäters demieniegen Plaz er sey nun wo und wie er wolle einzunehmen welchen er dir bestimmt, Nun überlege ein mal zu weß machen dich deine iezigen beschafftigungen wohl fähig die von Morgen bis in die Nacht in nichts tun bestehen ... Gott hat dir Verstand und ein gutes Herz gegeben wende beydes an und laß den ersten nicht lehr, den wenn man nicht fort fähret seinen Geist zu bereichern so fällt man gewiß bald in eine solche leere, die her nach gar nicht wieder aus zu füllen ist». Sie fürchtet, daß Caroline ihre Christenpflichten vernachlässigt, vermißt Ernsthaftigkeit und sieht nur «ausgelaßenes lustiges Wesen Sentimens», die sie auf den Gedanken bringen könnten, daß die Tochter die Güte ihres Herzens verloren habe. Sie wolle ihr Temperament, ihre Lebhaftigkeit, ihr aufgewecktes Wesen nicht ändern, wie sie versichert, wünscht aber eine vernünftigere Aufführung, mehr Anstand, mehr Gesetztheit. Um ihren Mahnungen Nachdruck zu verleihen, setzt sie nicht weniger als ihr Lebensglück ein. Wenn sie (Caroline) sich nicht ändere, so werde sie das «vieleicht ein mal zu spät bereuen ... doch dieser Gedancke ist für mich erschrecklich lieber wolte ich den Augenblick aus der Welt seyn als solches erleben. Ich hofe gewiß Gott wird Dich mir wieder ganz schencken, du hast mich ia von Jugend auf so zärtlich geliebt ia Dein sanftes und gutes Betragen gegen mich bey den tode Deines Vatters rührt mich noch immer es machte mich da mals so glücklich, ach laß es mich doch noch meine vieleicht kurze lebens Zeit seyn». Die sanfte erpresserische Gewalt, die aus diesem Brief spricht (er war nicht der einzige seiner Art), ist beeindruckend, erschreckend, erscheint fast unwiderstehlich, und sie hat Folgen gehabt. Wenn Caroline später einmal notierte: «Es lag ein unversiegbarer Quell der Heiterkeit der Freude am Dasein in mir, ich

Die «chère mère» — Louise von Wurmb hatte achtzehnjährig 1761 den viel älteren Carl Christoph von Lengefeld geheiratet. Als sie 1789 Prinzessinnenerzieherin in Rudolstadt wurde, schrieb Schiller, «daß sie an ihren Töchtern schon bewiesen habe, daß sie ihrer neuen Aufgabe gewachsen sei».

hätte eines der glücklichsten Wesen werden können, und wurde sehr unglücklich», kann man darin einen Vorwurf gegen die Mutter mitlesen. Nur ihr zuliebe will sie die Einwilligung zur Ehe mit einem ungeliebten Mann gegeben und damit eine für ihr ganzes Leben verhängnisvolle Entscheidung getroffen haben. Die chère mère hätte sich – und hat sich vielleicht – ihren Wünschen nach einer Entlobung so entschieden entgegengestellt wie später Carolines Scheidungswünschen: «Die Mutter umfaßte sie, versuchte Alles, was freundliches Zusprechen vermag, erinnerte an das allgemeine Schicksal der Frauen, warnte sie, ihr Verhältniß zu dem Manne, dem sie einmal angehöre nicht eigenwillig feindselig zu zerstören», heißt es in Carolines Altersroman «Cordelia», dessen Heldin den körperlichen Vollzug ihrer Konvenienzehe verweigert und «taub gegen alle Vorstellungen» der Mutter bleibt. «Keine Gründe vermochten das wahre und reine Herz zu besiegen, das sich zu keiner Lüge gegen die Natur entschließen konnte.»

Die Hochzeit zwischen Caroline und Beulwitz wurde am 2. September 1784 gefeiert. Man kann vermuten, daß sie sich ihm schon bald körperlich entzogen und das mit ihrer Krankheit begründet hat. In ihrer Verlobungszeit hatte sie zum erstenmal ihr «Zucken», ihre «Krämpfe», eine wohl psychosomatisch begründete Störung, die sich in ihrer motorisch behindert wirkenden, großen, fahrigen, oft kaum leserlichen Schrift zu spiegeln scheint. Sie trat in seelischen Konfliktsituationen auf und wurde von ihr als Waffe eingesetzt. Ende Januar 1802 hat Carl von Stein einen solchen Anfall beobachtet. Caroline wollte damals unbedingt ihren Mann Wilhelm von Wolzogen, Diplomat im Dienste des Herzogs von Sachsen-Weimar, nach Paris begleiten. «Die Herrschaften welche von der (beabsichtigten) Reise Wind bekamen, bewegten Himmel und Erde, es der guten Frau abzurathen. Allein je mehr ihr Mann und ihre Freunde in sie drangen, je größer wurden ihre Verzückungen und Krämpfe. Die Arme flogen ihr eins ums andere in die Luft und sie hopste auf dem Kanapé in regelmäßigen intervallen in die Höhe als wenn sie auf einem gallopirenden Pferde säße. Du kannst dir denken, daß man die Vorstellungen nicht nur aus Menschlichkeit sondern auch aus Vorsicht einstellen mußte, damit sie nicht vielleicht selbst gegen ihren Willen durch krampfhafte Bewegungen nach Paris geschleudert würde.» (An Fritz von Stein, 30. Januar 1802)

Es ist kaum sinnvoll, nachzuweisen (wie es eine wohlmeinende Nachfahrin versucht hat), daß Beulwitz ein ehrenwerter Mann war und Carolines Abneigung und Spott nicht verdiente; sie selbst hat ihn in der ersten Zeit ihrer Ehe einen «sehr graden, ehrlichen, edlen und verständigen Menschen» genannt, ihn zugleich aber als leicht und flach charakterisiert. «Jede Schmeichelei zog ihn an, und er erwiderte sie mit Gefälligkeit. Bemüht, durch jede Kleinigkeit zu gefallen, beobachtete er genau alle conventionellen Formen», heißt es von seinem literarischen Spiegelbild in der «Cordelia». Beulwitz gehörte zur Mutterwelt des Hofes.

In den ersten Ehejahren scheint die «Frau», wie Caroline in der Familie genannt wurde, mit ihm ganz erträglich zusammengelebt zu haben, vielleicht, weil sich an ihrem Leben äußerlich nicht viel änderte. Sie blieb mit Mutter und Schwester zusammen, die im unteren Stockwerk des Beulwitzschen Hauses eine Wohnung hatten, las viel, führte einen vertrauten Briefwechsel mit ihrem Cousin Wilhelm und schloß enge Freundschaft mit einer anderen Caroline (genannt Li), der Tochter des pensionierten Erfurter Kammerpräsidenten Karl Friedrich von Dacheröden. In ihrer Schiller-Biographie hat sie die «geschmacklose Förmlichkeit» und Einförmigkeit der Rudolstädter Hofidylle herausgearbeitet, in der zu bleiben «ich durch meine Verheiratung bestimmt war», um sich und die Schwester als auf Erlösung wartende «verwünschte Prinzessinnen» darstellen zu können. Sie vergaß, daß das für eine verheiratete Prinzessin nicht so recht paßte.

«An einem trüben Dezembertag im Jahre 1787 kamen zwei Reiter die Straße herunter. Sie waren in Mäntel eingehüllt; wir erkannten unsern Vetter Wilhelm von Wolzogen, der sich scherzend das halbe Gesicht mit dem Mantel verbarg; der andre Reiter war uns unbekannt und erregte unsre Neugier. Bald löste sich das Rätsel durch den Besuch des Vetters, der um die Erlaubnis bat, seinen Reisegefährten, Schiller, der seine verheiratete Schwester und Frau von Wolzogen in Meiningen besuchte, am Abend bei uns einzuführen. Schillers Zukunft knüpfte sich an diesen Abend.»

Zwei Prinzessinnen, zwei Reiter, aber nur ein Prinz. Schiller an seinen Freund Körner: «In Rudelstadt hab ich mich ... einen Tag aufgehalten und wieder eine recht liebenswürdige Familie kennen lernen. Eine Frau von Lengenfeld lebt da mit einer verheuratheten und einer noch ledigen Tochter. Beide Geschöpfe sind, ohne schön zu seyn, anziehend und gefallen mir sehr. Man findet hier viel Bekanntschaft mit der neuen Litteratur, Feinheit, Empfindung und Geist. Das Clavier spielen sie gut, welches mir einen recht schönen Abend machte. Die Gegend um Rudelstadt ist ausserordentlich schön. Ich hatte nie davon gehört und bin sehr überrascht worden. Man gelangt durch einen schönen Grund von 2½ Stunden dahin und wird von dem weissen großen Schloß auf dem Berge angenehm überrascht.» (8. Dezember 1787)

SOMMER

«So geht es im menschlichen Leben, man nimmt sich vor, sich und andern eine vergnügte Stunde zu machen, und in dem nehmlichen Augenblick wird man durch traurige Begegnisse von seinem Endzweck abgezogen», schreibt ein Bewohner des Schlosses, der 20jährige Ludwig Friedrich, der älteste Sohn des regierenden Erbprinzen von Schwarzburg-Rudolstadt, nach dem Tod einer Tante in sein Tagebuch des Jahres. Es ist das Protokoll seines beständigen Kampfes gegen die Langeweile. Regelmäßig besucht er die französische Gesellschaft, die im Hause des Hofrats von Beulwitz zur Übung in der französischen Sprache zusammenkommt und zu diesem Zweck französische Komödien aufführt. Jedes deutsche Wort kostet einen Pfennig. An einem Februarmorgen sieht er in Rudolstadt vom Fenster aus zu, wie ein verurteilter Räuber öffentlich ausgepeitscht wird, «durch die Stadt durch, auf den blosen Rücken ... H[err] Pascha sagte es wär eine sehr kalte Promenade, Es war auch wirklich sehr kalt. Der arme Sünder war halb erfroren, ehe er zur Stadt hinaus kam. Viele tausend Menschen begleiteten ihn.» Am 20. Mai 1788 besucht er mit seiner ganzen Verwandtschaft, sogar der vergreiste Großvater kommt mit, eine Menagerie im Gasthof Adler und sieht «einen Löwen, einen Tieger, eine Hiene, einen Strauß, einen Pavian und noch andre Affen». Am 29. Mai macht er «wieder eine neue Bekanntschaft mit einem jungen Gelehrten, der so jung als er ist doch schon vieles lesens würdige geschrieben hat, mit dem H[err]n Rath Schiller. Er war im Beulwitzischen Garten, wo ich bis ein viertel auf 11 Uhr des Abends in einer vergnügten Gesellschaft, den angenehmen Geruch der schönen Baumblüthe genoß.»

Ein paar Tage zuvor war Schiller in eine «sehr bequeme, heitere und reinliche Wohnung» im Haus des Kantors Unbehaun im nahen

Volkstädt gezogen, die Charlotte von Lengefeld für ihn gefunden hatte. Er will den Sommer hier verbringen, arbeiten, in der schönen Gegend Spaziergänge machen und viel mit der Lengefeldschen und Beulwitzschen Familie zusammensein, «doch werde ich eine *sehr nahe* Anhänglichkeit an dieses Haus, und eine *ausschließende* an irgend eine einzelne Person aus demselben, sehr ernstlich zu vermeiden suchen. Es hätte mir etwas *der* Art begegnen können, wenn ich mich mir selbst ganz hätte überlassen wollen», versichert er schon am 26. Mai seinem Freund Körner, den er nur kurz zuvor davon zu überzeugen gesucht hatte, daß er dringend heiraten müsse. Nach einer Reihe von aufreibenden Leidenschaften und Liebesbeziehungen – in die letzte, komplizierte mit Charlotte von Kalb ist er noch verstrickt – sah er in der Ehe das einzige ihm noch verbliebene Rettungsmittel. «Ich muß ein Geschöpf um mich haben, das *mir* gehört, das ich glücklich machen *kann* und *muß*, an dessen Daseyn mein eigenes sich erfrischen kann. Du weißt nicht, wie verwüstet mein Gemüth, wie verfinstert mein Kopf ist – und alles dieses nicht durch äusseres Schicksal..., sondern durch inneres Abarbeiten meiner Empfindungen.» (7. Januar 1788) Und nun, da er in Charlotte eine Frau gefunden hat, an die er sich binden könnte, will er plötzlich nichts mehr davon wissen? Man kann daraus, wie oft aus Dementis und unerbetenen Beteuerungen, das genaue Gegenteil lesen und sein Verhalten als geschickte Taktik deuten: Schiller, ein bürgerlicher Dichter ohne Stellung und feste Einkünfte, hätte zu dieser Zeit mit einer offenen Werbung um das adlige Fräulein von Lengefeld kaum Aussicht auf Erfolg gehabt. Richtig aber ist wohl auch, daß Taktik und Neigung(en) zusammenfielen. «Mutter und Töchter sind mir gleich lieb und werth geworden», schreibt er zwei Monate später und beglückwünscht sich dazu, einem «ausschließenden Verhältniß» glücklich ausgewichen zu sein. Hat Schiller also alles im Griff? Skepsis ist erlaubt. Die Schwestern haben ihn im Griff, und die Liebe macht sie zu Verschworenen.

Um Schiller zu halten, sind sie aufeinander angewiesen, jede als Anstandsdame der anderen, jede hält ihn für die andere durch je eigene Vorzüge. Die eine (Charlotte) ist hübscher, die andere unterhaltender, die eine ist unschuldig, die andere erfahren, die eine..., die andere... «Beide Schwestern haben etwas Schwärmerei..., doch ist sie bei beiden dem Verstande subordiniert und durch Geistescultur gemildert. Die jüngere ist nicht ganz frey von einer gewißen Coquetterie d'esprit, die aber durch Bescheidenheit und immer gleiche Lebhaftigkeit mehr Vergnügen gibt als drückt.» (27. Juli 1788) Schiller sieht die Schwestern täglich, oft zusammen mit Beulwitz und der chère mère, manchmal allein. Die Gegend ist schön und das Wetter meist auch. Sie gehen spazieren, machen Besuche und sind natürlich unter den Zuschauern, als die französische Gesellschaft im Gartenhaus der Frau von Lengefeld eine Komödie aufführt, in der auch der Prinz mitspielt. Sie lesen zusammen, Homer zum Beispiel, Schiller trägt ihnen aus den eigenen Dichtungen vor, und sie reden von allem, was Schiller interessiert: «Ich rede gern von ernsthaften Dingen, von Geisteswerken, von Empfindungen – hier kann ich es nach Herzenslust und ebenso leicht wieder auf Possen überspringen.» Und wenn sie nicht reden, schreiben sie sich. «Wie haben Sie denn heute Nacht in Ihrem *zierlichen* Bette geschlafen», fragt Schiller Charlotte in einem Brieflein, in dem er das «sowohl als auch» seiner erotischen Phantasien kaum verhüllt ausspricht, im Stile (und Schutz) homerischer Epensprache. «Es ist heute wieder ein gar schöner Tag und er würde noch einmal so schön seyn, wenn *Sie* recht heiter aufgestanden wären, und sich mit uns deßelben freuen wollten. Sind Sie aber noch nicht ganz gut und nicht frey genug um den Kopf um sich mit sich selbst zu beschäftigen oder zerstreut Sie vielleicht Gesellschaft, so laßen Sie michs wißen und wir leben denn den Tag so miteinander hin – schwatzen, lesen und freuen uns daß wir zusammen in der Welt sind.» Und dann fragt er nach Caroline: «Klappert der Pantoffel schon um ihre zierlichen Füsse, oder ligt sie noch im weichen schöngeglätteten Bette?» (Ende August 1788)

Am 31. August muß Charlotte auf einen Besuch nach Kochberg, dem nahe bei Rudolstadt gelegenen Landgut der Frau von Stein reisen, wie noch öfter in der nächsten Zeit. Louise von Lengefeld hat sich offenbar bemüht, durch räumliche Trennung wieder die gebotene Distanz zwischen Charlotte und Schiller zu schaffen, was seiner Nähe zu Caroline gewiß förderlich war. Erst im Spätherbst des Jahres konnte er sich aus Rudolstadt losreißen. «Diß ist der erste Tag, den ich ohne Sie lebe» (13. November 1788), schreibt er gleich nach seiner Rückkehr nach Weimar an beide Schwestern. Körner aber

«Frey und sicher bewegt sich meine Seele unter euch – und immer liebevoller kommt sie von Einem zu dem andern zurücke ...» Friedrich Schiller. Pastellbildnis von Ludovika Simanowitz, Spätherbst 1793.

versichert er: «Mein Herz ist ganz frey ... Ich hab es redlich gehalten, was ich mir zum Gesetz machte und Dir angelobte; ich habe meine Empfindungen durch Vertheilung geschwächt, und so ist denn das Verhältniß innerhalb der Grenzen einer herzlichen vernünftigen Freundschaft.» (14. November 1788)

Prinz Ludwig Friedrich vermerkte Schillers Abreise im Tagebuch, weil sie für ihn mit einem Vergnügen verbunden war. Der Dichter hatte Beulwitz vor seiner Abreise gebeten, ihm «ein schönes Buch zu schenken, welches er bei seinem Aufenthalt in Rudolstadt geschrieben», vermutlich die (nicht in Rudolstadt entstandene) «Geschichte des Abfalls der vereinigten Niederlande von der Spanischen Regierung», mit der Schiller als Historiker debütierte. Sie trug ihm wenig später eine Professur in Jena ein. Charlottes einflußreiche Freundin Frau von Stein war maßgeblich an dieser Berufung beteiligt.

DIE BEIDEN CAROLINEN

«Unsere Karoline ist dazu ausersehen, Heirathen zu machen.» (17. Dezember 1789) Am 2. August des Revolutionsjahres 1789 macht Schiller auf der Durchreise nach Leipzig Station in Lauchstädt, wo die Schwestern seit einigen Wochen zur Kur sind. Es ist Caroline, die die Initiative ergreift und ihn dazu ermuntert, Charlotte einen Heiratsantrag zu machen, dessen Erfolg sie ihm garantieren kann. «Ist es wahr theuerste Lotte? Darf ich hoffen, daß Caroline in *Ihrer* Seele gelesen hat und aus Ihrem Herzen mir beantwortet hat, was ich mir nicht getraute, zu gestehen?» fragt er von unterwegs (3. August 1789), und Charlotte bestätigt: «Karoline hat in meiner Seele gelesen; und aus meinem Herzen geantwortet.» (5. [?] August 1789) Es ist Caroline, die die chère mère nach Monaten in das Geheimnis einweiht: «Dein heutiger Brief meine Caroline hat mich so erschüttert u. überrascht daß ich nicht im Stande bin eine einzige Zeile darauf zu antworten.» (15. Dezember 1789) Um die gleiche Zeit feierten Li von Dacheröden und Wilhelm von Humboldt ihre Verlobung. Es war Caroline, die diese Ehe befördert hatte, als sie der zwischen Humboldt und einem anderen Bewerber schwankenden Freundin geraten hatte, sich für Humboldt zu entscheiden.

Li hat Caroline (Lina oder Lili) zu dieser Zeit schwärmerisch verehrt: «Wahrlich, die hohe Schönheit ihres Wesens muß jedes fühlende Herz ergreifen, das sich ihr naht. In ihrer Nähe lebt man ein besseres Leben, und mit ihrem kindlich ergebenen Sinn schien sie mir immer ein Geschöpf besserer Art, schien mir schon aufgeblüht und reif zu einem höhern Sein» (4. Januar 1789), schreibt sie Humboldt, der seine hohe Erwartungen («Es muß ein herrliches Weib sein, Deine Lina») nach dem Kennenlernen bestätigt sah, seine Braut aber doch noch höher stellte. Die Idolatrie, die er mit ihr trieb, von den Verlobungsbriefen bis hin zum Totenkult des Witwers, war ein kulturpädagogisches Programm: «In dem rechten Empfinden edler Weiblichkeit liegt ... das Erkennen alles Schönen in der Menschheit und der Natur.» (4. Februar 1831)

Auch Picasso malte seine Porträts nach Modellen. Humboldt brauchte Li als Projektionsfläche seiner Weiblichkeitsphantasien, die er 1795 in zwei etwas undurchsichtigen Aufsätzen vortrug («Ueber den Geschlechtsunterschied und dessen Einfluß auf die organische Natur» und «Ueber die männliche und weibliche Form»), aber schon in den Briefen an die zukünftige Braut entwickelt hatte: «was ist die Liebe, wenn nicht hochgespanntes Gefühl der gegenseitigen, aber verschiedenartigen Vollkommenheit, der festeren Stärke des Mannes, der sanfteren Schwäche des Weibes, wenn nicht der Genuß aus der Vereinigung beider Gefühle!» (16. November 1788) Zugleich mit der polaren, sich ergänzenden Verschiedenartigkeit der Geschlechtscharaktere postuliert er ihre Gleichrangigkeit, mit einem leichten Plus für das Ideal der Weiblichkeit, weil es dem Ideal der Menschheit näherstehe. Er war Kavalier. Li kam für Humboldt diesem Weiblichkeitsideal näher als irgendein anderer Mensch, aber sie hatte in Caroline eine ernstzunehmende Rivalin. Das eigenartige Dreiecksverhältnis, das Humboldt und die beiden Carolinen lebenslang verband, datiert aus der Zeit um 1790.

Wann immer Humboldt später mit Caroline zusammentraf, hat sie ihn fasziniert, interessiert und zu Vergleichen mit der eigenen Frau angeregt, stets zu deren Vorteil, aber das war natürlich auch eine Besänftigungsstrategie, denn Lis stets spitze Bemerkungen über die einst angeschwärmte Freundin zeigen, wie eifersüchtig sie war. «Caroline gehört zu den wunderbarsten und am schwersten zu begreifenden Naturen. Noch bei meinem neulichen Besuche bei ihr habe ich mich davon überzeugt, und viel über sie, vorzüglich in Vergleichung mit Dir, nachgedacht. Sie ist unleugbar unendlich viel, sie hat in Geist und Einbildungskraft was unglaublich anzieht, beschäftigt, oft in Bewunderung versetzt, allein es ist wunderbar, daß doch gerade das Tiefste und Beste ihr abgeht. Es ist und bleibt immer eine Natur, die mehr mit der veränderlichen Oberfläche der Dinge und mit allem was sie anzieht wie mit bunten Seifenblasen spielt, und da sie durch ihre wirkliche Genialität eine große Unabhängigkeit gewonnen hat, so erscheint sie manchmal hart und wirklich minder weiblich und lieblich, vorzüglich seitdem die Jugend das nicht mehr wie sonst bedeckt.» (15. August 1809) «Sie hat gar nicht den tiefen und sicheren Gehalt, der an ein weibliches Wesen ... unauflöslich kettet, eine nahe Verbindung mit ihr hätte mich nie beglücken können, allein zum bloßen Umgange, der aber sehr vertraut sein kann, ist es auch unmöglich, etwas mehr Anregendes, Gefallenderes und im Gespräch über jeden Gegenstand mehr Anziehendes zu finden. Dabei ist sie von einer tiefen Gutmütigkeit.» (25. November 1823) Nach Lis Tod schrieb er Caroline: «In Ihnen und der Li, das ist meine tief gewurzelte Überzeugung, ist das Wesen schöner und tiefer Weiblichkeit in einer ganz neuen und eignen Gestalt zur Erscheinung gekommen, die aber, wenigstens in dieser Vollendung, auch wieder mit Ihnen untergeht.» (4. Februar 1831)

Doppelliebe

Nach der Verlobung mit Charlotte ist alles verändert, doch Schiller will, daß alles so bleibt, wie es war, nur schöner, weil auf Dauer. Seine Liebesbriefe (aus denen Caroline später ihren Namen strich) gehen an beide Schwestern, in seinen Phantasien hat er als Graf von Gleichen zwei Frauen. «Wir haben einander gefunden, wir für einander nur geschaffen gewesen sind. In mir lebt kein Wunsch, den meine Caroline und Lotte nicht unerschöpflich befriedigen können.» (25. August 1789) «Diesen Kuß bringe euch der gute Engel unsrer Liebe!» (1. September 1789) «O meine theure Caroline, meine theure Lotte! Wie so anders ist jezt alles um mich her, seitdem mir auf jedem Schritt meines Lebens nur euer Bild begegnet ... Meine Seele ist jezt gar oft mit den Scenen der Zukunft beschäftigt; unser Leben hat angefangen, ich schreibe vielleicht auch, wie jezt, aber ich weis *euch* in meinem Zimmer. Du Karoline, bist am Klavier und Lottchen arbeitet neben Dir, und aus dem Spiegel, der mir gegenüber hängt, seh ich euch beide. Ich lege die Feder weg, um mich an eurem schlagenden Herzen lebendig zu überzeugen daß ich euch habe, daß nichts nichts euch mir entreissen kann.» (10. September 1789)

Die Braut ist doch ein wenig beunruhigt und spricht von ihrer nicht nur der Vergangenheit angehörenden Befürchtung, daß ihm «Karoline mehr sein könnte als ich, daß *Du mich nicht zu Deinem Glück nöthig hättest*». (24. Oktober 1789) Kein Grund zur Sorge, versichert Schiller, seine Gefühle seien so beschaffen, daß «ich dem andern nicht entziehe, was ich dem Einen bin. Frey und sicher bewegt sich meine Seele unter euch – und immer liebevoller kommt sie von Einem zu dem andern zurücke – derselbe Lichtstral – laßt mir diese stolzscheinende Vergleichung – derselbe Stern, der nur verschieden wiederscheint aus verschiedenen Spiegeln. Caroline ist mir näher im Alter und darum auch gleicher in der Form unsrer Gefühle und Gedanken. Sie hat mehr Empfindungen in mir zur Sprache gebracht als Du meine Lotte – aber ich wünschte nicht um alles, daß dieses anders wäre, daß *Du* anders wärest als Du bist. Was Caroline vor Dir voraus hat, mußt Du von mir empfangen; Deine Seele muß sich in meiner Liebe entfalten, und *mein* Geschöpf mußt Du seyn, Deine Blüthe muß in den Frühling meiner Liebe fallen. Hätten wir uns später gefunden, so hättest Du mir diese schöne Freude weggenommen, Dich für mich aufblühen zu sehen.» (15. November 1789) Durch Teilen geschwächte Empfindung? Nur, wenn man eins und eins nicht zusammenzählt. Und was für ein gestärktes Ego!

Im Nachlaß des politischen Schriftstellers Karl August Varnhagen von Ense findet sich eine auf den 9. April 1847 datierte Gesprächsnotiz: «[Alexander von] Humboldt sagte mir heute ohne alle Umschweife, daß Frau [von] Wolzogen, ehe Schiller ihre Schwester heirathete, mit ihm in heißen Liebesflammen gestanden, und [er] nur aus diesem Anlaß und aus dieser Einwirkung die Schwester geheirathet habe. Er sagte ganz derb heraus: ‹Elle a commencé à coucher avec Schiller, e plus tard avec Dalberg›.» Geschwisterklatsch? Wilhelm von Humboldt und seine Verlobte Li, die als interessierte

Die verheiratete Caroline war davon überzeugt, daß Schiller eigentlich ihr gebührt hätte. Und doch war sie es, die ihm nach einem Sommer zu dritt 1789 die Ehe mit Charlotte antrug. Pastell von unbekannter Hand.

Zuschauer die Affäre kommentierten, waren überzeugt davon, daß Schiller Charlotte nur heirate, um mit Caroline zusammenleben zu können. «Lotten gibt auch die Liebe kein Interesse; sie war an seiner Seite wie fern von ihm. Er gegen beide? Hast Du ihn nie Karolinen küssen sehen und dann Lotten?» (26. Dezember 1789) fragt Humboldt, der wie Li Schillers Verhalten doch etwas bedenklich findet. Li schreibt Schiller deswegen und ist nach seiner Antwort «über das Verhältnis zwischen Karolinen, Schillern und Lotten ruhiger ... Daß Lotte ihm nichts als Mittel gewesen ist, um es möglich zu machen, mit Karolinen zu leben, ist mir sehr klar, aber die Indelikatesse, die ich ihm schuld gab, fällt weg, wenn sich Schillers Herz ganz entfaltet, wenn man seinen ernsten Willen sieht, Lotten dennoch so glücklich zu machen, als sie es je sein kann.» (6. Februar 1790)

Die Hochzeit fand am 22. Februar 1790 in einer kleinen Dorfkirche bei Jena statt. Schillers Schwester Christophine hatte ihm auf die Nachricht von der bevorstehenden Verbindung geschrieben, daß sie die Braut schon kenne, «denn vor einigen Jahren war eine Frau von Lengenfeld aus Rudelstatt mit ihren zwei F[räulein] Töchtern ... bei uns auf der Solitude die eine von den Fräuleins war klein und Blond, die andere schlank und Brünnet, wenn mir recht ist; gewiß ist diese Deine Geliebte wenn ich anders Deinen Geschmack noch kenne?» (25. Januar 1790) Sie kennt ihn.

Humboldts allerdings blieben bei der Überzeugung, Schiller habe unter seinem Niveau geheiratet. Schiller sei weniger, Charlotte mehr durch diese Ehe geworden, bilanziert Li schon ein knappes Jahr nach der Hochzeit. «Über alle Ideen hoher, einziger Liebe fühlte ich ihn herabgestimmt ... Er sprach einmal mit mir von Lottchen und seiner Art, mit ihr zu leben, so recht im Ton der Ruhe, nicht der Resignation. Er sagte sogar, wie er sich überzeugt hätte, daß er mit Karolinen nicht so glücklich gelebt haben würde wie mit Lottchen, *sie würden einer an den andern zu viele Forderungen gemacht haben*, und mit einem Wort, ich fühlte, daß *sein Herz* keinen Wunsch mehr macht, den Lottchen nicht erfüllen könnte.» (10. Februar 1791) Und als Wilhelm von Humboldt Caroline zu ihrer Schiller-Biographie gratulierte, beschwor er noch einmal die Zeit, da Schiller das Ideal schöner Weiblichkeit noch nicht um der häuslichen Bequemlichkeit willen verraten hatte: «Schillers schönste, zarteste Eigenthümlichkeit hat außer Ihnen und der guten Li Niemand so gesehen und erkannt, als ich. Man mußte ihn in jener Zeit sehen, wo er offenbar in der schönsten Blüthe aller seiner großen Eigenschaften war, und die später alles Höchste in ihm entwickelt hat. Diese Zeit war sichtbar das Jahr vor seiner Verheirathung.» (29. Dezember 1830)

SCHWESTERN

Die Schwestern blieben einander lebenslang verbunden. Es gab Krisen, Zeiten der Entfremdung; meist liebten, brauchten und halfen sie einander. Von ihrer Schwester habe sie stets «das Herzlichste und Beste im Leben» erwartet, schrieb Charlotte (an Louise Franckh, 18. Juni 1805), die Caroline viel zu verdanken hatte. Ihr Verhältnis zueinander war seit Schillers Werbung um Charlotte verändert. Die kleine Schwester hat plötzlich Oberwasser über die große Schwester und gewinnt ein ganz neues Selbstbewußtsein, in ihren Brautbriefen schnurrt sie geradezu vor Selbstgefälligkeit. Der Mangel an eigenem Charakter, die «Unentwickeltheit», die Schiller und die Humboldts an ihr bemerkten, verwandelt sich nun in Stärke, denn es ist weniger ein Charakter als ein Temperament, was sie in ihren Briefen als Mitgift vor Schiller ausbreitet: unbedingte, selbstlose Liebe, Sanftheit, Nachgiebigkeit, Selbstbeherrschung, Verbindlichkeit, Natürlichkeit, Ausgeglichenheit, vor allem aber Ruhe. Die Schwester ist Unruhe. «Ich suche recht still und ruhig in mir selbst zu sein, daß ich ihr ... einen wohlthätigen Eindruck gebe.» (24.–26. Oktober 1789) Die Klage über Carolines Rastlosigkeit, die sich in ihrer Reiselust, ihren wechselnden Leidenschaften, ihrer Reizbarkeit, ihrer lebhaften Phantasie und in ihrem beweglichen Geist ausdrückt – immer hat sie etwas vor, immer hat sie Pläne und Projekte –, begleitet litaneihaft fast jede ihrer Äußerungen über die Schwester und gipfelt in jener oft zitierten Charakterskizze, in der sie in stillem Triumph Carolines Unruhe mit ihrer Liebesunfähigkeit verknüpft: «Ich möchte diesen Charakter zeichnen können, denn er ist höchst merkwürdig. So äußerst verständig und doch so phantastisch. Wenn einmal die Phantasie ins Spiel kommt, so muß die Vernunft die Gesetze von ihr empfangen. Sie liebte so oft, und doch nie recht; denn wahre Liebe ist ewig wie das Wesen, aus dem sie entspringt. Und eben weil sie nicht liebte, sucht immer das Herz noch einmal die Sehnsucht zu stillen. Ich hoffe jetzt Heilung von dem Wahn und ein Zurückkehren in sich selbst; es wird schmerzend aber heilsam sein.» (18. Juli 1811) Die physische Irritation, die aus Charlottes beständigem Lamento spricht, erweckt freilich den Verdacht, daß sie selbst um ihre Ruhe kämpfen mußte.

Und Caroline? Sie bestimmte sich der Schwester gegenüber, so wie Humboldts es taten, als hoch überlegen. Das Porträt verklärter Beschränktheit, das sie von Charlotte in ihrer Schiller-Biographie entworfen hat, ist in seiner Art eine diplomatische Meisterleistung: «Mäßig, aber treu und anhaltend in ihren Neigungen, schien sie geschaffen, das reinste Glück zu genießen.» Auch im Verhältnis zu Li von Humboldt hat sie sich als die Überlegene gesehen. Ihre Dichtungen lassen ein obsessionelles Interesse für Vergleichspaare, für Brüder und Schwestern, Freunde und Freundinnen, und für Dreiecksverhältnisse mit Vergleichspaaren erkennen.

Wie konnte es geschehen, daß diese «mäßige, aber treue» kleine Schwester den bedeutenden Mann bekam, der eigentlich ihr gebührt hätte? Carolines Antwort: Sie bekam ihn von der großen Schwester geschenkt. In ihrem Altersroman «Cordelia», einem wahren Spiegelkabinett von Dreiecksverhältnissen, hat sie diese Phantasie entfaltet. Caroline-Cordelia ist mit der unbedeutenden Cäcilie (eine Mischung aus Charlotte und Li von Dacheröden) befreundet («Wahrheit und Treue leuchteten aus den lichtbraunen Augen Cäciliens ... An Ausbildung stand sie gegen Cordelien zurück»); der Mann in ihrer Mitte heißt Wilhelm: «Wilhelm's Aufmerksamkeit schien getheilt zwischen den zwei liebenswürdigen Kindern, und da sie immer beisammen waren, war es beinah nicht zu unterscheiden, zu welcher sich sein Herz hinneigte.» Als Cäcilie der Freundin ihre Leidenschaft für Wilhelm gesteht, tritt Cordelia ihn großmütig an sie ab. Sie zieht sich zurück, Wilhelm, der eigentlich viel mehr in Cordelia verliebt war, wendet sich Cäcilie zu, und die beiden heiraten. «Ernst stand sie während der Trauungsceremonie da, und der Gedanke flog durch ihre Seele: wer weiß, ob einst ein so reines, harmonisch gebildetes Wesen sich mir an heiliger Stätte als Lebensgefährten weihen wird. Doch hingerissen vom Zauber des Glücks, dessen das vereinte Paar genoß, dachte sie bald nicht weiter an ihr eigenes künftiges Geschick; ihr Herz floß über in theilnehmender Liebe. Wilhelm wurde ihr werth, wie ein geliebter Bruder; die zarteste, treueste Freundschaft entstand aus diesem Jugendverhältnisse und lohnte reichlich das Opfer einer unterdrückten aufkeimenden Neigung.»

Schillers Lotte

Charlottes Leben müßte man am Leben ihres Mannes entlang erzählen. Seine Biographen preisen sie als ideale Dichtergattin und vorbildliche Mutter ihrer Kinder, die ihn umsorgte, sanft seine Launen ertrug, seine Freunde als die ihrigen annahm, an dem, was ihn interessierte, teilnahm, seine Dichtungen bewunderte und liebte – und bei alledem genau das tat, was sie wollte und was ihr gemäß war. Schon die ersten Tage gaben wir «ein volles schönes Bild des häußlichen Lebens. Ich fühle mich glücklich, und alles überzeugt mich, daß meine Frau es durch mich ist und bleiben wird» (1. März 1790), schrieb Schiller kurz nach der Hochzeit an Körner, und er hatte damit wohl recht. Nach fast allen Zeugnissen gingen sie liebevoll miteinander und mit ihren Kindern um. Schiller nannte Charlotte zärtlich «Maus», also mit dem väterlichen Kosenamen. Daß wir von Konflikten nichts wissen, ist sicher ihrer nachgiebigen Sanftheit zu verdanken.

Ihre Ehe wurde von Schillers Krankheit überschattet. Sie begann im Januar 1791 mit einer Lungenentzündung, die zu einer Rippenfellvereiterung und chronischen Bauchfellentzündung führte. Als Schiller am 9. Mai 1805 starb, waren laut Autopsiebericht fast alle seine inneren Organe völlig zerstört. In seiner vierzehnjährigen Leidenszeit ist der größte und bedeutendste Teil seines dichterischen Werkes entstanden, eine Energieleistung, die ohne Charlotte wohl nicht möglich und nicht nötig gewesen wäre, denn Schiller arbeitete ja nicht mehr nur für den eigenen Ruhm, sondern für seine Familie. Weil die festen Einkünfte zum Lebensunterhalt nicht ausreichten, war er zu Produktivität, auch zu ungeliebten literarischen «Brotarbeiten» gezwungen. Ein Stipendium des dänischen Herzogs Christian von Schleswig-Holstein-Augustenburg brachte für eine Zeit Erleichterung (Schiller stattete seinen Dank mit den Briefen «Ueber die ästhetische Erziehung des Menschen» ab), doch mit der wachsenden Kinderzahl stiegen auch die Ausgaben.

Die ersten beiden Kinder waren die Söhne Karl (14. September 1793) und Ernst (11. Juli 1796), dann kamen zwei Töchter. Nach Carolines Geburt (11. Oktober 1799) erkrankte Charlotte lebensgefährlich an einem «Nervenfieber», mit Wahnvorstellungen, Delirien und

1790 heirateten Charlotte von Lengefeld und Friedrich Schiller. «Gut gemacht, Schiller!» lobten seine Biographen diese Entscheidung. Man hält «Lotte» zwar für weniger geistreich, dafür aber auch für weniger labil als Caroline. Gemälde von Ludovika Simanowitz, um 1794.

beängstigenden Zuständen von Stumpfheit und Apathie. Es war ein völliger Zusammenbruch nach jahrelanger psychischer und physischer Überforderung. Kurz vor Anbruch des neuen Jahrhunderts zog die Familie von Jena nach Weimar und, im Frühjahr 1802, in ihr erstes eigenes Haus an der Esplanade, wo am 25. Juli 1804 die jüngste Tochter Emilie geboren wurde. Ihren Vater hat sie nie wirklich kennengelernt.

«Unter uns Allen verlor Niemand so viel als ich, weil ich ihn liebte, weil ich in ihm die ganze Welt fand! Wie öde mir das Leben vorkömmt, kann *ich* nur fühlen; diesen treuen Antheil an meinem Wesen, wie die höhere geistige Existenz, deren ich durch seinen Umgang theilhaftig wurde, kann mir nichts, nichts mehr auf der Erde ersetzen ... Mein Trost, meine Kinder seiner würdig zu bilden, ist noch der Einzige, den ich haben kann auf dieser Welt; sie allein halten mich noch am Leben, ich kann sonst nur im Grabe wieder Ruhe finden.» (An Louise Franckh, 12. Juni 1805) Diesen Vorsatz hat Charlotte, damit gleichsam in die Fußstapfen der chère mère tretend, getreulich erfüllt. Aus allen ihren Kindern ist etwas Ordentliches geworden. Der älteste Sohn Karl wurde Forstmann wie sein Großvater Lengefeld; Ernst trat als Jurist in preußische Dienste; Caroline arbeitete erst als Erzieherin, gründete in Rudolstadt eine Mädchenschule (das «Schillerinstitut») und heiratete im Alter von 39 Jahren Franz Junot, einen verwitweten Bergrat und Vater von sechs Kindern. Emilie, die von allen Kindern am begabtesten und Schiller am ähnlichsten war, verheiratete sich mit Adelbert von Gleichen-Rußwurm, dem Sohn von Rudolstädter Freunden Charlottes, und erwarb sich durch die Herausgabe und Förderung von Quellenwerken aus dem Nachlaß ihrer Eltern große Verdienste um die Schiller-Forschung.

Charlottes Kinder sind mit dem Denkmal ihres Vaters aufgewachsen: «In allen Wendungen meines Lebens schwebt mir das verehrte Bild *meines* Vaters vor, und ich bin sein Sohn», heißt es in einem Brief Ernst Schillers (an Caroline von Wolzogen, 10. August 1828), der am meisten durch dieses edle Gespenst zu leiden hatte. Es ist merkwürdig und ein wenig irritierend zu sehen, wie nach Schillers Tod für Charlotte das verklärte Bild ihres Mannes mit seiner Person umstandslos zusammenfiel, obwohl der Mensch, mit dem sie zusammengelebt hatte, zwar ein Genie, aber doch auch nur ein Mensch mit Fehlern und Schwächen gewesen war. «Was Caroline vor mir voraus hat, mußt Du von mir empfangen», hatte er von seiner Braut gefordert; seine Witwe spiegelte der Welt ein Schiller-Porträt zurück, das der idealisierten Marmorbüste Danneckers zum Verwechseln ähnlich sieht: «Ach wie ist die Büste so einzig! Wie groß und schön über der Welt und Zeit steht sie da! ... Alle kleinen Züge sind ausgeführt, alle Theile des Gesichts, sogar die Ader an der Stirne. Das Kleinste ist nicht vergessen, und doch ist der Eindruck so groß, daß man nur die große Form sieht.» (An Karoline Louise von Sachsen-Weimar, 9. Oktober 1810)

Auch Caroline von Wolzogen hat in ihrer Schiller-Biographie an der großen und schönen Form gearbeitet. Als sie 1829 Goethes Freund Johann Heinrich Meyer, dem «Kunstmeyer», das Manuskript zu lesen gab, schrieb er, er wünsche «nichts am Text weggelassen als allenfalls nur – doch sei es nur ein unmaßgeblicher Rath – die Stelle wo Schillers Gestalt mit dem Vaticanischen Apollo verglichen ist». (18. September 1829) Doch anders als ihre Schwestern wußte sie genau, was sie tat: «Das Ganze mußte ich groß u. nobel halten, und alles Zergliedern kleiner Lebens Noth das nicht intreßant sein kann, ließ ich weg.» (An Christophine Reinwald, 2. Juni 1830)

Der Retter

Die Beziehungen zu Schiller und den Humboldts haben Carolines Ablösungsprozeß von Beulwitz beschleunigt und eine Art Selbstverwirklichungstrip initiiert, in dem sich Flucht aus der Ehe und atemlose Glückssuche verschränkten. Sie wollte erzwingen, was die Schwester gefunden hatte: die Liebe eines bedeutenden Mannes. «O meine sanfte gute Lotte, da du selbst so zart fülest – da dein S[chiller] deinen leisesten Empfindungen allen Bewegungen deiner Sele so fein und schön begegnet, du wirst es doppelt fülen was unserer Karoline abgeht», schrieb Li von Dacheröden an Charlotte Schiller. In den Erfurter Statthalter und Mainzer Koadjutor, den Reichsfreiherr Carl Theodor von Dalberg, war sie nach Lis Meinung bald heftiger verliebt, als sie es je in Schiller war («ach, ihre Seele ist so innig auf Dalberg gerichtet»).

Dalberg, der später in den umstürzenden Auseinandersetzungen zwischen Frankreich und den Ländern des «Heiligen Römischen Reiches» eine wichtige und umstrittene Rolle spielte, gehört zu den Menschen, deren Anziehungskraft für die Nachwelt nicht nachvollziehbar ist. Seine Schriften vermitteln kaum etwas von seiner geistvollen Unterhaltungsgabe, seine Briefe nichts von seiner weltmännischen Liebenswürdigkeit, der Caroline in ihrem Roman «Cordelia» in der Figur des Herrn von Turn ein Denkmal gesetzt hat: «Turn ... war höchst einfach und unbefangen im Umgange; aber, im Besitz des feinen Welttons, wußte er einen Jeden auf dem Platze zu halten, der ihm gebührte»; das traf auch sie. Aus Carolines Projekt einer von Dalberg finanzierten kleinen Kolonie hoher Paare (Dalberg und sie, Schillers, Humboldts) wurde nichts, aber die Scheidung von Beulwitz setzte sie gegen den heftigen Widerstand ihrer Mutter schließlich durch. Am 7. Juli erging in «eingebrachter Ehescheidungs-Sachen des Herrn Vice-Canzler und Geheimen Legations Rath Friedrich Wilhelm Ludwig von Beulviz alhier und dessen Frau Eheconsortien Friederiken Sophien Carolinen Augusten geb. von Lengefeld» der Bescheid, daß die Ehe zwischen diesen Personen aufzuheben sei, «wegen der Letztern anhaltenden durch keine Arzney- und andere diensame Mittel zu heben gewesenen, den Zweck der Ehe behindernden kränclichen Leibes-Umstände». Beiden Partnern wurde das Recht auf eine neue Ehe zugestanden, und beide machten bald von diesem Recht Gebrauch, Beulwitz Ende November des gleichen Jahres, Caroline war noch schneller: am 27. September wurde sie in Bauerbach mit Wilhelm von Wolzogen getraut.

In dem Lebensmärchen, das sie sich und der Schwester in der Schiller-Biographie erfunden hat, ist ihm die Rolle des Retters zugewiesen: «Bei jedem Abschiede forderte er in jugendlich ritterlichem Sinne feierlich von uns das Versprechen, ihm zu schreiben, wenn er uns in irgend einer Not helfen könne; vom Ende der Welt würde er zu uns eilen.» Woraus oder wovor hat er sie gerettet? Unsere Kenntnisse über dieses dunkelste Kapitel ihrer Biographie sind lückenhaft.

Gegen Ende März 1794 reiste Caroline – die zu dieser Zeit noch nicht geschieden war – mit Wolzogen in die Schweiz. «Vernunft und Nerven müssen Karoline im Stich gelassen haben, als sie dem Mann ohne Einkommen und Amt ... ins Ungewisse folgte», meint Kahn-Wallerstein. Wirklich? In Carolines Nachlaß fand sich ein auf den 1. März 1794 datierter Brief des Schweizer Offiziers und Dichters Johann Gaudenz von Salis-Sewis an Wilhelm von Wolzogen, der ihm, im Namen eines Freundes, Fragen gestellt hatte, die Salis freimütig zu beantworten verspricht, «ohne zu entscheiden», ob Chur der für die Zwecke des «Freundes» geeignete Ort sei. «In kleinen Städten von kaum 3000 Einwohnern ist es nicht möglich unbemerkt zu leben. Sollte ihr Freund in Stuttgart bekannt sein, so trifft er hier ein halbes Dutzend Würtembergische Hofmeister an, und noch mehr Leute aus Ihrer Gegend unter den Handwerkern und Professionisten.» Accoucheurs (Geburtshelfer) gebe es in der Stadt nicht, gefährliche Fälle würden von gewöhnlichen Ärzten behandelt. «Von Seiten der Regierung geschehen keine lästige Nachforschungen, so lange man einen Gasthof bewohnt.» Chur war es also sicher nicht, sondern vermutlich Stein am Rhein, wo sich Wolzogens im folgenden Jahr einige Zeit aufhielten. Laut Eintrag im Kirchenbuch wurde dort am 30. September 1795 ihr Sohn Adolf Karl Wilhelm getauft.

Denkbar ist, daß er tatsächlich schon über ein Jahr früher auf die Welt gekommen war und erst einmal in Pflege gegeben wurde, bis Caroline offiziell Mutter werden durfte. Möglich ist, daß Adolf ihr zweites Kind war und ihr erstes schon als Baby starb. Vielleicht entstammte es ihrer Affäre mit dem livländischen Rittmeister Gustav Behagel von Adlerskron, der in Jena studiert und sich Schillers Familie und Caroline (die ihn den «Trabanten» nannte) eng angeschlossen hatte. Vielleicht war Wolzogen der Vater dieses Kindes, aber weshalb hätte Caroline ihn dann in einem «An meinen Mann» überschriebenen und auf den 25. November (?) 1794 datierten Gedicht als ihren Lebensretter feiern sollen?

Mögen Worte dir es sagen
Was ich oft in süßen Tagen,
Still an Deiner Brust empfand!
Nah schon im Genuss von Leiden
Von dem goldenen Licht zu scheiden
Hieltest du der Parzen Hand.

Alle Lebensbanden wanckten
Alle frohen Bilder schwanckten
Schaurig in des Orkus Kluft,
Du hast seinen Finsternißen
Mich Alciden gleich entrißen
Auf zur reinen Erden luft.

1796 erhielt Wilhelm von Wolzogen durch Fürsprache Schillers bei Goethe und dessen Fürsprache beim Herzog Carl August eine Stelle als Kammerherr und Kammerrat in Sachsen-Weimarischen Diensten, wo er Karriere machte und seinem Fürst als Diplomat bald unentbehrlich wurde. Er war sehr dick, eine «falstaffische Natur», litt deshalb an allerhand Gebrechen und Krankheiten. Caroline nannte ihn bald nur noch den «Alten» und hatte Affären mit anderen Männern. 1802 verliebte sie sich in Paris – wie vor ihr Li von Humboldt – leidenschaftlich in den als politischen Schriftsteller, Sonderling und Frauenliebling bekannt gewordenen Grafen Gustav von Schlabrendorff, dem wir ihre wunderbare Abschiedsklage verdanken: «Mit Trauer sah ich meine geschwollene Lippe verschwinden, das letzte sinnliche Zeichen meines Glücks.» (5. Oktober 1802) Und doch war sie Wolzogen eine gute Frau. Ihr Haus in Weimar war ein Mittelpunkt des gesellschaftlichen Lebens. Sie erfüllte die repräsentativen Pflichten einer Diplomatengattin, war eine gute Haushälterin, ging auf seine Wünsche und Launen ein und pflegte ihn geduldig, wenn er krank war, zuletzt in seiner langen Leidenszeit vor seinem Tod im Oktober 1809. Alle, die Caroline nahestanden, Mutter, Schwester, Schwager, Humboldts, haben ihre Ehe mit Wolzogen mißbilligt und nur aus ihren «Lebensumständen» erklären können, aber das greift wohl zu kurz. Niemand hat Schiller so unbedingt geliebt und verehrt wie Charlotte; Caroline ist von niemandem so hoch gehalten worden wie von Wilhelm von Wolzogen, der sie einem Freund so beschrieb, wie sie sich dichtete: «Meine Frau, einer der schönsten Charaktere, die ich im Leben angetroffen – so viel Geist, mit soviel unendlich großer Sanftmut; so unbegreiflich einfach und doch so viel umfassend; eine gute Hausfrau, eine zärtliche Mutter und doch Schöpferin von Welten, die ihre schöne Phantasie in solcher Harmonie ordnet. Ich kann Ihnen nicht beschreiben, lieber Freund, wie unendlich glücklich ich die Jahre war, die ich mit dieser ausgezeichneten Frau verlebte.»

SCHRIFTSTELLERINNEN

Nach der Geburt seiner Tochter Caroline war Schiller in so akuten Geldnöten, daß er seinem Verleger Cotta sechs aus dem Französischen übersetzte Erzählungen für dessen Zeitschrift «Flora» anbot; daß seine eigene Frau die Übersetzerin war – oder noch sein sollte, verschwieg er. Diese spröden, um Geld und Stand, Tugend und Liebe kreisenden Liebesgeschichten aus dem Ancien régime, von denen drei im Druck erschienen sind, wurden in den Band 16 der Schiller-Nationalausgabe, der Schillers Erzählungen enthält, mit aufgenommen. Weshalb? Weil Charlottes Übersetzungen von Schiller sprachlich überarbeitet und korrigiert wurden; die Korrekturen sind in einem philologischen Apparat nachgewiesen. Nach diesem Muster könnte jeder Lektor die von ihm betreuten literarischen Arbeiten seinem Werk einverleiben, würde es Schule machen, müßten wir Schillers von Goethe veränderten «Wallenstein»-Monolog künftig in Goethe-Ausgaben suchen. Niemand hat sich bisher die Mühe gemacht, die von Charlotte übersetzten französischen Originale zu suchen, um daran ihre Leistung als Übersetzerin, als Bearbeiterin oder Autorin ermessen und würdigen zu können. Erst neuerdings haben Literaturwissenschaftlerinnen begonnen, sich um ihren umfangreichen Nachlaß zu kümmern, der neben Übersetzungen aus dem Französischen und Englischen Gedichte, Reflexionen, Erinnerungen an bedeutende Zeitgenossen und Dramenfragmente enthält. Hansjoachim Kiene, der Verfasser von «Schillers Lotte», widmet ihrem literarischen Werk knapp zwei von 314 Seiten seiner Biographie, die mit dem Satz beginnen: «Übrigens hatte auch Lotte schriftstellerischen Ehrgeiz» und ausklingen: «Sie wußte allerdings auch – vielleicht spürte sie es mehr –, daß Schiller schriftstellerische Bemühungen bei Frauen im allgemeinen nicht sehr schätzte.» Spürte!

Überraschenderweise begegnet uns in dem Erzählungen-Band der Nationalausgabe auch ein Werk Carolines, oder vielmehr, es begegnet uns nur als Abwesendes. Unter der Überschrift «Karoline von Wolzogens Agnes von Lilien» begründet der Herausgeber, warum dieser zweibändige Roman nicht mit in die Ausgabe aufgenommen wurde: Schillers Anteil daran ist nämlich, wie die Handschriften zeigen, so gering, wie er selbst es in einem Brief an Goethe behauptet hatte: «Sie scheinen mir auf das Produkt meiner Schwägerin einen größern Einfluß einzuräumen, als ich mir gerechter weise anmassen kann. Plan und Ausführung sind völlig frey und ohne mein Zuthun entstanden.» Im ersten Teil habe er lediglich einige stilistische Korrekturen und Straffungen veranlaßt, im zweiten Teil dann gar nichts mehr verändert: «Wie also der 2te Theil geschrieben ist, so kann meine Schwägerin völlig ohne fremde Beihülfe schreiben. Es ist wirklich nicht wenig, bei so wenig solider und zweckmäßiger Cultur, und bloß vermittelst eines fast leidenden *Auf sich wirken lassens* und einer mehr hinträumenden als hellbesonnenen Existenz doch so weit zu gelangen, als sie wirklich gelangt ist.» (6. Februar 1798)

Caroline konzipierte die «Agnes von Lilien» 1793; zur Ausarbeitung und Veröffentlichung wäre es vielleicht nicht gekommen, wenn nicht Schiller ein paar Jahre später dringend nach einem populären Text gesucht hätte, um seiner maroden Zeitschrift «Die Horen» aufzuhelfen. Der Erfolg des Buches, vor allem des ersten Bandes, der 1796 anonym in den «Horen» erschien, übertraf alle Erwartungen. Viele Frauen verschlangen es, viele Männer zeigten sich beeindruckt, und alle rätselten, wer der Verfasser sei. Charlotte von Stein («ich habe es schon dreimal gelesen») tippte auf eine Frau. Im Schlegelkreis dachte man an Goethe, andere rieten auf Schiller, und als der Name der Verfasserin bekannt wurde, glaubte man wie Goethe, daß Schiller an dem Roman jedenfalls mitgeschrieben habe. Beim Schreiben brauchte Caroline keine Hilfe. Aber in gewissem Sinne trifft die These von Schillers Mitarbeit doch zu.

Die Titelheldin und Ich-Erzählerin verkörpert bis in den Lamm- und Liliennamen das Weiblichkeitsideal, das Schiller 1793, also im Geburtsjahr von Carolines Roman, in seinem Aufsatz «Ueber Anmut und Würde» entworfen hatte. Der (männlichen) Würde, die als Unterwerfung des Naturtriebes durch ein sittlich autonomes Subjekt verstanden wird, korrespondiert darin (weibliche) Anmut, die mit dem Begriff der «schönen Seele» verbunden ist: «Eine schöne Seele nennt man es, wenn sich das sittliche Gefühl aller Empfindungen des Menschen endlich bis zu dem Grad versichert hat, daß es dem Affekt die Leitung des Willens ohne Scheu überlassen darf, und nie Gefahr läuft, mit den Entscheidungen desselben im Widerspruch zu stehen. Daher sind bey einer schönen Seele die einzelnen Handlungen eigentlich nicht sittlich, sondern der ganze Charakter ist es. Man kann ihr auch keine einzige darunter zum Verdienst anrechnen, weil eine Befriedigung des Triebes nie verdienstlich heißen kann. Die schöne Seele hat kein andres Verdienst, als daß sie ist.»

Agnes also ist das Porträt triebhafter Tugend, die eigentlich gar keine Tugend ist, sie wird damit zugleich aber auch zum Porträt von zur Tugend veredelter Triebhaftigkeit. Sie ist wie Caroline «der See, in den jeder vorübergehende Gegenstand sich eindrückt», und sie ist die schöne Seele, der Carolines Ich-Ideal moralischer Schönheit zur Natur geworden ist: «Bei seiner Berührung bebten meine Nerven, und eine hohe Heiligkeit schwebte um sein Wesen, die schauernd meinen Busen beklemmte. In diesem namenlosen süßen Gemische der ersten Regungen des Herzens stand ich sprachlos, und versuchte nicht, der süßen Gewalt, die mich umwand, zu entfliehen.» Dieser aus Über-Ich und Es kurzgeschlossenen schönen Seele ist als ergänzender Partner die männliche Würde zugeteilt: «Welche Würde und heitere Stille schwebte über der reinen Stirn, deren Falten nur ruhiges Denken gezeichnet hatte! Welche Lieblichkeit atmete der sanft geöffnete Mund, um welchen Anteil, Mitleid und sorgliche Liebe sanfte Linien gezogen!» Idealistische Ästhetik und Kitsch trennt oft nur eine Haaresbreite – wenn überhaupt.

Die Spannung zwischen idealisierender Gebärde und sinnlicher Erregbarkeit, glatter Oberflächenpolitur und dem von ihr gleichsam versiegelten oder negierten problematischen Inneren des Romans und seiner Figuren strukturiert ihn durchgehend und erscheint auch ins Zeitliche transponiert: Die unglückliche Lebens- und Liebesgeschichte der Mutter der Titelheldin ist die «existentielle Vorleistung» für das ihrer Tochter geschenkte Happy-End. Nicht zufällig läßt diese Konstruktion an ein späteres problematisches Gipfelwerk des Klassizismus, an Stifters «Nachsommer», denken.

Deutsche Schwestern

1802 hatte der Herzog von Weimar Schiller in den Adelsstand erhoben, der sich vor allem um Charlottes willen über den Titel freute. Sie konnte nun wie in ihrer Jugend und wie Mutter und Schwester an den Hof gehen, und obwohl sie ihrer Geringschätzung über die dort anzutreffende Gesellschaft oft Ausdruck gab, ist sie nach Schillers Tod auch geistig immer mehr in die Mutterwelt des Hofes zurückgekehrt. «Schlüsseldame» nannte sie ihre Freundin, die junge (1786 geborene) Prinzessin Karoline Louise von Sachsen-Weimar liebevoll, mit der sie vor allem nach deren Verheiratung an einen Mecklenburger Prinzen einen lebhaften Briefwechsel geführt hat. Zwischen der Anrede («Theure gnädige Prinzeß») und der Schlußformel («Ich küsse Ihre lieben Hände» ... «Ihre unterthänige» – «treue» – «allertreueste Loloa») hat sie ihr vieles von dem anvertraut, was sie beschäftigte. Sie erzählt von Goethe, den sie immer nur den «Meister» nennt und (anders als Caroline) vorbehaltlos akzeptiert, von seiner unmöglichen Frau abgesehen («Welcher Dämon hat ihm diese Hälfte angeschmiedet?»). Sie spricht über ihre Kinder, Freunde, Bekannte, Bilder, Bücher, Theateraufführungen, und immer wieder einmal taucht auch die Schwester in ihren Briefen, manchmal auch in Weimar auf. Dann wohnt sie bei Charlotte, und sie leben wie gewohnt zusammen, reden, lesen miteinander, gehen zu Besuchen aus: zwei runde ältere Damen, Caroline ist sogar sehr dick, wie Humboldt seiner Frau jedesmal neu schreibt, wenn er sie gesehen hat.

Meistens freilich ist Caroline auf Reisen, in Rudolstadt, in Aschaffenburg bei ihrer alten Flamme Dalberg, in Wiesbaden, Frankfurt, Heidelberg. «Über die Frau [also Caroline] bin ich noch nicht recht ruhig. Sie ist wieder ungewiß in ihren Planen über den Sohn, und wo der Punkt ist, wo sie Ruhe finden wird, das muß ich einer höheren Macht hinterlassen. Ich fürchte, ihr Leben, welches sie sich so reich durch ihr Gemüth, ihr Talent machen kann, geht vorüber, ohne Ruhe zu finden. Dies ist ganz nur Ihnen gesagt, bester Engel.» (9. Oktober 1810) «Die Frau ist in Wiesbaden, wird aber, sobald sie ein Quartier gefunden, nach Frankfurt gehen; sie ist fleißig (unter uns gesagt); wenn sie nur erst in ihrer Produktivität wieder lebt, so hat auch die unruhige Phantasie wieder einen Ruhepunkt.» (16. November 1810) «Adolph soll nach Heidelberg diesen Herbst. Das ist auch eine Unruhe für mich. Die Mutter findet ihn sehr verändert. Das gebe der Himmel!» (19. September 1811)

Adolf war das Sorgenkind, ein junger Mann mit dem Gebaren eines Junkers, renommistisch, verschwenderisch, draufgängerisch und wenig am Lernen interessiert. Der sogenannte deutsche Befreiungskrieg gegen Napoleon 1813 / 1814 kam ihm gerade recht. Die Wellen des Patriotismus schlugen hoch; wie viele deutsche Jünglinge meldete er sich als Freiwilliger. Caroline ließ ihn nur höchst ungern ziehen und versuchte dann, durch Bittbriefe und Bittgänge Einfluß auf Adolfs Stationierung zu nehmen und ihn unter den Schutz von Verwandten stellen zu lassen. Rahel Varnhagen, die sie in Prag traf, sah «eine durchlebte, gütige, gefaßte, erschütterte Frau: une grandmaman». Von ihren männlichen Bekannten mußte sich Caroline für ihre Weichlichkeit schroff rügen lassen, so auch von Adolfs Vormund Wilhelm von Humboldt. «Die Wolzogen tut mir in ihrer Ansicht... eigentlich recht weh. Sie ist nie recht in ihrem Innern mit dem Schmerz ins klare gekommen», meint seine Frau, die dem möglichen Heldentod ihres Sohnes Theodor mit stolzer Gefaßtheit entgegensieht. «Von Lolos Söhnen hört man noch nichts. Carl ist, glaube ich, etwas weichlich, aber Ernst, glaubte ich immer, würde teilnehmen an dem großen Kampf. Der Vater dieser jungen Leute wäre selbst mitgegangen, lebte er noch und hätte einen Rest von Gesundheit.» (9. August 1813) Tatsächlich hatte sich auch der «etwas weichliche» Carl als Freiwilliger gemeldet, doch ließ ihn Herzog Carl August dann in Weimar Wache schieben. Auch über Ernst, der sich gern gemeldet hätte, hielt er seine schützende Hand und folgte damit den Wünschen Charlottes, die ihre patriotischen Gefühle erleichtert in einige Marsch- und Trinklieder goß:

Wohl sollt ihr füllen des Bechers Rund,
Am goldenen Weine euch laben.
Ihr habt es gelobet mit redlichem Mund,
Die höchsten, die besten der Gaben

Dem Volk zu erringen, was lang es vermißt,
Die Freiheit, die Wahrheit, den Glauben;
Was Stolz und Uebermuth, feindliche List
Versuchte dem Deutschen zu rauben.

Es ist eine Ironie des Schicksals, daß die Kriegsjahre, in denen Caroline vor Angst um ihren Sohn fast umkam («jeder nahende Bote erregt uns Fieberangst und Glut», heißt es in ihrer Erzählung «Anna»), die besten seines Lebens waren. Er zeichnete sich durch Tapferkeit aus, wurde zum Leutnant befördert und brachte als Kurier des Herzogs Carl August die Nachricht von Napoleons Thronverzicht von Paris nach Weimar. Mit dem Frieden hat er nichts anfangen können. Wie Carmen Kahn-Wallerstein berichtet, erlitt er 1823 in Paris einen Zusammenbruch, «von Selbstvorwürfen und religiösen Skrupeln getrieben, von schlechtem Gewissen gegenüber seiner Mutter gepeinigt». Zwei Jahre später, am 9. September, schoß er sich bei einem Jagdausflug mit dem «versehentlich» ungesicherten Gewehr «versehentlich» in die Lunge und starb in den Armen Carolines. «In meiner frühesten u. treusten Liebe war immer etwas töchterliches – später wurden meine andern Neigungen mütterlich», notierte sie im März 1834. Adolf war ihrer Liebe und ihren Träumen wohl nicht gewachsen. «Die Menschenwelt in dumpfem verirrendem Drang umfing mit schändlichen Netzen die arglose Seele in ihren Träumen von Größe», heißt es in einem nicht abgeschickten Brief Carolines an ihr «dear child». Nicht die Menschenwelt, sie selbst.

«Gebt mir Märchen und Rittergeschichten, da liegt doch der Stoff zu allem Schönen und Großen», heißt Carolines poetologisches Programm, das sie dem sterbenden Schiller in den Mund legte. Ihr 1840 (in ihrem 77. Lebensjahr) erschienener zweibändiger Roman «Cordelia» ist ein Denkmal für Adolf und eine deutsch-patriotische Ritterphantasie aus der Zeit der Napoleonischen Kriege: «In den Verhältnissen seiner Väter, auf freien, nur im Reichsverbande stehenden Gütern geboren und erzogen, erwuchs er im deutschen Freiheitssinne, der ächte Vaterlandsliebe erzeugt.» Aber er ist (ein wunderlicher Patriotismus!) zugleich eine Hommage an Dalberg, der wegen seines Paktierens mit Napoleon in der öffentlichen Meinung mittlerweile zum Vaterlandsverräter degradiert worden war, und ein Bekenntnis zum humanistischen Kosmopolitismus der Weimarer Klassik. Es ist sehr unwahrscheinlich, daß Schiller, wie Caroline von Humboldt glaubte, von patriotischen Gefühlen beflügelt, ins Feld gestürmt wäre. Die «Cordelia» (nach Lears guter Tochter) ist eine inzestuöse Phantasie, in der sich Caroline in Gestalt ihrer Heldin mit dem wiederauferstandenen Heldensohn vereinigt. Der Roman enthält die Utopie einer durch Geistesadel veredelten Aristokratie, läßt als poetische Autobiographie die Träume und Traumata ihres Lebens noch einmal Revue passieren, und er beginnt mit einer Heimkehr: «Der Abendschein, die Erde noch einmal mit seiner Glut umfassend, röthete die Zinnen des Gebäudes wie den alten Thurm auf dem fernen Berge, und ließ den Wandelnden noch den Schimmer des Flusses erblicken, der die ihn umgrenzenden grünen Ufer in schönem Bogen durchschnitt.»

WOLKENBILD

Charlotte von Schiller starb am 9. Juli 1826, nur drei Jahre nach der chère mère, an den Folgen einer Augenoperation durch einen Bonner Spezialisten. Emilie schrieb: «Heiter und ohne Schmerzen war ihr Ende, ihres herrlichen Lebens würdig. Wie herrlich war da ihr Tod! Ein sanftes, sanftes Einschlafen. Unsere herrliche Mutter, wie herrlich war auch ihr Tod!» Auf dem Alten Friedhof in Bonn liegt sie begraben.

Im Frühjahr des gleichen Jahres war Caroline in eine Wohnung in der Jenaer Vorstadt gezogen, wo sie bis zu ihrem Tode am 11. Januar 1847 gelebt hat, zusammen mit ihrer Gesellschafterin und Pflegerin Wilhelmine Schwenke, die fast 50 Jahre in ihren Diensten war. Solange es ihre Gesundheit erlaubte, ist sie gereist, zu Schillers Kindern, zu Freunden und 1835 zum erstenmal ans Meer, nach Scheveningen: «Das Anschauen des heiligen Meeres hat mich sehr belebt.» Sie schrieb viel und plante noch mehr, eine Dalberg-Biographie zum Beispiel und einen Roman, «Alma», der ihre mit der «Agnes von Lilien» begonnene «Trilogie der weiblichen Welt» beschließen sollte. Und sie bereute. Die neugierige Selbsterforschung ihrer Jugendjahre hat sich mit den Jahren mehr und mehr in quälerische Selbstbezichtigungen gewandelt, in die nach innen gewendeten mütterlichen und schwesterlichen Vorwürfe. Vor ihrem Tod hat sie ihre Papiere, Briefe, Aufzeichnungen, Entwürfe zu Erzählungen, biographische Fragmente, durchgesehen und vieles zur Vernichtung bestimmt; was von ihren Texten überlebte, ist bis heute nicht geordnet und ausgewertet, was sicherlich auch mit ihrer schwer leserlichen Schrift zusammenhängt. Sie sind, wie Humboldt einmal sagt, mit Buchstaben geschrieben, «daß wirklich ... wie bei der Schöpfung, der Geist über der Tinte nur schwebt, ohne daß man recht weiß, wo er sich niederlassen will». (19. September 1813)

Sie liegt auf dem Alten Friedhof in Jena begraben. Ihren Grabspruch hat sie sich selbst geschrieben: «Sie irrte, litt, liebte, / verschied / im Glauben an Christum / die erbarmende Liebe». Wie ein Kommentar dazu erscheinen die traurigen Zeilen, die sie früher einmal notiert hatte. Man sollte sie nicht als Fazit ihres reichen Lebens mißverstehen, obwohl sie so gemeint sind: «Welch traurig fieberhaftes Leben führte ich. Von Irrthum zu Irrthum schwankend, nach LiebesGlücke strebend – das Wolckenbild umarmend daß mich mit Thränen übergoß.»

Von der Peripherie ins Zentrum zur Peripherie

Dorothea Schlegel
und Henriette Mendelssohn

von Hazel Rosenstrauch

Fromet Mendelssohn, die Frau des Philosophen Moses Mendelssohn, hat zehn Kinder geboren, sechs überlebten, drei Mädchen und drei Knaben. Wir wissen viel über die älteste Tochter Brendel, die eine eifrige Briefschreiberin war und in den Berichten ihrer Zeitgenossen oft erwähnt wird; viel weniger über Henriette, die den wichtigsten Teil ihres Lebens in Paris verbrachte, so gut wie gar nichts über die mittlere Schwester, Recha.

Die Annäherung an die über zweihundert Jahre alten Damen ist schwierig, weil ihre Geschichte so bedeutend ist. Sie sind eingeordnet und definiert und in das Blattwerk deutscher Kulturgeschichtsschreibung gehüllt: Mendelssohns Töchter. Jüdinnen. Salons. Deutsche Romantik. Dazu kommt in den letzten Jahren das Interesse, sie unter dem Gesichtspunkt weiblicher Emanzipation zu betrachten. Das gilt vor allem für Brendel Mendelssohn, später Veit, dann Dorothea Schlegel, die am radikalsten und früher als andere Frauen und Jüdinnen mit Traditionen und Rollen gebrochen hat.

Könnte ich mir neues Material wünschen, wüßte ich gerne mehr über Henriette und Recha, über die Erziehung der ihnen anvertrauten Kinder. Welche Rolle haben finanzielle Erwägungen gespielt, als Henriette das Angebot des Generals Sebastiani annahm und mehr als zehn Jahre ihres Lebens der Erziehung seiner nur beschränkt begabten Tochter widmete? Wie war ihr Verhältnis zu Karl August Varnhagen von Ense und wie das zu August Wilhelm Schlegel, sind die zärtlichen Formulierungen Henriettes nur dem romantischen Stil der Zeit geschuldet? Wollte sie nirgends zugehören, keinem Mann und keinem Bund, oder gab es schon die Lust auf Unabhängigkeit?

Es muß schwierig gewesen sein, zwischen Berlin und Wien, Dresden, Paris, Köln und Rom hin- und herzureisen. Wer hat sich um die Aufenthaltserlaubnis für die Jüdinnen gekümmert? Was fand Dorothea an Friedrich Schlegel so faszinierend? Was fand sie an sich selbst so gering? Hat die Gleichberechtigung der Juden in Frankreich Henriettes Entschluß, in Paris zu bleiben, beeinflußt? Ich wünschte, es gäbe mehr Material über die Beziehungen zwischen den Schwestern. Viel geschrieben worden ist über ihr Judentum und beider Übertritt zum Katholizismus. Ich hätte die Schwestern gerne gefragt, ob sie mit den Interpretationen einverstanden sind oder ob diese Darstellungen nicht eher die Probleme ihrer Biographen spiegeln. Da mir Dorothea und Henriette nicht antworten, muß ich ihre Bilder in den Rahmen betrachten, in denen sie gemalt wurden, die sind, je nach Beleuchtung und Alter, verschieden und scheinen nicht immer zueinander zu passen.

Die Salons der Jüdinnen oder (nachdem ihre Begabung zur Gattung wurde) Die Salonières

Es gibt wohl kaum ein Buch über das Berlin an der Wende vom 18. zum 19. Jahrhundert und keines über deutsch-jüdische Beziehungen, in denen die Salons der Jüdinnen nicht vorkommen. Dorothea wird meist mit ihrer Jugendfreundin Henriette Herz und der um sieben Jahre jüngeren Rahel Levin in einem Atemzug genannt. Sie waren nicht die einzigen, aber die berühmtesten jüdischen Frauen in Berlin, die in ihrem (bzw. ihrer Männer) Haus adelige und bürgerliche, jüdische und christliche, weibliche und männliche Gäste empfingen, sich mit ihnen von gleich zu gleich unterhielten oder zumindest eine Zeitlang die Illusion nährten, es gäbe die Gleichberechtigung zwischen Ständen und Geschlechtern, Christen und Juden. «Die christliche Gesellschaft, namentlich die Träger der hohen Aristokratie, gewahrten mit Erstaunen, daß die Vertreter und Vertreterinnen des damaligen deutschen Judentums wie geschaffen waren, dem geistigen und geselligen Leben Berlins einen neuen Aufschwung zu geben, denn sie entwickelten Eigenschaften, die in der Stadt Friedrichs des Großen bis dahin noch wenig zu Hause waren, nämlich Esprit

und Witz, feinen Geschmack und gesunden Menschenverstand...»,
schreibt Adolph Kohut in seiner Geschichte der deutschen Juden.
 Henriette Herz ist (im Unterschied zu ihren Freundinnen) eine
vielbewunderte Schönheit, geistig eher unselbständig, aber mit einem klugen, gebildeten Arzt verheiratet, der naturwissenschaftliche
Vorlesungen in seinem Haus hält, die auch von Nichtjuden besucht
werden. Dorothea ist mit einem ihr geistig unterlegenen Kaufmann
verheiratet. Rahel ist ledig. Beide werden als häßlich, aber anziehend
durch ihre Klugheit und Gesprächskunst geschildert. Seit 1780 wird
bei Henriette Herz über Literatur, Theater und romantische Gedichte diskutiert; der berühmteste Salon in den neunziger Jahren ist
Rahel Levins Dachstube in der Jägerstraße, wo sich Intellektuelle,
Diplomaten, Künstler, Schauspieler, Adelige und Bürger beiderlei
Geschlechts bei Tee und Butterbrot treffen. Rahel sammelt prominente Nichtjuden, einige kennt sie aus dem Haus Mendelssohn. In
die Kreise der Freundinnen wurde «nach und nach wie durch einen
Zauber alles hineingezogen, was irgend Bedeutendes von Jünglingen
oder jungen Männern Berlin bewohnte oder auch nur besuchte»,
zumal «die christlichen Häuser Berlins nichts boten, was den jüdischen Geselligkeiten gleichkam». Die Frauen sind nicht Dekor ihrer
Männer, und ihr Gesprächsstoff sind nicht Haushalt, Kinder oder
Stickarbeiten. Sie sind das Zentrum und die Initiatorinnen dieser
Zusammenkünfte. Berlin ist zu dieser Zeit, im Verhältnis zu westeuropäischen Städten, provinziell. Der aufgeklärte Friedrich II. bevorzugt französische Kultur, die Stellung der Juden ist in seinem Land
immer noch erbärmlich, der Besuch in jüdischen Häusern drückt
zumindest Mißbilligung der Zustände aus, nicht viel mehr, aber die
Salons sind Orte, an denen Grenzen überschritten werden und sich
auflösen.
 Lesen ist, wie Zeitgenossen klagen, zu einer Seuche geworden.
Schon 1779 schreibt Wieland: «Nie ist mehr geschrieben und gelesen worden, neue Zeitschriften bedecken seit 1780 den deutschen
Boden wie Gebirgsschnee», und Kant stellt 1798 fest: «Die Leserey
ist zum beynahe unentbehrlichen und allgemeinen Bedürfnis geworden.» Die Lebensbeschreibungen und Gefühlswallungen eines
«Tristram Shandy» und «Tom Jones», Rousseaus «Neue Heloise»
und vor allem Goethes «Werther» verleihen empfindsamen Gemü-

tern Sprache für ihre Seele. «Keine von uns, die nicht damals für irgendeinen Helden oder eine Heldin aus den Romanen der Zeit schwärmte ... und obenan stand darin die geistreiche, mit feuriger Einbildungskraft begabte Tochter Mendelssohns ...», schreibt Henriette Herz. Es ist die erste Generation, die ihre Identität in der Literatur sucht und durch Literatur bildet.

Seit Jahren sind Vorschläge zur Verbesserung von allem und jedem gedruckt, die Rezepte der Aufklärung sind der jungen Generation nicht genug. Neues wird, zumal politische Ausdrucksmöglichkeiten fehlen, in Kunst, Literatur und Poesie gesucht. In der immer noch reglementierten Ordnung leben die Freunde eine Utopie: die Wertschätzung soll nicht mehr von der Herkunft oder Religion abhängen, sondern von Bildung, Kenntnissen, der Fähigkeit, sich auszudrücken, auch der Bildung des Herzens, wie ein menschliches, möglichst natürliches Verhalten damals genannt wird. Das Gegenbild ist nicht nur der Hof mit seinen leeren Ritualen, sondern auch die Biederkeit des neuen Bürgertums.

Es ist ein kleiner überschaubarer Kreis, der mit Konventionen bricht, die neueste Literatur kennt, kritisiert oder gar verfaßt. Sie «pflegten ... eifrig die schönen Künste, lasen alles Bedeutende, was die Tagesliteratur brachte, und plauderten über philosophische Fragen wie über die Politik und die Herzensangelegenheiten ihrer Bekannten ... Mit unendlicher Schreibseligkeit brachten sie in Briefen und Tagebüchern Alles zu Papier, was sie gehört, gelesen, empfunden, geurtheilt: sentimentale Grillen, wie scharf formulierte literarische Urtheile, poetische Reiseeindrücke, wie prosaische Notizen über Häusliches; trieben dabei viel Überschwänglichkeit, erlangten aber auch einen Conversationsstil und eine anziehende Darstellungsgabe ...», heißt es in einer katholischen Zeitschrift von 1882, die sich mit Dorotheas Religiosität beschäftigt.

Ende der achtziger Jahre entsteht der Tugendbund, in dem Henriette Herz, Dorothea Veit, die Brüder Humboldt, Carl La Roche und andere sich zusammenschließen, in Anlehnung an die allerorts entstehenden Freundschaftsbünde und Vereinigungen, aber mit der wichtigen Abweichung, daß Frauen ebenbürtig sind. Hier geht es um Tugend, vor allem aber um Empfindungen und Freundschaft, man gibt sich Statuten und wühlt einander in der Seele. Die kluge, intellektuelle Rahel nimmt an diesem zärtlichen Bündnis nicht teil, sie nennt es eine «kindische Freimaurerei», Dorothea, die in diesen Freundschaften ihre unglückliche Ehe kompensiert, scheint die Rituale besonders ernst zu nehmen.

Gleichheit, Geschwisterlichkeit und Freiheit sind hier – den deutschen Zuständen gemäß – vor allem auf die Konventionen bezogen. «Über Liebe und Ehe waren die laxesten und verhängnisvollsten Ansichten im Schwange, die freie Liebe wurde erst verblümt und schmachtend, endlich ganz ungeniert zum Dogma erhoben.» Die Freunde und Freundinnen sind häufig beisammen, und wenn sie nicht beisammen sind, schreiben sie einander Briefe. Man besucht Theater und Konzerte, Freunde bringen Freunde mit. Zum engeren Freundeskreis gehören der Theologe Friedrich Schleiermacher und der schwedische Diplomat Gustav von Brinkmann, Friedrich von Gentz, die Humboldts. In der Sekundärliteratur gern erwähnt werden die Adligen, allen voran Prinz Louis Ferdinand, die Herzogin von Kurland, Graf von Finckenstein, mit dem Rahel kurzzeitig verlobt ist. Tieck, Fichte, Schelling, Jean Paul und schließlich die Brüder Schlegel tauchen in den letzten Jahren des 18. Jahrhunderts in den Salons auf. In dem damals etwa 172000 Einwohner umfassenden Berlin dürften etwa hundert Menschen die jüdischen Salons besucht haben. Nach ihrer revolutionären Phase werden einige Männer aus diesem Kreise berühmte Reformer, andere werden das Mittelalter romantisieren und ein deutsches Nationalgefühl begründen.

Im 19. Jahrhundert oft als undeutsch, unweiblich oder dekadent geschmäht, sind die emanzipierten Jüdinnen in unserem Jahrhundert, vor allem in der zweiten Hälfte, zur unverzichtbaren Projektionsfläche geworden, Heroinnen der deutsch-jüdischen Geschichte. Die Salons der Jüdinnen in Berlin und in Wien erscheinen als kurze hoffnungsvolle Periode, schon aufgeklärt und noch nicht national, schon von der Französischen Revolution und noch nicht von der deutschen Reaktion geprägt, Höhepunkt der Berliner Geselligkeit, Herzstück einer bürgerlichen Öffentlichkeit, illusionärer Ort einer deutsch-jüdischen Symbiose. Sie gehören zur Frühgeschichte der jüdischen, der bürgerlichen und der weiblichen Emanzipation und der romantischen Schwärmerei. Die jüdischen Frauen haben sich doppelt und dreifach emanzipiert: aus der deutschen Tradition der

Sondergesetze, Ausgrenzung, Verachtung durch die christliche Gesellschaft, aus der jüdischen Tradition, deren Sprache und Gebote sie von der Umwelt absonderten, in der jiddisch gesprochen wurde, Frauen von den Vätern verheiratet wurden, nach der Hochzeit ihre Haare nicht mehr zeigen durften, und aus der ständischen und männlichen Welt, in der erstens Frauen, zweitens Juden, drittens Bürgerliche von den maßgeblichen Kreisen kaum anerkannt wurden. Auch wenn man die Romantik der Aufklärung gerne entgegensetzt, sind die Rebellen in diesem Kreis in vieler Hinsicht Erben der Aufklärung, ihr «Verbesserungswille» bezieht sich allerdings vornehmlich auf die Gefühle, das Innenleben, die Subjektivität. Sie wollen nicht die Welt, sondern sich selbst vervollkommnen; nicht «sentiri aude» sondern «sapere aude»: wage zu fühlen.

Lebensläufe
Ein erstes Bild der Schwestern

Brendel wird im Herbst 1764 geboren, kurz nach dem Siebenjährigen Krieg, in der Blütezeit deutscher Aufklärung, als der durch den Hof unterstützte «Flor» von Handel und Manufakturen ständische Schranken obsolet werden läßt. Sie ist die Lieblingstochter des Philosophen, zumal der erste männliche Nachwuchs erst 1770 zur Welt kommt. Den Namen Dorothea gibt sie sich erst Mitte der neunziger Jahre, im Kreis der poetischen Freunde. Wilhelm von Humboldt erklärt sie zur «ersten Frau der Zeit an Geist und Charakter». Sie wird als eher derb, starkknochig, mit männlichen Zügen beschrieben, «aus denen nur wunderbar tief das Auge hervorleuchtete». Immer wieder bescheinigen Freunde, daß ihr Geist, ihre Wärme und Liebenswürdigkeit, die Heiterkeit des Gemüts und die Güte ihres Herzens die Häßlichkeit vergessen lassen; diese Erzählungen könnten davon beeinflußt sein, daß es zur Kritik am höfischen Geschmack gehörte, innere gegen «bloß äußerliche» Werte auszuspielen.

Seit 1783 mit Simon Veit verheiratet, hat sie sich mit einem Leben an der Seite des ungeliebten Gatten abgefunden und den Ausgleich bei Literatur und Freunden gefunden, da begegnete sie, wie es

Brendel Veit, geb. Mendelssohn (1764–1839), auf einem Pastellbildnis von 1789. Als Dorothea Schlegel ist sie in die Literatur eingegangen.

in der Sprache der Romantiker heißt, ihrem Schicksal. Im Salon der Henriette Herz lernt sie 1797 Friedrich Schlegel kennen, er «ward ihr Eins und Alles, der Abgott ihres Herzens». Sie läßt sich von Veit scheiden und vertauscht die sichere Existenz als Ehefrau eines wohlhabenden jüdischen Kaufmanns mit der Unsicherheit an der Seite des jungen Genies. Als die dramatische Affäre beginnt, ist Dorothea 33 Jahre alt, mehr als 14 Jahre verheiratet und Mutter von zwei Kindern. Schlegel ist 25 Jahre alt, ein Schöngeist mit reichen Kenntnissen, witzig, natürlich und ein Wortführer der rebellischen Jugend. Zu dem Skandal, daß sie mit dem Geliebten in wilder Ehe lebt, kommt der Skandal jenes 1799 veröffentlichten Büchleins, das die freie Liebe, den Taumel der Leidenschaften und den Müßiggang preist. Alle Welt (weit über Berlin hinaus, denn die Kommunikationswege sind schon kurz) weiß, daß Dorothea das Vorbild der unzüchtigen Lucinde aus Schlegels Roman ist. 1799 wird Dorothea geschieden, nur wenige Freunde halten zu ihr, der Schritt entfremdet sie selbstverständlich ihren Verwandten und vielen Freunden; die Jüdische Gemeinde wirft ihr vor, den Namen des Vaters in den Schmutz gezogen zu haben. Sie lebt kurze Zeit in einer dürftigen Wohnung am Rande Berlins und zieht noch im gleichen Jahr mit Friedrich nach Jena, in die berühmte Wohngemeinschaft mit August Wilhelm Schlegel und dessen Frau Caroline. Es war eine sehr intensive, hoffnungsvolle Zeit. Pünktlich zur Jahrhundertwende schien eine neue Epoche anzubrechen. Der Prager Romantikforscher Josef Körner nennt es die Zeit, in der «die Gedanken gekeltert wurden», von denen mehrere nachfolgende Generationen gelebt haben – Dichter, Mystiker und Nationalisten. 1802 zieht sie mit Friedrich nach Paris, von dort ins französisch besetzte Köln, nach Wien und Frankfurt, immer auf der Suche nach Einkünften oder einer Stellung für Friedrich. 1804 wird sie in Paris (protestantisch) getauft. Anschließend heiratet das Paar, ein Schritt, der auch Friedrichs Chance auf eine Stelle in Köln erhöhen soll. In Köln konvertieren beide 1808 zum Katholizismus, wieder bricht sie mit Freundinnen und Freunden, die diesen Schritt nicht nachvollziehen wollen. Das Leben mit Schlegel bleibt unsicher, das Genie, das sich nicht in die Knechtschaft eines Amtes begeben will, hat nur wenige Einkünfte und viele Schulden. Bis zu Friedrichs Anstellung 1809 als Hofsekretär in Wien ist das Paar auf Dorotheas «Lohnscriblerei», auf die Unterstützung durch ihren ersten Ehemann Simon Veit, ihre Brüder, Friedrichs Bruder August Wilhelm und gelegentliche Gönner angewiesen. In Paris, Wien, Frankfurt und Rom sind die Behausungen der Schlegels meist ärmlich, aber immer wieder schart Dorothea interessante Menschen um sich, die von ihr bezaubert sind. Nach Friedrichs Tod 1829 findet sie Aufnahme im Haus ihres Sohnes Philipp Veit, der Direktor des Städelschen Kunstinstituts in Frankfurt ist. Vom Wiener Hof erhält sie eine kleine Pension. Sie stirbt 1839 als züchtige Großmutter im Kreis ihrer Enkel. Ihr schlechter Nachruf hat viel damit zu tun, daß Dorothea inbrünstig katholisch wird. Sie habe, schreibt Hannah Arendt, «ihr Leben an einen Augenblick einfach fortgeworfen».

Henriette, Dorotheas Lieblingsschwester, wird 1775 geboren. Dorothea hat sie in jungen Jahren unter ihre Fittiche genommen und die kränkliche Schwester offenbar auch gepflegt. Sie ist mit Henriette Herz eng befreundet und ein häufiger und beliebter Gast in den Kreisen der Romantiker. Rahel Levin, deren Vertraute Henriette ist, nennt sie «das Feinste und Tiefste», was sie an Menschen gekannt. Das Äußere hat sie von ihrem Vater geerbt. Sie wird als klein und verwachsen, ruhiger und stiller als die exaltierten Freundinnen beschrieben. Henriette bleibt unverheiratet und ist eine der wenigen Frauen dieser Zeit, die sich ihren Lebensunterhalt alleine und würdig zu verdienen vermögen. 1787, nach dem Tod Moses Mendelssohns, zieht sie mit ihrer Mutter nach Strelitz, kehrt 1797 nach Berlin zurück, lebt kurze Zeit bei der großen Schwester und ab 1799 als Erzieherin im Haus eines jüdischen Bankiers in Wien. Wir begegnen ihr bei Fanny Arnstein, einer Verehrerin Moses Mendelssohns, die aus einer Berliner jüdischen Familie kommt und den berühmtesten Salon Wiens führt. 1802 geht Henriette mit ihrem Bruder Abraham nach Paris, sie führt ihm den Haushalt und arbeitet zunächst als Erzieherin im Haus des Pariser Financiers Fould, bei dem ihr Bruder angestellt ist. Sie macht sich selbständig und richtet im Haus des Bankiers eine Erziehungsanstalt für kleine Mädchen ein, hat «eine Gehilfin angestellt, die den Religionsunterricht der Kinder besorgt», und genießt «das Zutrauen der ersten und vornehmsten Familien». Mme. de Staël wollte ihr ihre Tochter Albertine anvertrauen, bevor Napoleon die Schriftstellerin in die Verbannung schickte. Henriette ist Anlauf- und Vermittlungsstelle in Paris, schreibt ausführliche Briefe, so auch an August Wilhelm Schlegel, den Bruder Friedrichs, der Mme. de Staël als Gesellschafter in die

Verbannung begleitet – sie berichtet über Neuerscheinungen und das Gesellschaftsleben, liest und kommentiert die Werke der Freunde, besorgt und vermittelt Bücher, Bekanntschaften und Nachrichten. Besonders eng bleibt der Kontakt zu Abraham, den sie mit seiner Frau Lea bekannt gemacht hat. Henriette verfolgt die Erziehung der Kinder – Fanny und Felix Mendelssohn Bartholdy – mit besonderer Aufmerksamkeit. Wir wissen, daß sie sich besonders für Musik interessiert und ein Gedicht von August Wilhelm Schlegel vertont hat. Literarisch hat sie sich offenbar nicht betätigt, sonst wäre sie bei Friedrich Schlegels ständiger Suche nach Mitarbeitern für sein «Athenäum» oder die «Europa» literaturwissenschaftlich aktenkundig geworden. In ihren Briefen klagt sie oft über Einsamkeit, obwohl ihre Pariser Wohnung als Treffpunkt in- und ausländischer Dichter, Künstler, Musiker, Gelehrter und Diplomaten geschildert wird.

1812 wird sie Erzieherin von Fanny Sebastiani, der einzigen Tochter eines napoleonischen Generals, und bleibt es bis zur Hochzeit des Mädchens 1825. Felix Mendelssohn Bartholdy, ihr Lieblingsneffe, und sein Vater Abraham holen sie noch im selben Jahr in Paris ab und bringen sie nach Berlin. Die Jahre bis zu ihrem Tod 1831 verbringt sie im Haus des Bruders. Zelter, Direktor der Berliner Singakademie, bringt die Nachricht von ihrem Tod an Goethe: «Dann ist auch gestern die jüngste Tochter Moses Mendelssohns begraben worden. Sie war unter allen Geschwistern ihrem Vater am ähnlichsten, auch eben klein und schwächlich, dabey seinen stillen Geistes und über alles liebenswürdig ... Es gehört doch zu den Besonderheiten, wenn ein Berliner Judenmädchen, ohne Persönlichkeit, zur Dame eines der ersten Pariser Standeshäuser geworden, gar keinen Abstand in Sprache, Sitte und ökonomischem Benehmen bemerken läßt ... (sie) sprach das klarste fließendste Deutsch, mit einer Heiterkeit, in der ich die schöne Seele zu erkennen glaubte.»

Auch Henriette ist, obwohl sie sich über Dorotheas Übertritt noch heftig empört hat, zum Katholizismus konvertiert. Zelter meinte, ihres Berufs wegen und «außer ihrem täglichen Besuch der Messe wäre kein Schein einer positiven Religiosität an ihr zu bemerken gewesen». Doch ihre Briefe und ihr Testament sprechen eine andere Sprache: auch sie ist im Alter eine überzeugte Katholikin, aber selbst betend wirkt sie intellektuell unabhängiger und rationaler als die Schwester.

Die mittlere Schwester, Recha, geboren 1767, gestorben 1831, hat den jüdischen Kaufmann Mendel Meyer geheiratet. In ihr Haus in Strelitz zog die Mutter (Fromet M.) mit den jüngeren Kindern, also auch mit Henriette, nach Moses Mendelssohns Tod. Recha Meyer hat eine Tochter, läßt sich scheiden und führt in Altona ein «Erziehungsinstitut für Mädchen». Henriette hat wohl bei ihr erste Erfahrungen als Erzieherin gesammelt. Recha ist nicht konvertiert, und das ist bereits hervorhebenswert.

Mendelssohns Töchter
Juden in Preussen

Dorothea ist stolz, eine Mendelssohn zu sein, auch wenn sie dem Judentum zu entrinnen versucht. Sie ist ebenfalls stolz, Fichte, dessen Judenfeindlichkeit bekannt ist, für sich eingenommen zu haben. Den Juden gilt sie als abtrünnig, den Christen als falsche Christin. Auch Henriette, die bei Mendelssohns Tod erst elf Jahre alt ist, steht im Schatten des Vaters. Sie erlebt als Erzieherin, daß die Leute es als Ehre betrachten, ihr Kind von einer Tochter des berühmten Philosophen erziehen zu lassen.

Dorothea und Henriette sind, vor allem anderen, Töchter. Alle überragend steht im Vordergrund dieses Bildes der berühmte Philosoph und Aufklärer, der die Juden zur deutschen Sprache und Kultur hinführt, Jude bleibt und diese Spannung zwischen Ghetto und der Hoffnung auf Gleichberechtigung aushält: Moses Mendelssohn, das Vorbild für Lessings Nathan, Inbegriff der Emanzipation durch Bildung, ein armer Thoraschüler aus Dessau, der durch Entbehrung und fleißiges Lernen der christlichen Welt Respekt abringt. Mendelssohn, der die jüdischen Ritualgesetze selbst noch streng einhält, ist ein deutscher und ein jüdischer Aufklärer, er möchte, daß sich seine Glaubensgenossen durch Bildung und Anpassung an die umgebende Gesellschaft emanzipieren, ohne ihre Religion und Sitten aufgeben zu müssen – ein frühes multikulturelles Konzept, das nur für eine

Moses Mendelssohn (1729–1786), der jüdische Philosoph und Aufklärer, der für Emanzipation durch Bildung eintrat. Gemälde von Anton Graff im Auftrag des Leipziger Buchhändlers Philipp Erasmus Reich.

überragende Gestalt wie ihn lebbar war. Daß seine Töchter zur katholischen Religion übertreten, scheint ein besonders nachdrücklicher Beleg dafür, daß für die nächste Generation und zumal für Frauen der Eintritt in die deutsche Gesellschaft nur durch die Taufe möglich war. Ende des Jahrhunderts werden die Übertritte so zahlreich, daß manche glauben, das Ende des Judentums sei gekommen.

Im Geburtsjahr von Brendel, 1764, galt noch das «revidierte Generalprivilegium und Reglement für die Juden», das erst 1812 durch das Edikt zur Judenemanzipation aufgehoben wurde. Unter dem aufgeklärten König Friedrich II., der für seine Religionstoleranz berühmt wurde, war die Judengesetzgebung neuerlich verschärft worden, Mirabeau nannte sie «würdig eines Kannibalen». Es gab mehrere Gruppen von Juden mit unterschiedlichen Beschränkungen von Aufenthalts- und Arbeitsrechten, was stets die Gefahr einschloß, beim kleinsten Verstoß ausgewiesen zu werden. Das Leben der Juden wurde durch eine Fülle von Vorschriften reglementiert, ihre Anzahl war beschränkt, für Hochzeiten, Geburten, Eheschließungen wurden eigene Steuern verlangt, Juden entrichteten Leibzoll, analog zum Zoll für Vieh. Sie waren keine Menschen, sondern eben nur Juden. Da die jüdische Gemeinschaft selbst für die Einhaltung aller Vorschriften sorgen mußte und die gesamte Judenschaft für jeden Verstoß jedes Juden haftete, war sie übervorsichtig, zudem konservativ.

Moses Mendelssohn lebte in den ersten Jahren als ungeschützter ausländischer, besitzloser Jude, gehörte also nicht einmal zur untersten Kategorie und war von der Gemeinde, von Freitischen und Gönnern abhängig. Als er 1743 nach Berlin kam, waren Juden noch weitgehend durch Kleidung und Sprache von der christlichen Umgebung geschieden, und er selbst sprach damals nur Jiddisch. Konservative Rabbiner achteten darauf, daß Juden Juden blieben, daß z. B. ein jüdischer Junge keine deutschen Bücher las. Zur Hochzeit mußte Mendelssohn, wie alle anderen Juden, Porzellan aus der Königlichen Manufaktur kaufen, die königlich häßlichen Affen haben durch ihn Berühmtheit erlangt. Sein erstes Ansuchen um einen Schutzbrief 1763 wurde nicht einmal beantwortet, erst auf Intervention eines französischen Gesellschafters des Königs bekam er das Privileg, das vorerst nur für ihn und nicht für die Nachkommen galt. Im Geburtsjahr Brendels war Moses nicht nur kaufmännischer Direktor der Seidenfabrik seines Gönners, sondern Mitarbeiter der Literaturbriefe, hochgeschätzter Freund Friedrich Nicolais und G. E. Lessings, ein geachteter Philosoph, der gerade einen von der Akademie der Wissenschaften ausgeschriebenen Wettbewerb gewonnen hatte. Sein Haus gehörte zu den offensten und unkonventionellsten, zumal in Preußen. Er wurde von allen einigermaßen vorurteilsfreien gebildeten Leuten geachtet, weit über Preußen hinaus. Bei ihm trafen sich Angehörige, Freunde und Gelehrte christlicher und jüdischer

Herkunft, um gemeinsam Bücher zu lesen und zu räsonieren; literarische Berühmtheiten, Fürsten und Minister besuchten ihn bei ihrer Durchreise. Als allerdings die preußische Akademie ihn als Mitglied aufnehmen wollte, verweigerte der preußische König seine Unterschrift.

In einem Brief von 1777, dem frühesten Zeugnis über Brendels Lerneifer, schreibt Fromet ihrem Mann Moses, daß Lessing sie mit Brendel und Reikl zum Kaffee geholt habe und Professor Engel wäre auch dagewesen, anschließend seien sie zur französischen Komödie gegangen, «Brendel hat sie ziemlich verstanden und Reikl wird sich Mühe geben».

Brendel steht von allen Kindern am stärksten unter dem Einfluß des Vaters; sie wird zusammen mit ihrem Bruder Joseph unterrichtet, zum Teil vom Vater, zum Teil von Hauslehrern. Sie lernt Sprachen, lernt – was in jüdischen Haushalten zu dieser Zeit nicht üblich ist – gutes Deutsch, und auch wenn nichts Genaues überliefert ist, so nehmen die Fachleute doch an, daß sie an den philosophischen Vorlesungen des Vaters zumindest gelegentlich teilgenommen hat. «Ihr Vater liebte meine Freundin vorzugsweise und bildete sie selbst», berichtet Henriette Herz.

Selbst wenn auf ihre intellektuelle Erziehung weniger Wert gelegt wurde, als es bei Knaben üblich war, so wuchs sie doch in einem (nicht nur für jüdische, auch für deutsche Verhältnisse) überdurchschnittlich gebildeten, aufgeklärten Haus auf. Kein andres Judenmädchen und nur wenige deutsche Töchter haben zu diesem Zeitpunkt einen vergleichbaren Zugang zu Bildung und aufgeklärtem Denken wie Brendel Mendelssohn. Die Atmosphäre im Hause Mendelssohn hat gewiß hohe Ansprüche geweckt.

1778, mit 14 Jahren, wird Brendel verlobt. Simon Veit ist zehn Jahre älter als die Braut und stammt aus einer wohlhabenden jüdischen Kaufmannsfamilie. Henriette Herz, die selbst mit 15 Jahren einem doppelt so alten Mann zugeführt wurde, schreibt, nachdem die Ehe schiefgegangen ist: «Wie sollte aber das 17jährige, lebendige, mit glühender Einbildungskraft begabte Mädchen, gebildet von einem solchen Vater, erzogen in einem Hause, das von den vornehmsten wie von den ausgezeichnetsten Leuten besucht ward, wie konte ein solches Mädgen wol einen Mann lieben der unansehnlich an

Gestalt und Gesicht, mit jüdischen Manieren, damals von noch begränzter Bildung war.» Man hat oft darüber spekuliert, wieso der Aufklärer seine Tochter ohne Rücksicht auf ihre Neigung einem ungebildeten Juden zur Frau gab und weshalb Brendel sich nicht gewehrt hat. Moses Mendelssohn mag ein Patriarch gewesen sein, auch war die Chance gering, einen ebenbürtigen jüdischen Mann für Brendel zu finden, der genügend Geld und den nötigen Schutzbrief für eine Hochzeit hatte. Veit konnte ihr Sicherheit und das Aufenthaltsrecht bieten. Brendels Verhalten wird leichter erklärbar, wenn man den Blick auf die atemberaubenden Veränderungen in der Zeit nach dem Tod ihres Vaters richtet. Es könnte sein, daß 1778, im Jahr der Verlobung, und auch 1783, bei der Hochzeit, noch nicht denkbar war, was in den neunziger Jahren für immer mehr Frauen möglich und attraktiv wurde – sich scheiden zu lassen. Gegen Ende des Jahrhunderts wimmelt es von geschiedenen Frauen, jüdischen, bürgerlichen und adeligen. Zwischen Brendels Heirat und ihrer Scheidung liegt die Französische Revolution. In Frankreich sind Juden seit 1791 vollwertige Bürger; in Paris entsteht der erste Frauenklub, ein Jahr danach wird ein Scheidungsgesetz verabschiedet. 1794 wird im Allgemeinen Preußischen Landrecht erstmals die Scheidung erlaubt. In Berlin bekommt ein Jude volles Bürgerrecht. Der Krieg gegen Frankreich wird von den Juden mitfinanziert. In jüdischen Salons haßt man die Franzosen und gibt sich patriotisch preußisch.

Einige Anhaltspunkte für die Beziehung der Schwestern zueinander

Der Umzug der verwitweten Fromet Mendelssohn von Berlin nach Strelitz in das Haus ihrer Tochter Recha Meyer ist Anlaß für den frühesten erhaltenen Brief Brendels an die kleine Schwester Henriette vom 15. September 1788. Darin gibt sie ihr Ratschläge, die noch den Geist der Aufklärer und schon die Schreib- und Seelenprüfungslust der Romantiker spiegeln: «Meine geliebte Schwester! … Du kannst Dir denken … wie mir ist, wenn ich mir denke, dass ich Dich nun gar nicht mehr bei mir sehen soll … Wie sehr wünsche ich, dass Du bei mir bleiben könntest! aber das sind Schlösser in die Luft. Doch unglücklich muss Dich Dein neuer Aufenthalt nicht machen. Du musst selbst alles heraussuchen; Du musst keine Kleinigkeit unbenutzt lassen ... Beschäftige Dich nützlich; lerne zu, so viel Du kannst; sei Nothleidenden behülflich, so viel Du vermagst, mit Rath, Trost oder Geld. Höre nie auf, Dich selbst zu vervollkommnen, bessere beständig und werde nicht müde, Fehler, die Du an Dir bemerkst, auszurotten; glaub mir, der einzige Weg zur Glückseligkeit ist – immer besser werden; alles übrige ist ausser uns und kann uns nur so lange beglücken, als es uns neu ist. Gewöhne Dir an, jeden Abend getreu aufzuschreiben, nicht allein, was Du gethan und Dir begegnet, sondern auch was Du gedacht und gefühlt hast. Schicke es mir von Zeit zu Zeit. Die H(erz) und ich, wir werden Dir oft schreiben, um dir hülfreiche Hand zu leisten, wo es nöthig ist.» Im Nachsatz schickt sie Grüße von Alexander von Humboldt; Henriette Herz fügt hinzu, es tue ihr unendlich leid, «Sie so ganz von mir zu wissen». Der Brief ist noch mit B. gezeichnet. Henriette war damals 13, Brendel 25 Jahre alt. Zwei Jahre später ist Gustav von Brinkmann, einer der engsten Vertrauten Dorotheas, bei der Familie in Strelitz zu Besuch und spricht mit ihnen über deren Unglück in der Ehe. Dorothea ist darüber empört: «wie konnten Sie auch so vielseitige Dinge solchen platten Menschen vortragen, Sie hätten in S. mit keinen Menschen offen über Sachen des feinen Gefühls sprechen müssen als mit der J(ette) u. Sie waren gegen jeden offener als gerade gegen diese!» Offenbar reagiert sie auf Brinkmanns Charakterisierung der Schwester, wenn sie schreibt: «... was Sie von ihr sagen ist sehr wahr, es ist schwer mit ihr umgehen.»

1799 wohnt Henriette bei ihr, vermutlich schon in der Wohnung, in die Dorothea nach der Scheidung gezogen ist, sie schreibt Briefe und Texte ab, steht aber kurz vor der Abreise, wie Dorothea ihrem Freund Brinkmann berichtet: «Daß Jette nach Wien reist, um dort ihre Selbständigkeit an sich und ihre Pädagogik an anderer Leute Kinder zu probieren, das wissen Sie vermutlich schon durch sie selbst – ich würde ihre Entfernung von mir nicht so ruhig zugegeben haben, wenn ich nicht dächte, daß es ihr im Grunde doch nicht schaden kann, ihre Kräfte zu versuchen, da sie, sobald sie will, zu mir zurückkehren kann, und es doch alsdann vorteilhaft für uns beide sein wird, wenn sie gelernt hat etwas Ernsthaftes auszuführen – ich werde doch auch auf irgendeine Unternehmung sinnen müssen, wodurch ich meine Einkünfte etwas verbessere; und das können wir ja dann gemeinschaftlich besser, als einzeln.»

Dorothea ist offenbar noch unsicher, wie es nach der Scheidung weitergehen wird, vielleicht hat sie daran gedacht, die Schwester zu sich zu nehmen. Sie entscheidet sich noch im gleichen Jahr für die Gemeinschaft mit Friedrich, oder Friedrich entscheidet sich, sie doch nach Jena mitzunehmen. Henriette geht ihre eigenen Wege. Die Schwestern korrespondieren offenbar nur noch selten, zumindest sind nur wenige Briefe erhalten. Sie begegnen einander in Paris, als Henriette schon im Hause Fould lebt und Dorothea mit Friedrich in die Stadt kommt. Aber sie haben wenig Kontakt, weil es zum Streit zwischen den Geschwistern kommt, nachdem Dorothea wegen der drängenden Geldnot mit nicht ganz lauteren Mitteln an ihr Erbe zu gelangen sucht. Wenn Friedrich und auch Dorothea in der Pariser Zeit in Schnorrerbriefen betonen, daß sie völlig auf sich allein gestellt seien, verleiht dies nicht nur den Bitten um Geld Nachdruck, sondern spricht auch für die Tiefe des Zerwürfnisses, zumal 1802 auch der Bruder Abraham noch in Paris war. Die Schwestern treffen sich erst 1830 in Dresden wieder, ein Jahr später stirbt Henriette. Nach ihrem Tod schreibt Dorothea an den Bruder Joseph: «Ja, wohl war unsre heimgegangene Schwester eine Heilige, Beispiel und Ruhm für uns alle, die wir ihr angehörten, wenn man nur allein ihre große Geduld, ich möchte sagen, ihre Anmut bedenkt, mit welcher sie, so lange sie lebte, so vielerlei körperliche Leiden trug, wobei sie nichts so sehr bedachte, als nur niemandem damit zur Lust zu fallen. Von Kindheit an hatte sie vieles zu leiden, sowohl von Gebrechen aller Art, als von den Mitteln, die man wiewohl nutzlos, dagegen verwandte. Davon weiß ich am besten zu erzählen, die ich sie als Kind meist um mich hatte und besorgen mußte.»

Henriette Mendelssohn
Erzieherin und Femme de Lettres

Ich hätte die Geschichten der Schwestern gerne ineinander verflochten, einmal diese, einmal die andere zu Wort kommen lassen, aber das Material ist ungleich verteilt. Über vieles im Leben der tüchtigen kleinen Schwestern können wir nur spekulieren. Man darf vermuten, daß die Schwestern, als Henriette 1799 bei der frisch geschiedenen Dorothea lebte und Schreibarbeiten für sie erledigte, auch über die schlechte und die wilde Ehe gesprochen haben. Die kleine Schwester ist inzwischen auch schon 24, kein kleines Kind, das Ratschläge der Älteren braucht. Vielleicht hat die Erfahrung der Schwester sie in dem Entschluß bestärkt, sich unabhängig zu machen. Seit der Mitte des 18. Jahrhunderts leben gebildete junge Männer davon, daß sie die Kinder der neuen Mittelschicht erziehen, viele dieser Erzieher werden später Sekretäre, Dichter oder Professoren. Manchmal verliebt sich die junge Mutter in den Lehrer ihrer Kinder und finanziert ihm das Studium, wie es Karl August Varnhagen von Ense, dem späteren Ehemann Rahels, erging. Henriettes Erbschaft ist klein, die Ehe scheint sie nicht zu reizen. Sie hat zwar keine Chance, eine den Männern vergleichbare Karriere zu machen, aber es gelingt ihr als einer der ersten Frauen, von eigener Arbeit nicht bloß zu überleben, sondern gut zu leben. Josef Körner stellt sie zwischen die «berühmteren Stadt-, Glaubens- und Schicksalsgenossinnen Dorothea und Rahel; diese war in ihren Gedanken, jene in ihren Taten revolutionär ... Henriette blieb immer gehalten und bedächtig». Und nach dem Urteil Holteis wäre sie «eine viel bedeutendere Rahel geworden, wenn sie es hätte werden wollen. Sie zog vor, eine fromme, stille, weibliche alte Jungfrau und segensreich wirkende Erzieherin zu sein.»

Manche Bemerkungen über ihre Zöglinge klingen, als hätte Henriette Mendelssohn schon vor 200 Jahren Rousseaus Grundsätze der Erziehung (im Unterschied zum Verfasser des «Emile») auch auf Mädchen angewandt. Zwar stimmt auch sie in antifranzösische Klagen ein, erscheint aber weniger nationalistisch als die Schlegels. So lobt sie 1812 in einem Brief an Dorothea die Schriften des Schwagers, seine Sprache und seinen Geist und wendet ein: «Ich ehre ...

ihre Gesinnungen ... und den reinen Eifer, der sie antreibt ... aber es ist mir, als wäre Patriotismus keine christliche Tugend, und als wäre der Nationenhass unvereinbar mit der Liebe, die Christus gelehrt und zu der er uns ermahnt ... Für die Menschen hat der Herr gelitten, nicht für diese oder jene Nation!»

Als Berlinerin in Paris, die bei einem Napoleonischen General wohnt und ihre Briefe zu Verwandten ins Land des Feindes schickt, mußte sie mit politischen Äußerungen sicher vorsichtig sein. Als sie der Schwägerin, nach der Niederlage Napoleons im Sommer 1815, von der Schlacht in Paris berichtet, zeigt sie eine zu dieser Zeit erstaunlich differenzierte Haltung zwischen französischen und preußischen, republikanischen und royalistischen Parteigängern: «Ich habe am 10. Juli Ihren Brief vom 26. April erhalten, aus einem anderen Jahrhundert also, denn die Welt und alle Begebenheiten kreisen jetzt in so unglaublicher Schnelle, daß zwei Monate wohl dafür gelten können – Europa ist also wieder in Frankreich! Die Sache ist kurz und gut abgetan worden, bleibt aber ein Frankreich in Europa, so möchte dieser glorreiche Feldzug wohl keine anderen dauernden Folgen haben als das unsäglichste Elend; indessen dies ist die Sache des sich neu anknüpfenden Kongresses. Übrigens scheint es, daß meine deutschen Bekannten mich in den Bann getan, ich sehe niemand von den vielen hier Versammelten, dafür habe ich aber die Annehmlichkeit, alle Klagen über vos Prussiens anhören zu müssen die sich denn auch wirklich als Rächer bezeigen, sie rauben, sengen, brennen und morden, als hätten sie's aus irgendeiner Legende des Mittelalters gelernt; was aber am meisten hier verdrießt, scheint der Mangel an Höflichkeit zu sein ... Welch angstvolle Tage ich verlebt habe, kannst Du Dir leider denken, da Ihr ähnliche kennt, aber dennoch hatten die letzten Zeiten einen fürchterlicheren Charakter als alle, die Ihr in Deutschland erlebt, denn Ihr wart einig, und hier war der Ausbruch des schrecklichsten Bürgerkrieges täglich zu erwarten, während die fremden Armeen vor den Toren waren ... Viele Nächte hindurch zog der Pöbel der Vorstädte ... mit wütendem Gebrüll durch die Straßen und ohne die wahrhaft heroische Anstrengung und das edle Benehmen der Garde nationale waren wir gewiß verloren ...» Sie erzählt von der Vergnügungssucht der Pariser, die während der Kämpfe ins Theater gingen, und geputzten Damen, die in Kaleschen so nah als möglich an das feindliche Lager heranfuhren.

In ihren ausführlichen Briefen an die Schwägerin erkundigt sie sich nach den Kindern Fanny und Felix Mendelssohn Bartholdy oder fügt Passagen an die Kinder in ihren Briefen ein. Sie fragt die Nichte nach ihrer Lektüre oder empfiehlt Bücher, erzählt Anekdoten und scheint zu wissen, was in Berlin oder Wien vorfällt. 1816, als Abraham mit seiner Familie nach Paris kommt, hat sie die beiden Fannys – ihren Schützling und ihre Nichte – miteinander bekannt gemacht. In einem der langen Briefe an die Nichte bekennt sie, daß sie die Art der Vergnügungen nicht versteht, zu denen sich die jungen Leute hingezogen fühlen. Nach der Schilderung eines Balls bei James Rothschild, zu dem 1600 Leute geladen waren, fragt sie Fanny: «Ist es denn bei Euch auch so ... Gibt es denn wie hier bloß diesen einzigen Ausdruck für das Vergnügen, welcher Art es sein mag? Geburts- oder Tauffeste, Hochzeiten zu Silberhochzeiten, alles beginnt oder endet mit diesem leeren monotonen Schein-Genuß ... abgeschmackt, geistestötend und fantasieleer ... daß gerade die Jugend, so empfänglich für jede Freude und offen für jeden Eindruck, es zu keinem höhern Genuß bringen kann als eben einem Ball!» Trotzdem ist sie Neuem gegenüber aufgeschlossen. So berichtet sie entzückt von dem ersten Diorama, das die Schweizer Berge nach Paris gebracht hat, und amüsiert sich über die neue Mode: «Wie gern hätte ich Dir ... so ein lächerliches Kleid geschickt, wie man es in diesem Sommer in Paris trägt. Es sind sehr weite, faltige Fuhrmannshemden, Bluse genannt ... die gar keine Form haben», aber Fanny Mendelssohn Bartholdy habe sich als so korpulent geschildert, daß «ich nicht den Mut hatte». Ihr berühmter Neffe Felix Mendelssohn Bartholdy schreibt 1825, als er nach Paris fährt, um Henriette abzuholen: «Ihr mildes, ernstes, lebhaftes und überaus gütiges Wesen machte einen nicht geringen Eindruck. Und wie geistreich spricht sie! Wie freue ich mich darauf, sie Euch zurückzubringen.» Henriette-Maria, wie sie seit ihrer Taufe heißt, ist mit einer guten Pension ausgestattet, als sie nach Berlin zurückfährt.

Dorothea
Freiheit, Enthusiasmus, Roman und Romantik

Friedrich Schlegel hat behauptet, «jeder Mensch, der gebildet ist und sich bildet, enthält in seinem Innern einen Roman». Dorothea hat ihren Roman gelebt, wohl auch mit viel Fiktion, als die verheißungsvollen Jahre vorbei waren. Es ist, zumindest anfangs, ein zauberhafter Roman, die Geschichte der kleinen Schwester wirkt dagegen realistisch. Schon lange bevor sie Schlegel kennenlernte, 1793, schrieb Brendel an Rahel: «... entweder groß oder klein, ich kann mich nicht auf der lumpigen Mittelstraße herumtreiben ...» Die Begegnung zwischen Dorothea und Friedrich muß beide wie ein Blitz getroffen haben. Er wird als schroff, rebellisch, abenteuerlich geschildert, ein vielversprechendes Genie, republikanisch gesinnt, enorm gebildet. Er ist sicher nicht für den Mittelweg und liebt, wie Carola Stern schreibt, «die großen starken Züge. Alles, was nicht feurig und nicht stark erscheine, halte er für schwach. (Ihn) interessieren keine Püppchen, keine Durchschnittsdamen, er sucht ... erhabenen Verstand und fest gebildeten Charakter. So einem muß die Veit gefallen.» Dorothea macht bei der ersten Begegnung sichtbar einen gewaltigen Eindruck auf ihn. Nach jahrelanger Schwärmerei für Romanhelden, dem Doppelleben als Veits Frau und geistreiche, bewunderte Intellektuelle, wird Schlegel nun für Dorothea zum Anlaß, vielleicht auch nur Auslöser, um sich für die Poesie, für ein neues Leben und, wie sie damals meint, die Freiheit zu entscheiden. Ihre völlige Unterwerfung hat mit Bewunderung, mit der Tiefe des Erlebens und mit dem Gefühl eigener Minderwertigkeit zu tun. In der romantischen Liebesgeschichte vermischen sich Leidenschaft und Reflexion, vielleicht war das Ideal schon konstruiert, bevor das Liebespaar es lebte. Der Auserwählte ist einer der ersten Propagandisten weiblicher Selbständigkeit, er hat Dorothea, schon bevor er sie kennenlernt, als Ideal beschrieben, hält, gegen die Überzeugung berühmter Zeitgenossen wie Rousseau oder Campe, die Frauen für ebenso begabt wie Männer. Er widmet Dorothea einen Aufsatz über Philosophie und macht sie zur Heldin seines Romans, der zugleich das Credo der sich revolutionär dünkenden Bewegung ist. Erst seit der Begegnung mit Schlegel lassen sich Dorotheas romanhafte Ideen nicht mehr mit ihrer Ehe vereinbaren. In dem schon erwähnten Brief an Brinkmann von 1799 berichtet sie: «Seit drei Wochen bin ich, nach vielen Kontestationen, Szenen, nach manchem Schwanken und Zweifeln – endlich von Veit geschieden und ich wohne allein, aus diesem Schiffbruch, der mich von einer langen Sklaverei befreit, habe ich nichts gerettet, als eine sehr kleine Revenue, von der ich nur äußerst sparsam leben kann, vielen guten, frohen Mut, meinen Philipp, einige Menschen, mein Klavier, und das schöne Bureau, das ich von Ihnen habe ... – da haben Sie in wenigen Worten alles was ich nun *besitze* – aber wie soll ich Ihnen alles herrechnen, was ich *los geworden* bin? ... Denken Sie sich mein Gefühl, solange ich lebe, ist dies das erste Mal, daß ich von der Furcht frei bin, eine unangenehme Unterhaltung, eine lästige Gegenwart, oder gar eine demütigende Grobheit ertragen zu müssen ... Jetzt bin ich was ich längst hätte sein sollen, lieber Freund! jetzt bin ich glücklich, und gut – *keine Gruselei* mehr, keine Beschämung, vielleicht würden Sie mich auch nicht mehr so hart finden, ich lebe in Frieden mit allem was mich umgibt! – Es war noch eben Zeit – hätte ich diesen letzten glücklichen Moment nicht festgehalten, und benutzt, so wäre es dann zu spät gewesen, und – glauben Sie mir – ich hätte es nicht ertragen – was die Welt ein geehrtes Alter nennt, wäre für meine Überzeugung ein schmachvolles Alter gewesen, und dies wollte ich nicht erleben – *mein Tod* war beschlossen, wenn ich hätte unwürdig leben müssen! ... ich habe nach meiner Überzeugung gehandelt, daß ich es bis jetzt noch nicht getan habe, ist unverzeihlich von mir, zu meiner Verteidigung kann ich nur das einzige anführen, das ich bis jetzt meine Rechte eigentlich gar nicht kannte ...» Ob Simon Veit wirklich so furchterregend war und wieviel Fiktion in der Beschreibung der Sklaverei steckt, kann niemand mehr feststellen. Wir wissen aus Dorotheas späteren Briefen, daß er äußerst großzügig und tolerant war und sie ihn am Ende ihres Lebens um Verzeihung gebeten hat.

Henriette Herz erzählt: «Wir hatten alle selbst einige Lust, Romanheldinnen zu werden», Dorothea ist es geworden. Schlegels Roman «Lucinde» erschien im Mai 1799 und dürfte nicht nur für die Literatur, sondern auch für das Vorbild der Heldin eine Revolution bedeutet haben. Julius, der Held, schwärmt: «Ja! Ich würde es für ein Märchen gehalten haben, daß es solche Freude gebe und solche Liebe, wie ich nun fühle und eine solche Frau, die mir zugleich die zärtlichste Geliebte und die beste Gesellschaft wäre und auch eine vollkommene Freundin. Denn in der Freundschaft besonders suchte ich alles, was ich entbehrte und was ich in keinem weiblichen Wesen zu finden hoffte. In dir habe ich es alles gefunden und mehr als ich zu wünschen vermochte: aber du bist auch nicht wie die andern. ... Durch alle Stufen der Menschheit gehst du mit mir von der ausgelassensten Sinnlichkeit bis zur geistigsten Geistigkeit und nur in dir sah ich wahren Stolz und wahre weibliche Demut ...» Julius sieht «mit dem Auge des Geistes», ist zum «Gliedern und Zergliedern der Begriffe» nicht gestimmt, sondern verliert sich in «die geistige Wollust wie die sinnliche Seligkeit». Julius «genoß nicht bloß, sondern ... fühlte und genoß auch den Genuß».

Schlegel ist ein hochreflektierter Kopf und die «Lucinde» nicht nur ein öffentliches Bekenntnis zu Leidenschaft und Regelverletzung, sondern auch der Versuch, seine Kunsttheorie als Roman zu verkleiden. Ohnehin schon Außenseiter, werden Dorothea und Friedrich es durch dieses Buch noch mehr. Schleiermacher wird das Buch verteidigen, Rahel bezeichnet es als Mißgeburt; Schelling ist entrüstet, Fichte nennt es ein Genieprodukt. Die Jungdeutschen feiern in dem Werk die «Emanzipation des Fleisches», aufmerksame Feministen haben gemerkt, daß trotz aller Verherrlichung der Gleichberechtigung die Frauen doch nur die Liebe repräsentieren.

Auch Friedrich kann sich ein Leben ohne Dorothea nicht vorstellen, die Geliebte gibt seinem Leben «Grund und Boden, Mittelpunkt und Form». Noch im Herbst 1799 zieht das Paar nach Jena; Dorothea bangt, wie Friedrichs Bruder und die Schwägerin sie aufnehmen werden. Caroline Schlegel ist eine kluge, emanzipierte Frau, auch sie ist die Tochter eines aufgeklärten Professors, ihre Vorgeschichte ist kühn. Nach dem Tod ihres ersten Mannes geht sie nach Mainz, wo die erste deutsche Republik ausgerufen wurde. Sie wohnt bei ihrer Freundin Therese Forster, der Gattin Georg Forsters, dem radikalen Anhänger der Französischen Revolution. Als preußisch-österreichische Truppen die Stadt belagern, flieht sie, wird gefangengenommen und ist außerdem von einem Franzosen schwanger. August Wilhelm rettet sie durch Heirat aus einer mißlichen Lage. Sie wird, nicht unähnlich Dorothea, von der guten Gesellschaft verachtet und verachtet die Gesellschaft. Friedrich liebt und bewundert die Schwägerin, die mit ihrem Mann Shakespeare übersetzt, dichtet und exzerpiert, Freundin und Muse und ein Vorbild für Dorothea. Die Zimmer werden aufgeteilt, Dorothea zieht ins Parterre – mit ihrem Sohn Philipp, der ihr bei der Scheidung vorläufig zugesprochen wurde, und ich wundere mich über die Selbstverständlichkeit, mit der das Kind in dem aufregenden Leben Platz hat.

In der deutschen Geistesgeschichte hat das Haus am Löbdergraben Berühmtheit als Nährboden der Frühromantik erlangt. Es ist eine einmalig produktive «Gesinnungs- und Aktionsgemeinschaft», in der die Brüder Schlegel und ihre Frauen, Tieck, Schelling, Novalis und Jean Paul die Welt neu erfinden, der bewunderte Goethe kommt gelegentlich aus Weimar vorbei, man ist genial, dichtet und liebt, lebt und fühlt sich göttlich. Die jungen Leute sind überzeugt, daß sie einer neuen Welt zum Durchbruch verhelfen.

Dorothea wird freundlich aufgenommen und berichtet: «Es ist ein ewiges Concert von Witz und Poesie und Kunst und Wissenschaft.» Sie gehört dazu und klammert sich an diese Gemeinschaft. Auch sie kopiert, hilft, übersetzt, schreibt Beiträge für die Zeitschrift der Schlegels, berichtet Schleiermacher stolz über die «Stanzen Wuth und Glut», die sie begründet hat, die Freunde inspirieren einander, lesen ihre Werke vor, Friedrich brüllt, wenn sie nicht gleich versteht. Sie will Friedrichs «Geselle» werden, «mit dem Schreiben so viel verdienen ... daß (er) nicht mehr für Geld zu schreiben braucht», wünscht sich, daß «ich noch einige Jahre lang meinen Freund unterstützen könnte ... ihm Ruhe schaffen, und selbst in Demuth als Handwerkerin Brod schaffen, bis er es kann. Und dazu bin ich redlich entschlossen.» Da alle dichten, dichtet auch sie, nicht zuletzt in der Hoffnung, Geld zu verdienen. In Jena entsteht ihr Roman «Florentin», die Geschichte eines unsteten Künstlers, der seine Herkunft nicht kennt, seine innere Bestimmung sucht und die Braut des geliebten Freundes liebt. Die weibliche Figur heißt Juliane. Sie ist ein Gegenstück zum Julius in Schlegels «Lucinde», allerdings bleibt diese Frauenfigur blaß; viel interessanter sind die reifen Frauen, Eleonore und vor allem Clementine, die schöne Seele, in der sich Kunst, Mu-

Friedrich Schlegel (1772–1829), um 1805 gezeichnet von Philipp Veit, dem Sohn von Dorothea und Simon Veit.

sik, Religion, Güte und Wohltätigkeit vereinen. Der «Florentin» enthält aufklärungs-, aber auch kirchenkritische Passagen – ein Grund, weshalb Dorothea den Roman später verleugnen wird. Wie so viele deutsche Romane dieser Jahre ist auch der «Florentin» in der Manier von Goethes «Wilhelm Meister» geschrieben; ein Bildungsroman, in dem die Liebe die Hauptrolle spielt. Herkunft und Zukunft des Helden bleiben offen, die Autorin besteht darauf, Erwar-

tungen nicht zu erfüllen: «was den meisten (als befriedigender Schluß) erscheint, ist es nicht für mich ... Meine Wirklichkeit und meine Befriedigung liegt in der Sehnsucht und in der Ahndung ...»
Das Jenaer Idyll zerbricht bereits im Sommer 1800. Wie schon der Tugendbund scheitert auch diese Gemeinschaft nicht an philosophischen Problemen. Caroline liebt Schelling und verläßt August Wilhelm. Noch kurz zuvor hatte Friedrich Schlegel gegenüber ebenjener Caroline die Idee geäußert, Schelling mit Henriette Mendelssohn zu verkuppeln. August Wilhelm Schlegel hat ein Verhältnis mit Tiecks verheirateter Schwester, Fichte wird ein paar Jahre später deshalb gegen ihn aussagen und Schlegel ihn bezichtigen, daß er den Mann der Freundin zu Trunk und Hurerei verführt habe. Tieck zieht aus Jena weg, ebenso Novalis, der 1801 stirbt. Brentano hat Jena schon im Frühjahr verlassen, August Wilhelm Schlegel geht Anfang 1801 fort. Friedrich, Dorothea und ihr Sohn Philipp reisen im Herbst 1802 nach Paris. Hier könnte die Nacherzählung des Romans glücklich enden, aber Dorothea ist erst 38 Jahre alt, sie hat gerade die Hälfte ihres Lebens gelebt. Es folgen die Mühen der Ebene, das jahrelange Umherziehen, immer in Geldnot, die sie durch Übersetzungen zu tilgen versucht, während sie von immer neuen Schulden eingeholt wird, die Friedrich ihr hinterläßt. 1804, nach der protestantischen Taufe und Heirat, schreibt sie an die Freundin Karoline Paulus: «Das schönste Glück einer Frau ist mir geworden ... ich finde mein Schicksal, meine Bestimmung und mein Glück in Friedrich und nur allein in ihm.»

Die Pariser Jahre sind noch aufregend, produktiv und gesellig, sie übersetzt die «Geschichte der Jungfrau von Orléans», eine «Geschichte der Margaretha von Valois» und den «Zauberer Merlin» aus dem Altfranzösischen und beteiligt sich damit an der Erfindung des Mittelalters, Fundus und Sehnsuchtsort der deutschen Romantik. Sie hat Freunde, Gäste und zum Glück bald gut zahlende Untermieter, wird geliebt und anerkannt, ihres Esprit und auch ihres begabten Sohnes wegen. In Köln jedoch ist Dorothea – und das ist neu für sie – einsam, sie fühlt sich alt, kränkelt, Friedrich ist viel unterwegs, aus der versprochenen Stelle, deretwegen das Paar umgezogen war, wird nichts. 1806 muß Dorothea, wie bei der Scheidung vereinbart, ihren Sohn Philipp zum Vater nach Berlin schicken. Sie übersetzt eine weitere altfranzösische Geschichte und Germaine de Staëls Roman «Corinna». Beides erscheint, wie alle anderen Arbeiten auch, unter Friedrichs Namen. 1808 wird das Paar katholisch. Goethe hört auf, ihr Gott zu sein, sie brechen sogar mit dem treusten Freund, Friedrich Schleiermacher. Wie schon ihre übertriebene Franzosenfeindlichkeit irritiert nun Dorotheas «unaussprechlicher» Katholizismus. Was Aufbruch war, wird geheimnisvolle Ahndung, dunkel, mystisch.

1803 hatte sie noch geschrieben: «Mein Schicksal war es von jeher, mich quälen zu müssen unter der Disharmonie, die mit mir geboren ward und mich nie verlassen wird.» Diese Stelle ist immer auf ihre jüdische Herkunft bezogen worden. Sie verführt dazu, den Rückzug auf Mann, Mystik und Rosenkranz aus dem unlösbaren Konflikt zu erklären, vielleicht aber folgt sie doch nur dem Zeitgeist. Spätestens seit der Kaiserkrönung Napoleons sind der ehemalige Republikaner Friedrich und die meisten Deutschen antifranzösisch und antinapoleonisch, die Zeit der Hoffnungen, sowohl der persönlichen wie der politischen, ist vorbei. Die Romantik wird reaktionär, Dorothea findet im Schoß der Kirche Heimat.

Die katholische Dorothea ist in einem Porträt festgehalten, das eine Schwester der Schlegels 1808 gezeichnet hat. Charlotte Schlegel widerspricht ihrem Bruder August Wilhelm, der in Wien die Weichen für eine Anstellung Friedrichs gestellt hat und fürchtet, die Anwesenheit Dorotheas könnte alles zunichte machen: «Der Schwiegerinn ihre Seele hat ganz offen vor mir gelegen, sie hat eine Resignation für sich selbst bey allem was Friedrich betrifft die zu bewundern ist, und nur Friedrichs innres Wohl hat sie bewogen zu ihm zu gehen, das jugendliche Blut kannst Du denken hat nun geschwiegen, und nur eine innige Liebe zu ihm war ihr Bewegungsgrund, sie opferte auch nicht wenig auf... bitte es dieser guten Frau in Deinem Herzen ab, daß Du sie so angeklagt, ich erkenne sie jetzt über mir, dieser alles verzeihenden, schonenden, duldenden Liebe, glaube ich mich kaum fähig... Glaube auch nicht daß irgend jemand in Wien der sich für Friedrichen interessirt diese Geschichte nicht wiße, besonders da die Schwester von ihr dort bekannt ist... Dann irrst Du auch sehr, wenn Du glaubst, daß ihr persönliches Erscheinen einen ungünstigen Eindruck macht, hier ist durchaus das Gegenteil gewesen... Daß sie älter und nicht hübsch ist, das macht vielmehr einen günstigen Eindruck für Friedrich seine Solidität, dabey ist sie verständig, hat Anstand und Lebensart, sehr angenehm in ihrer Unterhaltung und etwas was sich schnell Liebe und Zutrauen erwirbt ... Sie hat sich überhaupt sehr zu ihrem Vortheile verändert ...»

In Wien wird das Paar anfangs skeptisch, aber doch freundlich aufgenommen. Fürst Metternich, berühmt als Unterdrücker aller Freiheitsbestrebungen, nimmt sich Friedrich Schlegels an. Der gealterte Rebell wird Hofsekretär. Nach der Kriegserklärung Frankreichs an Österreich gibt er eine Zeitung im Feldhauptquartier heraus und konzipiert ein Propagandaorgan Metternichs. Er hält Vorlesungen vor Herzoginnen und Fürstinnen, fühlt österreichisch und sieht das kaiserliche Wien als Ausgangspunkt für die Neuordnung Europas unter katholischen Vorzeichen. Erwähnt werden soll, daß er in seinem Verfassungsentwurf für Metternich neben der Wiederherstellung der katholischen Kirche in Deutschland auch die Aufhebung der Beschränkungen für Juden fordert.

Die Schlegels schließen sich dem esoterisch-mystischen Generalvikar Clemens Maria Hofbauer an, der eine neukatholische Bewegung gegründet hat. Dank Metternichs Polizeispitzel wissen wir, daß der katholische Nuntius die Schlegels oft besucht, daß Friedrich dem Trunk nicht abhold ist und fortwährend die ansehnlichsten pekuniären Unterstützungen von dem Juden Israel Liebenberg erhält. Frau Schlegel geht regelmäßig zur Kirche und gehört endlich wieder dazu – diesmal zu einem Kreis handarbeitender katholischer Damen. Bei der biederen Karoline Pichler fühlt sie sich wohler als im Haus Fanny Arnsteins, ihrer (nicht konvertierten) Jugendfreundin, deren Salon während des Wiener Kongresses der Treffpunkt vornehmster Kreise ist. Sogar Karoline Pichler, ihre beste Freundin in Wien, geht auf Distanz: «Wohl könnte es mir nicht einfallen, das Übermaß von Frömmigkeit, in das sich Frau von Schlegel hineinverloren hatte ... zu billigen oder wohl gar zu verteidigen» und vermutet, daß ihre «zu weit getriebene Frömmigkeit, ihr Versinken im Hyperkatholizismus» Buße für die sündige Jugend sei. Dorotheas Sohn Philipp nimmt am Freiheitskrieg teil, die Mutter ist stolz und rüstet ihn aus; er zieht mit Joseph von Eichendorff los, befehligt wird die Schwadron von Friedrich de la Motte Fouqué, eine Dichter- und Künstlerschwadron. Als Philipp vor Paris liegt, besucht er seine Tante

Henriette und berichtet, daß er nicht verstünde, wie sie in diesem Sodom leben könne. Die antifranzösische Stimmung wird sich in den nächsten hundertfünfzig Jahren sittlich maskieren.

In Wien wird Dorothea bis zu Friedrichs Tod 1829 «zu Hause» sein, unterbrochen von einem Aufenthalt in Frankfurt, wo Friedrich 1816 eine Stelle als österreichischer Legationsrat bekommen hat, die er, völlig ungeeignet für den diplomatischen Dienst, schon 1818 wieder verliert. In der wieder unsicheren Situation reist Dorothea im Frühjahr 1818 nach Rom zu ihren Söhnen und bleibt bis zum Frühjahr 1820. Sowohl Philipp wie Jonas (später Johannes) sind 1810, während eines Besuchs in Wien, zum Katholizismus konvertiert. Beide sind inzwischen (unterstützt vom Vater) Maler. Sie sind Mitbegründer der (sehr christlichen) Schule der Nazarener und tragen langes wallendes Haar. In Rom lebt Dorothea wieder im Zentrum von Künstlern und ist unter den «Glaubensgenossen» (zum Ärgernis der ebenfalls in Rom weilenden, kürzlich erst protestantisch getauften Henriette Herz) schnell heimisch. Zu den antisemitischen Krawallen 1819, von denen ihr Friedrich nach Rom berichtet, nimmt sie (soweit wir wissen) nicht Stellung.

HENRIETTE IN PARIS
SKIZZEN AUS DEM JAHR 1810

Vielleicht war 1810 für Henriette ein besonders wichtiges Jahr, vielleicht sind nur zufällig aus diesem Jahr mehrere Briefe überliefert. Nach ihren Briefen und Bemerkungen der Freunde zu schließen, war sie recht unglücklich, sie denkt – zwei Jahre vor ihrer Anstellung bei Sebastiani – über Konversion nach. Und aus diesem Jahr 1810 stammt auch der ausführlichste Bericht über ihr Leben, den wir besitzen, geschrieben von Karl Varnhagen von Ense, dem späteren Mann ihrer Freundin Rahel. Die Quellen aus dem Jahr 1810 entschädigen ein wenig für die ungleiche Überlieferung.

Im Mai schreibt Henriette an August Wilhelm Schlegel: «Mir ist es wohlthätig ja nöthig, daß Sie mir etwas aufmunterndes wohl gar schmeichelhaftes über meine Lebensweise sagen! Solche Augenblicke wo ich geliebte Freunde so wie Sie es mir sind sehe, sind die seltnen guten in meinem Leben, alles übrige ist Aufopferung Sorge und Mühe, doch ists schon Gewinn, daß es eben nach außen nicht so erscheint, auch bin ich nicht ohne gemüthliche Stunden in meiner Abgeschiedenheit, und alles läßt mich hoffen, daß sich in meinem Gemüth bald manches klarer und schöner entfalten wird, und mir dann die Sorgen des Lebens nicht mehr so drückend erscheinen werden.»

Karl August Varnhagen hat Henriette im Juli 1810 besucht und berichtet darüber in seinen «Denkwürdigkeiten»: «Nach dem vielfachen Tagesgewirr, und wenn weder Frascati noch eines der Theater besucht wurden, oft auch schon vom frühen Nachmittag an, gewährte mir ein Garten in der Rue Richer den traulichsten beruhigendsten Aufenthalt. Dort wohnte in einem Gartenhause Henriette Mendelssohn, die sinnvolle, feingebildete Schwester der Frau von Schlegel, und leitete eine Pensionsanstalt kleiner Mädchen. Sie selbst war unansehnlich, etwas verwachsen, aber dennoch eine Erscheinung, von der man sich angezogen fühlte, so sanft und doch sicher, so bescheiden und doch zuverlässig war ihr ganzes Wesen. Sie hatte scharfen Verstand, ausgebreitete Kenntnisse, helles Urtheil und dabei die feinste Weltsitte, den erlesensten Takt. Mit der Literatur der Deutschen, der Franzosen und Engländer, zum Theil auch der Italiäner, war sie wohlvertraut und sprach das Französische und Englische wie eine Eingeborene. Bei solchen Eigenschaften konnte ihr ein edler Gesellschaftskreis nicht fehlen, den sie jedoch um ihres Pflichtberufes willen möglichst einzuschränken suchte. ... Hier fanden oft merkwürdige Unterhaltungen statt; die deutschen und französischen Ansichten, welche meist keine Vermittlung zuzulassen schienen, empfingen sie unerwartet durch die glückliche Übersetzung, welche Fräulein Mendelssohn ihnen zu geben wußte, und wobei gerade die Worte am wenigsten übersetzt werden durften. Hier wurde der Inhalt des noch unter der Presse befindlichen Buches der Frau von Staël über Deutschland im voraus erörtert. ... Lieber als die gesellschaftlichen Abende waren mir die einsamen, wo ich Fräulein Mendelssohn ganz in ihrer Häuslichkeit traf, und in deutscher Sprache nur deutsche Gegenstände besprochen wurden. Die Fenster ihres Salons waren von außen mit Weinlaub dicht überkleidet, welches zugleich der Sonnengluth wehrte und die Abendkühle milderte; hinter solchem Vorhange saßen wir auf dem niedrigen Fensterbrette bisweilen stundenlang, und riefen die theuren Bilder des Vaterlandes hervor, die gemeinsamen Freunde und Bekannte, deren sich immer mehr fanden, die uns liebsten Erscheinungen der Poesie und Kunst, und oft auch wurden die höchsten Anliegen des Menschen der Stoff unsrer Betrachtungen. Fräulein Mendelssohn huldigte durchaus der Vernunft, und wies alle andern Quellen der Erkenntnis entschieden zurück. Ihre Liebe zu Frau von Schlegel war getrübt, seit diese mit ihrem Manne katholisch geworden war; sie hatte Rechenschaft über diesen ihr ganz unbegreiflichen Schritt von der Schwester gefordert und nicht erhalten, sondern nur die eifrige Mahnung, sich ebenfalls der römischen Kirche in die Arme zu werfen, eine Zumuthung, welche nur mit Unmuth verlacht und ein für allemal war verbeten worden. Ich mußte genau erzählen, was ich von den Neubekehrten wußte, wie ich mir die Sache vorgegangen dächte, welche Erklärung sich dafür annehmen ließe, denn daß ein Geist wie Friedrich von Schlegel sich blindlings dem Glauben der römischen Kirche ergeben könne, schien so wenig möglich, als ihm bloß irdische Triebfedern schuld zu geben ... Die kleinen Mädchen, die hier erzogen wurden, waren meist unter sieben Jahren und standen im hellsten Glanze knospender Jugend; in den zarten Geschöpfen ließen sich dennoch die verschiedensten Anlagen deutlich unterscheiden. ... Mit diesen ... Kindern stand ich im lebhaftesten Verkehr, bald sammelten sie sich zu mir um den Tisch, um meinem Ausschneiden zuzusehen, und die entstandenen Bildchen zu empfangen, bald spielten sie im Garten mit mir, unter Lachen und Necken, Laufen und Scherzen aller Art. Wenn ich in solchen Spielen Zeit und Stunde und allen andern Besuch vergessen hatte, und endlich zur Gesellschaft zurückgerufen wurde, mußt ich gegen diese wohl einige Beschämung empfinden, in mir selbst aber sprach ein Bewußtsein, daß ich meine Zeit nicht besser hätte zubringen können.»

Daß Varnhagen einen tiefen Eindruck bei Henriette hinterlassen hat, geht aus ihrem Brief an ihn vom September 1810 hervor: «Es ist Sonntag, und um mich her sieht es beinah noch ebenso aus wie an jenem Sonntag, da Du, mein geliebter Freund, nach Versailles fuhrst und mich noch vorher so freundlich überraschtest, und doch wie verändert alles seit der kurzen Zeit. Die fallenden Blätter sind eine wehmütige Erinnerung schönerer Tage, und Dein Brief und meiner sind doch auch nicht mit jenen Stunden des lieben freundlichen Beisammenseins zu vergleichen! Es werden bald 3 Wochen, daß Du uns verlassen, lieber Freund, und leicht wirst Du mir glauben, daß ich in dieser Zeit nur einen heitern, recht vergnügten Augenblick gehabt, den, wie ich endlich Deinen Brief in Händen hielt. Du bist auch so gut, so freundlich, ja, Du sagst mir soviel Schmeichelhaftes, daß ich ordentlich Mühe hatte, Dich in diesen Worten zu erkennen. Du hattest mir freilich nie etwas Ähnliches gesagt, aber es war mir doch bald klar, daß ich Dir wert geworden, und wenn meine herzliche Neigung und meine Umgebung Dir den Aufenthalt in Paris erträglich gemacht, so war Deine Gegenwart, Dein Gespräch und, laß mich's nur immer noch einmal sagen, Deine Liebe, ein Glück für mich, das meinem Leben Reiz und Bedeutung gab. Ein guter Augenblick läßt mich sovieles vergessen, ja, gar nicht so fühlen, und so lang ich Dich noch am Abend erwarten konnte, war alles besser, nun aber dehnt sich mein Leben wieder wie eine endlose Sandfläche vor meinem Gemüt aus, ich mag es nicht einmal mit einer Wüste vergleichen, denn da ist doch Leben, da hausen Deine Lieblinge, die Löwen und Tiger. Aber der lockere, farblose Sand, das ist die rechte Widrigkeit. Was ich hier für die Kinder tue und was sie mir sind, ist freilich etwas, aber Du erinnerst Dich, wie wir oft darüber so einig waren, daß man nicht erzieht; mir fehlt auch eine gewisse Eigenliebe, ein Sich-wichtig-Dünken, die andre für manche Aufopferungen entschädigen. Was mir daher die andern etwa sagen, läßt mich sehr gleichgültig, aber Du bist einer von den wenigen Menschen, die Kinder verstehn, und daß Du meine kleinen Mädchen liebst, das ist mir eine rechte Freude. Wie oft denken aber auch die Kinder Deiner, und wie wünschen sie Dich! Wenn ich mich oft selbst bitter tadeln muß, daß ich in meinem Alter wie ein liebeskrankes Mädchen an Dich denke, und mir nur mit Mühe die Wehmut verberge, wenn ich an Dich denke, so ist es mir eine rechte Erholung, nun mit den Kindern von Dir zu sprechen und Dich hier zu wünschen ... Und nun leb wohl, mein lieber, innig lieber Freund, denke an mich und daß Deine lieben Briefe die einzige Erholung meines Lebens sind; wirst Du mir bald und oft schreiben? Ich schäme mich nicht, eine

Bitte an Dich zu tun, die ich Dir recht ans Herz lege. Laß nämlich meine Briefe nicht sehn, keinen ohne Unterschied! Du kannst diese Bitte nicht verkennen, da ich meine ausschließende Neigung zu Dir nie verhehlt habe, aber es ist ein unerträglicher Gedanke, für jemanden andern zu schreiben als den, an welchen ich denke, und ich rechne auf Deine Nachsicht hierin, als hättest Du mir sie versprochen. Leb wohl lieber Freund, ich umarme Dich wie so oft, denk an mich! ... Wie ich Dich grüße, weißt Du. Lebe wohl, Guter, Lieber. Deine Henriette.»

Im Oktober 1810, also kurz nachdem sie sich laut Varnhagens Bericht über Dorotheas Vorschlag, Katholikin zu werden, empört hat, schreibt sie an August Wilhelm Schlegel: «... ich will Ihnen aber nur gestehn, daß ich jede fremde Einwirkung in meine religiösen Gesinnungen fürchte, und gerne vermeiden möchte, ich bin bis jetzt keinem fremden Lichte gefolgt, ja ich habe die Augen verschloßen, und doch ist in meinem Innern entstanden, was ich als Christenthum und als Christus Wesen betrachte, Ergebung, Muth und Glaube, nicht an jenen äußerlichen Dingen, aber an einer göttlichen Liebe und Gerechtigkeit. – Mit den Ceremonien der Kirche kann ich mich nicht versöhnen, ich mag die Messe nicht, hier in Frankreich wenigstens nicht, ja ich halte sogar die Taufe als sehr unwesentlich zum Übertritt in den Schoß der Kirche. Sagen Sie selbst, lieber Freund, sind Sie nicht tiefer in das Wesen der katholischen Religion eingedrungen, als die meisten von jenen, die durch Erziehung und Äußerlichkeiten dazugehören, bedarf es noch eines andern Mittlers als den Glauben an jenen der für alle litt? – Ich bin unwissend, und dreist mit Ihnen lieber Freund, ich würde nie den Muth haben darüber mit andern zu sprechen, und so wie ich mich kenne fürchte ich eine wahre Verstockung wenn man mir Dogmen und äußerliche Handlungen aufdringen wollte, ich stehe darin meiner Schwester weit nach, die mit wirklich erhabner Selbstverleugnung fremde Meinung aufnehmen kann! – Von Ihnen wünschte ich lieber als von irgend einem andern zu hören, ob ich in diesem meinen Sinne Christin bin, oder sein kann ...»

Immer wieder klagt sie über Einsamkeit: «Ich lebe einsam, was sollte auch wohl die Gesellschaft zu mir führen, da gehören Eigenschaften und äußere Bedingungen dazu, die mir durchaus fehlen ...»

und fällt in einem nächsten Brief an A. W. Schlegel in die redlich deutsche antifranzösische Sprache: «Paris wird täglich verhaßter, und obschon ich in meinem kleinen Hause, wie in einer etwas größeren Tonne lebe, so ist doch das wenige was zu mir gelangt empörend genug und für einen graden Sinn nirgend eine Erholung zu finden», und in der Schlußformel heißt es: «Leben Sie wohl mein verehrter Freund, und lassen Sie mich nicht vergebens auf ein freundliches Schreiben hoffen, ich habe der Welt, ja allen meinen Freunden entsagt, und schreibe keinem, also mögen Sie diese Zeilen für etwas halten ...» Chamisso berichtet im gleichen Jahr über sie: «Ihr geht's soweit wohl, bis auf eine große Dosis von Verzweiflung, die sie in den Knochen hat und vermöge deren sie weder glaubt, noch hofft, irgend etwas in dieser Zeitlichkeit und den ganzen Bettel von Leben für gar nichts Großes achtet.» Ende 1810 steht in einem Brief an August Wilhelm Schlegel: «Herzlich würde ich Sie bedauern, wenn Ihnen das bald sich erneuernde Jahr, so wie mir, keine Hoffnungen und Aussichten brächte.»

Eineinhalb Jahre später übernimmt Henriette die Erziehung Fanny Sebastianis. In einem Brief an Lea Mendelssohn Bartholdy schreibt sie, daß sie in «einem der prächtigsten Hotels von Paris» in einer Suite von vier Zimmern mit einer herrlichen Aussicht auf die Champs Élysées und «unendlichen daranstoßenden Gärten» wohnt und eine der schönsten Equipagen zu ihrer Verfügung hat. «In allen diesen Zimmern ist beständig Kaminfeuer, sehr komfortable Fußteppiche und alles, was man zur Gemütlichkeit wünschen kann. Zu meiner und des Kindes Bedienung haben wir eine Köchin, die ich aus meinem Hause mitgebracht, zwei Kammerfrauen und einen Bedienten. Wagen und Pferde auf des Generals ausdrücklichen Befehl bloß zu meiner Disposition. – Ich habe meine eigene Wirtschaft (wie Mama das Wort Haushaltung immer nennt) und der Intendant bezahlt, was ich dafür ausgebe. Aus dem Benehmen selbst dieses Intendanten sehe ich, wie der General mich behandelt wissen will. Was ich nur wünsche oder nötig glaube, ist wie hergezaubert da. Kurz, ich wiederhole Euch, es ist nicht möglich, ehrenvoller und schmeichelhafter behandelt zu werden, als es mir hier wiederfährt ... und wenn mir der Allmächtige das Kind erhält, und mir gewährt, es trotz der leichtsinnigen Umgebung gut, fromm und einfach zu erziehen,

Henriette Mendelssohn (1775–1831). Sie blieb unverheiratet und verdiente sich ihren Lebensunterhalt als eine der wenigen Frauen ihrer Zeit selbst. Franzosenfeindlich eingestellt, lebte sie dennoch lange in Paris. Das Porträt ist wahrscheinlich das einzige, das von ihr existiert.

so will ich meine Bestimmung segnen! – Gut ist es, daß ich mich von jeher zur Einsamkeit gewöhnte, denn freilich verlebe ich die Abende ganz allein, und von dem, was man gewöhnlich Vergnügen nennt, kann die Rede nicht sein, da ich sie nicht verlasse und sie auch nicht zu solchen Dingen gewöhnen will. Aber diese Zurückgezogenheit kommt bloß den andern Leuten sehr traurig vor, mich erschreckt sie nicht, ich weiß nicht, was ich dieses Kindes wegen nicht täte, so unaussprechlich lieblich ist sie ... Ich habe nie ein schöneres, von Geist und Gemüt ausgezeichneteres Geschöpf gesehen, als dieses. Freilich kann ich mir auch das Zeugnis geben, daß wenige dies Kind so verstehen wie ich, obgleich sie von allen auf Händen getragen wird, aber bloß unter meinen ist sie in den wenigen Tagen – aufgeblüht möchte ich sagen. Gott erhalte sie mir!»

Einige Jahre später weiß sie, daß «die einzige Virtuosität dieses Mädchens das eigentliche Sein (ist). Ihr Gemüt, ihre Manier sind liebenswürdig; aber sie ist ganz ohne Talent und Neigung zum Lernen.» In einem späteren Brief bekennt sie resigniert: «Fanny hat eine gute Stimme, aber Gott weiß, sie singt im Schweiße meines Angesichts, denn sie ist von Grund aus unmusikalisch und zugleich so träge und ungeduldig, daß es einem recht guten italienischen Singlehrer, den ich ihr gegeben, nicht gelingen würde, etwas aus ihr zu bilden, wenn ich nicht durch ewig wiederholtes Bemühen nachhülfe ...» Ein anderes Mal klagt sie über die Trägheit und Langsamkeit Fanny Sebastianis. «Sie wird recht gut, gefällt allen Leuten und oft auch mir recht wohl, aber im ganzen ist sie nicht geworden, wie ich sie wünschte und hoffte, daran sind aber unvermeidliche Einwirkungen schuld» – und meint die «Einwirkung der großen Welt mit ihren verderblichen Forderungen und Versprechungen».

Als das Mädchen ins heiratsfähige Alter kommt, merkt ihre Erzieherin, daß «die Treue und Liebe, die ich dem Kinde und dem Mädchen in dieser Reihe von Jahren bewiesen, eigentlich nur eine Rolle war, daß der Vorhang nun fällt und Fanny morgen in einem neuen Stück erscheint, in welchem keine Rolle für mich ist», um gleich einzusehen, «das hätte ich mir allerdings immer sagen sollen – vielleicht habe ich es mir auch zuweilen gesagt –, aber wie ganz anders dringt die Wirklichkeit ein!» Ihr Schützling heiratet einen dummen, ungebildeten Grafen aus altem Geschlecht, der seine Frau, die inzwischen 230 Pfund wiegt, 1847 umbringt und anschließend Arsen nimmt. Die Affäre löst einen großen Skandal aus, in dessen Verlauf Henriette (die längst tot ist) beschuldigt wird, sie sei lesbisch gewesen und habe das Mädchen verdorben.

Wiedersehen und Heimatlosigkeit

1829 stirbt Friedrich, 1830 treffen die Schwestern einander nach 26jähriger Trennung in Dresden und verbringen den Sommer zusammen. Am 9. Mai 1831, also kurz vor ihrem Tod, schreibt Henriette an Dorothea: «Es bleibt mir unbegreiflich, wie Du und ich, die wir uns in so vielem gleichen, doch wieder so durchaus verschieden sind. Ich erstaune über die Bedingungen, die Du voraussetzt um eine Heimath zu haben oder Dich heimathlich zu fühlen. Wenn ich zwei Tage in einem Wirthshause lebe, so richte ich mir gleich einen Winkel ein, in dem ich mich dann zu Hause fühle ... Eine Frühstücksstunde, wie wir sie in Dresden hatten, wäre besser zur Mittheilung ... Ich kann nicht ohne Wehmut an den schönen Ort denken und an die friedlichen Mondscheinstunden, die wir auf dem Balkon lebten. Ich muß jedesmahl, wenn ich den Rosenkranz bete, zuerst an Dich, und dann, lache nur, an den Zapfenstreich denken, der gewöhnlich während unseres Gebets sich hören ließ.»

Heimatlosigkeit ist ein Grundthema dieser Zeit. Doch während Henriette, die immer «in der Fremde» lebte, mit dieser Unzugehörigkeit umzugehen gelernt hat, sucht Dorothea (die viel mehr Übung im Vagabundieren hatte) nach Heimat. In den Briefen des Alters steht auch bei Henriette der Glaube und die Kirche im Mittelpunkt. In ihrem Testament bedauert sie, daß «Gott der Herr mich nicht der Gnade gewürdigt hat, meine Geschwister zur katholischen, wirklich seligmachenden Kirche hinüberzuziehen. Möge der Herr Jesus Christus mein Gebet erhören und sie alle mit dem Lichte seiner Gnade erleuchten». Und nachdem sie alle Familienmitglieder mit Geschenken bedacht hat, geht der Rest an die Kirche. Rahel Varnhagen mißfällt zwar die katholische Bigotterie, aber sie anerkennt, daß «Jettchen Mendelssohn dabei doch noch lieb und gut» geblieben sei. In einem Nachruf zeichnet Dorothea die jüngere Schwester als «ein Bild zarter, schüchterner Weiblichkeit, wohlwollend, häuslich, liebevoll. Schön zwar, aber von schwächlicher Constitution, entsagte sie freiwillig dem Ehestande und wählte einen Wirkungskreis, der ihr die ehrendsten Früchte trug ...» Dies ist schon die Sprache der schicksalsergebenen Witwe mit Gicht und Leberleiden, die die Welt nicht mehr versteht, Befürworterin der

Zensur, empört über den Plebs, ihre liberalen Brüder und die aufrührerischen Dichter des Jungen Deutschland. Dorothea nennt sich selbst eine Zurückgebliebene. Eben erst befreit aus der Enge ihrer jüdischen und ständischen Umgebung, erleben die Schwestern noch den Beginn eines neuen Zeitalters, das von der Industrialisierung, von Eisenbahnen, Dampfmaschinen und dem Elend der Fabrikarbeiter geprägt wird.

Meine Fragen konnten die Töchter Mendelssohns nicht beantworten, aber immer wenn ich Geschichten von Entwurzelung, dem viel zu raschen Tempo der Veränderungen, von zerrissenen Individuen und ihren Versuchen der Entschleunigung lese, denke ich an die beiden über zweihundert Jahre alten Damen.

Die Schöne, die Schlampe, die Faule, das Dummchen

Aloysia, Constanze, Josepha, Sophie –
Mozarts «Weberische»

von Eleonore Büning

Anfang November brachen die Frauen auf nach Norden. Oder war es schon Anfang Oktober? Eine schlechte Reisezeit, was half es, die Saison hatte eben begonnen. Immerhin, die Kinder wußten sie gut aufgehoben. Die vierzehnjährige Nanette, die zehnjährige Rosina und der siebenjährige Carl Jakob blieben im Haushalt ihres Vaters in Wien zurück. Der kleine Wowi, mit fünf Jahren der Jüngste, war noch bis Prag mitgekommen und dort der befreundeten Sängerin Josepha Duschek anvertraut worden, womit er sich auch in nächster Nähe zu seinem großen Bruder Carl Thomas befand, der schon seit drei Jahren mit schönem Erfolg das Prager Gymnasium besuchte, in Logis bei Gymnasialprofessor Franz Niemetschek untergebracht, in Kost und als Klavierschüler aber auch bei den Duscheks.

Und nun sitzen die beiden Frauen also allein in der Kutsche. Sie haben einen weiten Weg vor sich. Gut ein Jahr werden sie von Stadt zu Stadt reisen, um gemeinsam zu konzertieren, zu singen und Geld zu verdienen. Plötzlich, zum ersten Mal seit Kindertagen, haben die Schwestern wieder Zeit füreinander. Wieviel Zeit? Da fangen die Spekulationen schon an.

Eine ordinäre Postkutsche zu mehreren Personen brauchte anno 1795 von Wien nach Prag bei günstiger Witterung mindestens drei Tage bei einundzwanzig Stationen. Konnten sich Madame Lange und Madame Mozart einen privaten Mietwagen leisten oder nicht? Waren sie wirklich allein, quasi en famille – oder saß, zumindest von Prag bis Leipzig, auch noch der muntere Wiener Kapellmeister Anton Eberl mit dabei, den sie für ihre Konzerte nötig brauchten und der unterhalten sein wollte? Oder war er vorausgereist? Und gesetzt den Fall, die zwei Schwestern fanden Muße zu vertraulichen Gesprächen, worüber redeten sie? Über die Musik? Die Konkurrenz? Oder über Männer? Kinder? Das Leben? Kann sein, kann auch nicht sein. Wir wissen nicht, auf welchem Fuße die beiden miteinander verkehrten, ja, nicht einmal, ob sie überhaupt noch miteinander sprachen nach allem, was gewesen war. Madame Lange und Madame Mozart: Zwei von vier Schwestern, zwei «Weberische». Die eine war Mozarts erste große Liebe gewesen, die andere hatte er geheiratet. Jetzt liegt er schon seit fast vier Jahren tot und begraben draußen auf dem St. Marxer Friedhof.

Diese stattliche Schöne mit der langen römischen Nase: Das ist die ältere, Maria Aloysia Weber, verehelichte Lange. Sie war einstmals, Anfang der 1780er Jahre, neben der Cavalieri und Nancy Storace eine der begehrtesten, verehrtesten Operndiven Wiens. Jetzt freilich, Mitte der Neunziger, ist ihr Stern schon ziemlich gesunken, wozu das Betragen ihres Gatten, des berühmten und ebenso selbst- wie eifersüchtigen k. k. Burgschauspielers Joseph Lange, nicht wenig beigetragen hat. Die kleinere, dunklere, jüngere, Maria Constanzia: Auch sie ist, wie alle Weberischen, von Hause aus hochmusikalisch, mit einer schönen Stimme begabt und verschiedentlich schon als Sängerin hervorgetreten. Ihr letzter öffentlicher Auftritt liegt allerdings zwölf Jahre zurück. Sie will es jetzt, mit dreiunddreißig Jahren, die bühnenerfahrene Schwester zur Seite, noch einmal versuchen. Und so reisen die beiden Frauen, die wohl die wichtigsten in Mozarts kurzem Leben waren, gemeinsam in die weite Welt hinaus, um seine noch unbekannten Werke unter die Menschen zu bringen. Eine Art Pilgerfahrt, ein Liebesdienst in memoriam.

Oder sollte man vielleicht doch «besser von einer Geschäftsreise sprechen», wie gerade neulich wieder in einer einschlägigen Mozartbiographie zu lesen stand? Hofften die beiden, kühl berechnend, wie die «Weberischen» eben sind, bloß auf einen ordentlichen Profit? Haben sie sich darüber gezankt auf dieser Reise, haben sie sich müde angeschwiegen? Oder haben sie gelacht und gescherzt und mit dem Eberl herumpoussiert, ganz nach der bekannten «Weberischen» Art, leichtfertig, gedankenlos?

Alles Gerüchte und Hörensagen. Vermutungen. Man weiß zuwenig über die Schwestern Weber. Vier waren es, diese zwei sind die mittleren: Josepha, Aloysia, Constanze, Sophie. Ihre Lebenskurven sind bruchstückhaft und überhaupt nur insofern dokumentiert, als sie die Mozarts tangierten. So wissen wir noch am besten über Constanze Bescheid, die neun Jahre mit ihm im Ehebett lag. Weit weniger weiß man über Aloysia, die seine «Madame Herz» war und seine «Donna Anna», die die «Konstanze» in der «Entführung» sang und die «Gräfin» in «Figaros Hochzeit»; noch weniger über die älteste Schwester, Maria Josepha, für die er die Koloraturenakrobatik der nächtlichen Königin komponiert hatte, und fast nichts von der jüngsten, Maria Sophie, die doch bei ihm war und seine Stirne kühlte in dem Augenblick, als er starb. Doch eines, wie wenig man auch immer weiß, ist sicher: Diese vier Frauen stehen in einem äußerst üblen Ruf.

Ja, wenn man alles für bare Münze nähme, was in rund hundertachtzig Jahren Mozartforschung über die «Weberischen» spekuliert, räsoniert und zusammenphantasiert wurde, dann waren diese vier Schwestern so etwas wie die vierfältige Inkarnation der teuflischen Paradiesschlange, ein shakespearesches Hexenquartett, das alle Makel, die dem weiblichen Geschlecht anhaften, in sich versammelt: Josepha, die Faule, Falsche. Aloysia, die kalte Kokette. Constanze, die Schlampe, sexuell triebhaft. Und das dumme Nesthäkchen, die leichtfertige Sophie.

Engherzig, gedankenlos, berechnend, banal, launisch, sinnlich, leichtsinnig, grob, verschwenderisch, kleinlich, habgierig, primitiv, abergläubisch, bigott, putzwütig, eitel, klatschhaft, hysterisch ...

So hat man sich die vier Weberischen immer wieder ausgemalt, bis in jüngste Zeit. Ja, es ist schon erstaunlich, wie farbig, detailgenau und ausführlich, vor allem aber: wie übereinstimmend der zweifelhafte Charakter, das mediokre Wesen der vier Schwestern Weber in der Mozartliteratur wieder und wieder dargestellt wurde, obgleich man von dreien nicht einmal das genaue Geburtsdatum kennt und auf keinerlei Selbstzeugnisse oder andere authentische Lebensäußerungen zurückgreifen kann. Es sieht ganz so aus, als ob die «Verliebtheit der Biographen in ihre Helden bis zu manifester Eifersucht reicht gegen alle, die jemals in zu große Nähe des Verehrten gekommen sind», spottete Volkmar Braunbehrens. Er war übrigens der erste Mozartbiograph, der (1986) unvoreingenommen nachfragte: «Wer war Konstanze Mozart?» Und zwei Jahre später versuchte dann

H. C. Robbins Landon eine veritable «Ehrenrettung Konstanzes» – wobei er mit dem Begriff «Ehre» recht genau den Kern des Problems traf: Je größer nämlich die Verehrung des Mozartschen Genies, um so ehrloser mußte Mozarts Gattin erscheinen. Denn den Biographen im idealistischen, prüden 19. Jahrhundert ging es vor allem um Mozarts hohes Ethos, dessen sich niemand als ebenbürtig oder würdig erweisen konnte, am wenigsten wohl sein «liebes Weibchen», das sich mit ihm in so profane menschliche Alltagsverrichtungen teilte wie Essen, Trinken, Tanzen, Spielen, Schlafen oder den Beischlaf. Insofern war es sogar günstig, daß man so wenig Belegbares, wissenschaftlich Verwertbares über sie besaß: Je dürftiger die Quellenlage, um so größer, leerer die Projektionsfläche für allerhand (Männer-)Phantasien.

Ausschließlich im Spiegel Mozarts also erscheint das Zerrbild der Weberischen. Was sie vorher waren, bevor er sie traf – was aus ihnen später wurde nach seinem Tode, das fällt aus dem Bilde heraus. Und, übrigens, es war ja Mozart selbst, der mit seiner höchst seltsamen Beschreibung der vier Schwestern die ersten Stichworte gegeben hatte zu deren schlechtem Leumund.

Am 15. Dezember 1781 teilt Mozart dem gestrengen Herrn Papa brieflich mit: Jawohl, die Gerüchte stimmen, er wolle heiraten; «... nun aber wer ist der gegenstand meiner liebe? – erschröcken sie auch da nicht, ich bitte sie; – doch nicht eine Weberische? – Ja eine Weberische – aber nicht Josepha – nicht Sophie – sondern Constanca; die Mittelste. – Ich habe in keiner familie solche ungleichheit der gemüther angetroffen wie in dieser. – Die Älteste ist eine faule, grobe, falsche Person, die es dick hinter den ohren hat. – Die Langin ist eine falsche, schlechtdenkende Person, und eine Coquette. – Die Jüngste – ist noch zu jung um etwas seyn zu können. – ist nichts als ein gutes aber zu leichtsinniges geschöpf! gott möge sie vor verführung bewahren. – Die Mittelste aber, nemlich meine gute, liebe Konstanze ist – die Marterin darunter, und eben deswegen vieleicht die gutherzigste, geschickteste und mit einem wort die beste darunter. – die nimmt sich um alles im hause an – und kann doch nichts recht thun. O Mein bester vatter, ich könnte ganze Bögen voll schreiben, wenn ich ihnen all die auftritte beschreiben sollte, die mit uns beyden in diesem hause vorgegangen sind. wenn sie es aber verlangen, werde ich es im Nächsten briefe thun ...»

Mozarts Taktik ist durchsichtig wie Glas. Er weiß, der Vater billigt seine Heiratspläne durchaus nicht. Er weiß auch, man hat Leopold Mozart von anderer Seite aus Wien schon allerlei Gerüchte darüber zugetragen. So streut er in seine Briefe an die Schwester und den Papa zunächst nur einige dezente, vorbereitende Hinweise darauf ein. Er lenkt ab, er redet darum herum. Schon seit Anfang Mai dieses Jahres lebt er im Haushalt der Familie Weber als Untermieter, Am Peter 11, zweiter Stock. Doch nach drei Monaten zieht er wieder aus diesem Haus aus, das den Namen «das Auge Gottes» trägt, «wegen dem Geschwätze der leute, einer albernen Plauderey, woran kein wahres Wort ist», wie er dem Vater schreibt. Ach ja, er gibt zu, mit den Weberischen ein paarmal im Prater gewesen zu sein, nur so zum Spaß. Aber noch im Juli streitet er rundweg jeden Heiratsgedanken ab: «gott hat mir mein talent nicht gegeben, damit ich es an eine frau henke ... wenn ich die alle heyrathen müsste mit den ich gepasst habe, so müsste ich leicht 200 frauen haben ...» Ein andermal läßt sich Mozart ausführlich über eine besonders unsympathische Schülerin aus, das dicke, häßliche Fräulein Auernhammer, das ihm angeblich eifrig nachstellt; wieder ein andermal über die Nachteile eines Junggesellenlebens und die Vorzüge eines gesunden, beschaulichen Ehestandes. Endlich, im Dezember, packt er den Stier bei den Hörnern und rückt mit der Wahrheit heraus.

Ist es die ganze Wahrheit und nichts als die Wahrheit? Sicher nicht. Mozart schwärzt drei der vier Schwestern Weber kräftig an, nur damit die vierte, seine Braut, dem Vater um so tugendhafter und strahlender vor Augen stehe. Und unter Berufung auf dieses Zitat hatten die andern drei fortan ihr Mozartisch autorisiertes Fett weg: die faule, grobe Josepha, die kokette, kalte Aloysia, die leichtfertige Sophie ... Freilich, Constanze, der armen «Marterin», sollte es um keinen Deut besser ergehen.

Im selben Brief vom 15. Dezember 1781 entwirft Mozart ein Porträt seiner Herzliebsten, das alles andere als galant, in dem aber jeder Federstrich auf das Urteil des grimmen Vaters berechnet ist – bis hin zu der Bemerkung, Constanze frisiere sich selbst: Das bezieht sich auf die teuren, mit fremder Hilfe aufgetürmten Frisuren seiner

Schwester Nannerl, die Vater Leopold stets ein Dorn im Auge waren. Überliest man diese und manch andere geheime Botschaft zwischen den folgenden Zeilen, dann muß man den Eindruck gewinnen, daß Mozart seine Braut eigentlich ziemlich unattraktiv und ein bißchen fad fand, höchstens figürlich, hmm, nun ja, bester Papa, so unter Männern gesprochen, sagen wir mal: knackig.

«... bevor ich ihnen von meinem gewäsche frey mache, muß ich ihnen doch noch näher mit dem karackter meiner liebsten konstanze bekannt machen. – sie ist nicht hässlich, aber auch nichts weniger als schön. – ihre ganze schönheit besteht, in zwey kleinen schwarzen augen, und in einem schönen Wachsthum. sie hat keinen Witz, aber gesunden Menschenverstand genug, um ihre pflichten als frau und Muter erfüllen zu können. sie ist nicht um aufwand geneigt, das ist grundfalsch. – im gegentheil ist sie gewohnt schlecht gekleidet zu seyn. – denn das wenige, was die Mutter ihren Kindern hat thun können, hat sie den zwey andern gethan, ihr aber niemalen. – Das ist wahr, daß sie gern Nett und reinlich, aber nicht propre gekleidet wäre. – und das Meiste was ein frauenzimmer braucht, kann sie sich selbst machen. und sie frisiert sich auch alle tage selbst. – versteht die hauswirtschaft, hat das beste herz von der Welt – ich liebe sie, und sie liebt mich vom herzen? – sagen sie mir ob ich mir eine bessere frau wünschen könnte? ...»

Ja, freilich, etwas Besseres hätte Vater Leopold selbst nicht für ihn aussuchen können! So ein bescheidenes, nettes und reinliches, praktisch veranlagtes und geistig leicht zurückgebliebenes, also gewiß fügsames, dabei gottlob sexy gebautes Aschenputtel dürfte der Traum jedes Schwiegerpapas sein. Man darf hieraus nur keine Rückschlüsse ziehen auf die wahren inneren Wesenszüge von Constanze Weber. Mozart schildert dem Vater aus diplomatischen Gründen eine Wunschpuppe, nichts weiter.

Was einige Äußerlichkeiten anbelangt, ist dieses Konterfei aber offenbar recht präzise und wirklichkeitsnah. Die «schönen kleinen schwarzen Augen» findet man nicht nur auf allen drei überlieferten Porträts Constanzes wieder. Sie hat sie offenbar auch an ihre beiden überlebenden Söhne vererbt, wie man auf dem Doppelporträt der Mozartkinder von Hans Hansen (1798) gut erkennen kann, aber auch auf den Porträts der beiden aus späteren Jahren, als sie erwachsen sind. Wir besitzen sowohl ein Bild des sechsundfünfzigjährigen Carl Mozart, der als Staatsdiener im Dienste des Königs von Neapel in Mailand ein beschauliches Leben führte (gemalt von einem unbekannten italienischen Maler), als auch ein Ölbild des jüngeren Franz Xaver Wolfgang Mozart, genannt Wowi, der Musiker wurde wie sein Vater (das Bild ist gemalt von Schweikart, anno 1825).

Beide haben die Augen ihrer Mutter: intensiv blickende, etwas weit auseinanderstehende und auffällig dunkle, «schwarze» Augen – Knopfaugen, Kulleraugen. Auf der Miniatur, die Schwager Lange von Constanze Mozart im ersten Jahr ihrer Ehe gemalt hat, blickt sie den Betrachter allerdings nicht aus kleinen, sondern aus großen Kulleraugen an. Und genau diese Augen hat auch die US-Schauspielerin Elizabeth Berridge, die die Constanze gibt in Formans Film «Amadeus», ja, Milos Forman hat sie sogar in einer Szene den Gestus des Lange-Porträts nachstellen lassen: Constanze wird von Mozart geweckt, weil überraschend Besuch gekommen ist; sein Vater ist da, sie soll ihm erstmals vorgestellt werden. Sie hebt den Kopf aus den Kissen, verschlafen, verwirrt; die Decke, die sie schützend hoch ans Kinn zieht, gibt ihr etwas Unschuldiges und zugleich leicht Lasziives, (ähnlich wie der breite, hochgezogene Spitzenkragen auf Langes Bild); die schwarzen Locken kringeln sich ungeordnet in die Stirn, sie hebt den Kopf noch etwas höher, dreht ihn ins Halbprofil (wie auf dem Bild), schaut stumm, zögernd ... für einen Moment verweilt die Kamera in dieser Einstellung: Es ist das Lange-Porträt. Und Mozart fragt: «Warum stehst du jetzt nicht auf, Liebling?»

Überhaupt hat dieser populäre Film, bei allen zu Recht beklagten Verfälschungen und Vergröberungen im Detail, in vielen anderen Punkten auch manches geradegerückt an unserem Mozartbild. Aloysia kommt zwar überhaupt nicht vor. Aber was die Figur der Constanze anbetrifft, wurden die Fehler der Mozartforschung bewußt korrigiert. Sie darf in «Amadeus» – historisch erstmals – eine gute Figur abgeben, liebenswürdig sein, lebhaft, sogar lebensklug. Sie ist auch wirklich nicht gerade «häßlich, aber auch nichts weniger als schön». Gewiß, Elizabeth Berridge sieht wohl der historischen Constanze, von den Augen abgesehen, nicht sonderlich ähnlich. Man vergleiche aber einmal dieses sympathische, knubbelige Kindweib aus dem 1984 gedrehten Film mit dem polizeilichen Phantom-

Für seine Frau Constanze schrieb Mozart die c-Moll-Messe KV 427 mit ihrer mäßig schwierigen, aber sehr effektvollen Solosopranpartie. Sie war auch als «Versöhnungsmesse» gedacht: Constanze sollte Mittlerin zwischen Vater und Sohn werden.

bild, das das Bundeskriminalamt in Wiesbaden anno 1992 aus den drei bekannten Porträts der Constanze Mozart zusammengesetzt hat: Dieses historisch sicherlich «authentischere» Constanze-Bild scheint, weil es zugleich auch die alten Vorurteile wieder mit aufwärmt, viel unwirklicher, unähnlicher. Der Polizeifotograf übernimmt von dem Hansen-Porträt der Etatsräthin Nissen, verwitwete Mozart (1802), die schmale Gesichtsform und das lange Kinn sowie die überlange, gerade Nase; es ist die Nase aller Weberischen, «Spitzignas» neckte Mozart sein «Stanzerl» liebevoll in den Briefen. Von dem Lange-Porträt übernimmt er den leichten Unterbiß und den mürrisch verzogenen Mundwinkel. Das alles mag physiognomisch korrekt sein, doch der Gesichtsausdruck dieser Steckbrief-Constanze ist eindeutig aus ihrem sattsam bekannten negativen Image abgeleitet und ins Ordinäre verzeichnet. Ihre schwarzen Augen sind stechend, der Blick verschlagen – und um das Vorurteil zu komplettieren, hat man dieser höchst unsympathischen Phantomfrau dazu noch große, auffällige Zigeunerohrringe angehängt. Die taugt nicht viel, das sieht man doch sofort! Die Constanze im «Amadeus»-Film dagegen hat zwar statt der authentisch langen Weberischen Nase ein amerikanisches Stupsnäschen, aber sie ist kein Phantom, sondern ein liebenswerter Mensch.

Und so ist es historisch beglaubigt: Mozart liebte sie, und sie liebte ihn von Herzen. Die beiden haben noch ein halbes Jahr lang vergeblich auf den Segen des Vaters Leopold gewartet und schließlich, er fünfundzwanzigjährig, sie zwanzigjährig, am 4. August 1782 im Stephansdom zu Wien geheiratet. Beide weinten vor Glück. Und diese Ehe wurde eine glückliche. Wo immer es ging, begleitete sie ihn auf seinen Reisen, in seine Konzerte. Wo nicht, schrieb er ihr lange, zärtliche, sehnsuchtsvolle Briefe. In neun Ehejahren war Konstanze sechsmal schwanger und gebar vier Knaben, zwei Mädchen – vier der Kinder starben schon im Säuglingsalter. Als Mozart starb, war sie so verzweifelt und von Sinnen, daß sie sich in sein Bett legte, um ebenfalls zu sterben.

Ein «für ihn unpassendes Mädchen», schreibt Jahrzehnte später seine Schwester Nannerl. Sie war «vielleicht nicht die Allerschlimmste», schrieb über hundert Jahre später Annette Kolb. «Es sollte aber auch nichts beschönigt werden ...», meinte noch kürzlich die feministische Musikwissenschaftlerin Eva Rieger: «Sicherlich war sie weder geistig anspruchsvoll noch sonderlich hochherzig.» Nur Volkmar Braunbehrens kommt, nachdem er noch einmal alles zusammengetragen hat, was aus der Zeit von Brautstand und Ehe über die Frau Mozarts bekannt ist, zu dem neutralen Ergebnis: «Bekennen wir offen, daß dieses wenige zu einem umfassenden Bild ihrer Persönlichkeit nicht ausreicht – allerdings auch nicht den geringsten Grund für irgendein abschätziges Urteil liefert.»

Was sicher richtig ist. Aus der Zeit ihrer Ehe gibt es merkwürdigerweise nicht ein einziges Selbstzeugnis Constanzes. Äußerungen von anderen über sie, gewiß; doch kein Wort von ihr. Viele Briefe, die Mozart ihr schrieb; doch ihre Antwortbriefe sind nicht erhalten.

Streift man dieser umstrittenen Figur einmal alles Verfälschende, nachträglich Aufgeschminkte ab, dann bleibt nur ein Schattenriß übrig. Immerhin, wir haben da noch die späten Selbstzeugnisse der Etatsräthin Constanze Nissen, gewesene Witwe Mozart aus der Zeit nach Mozarts Tod: Briefe und Aufzeichnungen – aber dafür hat sich die Mozartforschung verständlicherweise nur mäßig interessiert. Wer will schon wissen, wer Madame Nissen war? Dabei hat sie Mozart nicht nur um fünfzig Jahre überlebt, sondern auch ihr ganzes weiteres Leben, wie auch das ihres zweiten Ehemannes, nach Kräften in den Dienst seiner Werke gestellt.

Auch ihre drei Schwestern sind aus dem Schatten Mozarts nicht mehr herausgetreten. Auch für sie gilt: Zieht man den schlechten Ruf ab, bleibt nicht mehr viel von ihnen übrig. Doch hat jedes böse Gerücht auch eine gute Kehrseite, irgendwo dazwischen liegt manchmal der wahre Kern. Und dann gibt es einen sehr beredten und verläßlichen Zeugen, der in dieser Sache noch nicht befragt worden ist: die Musik, die Mozart für seine lieben Weberischen komponiert hat.

Von Prag bis Leipzig dauert die Reise abermals drei Tage. Oder vier? Endlich, am Ziel, das erste historisch fixe Datum, der erste wissenschaftlich verwertbare Beleg: ein Konzertzettel. Für den 11. November des Jahres 1795 ist im Leipziger Gewandhaus ein «Concert der zwey Schwestern Madame Lange und Madame Mozart» annonciert, «wobey Herr Capellmeister Eberl sich auf dem Pianoforte wird hören lassen».

Der gute Eberl ist also mit von der Partie. Das Konzert, dem Typ nach das damals übliche, sogenannte «Große Vokal- und Instrumentalkonzert», unterscheidet sich von unserer heutigen posthistorischen Konzertmonokultur ganz erheblich. Es ist bunt, abwechslungsreich und möglichst aktuell mit Neuheiten bestückt: ein mehrstündiges, von mehreren Pausen unterbrochenes Potpourri aus Opernarien, Duetten, Liedern oder gar Kirchenkompositionen nebst kompletten Symphonien, Sonaten und Konzerten, wobei letztere aber oftmals nur satzweise oder in einem für die Abendbesetzung passenden Arrangement erklingen. Das Außergewöhnliche an diesem ersten Tourneekonzert der Schwestern Weber ist, daß nur und ausschließlich Mozartsche Werke zu Gehör gebracht werden. Zur Eröffnung zunächst eine «Sinfonie» (komplett? welche?), dann singt Aloysia die Arie *No, che non sei capace*, KV 419), anschließend spielt Eberl ein «Concert auf dem Pianoforte» (komplett? welches?), und die beiden Schwestern tragen, unterstützt von einem gewissen Herrn Richter, das Terzett *Vengo aspettate* aus der Oper «La clemenza di Tito» vor. Ende des ersten Teils.

Das Terzett aus «Titus» ist kurz, für Constanze gibt es darin nicht viel zu tun. Strenggenommen handelt es sich auch gar nicht um ein Terzett, sondern um eine Szene mit brillantem Solo für Aloysia: die furiose Abgangsarie der römischen Prinzessin Vitellia, deren Verschwörung soeben vereitelt wurde, wovon ihre Untergebenen noch nichts ahnen. Diese beiden (Annio, Publio) haben nur begleitende, kommentierende Chorfunktion: «Ach, die übergroße Freude verwirrt ihr alle Sinne» singt Constanze zusammen mit Herrn Richter, während Aloysia wütende, verzweifelt scharfe Spitzentöne herausschleudert. Sie ist in ihrem Element, just in der Höhe liegt ihre Stärke. Madame Lange ist nämlich berühmt geworden vor allem für ihren ungewöhnlichen Stimmumfang und die Leichtigkeit, mit der sie die höchsten Register erklimmt und auch hält. Wie hoch? Auch das läßt sich genau sagen, dank des zweiten, wissenschaftlich verwertbaren Belegs: der Arien.

Aloysia Lange singt mühelos über drei Oktaven bis hinauf zum dreigestrichenen a – ihre beste und charakteristische Lage ist allerdings die zwischen dem eingestrichenen h und dem zweigestrichenen fis, wie ein Vergleich der sieben Konzertarien zeigt, die Mozart für sie komponiert hat. Sie sind maßgeschneidert und geben darum nicht nur präzise darüber Auskunft, welche besonderen Eigenschaften die Stimme Aloysias hatte, sondern auch darüber, was Mozart bereits bei erster Bekanntschaft mit ihr so außerordentlich bezaubernd fand.

Aloysias Schwäche ist ihr kleines Stimmvolumen: das heißt, sie singt nicht sehr laut, wie der zarte, durchsichtige Orchestersatz zeigt, den Mozart in ihrem Falle bevorzugt verwendet. Ein weiterer Hinweis darauf ist in dem Umstand zu sehen, daß sie im Verlaufe ihrer Karriere immer wieder gegen das Gerücht anzukämpfen hatte, sie habe «die Stimme verloren» oder aber ihre Stimme sei «geschwächt». Wenn eine sogenannte kleine Stimme falsch besetzt wird, dann hat das in der Tat diesen Effekt (wie man heutigentags zum Beispiel am Auf und Ab der begnadeten Belcanto-Sängerin Cecilia Bartoli sehr schön studieren kann). Ende des 18. Jahrhunderts, als die Opernhäuser und Orchesterbesetzungen noch deutlich kleiner waren als heute und viele Konzertakademien in adligen Privathäusern stattfinden, fällt dieser Mangel freilich nicht so stark ins Gewicht. Um so glänzender wirken sich die Vorzüge von Aloysias Stimme aus: vor allem in der Höhe verfügt sie über eine Intonationsreinheit und Beweglichkeit, der Mozart mit einem Feuerwerk von Koloraturpassagen, mit kombinierten Sprüngen und Doppelschlägen Rechnung trägt. Darin ist sie ein Naturtalent, das beherrscht sie schon als junges Mädchen mit sechzehn (oder siebzehn? oder fünfzehn?) Jahren, als Mozart sie in Mannheim zum ersten Male hört.

Im Herbst des Jahres 1777, mit einundzwanzig Jahren, reiste Mozart über Schwetzingen und Augsburg nach Mannheim, wo er am 30. Oktober eintraf, die Familie Weber kennenlernte – und blieb. Auch seine Mutter, die ihn begleitete, bemerkte den starken Einfluß dieser neuen Freundschaft. «Sobald er aber mit den Weberischen bekannt geworden, so hat er gleich seinen Sinn geändert», berichtete sie nach Salzburg an den Vater. Aber erst im Januar 1778 tauchen «die Weberischen» erstmals in Mozarts eigenen Briefen auf: Den Vater Fridolin Weber, als Notenkopist, Bassist, Violinist und Souffleur, also als Mädchen für alles angestellt bei der Mannheimer Hofkapelle, nennt er einen «grundehrlichen teutschen mann», der seine fünf Mädchen, dazu noch einen jüngeren Knaben, gut erziehe, die Kinder, insbesondere Aloysia, unerhört musikalisch, freilich die ganze «bedruckte familie» leider verarmt und in wirtschaftlicher Not.

Die Webers stammen aus Zell im nordbadischen Wiesenthal, wo Fridolin Weber bis zum Jahre 1765 als freiherrlich schönauischer Amtmann sein Auskommen hatte, nebst seiner Gattin, der gebürtigen Mannheimerin Maria Cäcilie Stamm. In Zell wurden auch die Töchter geboren: Josepha im Laufe des Jahres 1758 oder 1759, Aloysia 1759 / 60 / 61 (?) und Constanze am 5. Januar 1762. Sie ist die einzige, deren Geburtsdatum auf den Tag genau bekannt ist. Irgendwann im Oktober 1763 kam dann die jüngste, Sophie, zur Welt. Als sie zwei Jahre war, zog die Familie um nach Mannheim, als Mozart die Familie kennenlernte, war Sophie vierzehn Jahre alt, Constanze fünfzehn und Aloysia mindestens sechzehn, eher älter. Mozart spricht allerdings in seinem Brief vom 17. 1. 1778 von sechs Kindern der Webers. Ein fünftes Mädchen (?) scheint im Säuglingsalter gestorben zu sein, über den kleinen Bruder Johann Nepomuk ist nichts weiter bekannt. Später sterben zwei weitere Söhne jeweils zwei Jahre nach der Geburt.

Warum Fridolin Weber seinen bescheidenen, aber finanziell sicheren Beamtenposten in Zell aufgegeben hatte um der brotlosen Kunst Musik willen, darüber ist nichts bekannt. Nur soviel: Er war ein vielseitig gebildeter Mann, der die schönen Künste, vor allem das Theater und die Musik liebte. Und er stammte aus einer weitverzweigten Musikerfamilie, die, weil dies das Berufsmusikertum so mit sich brachte, sowohl mobil wie auch flexibel war. Sein jüngerer Bruder Franz Anton zum Beispiel, ebenfalls vorübergehend Beamter, schlug sich gleichfalls die längste Zeit seines Lebens als Berufsmusiker durch, als Geiger, Kontrabassist und Musikdirektor, und zog um von Zell nach Mannheim, Hildesheim, Eutin, Lübeck und Wien. Der weitestgereiste und berühmteste aller Weberischen aber ist einer seiner Söhne geworden: Carl Maria von Weber – er war ein Cousin von Constanze, Aloysia, Josepha und Sophie.

Aber auch die Webertöchter wurden musikalisch tüchtig ausgebildet. Sie singen, können Noten lesen und schreiben sowie Klavier spielen. Und mit Sicherheit Aloysia, vielleicht auch die jüngeren Schwestern nahmen Ende 1777 Klavier- und Gesangsstunden bei Mozart.

Er verliebt sich auf der Stelle. Er unterrichtet Aloysia mit Leidenschaft. «Meine Arie von der De Amicis mit den entsetzlichen Passagen singt sie vortrefflich», schwärmt er dem Vater im fernen Salzburg vor, und selbst die Mutter, die dieses erste ernste Musik- und Liebesabenteuer ihres Sohnes mit Sorge beobachtet, muß zugeben, die Weberische singe ganz «unvergleichlich». Aloysia kann prima vista vom Blatt singen, Aloysia singt mit einer «schönen reinen stimm». Vor allem aber singt sie mit «expression» und «zum herzen» (wie Mozart es nennt) und «am liebsten Cantabile», was ihr «natürlicher Hang» sei. Sie wird, unter seiner Anleitung, zur idealen Mozartsängerin. Ihre stärkste Waffe ist (wie er an anderer Stelle sagt): «Der Wahre, feine, singende geschmack im Cantabile». Sie singt im Mozartstil.

In diesen kurzen, rosaroten Wintermonaten in Mannheim, von Dezember bis März, singt Aloysia Mozarts Arien, komponiert Mozart für Aloysia. Sie spielen vierhändig, sie singen, sie spielen miteinander. Sie bauen sich Luftschlösser: nach Italien wollen sie zusammen reisen, ach ja. Daraus wird nichts, aber sie fahren immerhin für zehn Tage ins nahe Kirchheimbolanden, auf Konzertreise an den Hof der Fürstin Weilburg, mit Vater Fridolin als Anstandsherrn. Sie sind die Hauptattraktion in den Mannheimer Hauskonzerten bei den Cannabichs, wo Mozart einmal eine halbe Stunde selig improvisiert und Aloysia danach Arien aus seiner Oper «Lucio Silla» vorträgt. Beim Abschiedskonzert am 12. März spielt Aloysia gemeinsam mit zwei weiteren Schülerinnen Mozarts das Konzert für drei Klaviere F-Dur, KV 242.

Es ist verbürgt, daß Mozart, als er 1778 unter Tränen von Mannheim und seiner großen Liebe Abschied nehmen und nach Paris gehen mußte, seiner schönen, herzgeliebten Weberin viele gewiß wunderschöne Briefe geschrieben hat. Constanze, die Schwester und Gattin, erbte Jahre später den gesamten Nachlaß der Mutter Cäcilie Weber, und sie hat wohl dafür gesorgt, daß diese Briefe auf Nimmerwiedersehen verschwunden sind. Nur ein einziger an Aloysia ist erhalten und der spricht Bände: aber nicht von der Liebe.

«Cariβima amica», schreibt Mozart am 30. Juli 1778 an Aloysia aus Frankreich auf italienisch – das ist die Sprache der Musik: «Bitte verzeihen Sie mir, daß ich ihnen diesmal die Variationen für die mir übersandte Arie nicht schicke ...» und so geht es seitenweise weiter. Vor drei Wochen ist Mozarts Mutter gestorben, kein Wort dazu. Nur indirekt schreibt er davon, indem er über das höchste Gut der Gesundheit lamentiert und die ferne Geliebte beschwört, immer hübsch «darauf zu achten», so wie er selbst darauf achte, weshalb er gesund sei (will heißen: im Falle der Mutter war er achtlos, er fühlt sich schuldig an ihrem Tode). Dies alles mag Aloysia kaum begreifen. Doch hat sie sehr gut die Gesangslektionen begriffen, die er ihr weiterhin fernschriftlich erteilt. Mozart versichert, er habe ihr eine Konzertarie auf den Leib komponiert, («nur für Sie!»), die «unter meinen Kompositionen dieser Art die beste ist, die ich in meinem Leben gemacht habe». Dann folgt eine lange Belehrung, die für den Mozartschen Gesangsstil wie auch für den der Aloysia Weber aufschlußreich ist. Mozart schreibt: «Es würde mich freuen, wenn Sie sich jetzt mit ganzem Eifer auf meine Andromeda-Szene *Ah, lo previdi* stürzen wollten, weil ich Ihnen versichere, daß Ihnen diese Szene sehr gut liegen wird, und daß Sie viel Ehre damit einlegen werden. Am meisten empfehle ich Ihnen den Ausdruck, gut über den Sinn und die Kraft der Worte nachzudenken, sich mit Ernst in den Zustand und in die Lage der Andromeda zu versetzen und sich vorzustellen, daß Sie diese Person selbst sind. Auf diese Weise, mit Ihrer wunderschönen Stimme, mit Ihrer schönen Art zu singen, werden Sie in kurzer Zeit ganz sicher vortrefflich sein ... Daß Sie selbst die Arie so singen werden, wie ich es wünsche; das weiß ich aus Erfahrung. Ich weiß nicht, woher es kommt, daß Sie so viel aus sich selbst heraus gelernt haben ...»

Aloysia verkörpert das Mozartsche Ideal des Cantabile. Aloysia ist deshalb – im Wettstreit der Primadonnen – die «Madame Herz». In dieser Rolle tritt sie in Mozarts kleinem Buffo-Stück «Der Schauspieldirektor» (KV 486) gegen die große Caterina Cavalieri an, gegen die glänzende «Madame Silberklang». Die Cavalieri war die Lieblingssängerin Salieris, sie war auch Mozarts erste «Konstanze» und, wie an den für sie komponierten Arien abzulesen, eine barocke Seria-Primadonna mit einer starken Stimme, die zu gewaltigen Kraftakten fähig war. Nicht unbedingt schön, offenbar nicht einmal sauber gesungen, aber imponierend und repräsentativ. Im Gegensatz dazu verkörpert Aloysia, die «Madame Herz», den Idealtypus einer Primadonna des bürgerlichen Singspiels. Freilich, hoch hinaus und glänzend, das kann sie auch! «Eine herrliche Sängerin» schwärmt

Tobias Philipp von Gebler, nachdem er sie 1780 zum ersten Mal in Wien gehört hat, in einem Brief an Christoph Friedrich Nicolai: «Ein Ton, ein Ausdruck, der zum Herzen dringt, eine außerordentliche Höhe, die schwerste Passagen richtig ausführt und mit dem Gesang, wie es sein soll, verflösset.» Und zehn Jahre später heißt es in Gerbers «Historisch-biographischem Lexikon» über Aloysia Lange: «Wer schöpft solche Töne aus seinem Herzen wie sie? Und wessen Töne bemeistern sich unseren Herzen so unwiderstehlich wie die ihrigen? Welche Klarheit des Tons, welches schwebendes Wachsen und Verlöschen, welche Schattierung, welche schmelzenden Übergänge durch die Molltöne, welche perlierten Triolen und Läufe, welche reinen Triller, vom entstehenden Piano bis zum stärksten Forte und wieder zurück zum sterbenden Piano, welches Rezitativ voll Nachdruck, Wärme, Wahrheit, lebendige Ästhetik ...»

Soweit «Madame Herz». Sie ist kein glitzerndes Zirkustier, sondern eine, die etwas zu sagen hat beim Singen. In ihrer Musik, in ihrem Beruf ist diese Weberische ganz gewiß keine kalte Kokette. Sie ist der neue Typus der klugen Sängerin, die weiß, was sie da singt, und die fühlt und mitfühlen macht. Sie ist Mozartsängerin.

Sieben Arien hat Mozart für Aloysia komponiert, zwei davon gibt sie im Leipziger Konzert im November 1795 zum besten. Keine Mannheimer, es sind schon Wiener Arien, komponiert nicht mehr für die Geliebte, sondern schon für die liebe Schwägerin. Die im zweiten Teil des Konzertes gesungene Arie *Mia speranza adorata! Ah, non sai, qual pena* (KV 416) ist eines ihrer vielgesungenen Paradestücke: eine große dramatische Szene mit Rondeau, die viel Raum bietet für das berühmte, beseelte Cantabile Aloysias. Mozart hatte sie im Januar 1783 komponiert, als gerade in Wien das Gerücht umging, Madame Lange habe, bedingt durch die Geburt ihres zweiten Kindes und geschwächt durch eine Lungenentzündung, wieder einmal ihre Stimme verloren.

Auch hinter *No, che non sei capace*, KV 419, verbirgt sich eine kleine Geschichte. An sich ist diese Arie nicht besonders typisch für Aloysias kantablen Gesangsstil. Freilich findet man auch hier die für Aloysias Stimmkapazität typische, überaus bewegliche und über unerhört lange Zeit ausgehaltene Höhe. Aber es ist eine Bravourarie mit vielen Imponiergesten, die, wie man so sagte, «großen Effekt» macht. Ob sie in Leipzig auch so heftig applaudiert wurde und sogar «musste wiederhollet werden», wie zwölf Jahre zuvor, als Aloysia sie zum ersten Male im Burgtheater gesungen hatte?

Mit *No, che non sei capace* trat sie zum ersten Mal in der italienischen Oper auf. Und genau zu diesem Zwecke – daß sie bei ihrem italienischen Debüt gehörig Furore machen möge – hatte Mozart ihr diese und eine weitere siebenminütige Bravourarie (*Vorrei spiegarvi*, KV 418) geschrieben. Es sind Einlagen für die Oper «Il curioso indiscreto» von Pasquale Anfossi, in der Aloysia in der Rolle der Clorinda auftrat. Solche Einlegearien, gewissermaßen «Kuckuckseier», die man in die Opern anderer hineinmogelte, waren gang und gäbe – jedes Stück ohnehin ein «work in progress», das bei jeder Aufführung verändert und den Bedürfnissen der Sänger angepaßt wurde. Normalerweise wurde darum kein Aufhebens gemacht. Ausgenommen in diesem Falle, wo die Sache sogar ausdrücklich im Textbuch vermerkt ist! Mozart hatte nämlich darauf bestanden, daß es «sowohl teutsch als wälsch den bücheln beygedruckt» werde, weil er, wie er dem Vater schreibt, «meine feinde» in Wien am Werk sah, die gegen ihn oder vielmehr gegen Aloysia Lange intrigierten. Und so stand also im Textbuch der Auffführung von «Il curioso indiscreto» am 30. Juni 1783 zu lesen: «Weil die 2 Arien, nemlich Seite 36 und 102 die Musik des Herr Anfosi für jemand andern geschrieben, und solche den erhabenen Fähigkeiten der Madame Lange nicht angemessen war; so hat der Herr Mozart gedachter Madame Lange zu gefallen, eine neue Musik dazu geliefert. Dieses wird hiermit jedem bekannt gemacht, auf dass die Ehre davon demjenigen bleibe, dem sie soll ...»

Ein starkes Team: die erhabenen Fähigkeiten der Madame Lange, kombiniert mit einem neuen Stück Musik von Mozart! Und sieh an, die Rechnung ging auf, das illustre Publikum ließ Mozarts Arien wiederholen und Anfossis Oper durchfallen. Wer aber waren die erwähnten «Feinde», und warum mußte Aloysia unbedingt besonders glänzen bei diesem italienischen Rollendebüt? Aloysia Lange war – und zwar schon seit 1779 – als erste Sängerin beim deutschen Singspiel engagiert. Sie war als solche beliebt, berühmt und brachte es auf die beachtliche Gage von 1700 Gulden – eine der bestbezahlten Sängerinnen ihrer Zeit. Trotzdem reichte das Geld hinten und vorne nicht, vor allem wegen der kostspieligen Hobbies (Spiel und Frauen) ihres kapriziösen Ehemannes Joseph Lange, den sie im Oktober 1780 hatte heiraten müssen, weil sie schwanger war. Im übrigen kümmerte sich Lange durchaus auch regelmäßig um die eigene Frau: Diese Künstlerehe war mit für Aloysias Karriere ruinös vielen Kindern gesegnet. Immer wieder stand sie hochschwanger auf der Bühne, immer wieder fiel sie aus wegen Kindbettproblemen, soweit man weiß, brachte sie mindestens sieben Kinder zur Welt. Allerdings erreichten nur zwei davon das Erwachsenenalter: Nanette, die später wie die Mutter Sängerin, und Carl Jakob, der später wie der Vater ein Schauspieler wurde.

Und einmal abgesehen von diesen häuslichen Handicaps, war eine erste Sängerin im deutschen Nationalsingspiel doch immer noch nur halb soviel wert wie eine Primadonna der italienischen Oper. Denn die Seriaoper, hervorragend vertreten durch Mozarts Konkurrenten Antonio Salieri, wurde von Kaiser und Hof klar favorisiert. In diesem Lichte besehen, sind die für Aloysia komponierten Arien KV 418 und 419 eine Treppenstufe zur weiteren Karriere. Sie sind zugleich so etwas wie scharfe Munition im deutsch-italienischen Opernkrieg – und der gesamte Vorgang ist ein von Mozart bestens berechneter und denn auch erfolgreicher Vorstoß, den Salieri prompt parierte, indem er die Einlage einer weiteren «Kuckucksei»-Arie Mozarts, vorgesehen für den Tenor Adamberger, verhinderte.

Aloysia ihrerseits schaffte später den Sprung von der deutschen Singspiel- in die italienische Operntruppe. Ein zweifelhafter Erfolg: Ihre Stimme war nicht danach, und außerdem hatte sie ihren Zenit zu diesem Zeitpunkt schon überschritten.

Und dann singen die beiden Schwestern allein im Duett. Im zweiten Teil ihres Leipziger Konzertes anno 1795 tragen sie das Auftrittsduett Vitellia / Sesto vor, erster Akt, erste Szene aus «La clemenza di Tito», Mozarts noch unveröffentlichter letzter Seriaoper. Constanze beginnt: «Come ti piace, imponi, imponi ... tutto farò per te ...» Was immer du willst, befiehl mir, ich werde alles für dich tun. Constanze ist in diesem Duett die Unterlegene, sie singt den tieferliegenden Part, und sie spielt den unglücklich Verliebten: Sesto, der von der

Maria Aloysia Weber, verehelichte Lange, war für viele Jahre Mozarts «Cariẞima amica» und als Sängerin die «Madame Herz». «Der wahre, feine, singende geschmack im Cantabile» entsprach seinem Gesangsideal, das er in ihrer Stimme am reinsten verkörpert fand.

stolzen Prinzessin Vitellia mißbraucht wird für deren Machtspiele. Die Primadonna Aloysia dagegen spielt Vitellia, sie singt höher hinauf und teilt herrische Befehle aus: «Er sterbe, ehe noch die Sonne untergeht!»

Aber ist nicht ihrer beider Sonne schon lange untergegangen? Was denken sich die zwei, während sie nebeneinander und einträchtig dieses kurze, am Ende in herzzerreißende Terzengänge einmündende Duett singen? Ist es nicht wie eine Spiegelscherbe, die ein kleines Stückchen gemeinsamer Biographie zurückwirft? Und wie war das noch, als die eine ihn zurückwies, und später, als die andere um ihn warb? Wie war das, damals, als die eine auf der Bühne prangte in ihrer Paraderolle als Konstanze, den Geliebten in den Armen («Ach, Konstanze, ach mein Leben») und den Urheber dieser Liebesmusik vor sich unten im Orchestergraben, während die andere, die Konstanze des wirklichen Lebens, in der Loge sitzt und zuhört, wie sie singen *Es lebe die Liebe* und dabei weiß, sie selbst ist doch gemeint, sie, die kleine Schwester, das «Stanzerl», die «Spitzignas»?

Alles unzulässig, alles falsch.

Gewiß, man weiß heute, daß die Rolle der Konstanze in der «Entführung» tatsächlich auf die Stimme Aloysias zugeschnitten war, nur war sie bei der Uraufführung gerade wieder einmal schwangerschaftshalber verhindert, so daß die Cavalieri ihre Chance bekam. Man hat auch schon viel und mit einem gewissen Recht spekuliert über die offenkundig engen Bezüge zwischen Mozarts Brautwerbung und diesem Singspiel, das zur selben Zeit entstand, und man hat, in feiner Anspielung auf «Die Entführung aus dem Serail», seinen Kampf um Constanze auch wohl «Die Entführung aus dem Auge Gottes» genannt. Aber es ist purer Zufall, daß Constanze den gleichen Rufnamen hat wie die Hauptfigur in Stephanies «Entführungs»-Libretto. Und außerdem sind allzu offenkundige Parallelen zwischen Werk und Biographie, zwischen Musik und Leben bekanntlich mit Vorsicht zu genießen. Das führt schon in den Komponistenbiographien auf so manchen faulen Holzweg, um wieviel mehr in deren Frauen- und Familiengeschichten!

Könnte man, etwa in unserem Falle, stracks aus dem Werk auf das Leben schließen und umgekehrt, dann wäre zweierlei wohl sonnenklar: Mozart muß Aloysia sein ganzes kurzes Leben lang heimlich weitergeliebt haben – wie hätte er ihr sonst so viele, so herrliche Arien komponieren können! Und, zweitens: Konstanze kann nur eine heimlich ungeliebte Lückenbüßerin gewesen sein, außerdem war sie offenbar völlig unmusikalisch – anderweitig hätte Mozart doch wohl wenigstens eines der ihr gewidmeten Werke zu Ende komponiert! Obwohl beide Thesen immer mal wieder im Brustton der Überzeugung aufgestellt werden: daran stimmt nichts.

Die Sängerin Lange, geborene Weber, war mit Mozart beruflich und künstlerisch eng verbunden, denn die beiden führten in Wien denselben Kampf. Nicht mehr, nicht weniger. Was er für sie komponierte, das komponierte er auch in eigenem Interesse. Er hat mit seiner Kunst seine Familie ernährt, so wie sie die ihre. Er hat mit ihr gearbeitet; aber es gibt kein einziges Selbstzeugnis darüber, daß er seiner Jugendliebe später noch nachgetrauert hätte, ja, zu Zeiten waren die Langes und die Mozarts bei Faschingsbällen und Familienfesten so recht ein Herz und eine Seele, und das Verhältnis zwischen den Schwestern und Schwägern war harmonisch. Andererseits gibt es gebündelt Beweise dafür, daß Mozart seine Frau liebte. Und es ist aktenkundig, daß Constanze Mozart, geborene Weber, wie alle Weberischen musikalisch vorzüglich gebildet war, wenn auch nicht mit einer so außergewöhnlichen Stimme begabt wie Aloysia.

Constanzes letzter öffentlicher Auftritt als Sängerin vor der gemeinsamen Konzertreise lag zwölf Jahre zurück. Das war im Herbst 1783 gewesen, ein Jahr nach ihrer Hochzeit, kurz nach dem Triumph ihrer Schwester in Anfossis Oper. Damals war sie, Constanze, gerade zum ersten Male Mutter geworden. Der kleine Raimund Leopold war kaum sechs Wochen alt, da hatte sie ihn schon weggeben und in Wien bei einer Amme zurücklassen müssen, um ihren lieben Mann nach Salzburg zu begleiten. Diese Reise, lange geplant, war wieder und wieder aufgeschoben worden. Aber nun mußte es sein, der Vater, das Nannerl sollten endlich versöhnt und persönlich bekannt gemacht werden mit dem jungen Glück. Und obgleich Mozart wieder und wieder versicherte: «Nun freut sich eine liebe Konstanze noch hundertmal mehr nach Salzburg zu reisen!» – Constanze sorgte sich. Sie fürchtete, nicht zu Unrecht, daß die Salzburger Verwandtschaft sie rundheraus ablehnen könnte, daß man sie «nicht hüpsch» genug fände und nicht passend für den Sohn, den Bruder.

Am 29. Juli trafen Constanze und Wolfgang Amadeus Mozart in Salzburg ein, am 27. Oktober morgens um halb zehn reisten sie wieder ab. Das ist schon beinahe alles, was man verbindlich über den Verlauf ihres Aufenthalts sagen kann, denn da die Familie Mozart in diesen drei Monaten komplett beisammen war und sich wechselseitig keine Briefe schrieb, gibt es auch keine Daten zu Details. Bis auf eine Kleinigkeit. Am 23. Oktober notierte Nannerl in ihrem Tagebuch: «In capelHaus bey der prob von der mess, meines bruders. bey welcher meine schwägerin die Solo Singt.» Und drei Tage später schreibt sie: «Zu st peter in amt mein bruder sein amt gemacht worden. die ganze hofmusik war dabey.» Mit anderen Worten: Mozart präsentierte dem gestrengen Vater und der Salzburger Gesellschaft erstens eine neue Kirchenkomposition und zweitens darin seine junge Frau als Sängerin – das an sich ist schon Beweis genug für ihre musikalischen Qualitäten.

Bei dieser Messe, in der Constanze am 26. Oktober 1783 in St. Peter eine der beiden Solosopranpartien übernahm, handelt es sich um die c-Moll-Messe KV 427 – ein Werk, das nicht nur seltsamerweise unvollendet blieb, sondern dessen Entstehungsgeschichte auch teilweise immer noch im dunkeln liegt. Sie war offenbar bestimmt zur Einlösung eines Gelübdes, wie Mozart dem Vater in einem Brief vom Januar des Jahres andeutet: Er habe gelobt, im Falle der Genesung (?) seiner lieben Frau eine Messe für Salzburg (?) zu komponieren. Womit freilich nicht die Umstände von Schwangerschaft und Kindbett gemeint waren, vielmehr handelte es sich um eine Krankheit Constanzes aus der Zeit noch vor der Eheschließung, von der weiter nichts bekannt ist («meine frau war, als ich es versprach, noch ledig»). Wie dem auch sei: diese c-Moll-Messe entstand teils noch in Wien, parallel zur Komposition der drei Klavierkonzerte KV 413–415 und den Arien KV 418 / 419 für Aloysia; einige Stücke der Messe (das *Sanctus* zum Beispiel) vollendete Mozart erst in Salzburg; wieder andere sind nie zu Ende komponiert worden, das *Credo* bricht nach dem *Cruxifixus* ab. Freilich, auch in ihren vollendeten Teilen hat diese Meßkomposition bereits so gewaltige Ausmaße, daß sie den gottesdienstlichen Rahmen sprengt. Und sie repräsentiert so etwas wie die geballte Macht aller barocken kontrapunktischen Künste, in deren Studium sich Mozart in diesem vergangenen Jahr besonders vertieft hatte: eine massige Chorfuge nach norddeutschem Muster im *Gloria*, eine dramatische Chorbehandlung wie in Händels Oratorien und raffiniert variierte «basso-ostinato»-Technik nach dem Vorbild Bachscher Kantaten im *Qui tollis*. Diese Messe ist wie ein Musterbuch, eine Demonstration. Mozart zeigt, was er kann. Er gibt dem Vater eine glänzende Probe dessen, was er gelernt und gearbeitet hat, seit er selbständig ist und nicht mehr unter dessen Fuchtel steht. Und zugleich zeigt er dem Salzburger Erzbischof, dessen Dienst er vor zwei Jahren quittierte, was der an ihm verloren hat.

Constanze hilft ihm bei dieser Demonstration. Schließlich, nicht umsonst stand die erste Zeit ihrer Ehe unter dem Zeichen von Bach und Händel, schon während ihrer Brautzeit war Mozart mit kontrapunktischen Studien befaßt, und die c-Moll-Fuge für zwei Klaviere KV 426, eine der Vorstudien zur c-Moll-Messe, haben die beiden gewiß zusammen gespielt. Im April 1782 schreibt Mozart, nicht ohne Berechnung, an den Vater: «Als die Konstanze die fugen hörte, ward sie ganz verliebt darein; – sie will nichts als fugen hören, besonders aber in diesem Fach nichts als Händl und Bach.»

Die c-moll-Messe ist nicht Constanze gewidmet, aber es ist eine Messe für Constanze. Die Solosopranpartien sind nicht sonderlich schwierig zu singen, aber effektvoll. Constanze sang am 26. Oktober 1783 die eine, die andere wurde wahrscheinlich von einem der Salzburger Sopran/kastraten übernommen, vermutlich von Francesco Ceccarelli. Und da man davon ausgehen muß, daß Mozart die Sopranpartien auch für diese so unterschiedlichen Stimmtimbres berechnet und den beiden direkt auf den Leib geschneidert hat, bekommt das Spiel mit den Stimmkreuzungen, mit dem er die Soprane im *Dominus Deus* gegeneinanderführt, einen ganz besonderen Reiz: Sie singen in langen Notenwerten hoch und tief, so daß der Spitzenton und der tiefe Ton ständig präsent sind, nur eben von Takt zu Takt in einer anderen Farbe. Und es kommt wohl auch ein wenig auf die Bedeutung der beiden Worte an, die mit diesem auffälligen, über Kreuz angelegten Stimmverlauf herausgehoben werden und auf die dieser Satz am Ende, als die beiden widerstreitenden Stimmen endlich parallel geführt werden, regelrecht zuläuft: *Filius patris* – Sohn des Vaters. Mozart war ein religiös denkender Mensch und weit entfernt von blasphemischen Scherzen. Das schließt freilich nicht aus, daß er in seinen Kirchenkompositionen auch zu opernhaft dramatischem Ausdruck gelangt und, umgekehrt, in seinen Opern an religiöse Grundgedanken (etwa die Vergebung aller Sünden) rührt. Diese c-moll-Messe jedenfalls ist eine Versöhnungsmesse, die der Sohn dem Vater anbietet, vermittelt durch die Stimme seiner Frau, die der Auslöser für das Zerwürfnis war.

Am Morgen nach der Aufführung reiste das junge Paar aus Salzburg ab, und zwar, wie man aus späteren Briefwechseln weiß, unverrichteter Dinge, unversöhnt. Die c-Moll-Messe blieb unvollendet. Aber nicht nur sie. Insgesamt hat Mozart für seine Frau, soweit bekannt, sieben Werke verschiedenster Art komponiert, darunter einen Sonatensatz für zwei Klaviere, KV 375 c (*per la Sig.ra Constanza Weber* ...), die Solfeggien für eine Singstimme, KV 393 (*Für meine teure Gattin*), eine Sonate für Violine und Klavier, KV 403 (*pour ma très chère epouse*), eine Arie *In te spero*, KV 440 (*par la mia cara sposa*). Allen diesen Werken gemeinsam ist, daß sie Fragment geblieben sind. Warum?

Auch zu dieser spannenden Frage zieht die Mozartbiographik immer wieder nur die gleichen langweiligen Antworten aus dem Hut: Er hat sie nicht wirklich geliebt, sie war unmusikalisch et cetera. Als ob das eine zwingend etwas mit dem anderen zu tun hätte! Und da beides erwiesenermaßen Unsinn ist, muß man nach einer anderen Antwort suchen, die womöglich ganz schlicht und unspektakulär ausfällt: Mozart hatte zuviel zu tun. Nach der Heirat mit Constanze ist ein enormes Emporschnellen seiner Produktivität zu verzeichnen, eine fast übermenschliche Schaffenskraft, was zwei gleichfalls leicht einzusehende Gründe hat. Erstens mußte er ab sofort mit seiner Musik eine Familie ernähren; zweitens hat er sich, eben zur selben Zeit, als er sich für Constanze entschied, gewissermaßen selbst aus Salzburger Diensten entlassen und damit in die unsichere Existenz des freien, bürgerlichen Marktes katapultiert. Die Opern und die Einlegearien, die adligen Freunden gewidmeten Konzerte und Sonaten brachten Ruhm und Geld ins Haus, sie mußten fertig werden. Die kleinen Liebesgaben für das Stanzerl daheim konnten warten. Aber sie haben, soviel ist sicher, daheim vierhändig gespielt und gesungen. Und wenn es zutrifft, was Constanze Jahrzehnte später dem Ehepaar Novello erzählt hat, dann hat Mozart all seine großen Werke am liebsten zuerst zu Hause, zusammen mit seiner Frau geprobt. Als er starb, hinterließ er ihr nicht nur zwei kleine Kinder und einen Haufen Schulden, sondern auch ein gewaltiges Œuvre, das sie zu verwalten hatte.

Von Leipzig aus reisen die beiden Schwestern im Dezember weiter nach Hamburg, wo sie konzertieren und bis in den Januar 1796 hinein bleiben. Im Februar fahren sie nach Berlin, wo der Witwe Mozart von Friedrich Wilhelm II. höchstselbst das königliche Opernhaus, die «Königlichen Sänger und Sängerinnen und die Königliche Kapelle» zur Verfügung gestellt werden für eine Aufführung der «wesentlichen Stücke» aus «La clemenza di Tito», dem letzten Werk ihres verstorbenen Mannes. Aloysia ist nicht auf dem Programmzettel vermerkt, aber Constanze singt wieder mit. Im April sind die Schwestern dann noch zweimal gemeinsam in Leipzig zu hören, unter anderem mit Teilen des Requiems, von da aus geht es (geht zumindest Constanze) nach Dresden, wo im Mai 1796 abermals ein Konzert mit Stücken aus «Titus» stattfindet. Wo immer die beiden auftreten, stehen ausschließlich Werke Mozarts auf dem Programm, und zwar vor allem aus seiner noch unbekannten Hinterlassenschaft: das Requiem, «Titus» und «Idomeneo». Es ist das Verdienst dieser Pilgerfahrt der beiden Frauen, daß in den ersten Jahrzehnten nach Mozarts Tod vor allem diese späten Seriaopern publik wurden und sich, bis in die zwanziger Jahre des folgenden Jahrhunderts hinein, allergrößter Beliebtheit erfreuten.

Am Ende dieser Mission kehrt Constanze allein zurück nach Wien und widmet sich der Ausbildung Wowis, den sie – in der Hoffnung, er werde ein großer Musiker wie sein Vater – umbenennt in Wolfgang Amadeus. Wie ihre Mutter es einst tat, muß sie, um den Lebensunterhalt zu bestreiten, Untermieter aufnehmen. Einer davon ist der dänische Staatsrat Georg Nikolaus von Nissen, den sie später heiratet, womit sie ausgesorgt hat. Nissen schreibt die erste große Mozartbiographie. Er kümmert sich auch gewissenhaft um die Herausgabe der Mozartschen Werke, er verhandelt geschickt mit Breitkopf und Härtel und mit dem Verlag André.

Aloysia Lange kehrt von der gemeinsamen Konzertreise nicht nach Wien zurück. Sie ergreift die Gelegenheit beim Schopfe, sich

Für Sophie, die jüngste der vier «Weberischen», Sängerin auch sie, hat Mozart nichts komponiert. In der Mozartliteratur wird ihr die Rolle des dummen Nesthäkchens und der Leichtfertigen zugeschrieben.

von ihrem Mann zu trennen, und versucht ihr Glück fortan auswärts an anderen Bühnen. 1798 ist sie als Louise Lange am Opernhaus in Amsterdam beschäftigt. Drei Jahre später finden wir sie in Paris, wo sie noch einmal ihre alte Paraderolle, die «Konstanze» singt, anschließend hatte sie ein Engagement in Frankfurt, da ist sie schon über vierzig Jahre alt. Im Jahre 1806 schließlich gibt Aloysia die Bühnenlaufbahn auf und schlägt sich von nun an recht und schlecht als Gesangslehrerin durchs Leben, zunächst in Zürich, später wiederum in Wien. Ihre letzten Jahre ab 1831 verbringt Aloysia bei ihrer Schwester Constanze, die sich, längst zum zweiten Male verwitwet, in Salzburg niedergelassen hat und dort in unmittelbarer Nachbarschaft zu ihrer Schwägerin Nannerl in No. 23 am Nonnberg wohnt.

Ausgerechnet in Salzburg! Hier treffen am Ende der Geschichte drei der vier Weberischen wieder zusammen. Constanze, die Erbin und wohlsituierte Witwe Nissen. Die schöne Aloysia, verarmt, verbittert. Und die kleine Sophie, die in ihrem Leben auch viel musizierte, die auch Sängerin war und auch einen Komponisten und Sänger heiratete, aber alles eben eine Nummer kleiner, weshalb sie den Mozartbiographien keinerlei Erwähnung wert gewesen wäre, hätte sie nicht diesen berühmten Brief an Schwager Nissen geschrieben, der ausführlich Mozarts letzte Lebensstunde schildert, deren einziger Zeuge sie angeblich war. Allerdings, sie schrieb das vierunddreißig Jahre später aus der Erinnerung. Da ist ihr eigener braver Ehemann Jakob Haibel, einst Tenor am Theater Schikaneders, später Chorregent in Slawonien, auch längst tot.

Und wo war die vierte Weberische geblieben, Josepha? Auch sie hatte ihr Leben im Schatten Mozarts verbracht. Für sie komponierte er die Koloraturarie «Schon lacht der holde Frühling», KV 580, die genauso hoch hinaufjubelt wie die Arien der «Königin der Nacht», die sie in der Premiere der «Zauberflöte» sang. In erster Ehe hatte sie Mozarts Freund, den Violinisten Franz Paula de Hofer geheiratet, in zweiter Ehe den Schauspieler Sebastian Mayer. Im Jahre 1819 ist sie in Wien gestorben.

Aloysia starb am 8. Juni 1839 zu Salzburg. Constanze übernahm die Begräbniskosten, sie selbst starb drei Jahre später, am 6. März 1842. Die jüngste der Weberischen wurde die Älteste: auch Sophie starb in Salzburg, am 26. Oktober des Jahres 1846.

KOBOLD
UND PARADIESVOGEL

Bettine von Arnim und
Gunde von Savigny
von Christa Dericum

Gewaltiger Sturm und Kälte. Im Saal für Frau von Savigny zu kalt, in ihrem Zimmer geheizt. Für die Maxe ein Federmesser zurecht gemacht, das der Bettine geschliffen. In Savignys Zimmer gelesen. Herzlicher Kreis aller Savignys und Arnims samt den Kindern. Nach dem Essen Turnübungen mit den Knaben, die sehr gewandt und stark sind, Arnim hilft, Bettine und Savigny sehen teilnehmend zu. Arnim und Savigny fahren nach Ahlsdorf. Wieder in Savignys Zimmer, gescherzt, gelesen, mit Frau Savigny und Bettine über die Erziehung, ob die Kinder nach ihren besonderen Anlagen, oder allgemein und regelmäßig müssen geübt werden. Frau Savigny will die regelmäßige und gleichförmige Anstrengung gegen die Ansicht der Bettine und meine.»

Idylle auf Schloß Wiepersdorf 1822.

Der junge Graubündner Philipp Hössli, einst Student in Berlin, besucht seinen ehemaligen Lehrer, den Rechtsgelehrten Friedrich Karl von Savigny, auf dem Gut der Arnims unweit von Jüterbog, wo die beiden Familien mit Kinderfrauen und Bediensteten ein paar Wochen zusammen sind. Man verbringt die Tage draußen mit ausgedehnten Spaziergängen durch den herbstlichen Wald, mit Kutschfahrten, Kastaniensammeln, besichtigt die Gräben, die der Hausherr Achim von Arnim hat bauen lassen, um die Wassermassen zu bändigen, die Feld und Wiese überschwemmen.

Der Dichter Arnim und der Jurist Savigny sind Freunde seit Studienzeiten, als sie mit Clemens Brentano der Romantik ihrer Jugend Ausdruck gaben und die Liedersammlung «Des Knaben Wunderhorn» entstand. Jetzt gehen beide auf die Jagd. Achim von Arnim, weil er von Kind auf daran gewöhnt ist und weil es zur rechten Bewirtschaftung des ererbten Besitzes gehört, Forst und Wild zu hegen. Savigny nimmt die Jagd als nachbarschaftliches Vergnügen, nichts weiter. Philipp Hössli, der bewunderte Naturbursche aus den Schweizer Bergen, verfehlt den Schuß. Jagen ist für ihn «die verrückte Art des Hofmannes». Die Kinder tollen herum, zwei Savignys, sechs Arnimsche, nachmittags treffen sich alle zum Tee, scheinbar sorglos.

Und doch, es heißt, Arnim, der liebenswürdige Gastgeber, sei ernst, Savigny streng, und Philipp Hössli wundert sich über die Schroffheit, mit der die beiden Damen ihre unterschiedliche Meinung über die Erziehung der Kinder äußern. Er ist Bettine von Arnim in inniger Freundschaft verbunden, musiziert, malt und philosophiert mit ihr. Sie spricht dem siebzehn Jahre Jüngeren von Liebe, «die so rein und frei ist wie die Sonne».

Gunde von Savigny begegnet dem jungen Mann mit Herzlichkeit, ebenso Arnim und Savigny. Als sie in späterer Zeit einen verschlossenen Brief Bettines an Philipp Hössli findet, spricht sie Vermutungen aus, auf die sie keine Antwort erhält. Sie war es, die darauf bestand, daß Hössli neben Bettine auf dem Kutschbock saß, und sie war, wie schon früher, gereizt von dem Überschwang der sechsunddreißigjährigen Schwester. Eine Freundin der Familie bemerkt beim Tee, die Gesichtszüge des jungen Schweizers seien denen der Bettine ähnlich. Dem schwärmerischen Gespräch über Hössli, Gedichte und Reisen macht Gunde von Savigny ein Ende: man solle ihn nicht zur Eitelkeit verleiten und dadurch verderben.

Es ist nicht das erste Mal, daß Gundes Strenge ihn verwirrt. Oft erscheint sie ihm mißmutig, hölzern, dann wieder überaus freundlich und um ihn besorgt. Gundes praktischer Sinn stört seine Empfindungen. Sie stickt auf dem Rahmen, den Bettine ihr zurechtmacht, sie ist tätig und immer anwesend. «Nach dem Essen mit Savigny, seiner Frau und Bettine gegen Reinsdorf hin über schöne Felder gewandert. Der Frau Nasenrümpfen über alles Ländliche. Mit ihr über die Schweiz gesprochen, aber nur öconomisch.»

Ja, sie sei so «öconomisch» – das scheint ihm das richtige Wort für die Rechthaberei, die häufig auftretende «Launigkeit» der Frau von Savigny, die die heitere Stimmung im Kreise der Gäste verdirbt und auch das freundschaftliche Verhältnis der Männer zueinander.

Daß das «Mürrische» mit der Beziehung der beiden Frauen zueinander zu tun haben könnte, ahnt Philipp Hössli allenfalls, denn auch Bettine treibt ihn mit ihrer mütterlichen Anteilnahme «in die Enge», quält ihn «mit ihren eindringlichen Fragen», «examiniert» ihn. Als er, der auch in Berlin fast täglich bei den Savignys oder der Frau von Arnim Besuch macht, eine Einladung bei Bettine vergißt, weil er mit Julia Göschen, der Tochter eines Professors, plauderte, empfängt Bettine ihn mit den dramatischen Worten, sie gebe ihn «frei», und erzählt von dem wunderlichen Streit zwischen Frau Savigny und Julia. Julia behauptete, ihre Mutter habe am meisten zu seiner Bildung beigetragen; Gunde dagegen, Bettine sei seine geistige Mutter. Julia bedauerte, daß dieser sanfte junge Mann nun so oft ins Theater gehe. Bettine selbst spricht streng über seine Freunde, durch die er zum Philister geworden sei. Wie anders als mit «Eifersucht» soll sich der «Hirtenknabe», wie Bettine ihn nennt, solche Rivalität erklären? Dabei sieht er die beiden Frauen, Gunde und Bettine, ganz in verwandtschaftlichem Einverständnis, doch scheint ihm, daß beide «nur die eigene Form anerkennen» wollen.

Gunde und Bettine waren Geschwister, Töchter des Großkaufmanns Peter Anton Brentano aus sehr alter italienischer Familie vom Comer See, die seit beinahe zweihundert Jahren ein Handelshaus in Frankfurt am Main führte. Die Mutter starb, als Bettine acht und Kunigunde, genannt Gunde, dreizehn Jahre alt waren. Mit Meline, der ältesten, und Lulu, der viel jüngeren Schwester, wurden sie nach Fritzlar ins Pensionat der Ursulinen geschickt, während Clemens Brentano in unglücklichen Verhältnissen bei einer Tante lebte oder in Internaten, bis er endlich sein Studium aufnahm und mit Achim von Arnim, Savigny und den Brüdern Grimm Freundschaft schloß. Der von Bettine so sehr geliebte Bruder versetzte seine Familie immer wieder in Schrecken durch extravagante Kleidung, revolutionäre Ansichten und eine Sprache, die in den Salons als geradezu hochfahrend empfunden wurde.

Bettine gefiel das. Sie suchte seine Nähe. Die Schulsachen hatten sie nicht interessiert; nur die Arbeit im großen Klostergarten mit Blumen, Gemüse und Obst freuten sie und die Gesänge und Spiele der jungen Nonnen. Sie war zart und lebhaft. «Kobold» nannte man

Bettine Brentano, 1809 gezeichnet von Ludwig Emil Grimm.

sie, auffallend die schwarzen langen Locken, die dunklen Augen. Als einzige seiner vielen Kinder (er hatte wohl zwanzig aus drei Ehen) scherzte Bettine mit dem Vater, war ihm zärtlich zugetan und tröstete ihn, als er beim Tod der Mutter hilflos weinte. Aus dem Kloster schrieb sie ihm: «Lieber Papa! Nix – die Link durch den Jabot gewitscht auf dem Papa sein Herz, die Recht um den Papa sein Hals. Wenn ich kein Händ hab, kann ich nit schreiben. Ihre liebe Tochter Bettine.» Sie zeichnete ihre beiden Hände dazu, mit denen sie dem sonst kaum Zugänglichen wohltun wollte, was ihr gewiß gelang, denn das Blatt trug er noch bei sich, als er starb.

Gunde scheint weniger gewitzt gewesen zu sein. Sie war stets die Größere, Vernünftigere, dem Jugendalter fast entwachsen, als die Kinder, durch die politischen Verhältnisse gezwungen – französische Truppen rückten an Fritzlar heran –, nach Frankfurt zurückgeschickt wurden. Dort hatte Franz, der älteste Sohn des Peter Anton Brentano, das Haus «Zum Goldenen Kopf» übernommen und eine Familie gegründet. Gunde, Bettine und Lulu lebten zeitweilig dort, Clemens kam und ging. Es war anders als früher, doch waren alle liebevoll umsorgt. Bettine hatte ihre Musikstunden, lernte Latein und was sonst zu ihrer Bildung beitragen mochte. Karoline von Günderode war in der Nähe, gleich alt mit Gunde, eine zauberhafte Freundin auch für Bettine, Clemens, Savigny und Achim von Arnim, Dichterin, Philosophin, selbstlos klug, hingebungsvoll und einsam in der Unbehaglichkeit des Damenstifts, in dem sie, fern von der Familie, wohnte. Ihre Verehrung für Friedrich Hölderlin war vielleicht die offenste Äußerung der Verzweiflung, an Grenzen zu stoßen, wo doch die Visionen andere Horizonte öffneten, «Poetisierung des Lebens», wie die Romantiker prosaisch sagten, die besondere «Liebe zum Vortrefflichen», «die heilige Deutlichkeit», die noch allein die Versicherung gewährt, «ob uns die Geister liebend umfangen». Eine «Schwebereligion» nannte Bettine die angestrebten Weiten, die Seele als Tänzerin um Wahrheit und Liebe.

Die Französische Revolution war noch gegenwärtig. Es gab viele Flüchtlinge in Frankfurt wie anderswo, und man schwankte zwischen der Euphorie der neuen Ideen und der Angst vor den Folgen des Terrorregimes. Robespierre, der bestgehaßte Mann noch vor dem König, starb auf dem Schafott, wie Olympe de Gouges, die Schriftstellerin, ihm prophezeit hatte. Kaum zehn Jahre nach der «Erklärung der Rechte der Frauen», die Olympe de Gouges der Erklärung der unveräußerlichen Menschenrechte der brüderlichen Männer entgegenhielt, wofür sie auf dem Schafott zu sterben hatte, suchen junge Frauen den Bund miteinander, Bettine und die Günderode, Gunde und Günderode.

«Das Beste ist, sich zu allem bereit finden, was sich in einem als das Würdigste zu tun darbietet, und das einzige, was uns zu tun obliegt, ist, die heiligen Grundsätze, die ganz von selbst im Boden unserer Überlegungen emporkeimen, nie zu verletzen, sie immer durch unsere Handlungen und den Glauben an sie zu entwickeln, so daß wir am Ende gar nicht anders können, als das vergängliche Göttliche in uns bekennen», schrieb die Günderode.

Die Angst vor der Umwälzung aller Verhältnisse hatte die Fürsten mißtrauisch gemacht und dem Volk statt der Freiheit die Zensur gebracht. Die deutschen Zustände sind nicht von großem Geist erfüllt, fand Heinrich Heine, und die Ideen des Tübinger Trios Hegel, Schelling und Hölderlin in ihrem grandiosen Entwurf eines Gesellschaftssystems, in dem das Volk «vernünftig», die Philosophen «sinnlich» und überhaupt Freiheit, Gleichheit und Schönheit sein können, haben auf Bettine und die Günderode großen Eindruck gemacht.

Bettine hatte während langer Aufenthalte mit der Großmutter Sophie von La Roche Mirabeau gelesen und die alte Dame, die den brillanten Redner der Vernunft in der Pariser Nationalversammlung hochschätzte, mit dem Zitat überrascht: «Die Macht der Gewohnheit ist eine Kette, die selbst das größte Genie nur mit vieler Mühe bricht.» Ob sie das nicht selbst erfunden habe, wurde sie gefragt. «Nein ..., ich bin nicht Mirabeau, aber sein Geist ist mir ins Blut gegangen, er wird mich ewig mahnen, nicht von der Gewohnheit abzuhängen.» Die Gewohnheit war standesgemäße Ehe mit einem Mann von Welt und Position. Verarmter Adel und Großbürgertum hingen demselben Bildungsideal an, das hieß Studium der Rechte oder der Philosophie, Musizieren, Malen, literarische Bildung. Die Universitäten statteten ihre Professoren mit Ehre aus, reich konnten sie dabei nicht werden.

Doch hatten gerade die neuen Prinzipien, die unveräußerlichen Menschenrechte und Ideen von Konstitution und Volkssouveränität, die Frage des Rechts wieder hervorgehoben. Freiheit und Gleichheit forderten gleiches Recht für alle, und was lag näher, als sich dem Römischen Recht, der Rechtsgeschichte insbesondere zuzuwenden. Der Siegeszug Napoleons mit den noch unabsehbaren Folgen für das Heilige Römische Reich Deutscher Nation, das mit der Abdankung des Kaisers zu bestehen aufhörte, die Kriege schließlich und die internationalen Verwicklungen machten neue Formulierungen von Recht und Politik notwendig, für die Juristen, Diplomaten und Ökonomen notwendig waren.

Während Johann Gottlieb Fichte in Berlin seine «Reden an die deutsche Nation» hielt und die Brüder Humboldt mit der Gründung der Berliner Universität Preußen geistiges Gewicht zu verleihen hofften, arbeitete Friedrich Karl von Savigny an seiner «Geschichte des Römischen Rechts», die in Deutschland gegen Ende des 15. Jahrhunderts begann und geschriebenes Recht gegen das alte, von Territorium zu Territorium verschiedene «gemeine» oder Gewohnheitsrecht setzte. Der preußische Staat neigte zu extensiver Gesetzgebung.

Savigny gehörte während der Befreiungskriege gegen die napoleonische Fremdherrschaft zu den Befürwortern des alten Gewohnheitsrechtes, denn er empfand das Römische Recht als fremd. Ein deutsches bürgerliches Gesetzbuch war gefordert.

Savigny war nicht für Umsturz. Er redete der Freiheit der Persönlichkeit das Wort, ohne die Monarchie abschaffen zu wollen und ohne den französischen Revolutionsideen zu folgen. Auch glaubte er nicht mehr an den Wahrheitsgehalt von Definitionen. Durchaus romantisch, sah er die Kluft zwischen Existenz und Wesen als juristisches Problem, z. B. im Eherecht, wo er zwischen «wahrer Ehe», nämlich dem reinen Begriff, und «wirklicher Ehe», die sich dem Begriff entzieht und daher auflösbar sei, unterschied. Sein Buch machte ihn sogleich berühmt. Im Jahr 1808 erhielt er einen Ruf nach Landshut, an die dorthin verlagerte Universität Ingolstadt, ins Land der Wittelsbacher, die von Napoleon die Krone erhalten hatten.

Savigny, schweigsam und ernst, war seit 1799 mit Clemens Brentano befreundet. Gunde und Bettine fanden ihn vor, als sie anfingen, sich für die Welt der Erwachsenen zu interessieren. Bettine sah in ihm das «Musterbild frommer und großer Seelen», dann wieder fand sie ihn langweilig, während Clemens, der in Jena und Marburg und auf Savignys Gut Trages zeitweilig täglich mit ihm zusammen war, über die Stummheit des Freundes klagte. Bettines Briefe erquickten ihn, «der Winter ist so traurig, und Savigny, tief in den Studien, überwintert die Saat seiner großen Zukunft unter einer Schneedecke von Verschlossenheit, die mich verzweifeln macht».

Nun glaubte er zu wissen, daß er niemals den geringsten Beweis von Savigny erhalten wird, der ihm sagt, daß er sich für ihn interessiert. Oft geriet er in seiner kalten Stube, in der der Ofen nicht wärmte, sondern rauchte, «in Schweiß», ins klare zu kommen mit seiner Klarheit, «mit der bald die Tonie, bald die Gundel oder Du mich plagen». Ob er denn ganz auf den Kopf gefallen sei, fragt er seine Schwester, da ihm diese gepriesene Klarheit und Ruhe den peinlichsten Eindruck macht. Eine «Studiermaschine» sei Savigny, sagte Clemens. Bettine will so nicht leben. Ein «freudiges Durchrauschen aller Lebensadern» sucht sie. Auf ihr Inneres will sie lauschen, um zu wissen, was sie zu tun hat, und sie tut teils das, was die Geschwister ihr raten, teils partout gerade nicht. Sie argumentiert mit Clemens, wie sie später mit der Günderode oder mit Achim von Arnim argumentieren wird.

Karoline von Günderode hat vielleicht am besten den Widerwillen gegen jegliche Erziehung verstanden, den Bettine so behend um sich verbreiten konnte. Clemens wolle jeden Strahl von Bettines Wesen wie Diamanten fassen, meint Karoline, aber es sind nur Strahlenbrecher der Phantasie. «Clemens schreibt, Du müßtest fortwährend dichten und nichts dürfte Dich berühren als nur was Deine Kräfte weckt. Es ist mir ordentlich rührend, daß während er selber sorglos leichtsinnig, ja vernichtend über sich und alles hinausgeht, was ihm in den Weg kommt, er mit solcher Andacht vor Dir verweilt, es ist als ob Du die einzige Seele wärest, die ihm unantastbar ist, Du bist ihm ein Heiligtum.»

Doch auch Karolines Brief an Bettine steckt voller Ermahnungen an die acht Jahre Jüngere, nicht zu verzagen, sich nicht zu verschwenden an dies und das, von einem zum anderen springend. Sie spricht vom Geschenk der Götter, das zu nutzen sei, aber auch von ihrer eigenen Melancholie, kein Mann zu sein, der Heroisches vollbringen kann. So wird sie denn dichten, die Günderode, um wenigstens in der Phantasie stark zu sein, eine Tragödie, Spiegel ihrer Seele. Hart ist der Vorwurf an Bettine, sich nicht sammeln zu können, Worte zu benutzen, die bloß «prahlen», sie sei nicht selbständig, sondern ganz hingegeben bewußtlos. «Du hebst mich aus den Angeln mit Deinen Wunderlichkeiten!»

Bettine, die verschwenderisch ihre Sympathieworte austeilt, etwa an den Freund ihres Bruders, Ludwig Tieck, dem sie schreibt: «... ich habe Sie unendlich lieb», hält mit Ungestüm an ihren Neigungen fest. Sie interessiert sich für das Leben außerhalb ihrer Familie, in der sie sich allein gelassen fühlt: «Ich habe niemand, mit dem ich ernstlich sprechen könnte, ohne daß er mir gerade ins Gesicht sagen würde: Du sprichst Kinderei, Du lügst, Du bist gespannt, Du extravagierst!» Eine Zeitlang hat Clemens gehofft, Savigny würde sich mit Bettine verbinden, doch muß sie feststellen: «Savignys Liebe zu mir scheint auch nichts Bedeutendes hervorzubringen.»

Einmal verließ sie unbeobachtet vor Tagesanbruch das Haus und lief durch die Straßen zu sehen, was sich dort tat. Ein Mädchen namens Veilchen nahm sie ganz für sich ein. Sie war Goldstickerin, sorgte für den alten Großvater und hielt ihr winziges Haus in Ordnung. Diese sorgsame bescheidene Ordnung mit Kerzen und Gebäck berührte Bettine so sehr, daß sie oft zu Veilchen ging, ihr half die Straße zu kehren und anfing, jüdisches Leben zu studieren. Vor einem «Judenhaus» die Straße kehren – nicht nur Clemens war entsetzt, wenn er auch sanft mit ihr umging, «es könnten Dich ja auch andere Leute gesehen haben»; die Tante aber schalt das Kind als «ganz verloren», sie habe sich gänzlich weggeworfen, habe keine Scham, keinen menschlichen Respekt, sie müsse sich vor der Welt verstecken und so weiter. Bettine lachte dazu, so leid ihr die Tante tat, und glaubte sogleich, daß sie nie wieder dazu kommen werde, solche Anstandsregeln zu befolgen.

Karoline von Günderode setzt auf Anstand nicht der Regeln wegen. Für sie sind das ästhetische Formen. Sie liebt Savigny, seit sie ihn zum ersten Mal sah, und verharrt dann in der Rolle, die von alters her vorgegeben ist, abwartend, auf Heirat vorbereitet. Immerhin, sie hat ihm ein Zeichen gegeben, auf das er freundschaftlich antwortete.

Bettine kennt seine Zurückhaltung, die sie auch «Kälte» nennt. Der brillante Wissenschaftler war angezogen von dem, was er nicht hatte, Esprit, Heiterkeit, die Lust am Miteinander. Er konnte sich nicht so unbefangen äußern über das, was ihm gefiel, wie Wilhelm von Humboldt. «Eine junge Brentano, Bettine, Carl La Roche's Niece hat mich hier in das größte Erstaunen versetzt. Solche Lebhaftigkeit, solche Gedanken- und Körpersprünge (denn sie sitzt bald auf der Erde, bald auf dem Ofen), so viel Geist und so viel Narrheit ist unerhört.»

Gunde Brentano ist schließlich Savignys Wahl. Zugleich will er Karoline mit einbeziehen in den Bund, den sie nur von ferne betrachten kann. Bettine fragt, ob die beiden «Paradiesvögel», Savigny und Gunde, auch wirklich glücklich sind. Gunde wird als nicht gerade schön beschrieben, dunkelhaarig, mit ausdrucksvollen Augen. Sie hat sich von klein auf ganz in ihrer Rolle als formvollendete, kultivierte Dame ohne herausstechende Merkmale eingerichtet. Stets ein wenig zimperlich sei sie, doch liebenswürdig, heißt es. Ihrem Bruder Clemens verweist sie seine Bemühungen, sie dem, was Bettine den «blauen Himmel» nennt, näherzubringen: «Siehe, ein Mädchen wie ich darf nicht sagen: bei Schlegel und Goethe. Denn das ist gegen die Ehrbarkeit, die sich für unser eins schickt. Wollen wir auch einmal von gelesenen Büchern etwas anbringen, so fragen wir ganz modest: kennen Sie die moralischen Erzählungen von Frau von Laroche, oder dieses oder jenes Buch von dem beliebten Lafontaine? Und da ich nun auch keine anderen Werke gelesen, so muß ich Dir gestehen, daß ich die Hälfte Deines Briefes nicht verstanden, über die andere Hälfte mich gekreuzigt habe.»

Gegen Ehrbarkeit gibt es nichts zu reden. Gundes Festigkeit beeindruckt die Geschwister durchaus, sie ist verläßlich, aber oft kränkend in ihrer Weigerung, die ihr fremden Gedanken überhaupt zur Kenntnis zu nehmen.

Savigny ist nach ihrem Herzen: «Ich kenne keinen Menschen, der mir einen wohltätigeren Eindruck gemacht hätte. Ich gebe gern jeden meiner Brüder für ihn hin. Er hat gerade das, was mir fehlt: Ruhe und Bestimmtheit.» Fehlte es ihr denn? Und warum gibt Gunde ihre Brüder preis, wo sie doch diesen tugendhaften Mann schon gewonnen hat?

Karoline von Günderode beherrscht die Kunst, sich zurückzunehmen. Sie überläßt sich, wie einst Hölderlin, dem Einfluß der Luftgeister mit den poetischen Flügeln. Savignys Briefe werben jetzt um sie. «Freund» soll ihm «das Günderrödchen» sein, soll ihnen beiden zugehören. Er lädt sie ein auf sein Gut Trages, wo er mit Gunde sein wird; er hofft sie in Hanau zu treffen, wo die Kutschpferde auf sie warten. Sie läßt sich, halb schmollend, auf seinen scherzhaften Ton ein, um dann Lebwohl zu sagen: «Umarmen Sie also ihr Gün-

Gunde Brentano an ihren Verlobten von Savigny: «Ich bin Dein und Du kannst mit mir machen, was Du willst.»

derrödchen in Gedanken und stellen Sie sich den Abschied recht leibhaftig vor, man kann es Ihnen gar nicht übel nehmen, wenn Sie dabei ein wenig in Thränen ausbrechen, im Gegenteil, es macht

Ihrem Herzen große Ehre. Meinem Herzen aber ist es, glaub ich, sehr heilsam, daß ich Sie nicht noch einmal gesehen habe, denn die Wirkungen ihrer zauberischen Gegenwart sind nur allzu gefährlich für zarte Gemüter, um so mehr da Sie gleich klugen Koketten nach allen Richtungen freundliche Blicke werfen; man weiß nicht, wer damit gemeint ist, jede schmeichelt sich insgeheime damit, und keine mag fürchten, daß es allgemeine Huld und Güte ist.»

Inzwischen hat Karoline Herz und Sinne an Savignys Freund und Kollegen, den Heidelberger Philologen Friedrich Creuzer gehängt, eine unglückliche Liebe, unerträglich durch das Zaudern des Mannes, gegenseitige Zumutungen, Erwartungen eines Glücks, das unkonventionelle Entscheidungen, Mut und Seelenstärke, nicht aber Zagen und Klagen fordert.

Creuzers schließlicher Rückzug kränkt sie maßlos, erschüttert ihr ganzes «unvordenkliches Seyn», das sie doch mit Hölderlin höher als alle Vernunft stellte und der «Schönheit» zurechnete.

Bettine, jetzt ihre Herzensfreundin, ist gewarnt. Eben noch hat Karoline ihr den Dolch gezeigt, mit dem sie ihrem Leid ein Ende machen will. Der tapfere Entschluß der Freundin, Creuzer «zu entsagen», ängstigt sie, anders als Gunde und Savigny, die durch Savignys Hand viele mahnende Worte schreiben.

Alle drei versichern der Unglücklichen ihre Liebe. Aber mußte sie sich nicht unverstanden fühlen, wenn Savigny von «Irrtum» redet, der sich mit wahrer Empfindung vermischt und so unergründlich wird? Oder von der «sinnlichen Schwäche Deines Gemüths»: «Alles nämlich, was Deine Seele augenblicklich reizt, unterhält und erregt, hat einen solch absoluten Wert für Dich, daß Du ihm auch die schlechteste Herkunft leicht verzeihst.» Etwas recht von Herzen lieben ist göttlich, das weiß auch Karoline, und jede Gestalt, die einem das Göttliche offenbart, ist heilig. Aber, und hier bezieht sich Savigny auf viele Briefgespräche mit Karoline, die auch Gunde mit geführt hat, «daran künsteln, diese Empfindung durch Phantasie höher spannen, als ihre natürliche Kraft reicht, ist sehr unheilig».

Wie tief muß die Trostsuchende das treffen, die noch wenige Tage zuvor geschrieben hat, es sei ihr «ganz dunkel vor der Seele». Und der Hinweis auf ihren Geschmack an Schriftstellern, den ja Gunde schon dem Clemens unwirsch als nicht tauglich zur moralischen Stärkung abgetan hatte, muß sie schmerzen. «Kämpfendes Streben nach Klopstock-Größe» à la Hölderlin hatte sie längst aufgegeben, doch Schiller aufzugeben, wie Savigny verlangt, würde das nicht ihr Opfer des Verzichts auf Liebe zugunsten einer Freundschaft schmälern? Denn dann wäre es ja nur Verstiegenheit ihrer Sinne gewesen, Irrtum eben, etwas Falsches, das zu korrigieren ist wie eine Mathematikaufgabe.

Savigny hat von diesem «unheilig» die deutlichste Anschauung: «Ich wiederhole es, Dein Geschmack an Schriftstellern, zum Beispiel an Schiller, hängt damit zusammen. Denn was ist das charakteristische an diesem, als der Effekt durch eine deklamatorische Sprache, welcher keine korrespondierende Tiefe der Empfindung zum Grunde liegt? Und ist nicht jener Manier des Lebens wie diese des Dichters einem Manne zu vergleichen, der sich und die Seinen zu Grund richtet, weil er einen Aufwand treibt, den er nach seinem Vermögen nicht bestreiten kann?»

Wohltuend dagegen wahrscheinlich Clemens. Er schreibt Karoline lange Briefe über die Gedichte und Prosastücke, die sie unter dem Namen Tian veröffentlicht hat. Er bescheinigt ihr ernsthaftes poetisches Talent, die Prosa klar, gedrängt und bescheiden, nur durch den «kleinen gelehrten Anstrich» mit Worten wie «Adept», «apokalyptisch» leicht gestört. Er erzählt über seine Lektüre und sein Leben mit Frau und Kind und das wirkliche Künstlertum, dem er sie zurechnet. Endlich erklärt er, dessen eigene Verhältnisse nicht gerade zur Zufriedenheit der Freunde gediehen sind, seine Schwierigkeiten mit Gunde und Savigny, wohl in der Annahme, ihr ein Verbündeter sein zu können. Sie erfährt, daß Gunde und ihr Mann – «S. und seine Frau», schreibt er – ihm nie wieder nahe kommen können. «S. hat mich unwillkürlich seit langem mißhandelt, es ist Schicksal, ich ehre unsere Trennung. Gundel aber ist mir durch ihre Natur zuwider, das ist Natur, und unsere Trennung wird mir durch diese heilig.» Clemens wirft seiner Schwester Kuppelei und Jesuitenwesen vor, Freundschaft mit ihr sei unmöglich.

Karoline antwortet kühl auf solche Annäherung, aber die Sätze über ihre Gedichte freuen sie, denn nichts ist ihr jetzt wichtiger, als ihr «Leben in einer bleibenden Form auszusprechen, in einer Gestalt, die würdig sei, zu den Vortrefflichen hinzutreten, sie zu grüßen und

Gemeinschaft mit ihnen zu haben. Ja, und nach dieser Gemeinschaft hat mich stets gelüstet, dies ist die Kirche, nach der mein Geist stets wallfahrtet auf Erden.»

Wie sehr fürchtete Bettine, die mal in Frankfurt, mal in Kassel, mal in Marburg lebte, die Freundschaft der Günderode zu verlieren; sie begriff nicht die angekündigte Fremdheit kurz vor dem Tod, nicht, daß das Heranreifen des einsamen Entschlusses keine Nähe duldet und nichts, was der eigenen Trauer fern ist. Der geliebte Rhein, den Bettine so oft beschrieben hat, nahm Karoline mit, nachdem sie sich erdolcht hatte. «Ich werde den Schmerz in meinem Leben mit mir führen.»

Der einzige Mensch, von dem sie sich verstanden fühlte, hatte sie verlassen. In vielen Gesprächen und Briefen philosophierten sie miteinander und hoben die Welt aus den Angeln. Furchtlos wollten sie sein, einander treu und ohne Falsch. Vertrauen war das nicht. Bettine mußte erfahren, daß alles zu sagen noch kein Vertrauen ist und Liebe nicht beschworen werden kann. Bestürzt stellt sie fest, daß Karolines Abschied von ihr sie auf sich selbst verweist.

Sie blieb bei den Savignys. Gunde hatte soeben einen Sohn geboren, der nur wenige Tage lebte. Nun ist sie es, die die Schwester ermahnt: «Er ist falsch, der Tod ... und eben darum sollt Ihr beide Euch dem Schmerz nicht überlassen, denn das ist der Tod, sondern Ihr sollt auf neues Leben denken und an mich denken, ob ich Euch in Eurem Unglück zu etwas nützlich und wert sein kann.»

Noch aber reist sie. Dieses Jahr 1806 mit der verwirrenden Politik und den großen Aufmärschen französischer Truppen legt die meisten Freundschaften still. Berlin wird besetzt, und deshalb verschiebt Achim von Arnim seinen geplanten Besuch in Frankfurt.

Clemens' Frau Sophie Mereau starb nach der Geburt eines Kindes, und die Großmutter Sophie La Roche legt sich zum Sterben, nachdem sie den Ruhm genossen hat, den ihr Roman «Fräulein von Sternheim» sowie zahlreiche andere, zuletzt eine Melusine-Geschichte, einbrachte. Aber Achim, der mit Clemens den ersten Band von «Des Knaben Wunderhorn» herausbrachte, trifft sich mit dem Bruder und wird bald in Frankfurt sein.

Unterdessen besucht Bettine die Frau Rat Goethe und läßt sich über Kindheit und Jugend des verehrten Dichters berichten, der im Salon der Großmutter einst gern gesehen war und Maxe La Roche schrieb. Diese Briefe, die sie auf dem Speicher des Elternhauses fand, begeistern Bettine. Sie geben ihr das Gefühl, mit ihrer Mutter verbunden und irgendwo, in der Phantasie wenigstens, zu Hause zu sein.

Sie will ihn sehen, den sechzigjährigen Dichterfürsten. In fiebernder Stimmung macht sie sich auf, eine lange Freundschaft wird es nicht werden. Doch der beseligende Ausbruch aus der Melancholie, in der sie sich befand, ist ihr ein Geschenk. An Savigny schreibt sie: «Ich sag Dir, Du bist recht gut. Du bist der beste, aber erinnere Dich, wie oft mir nicht wohl war bei Dir, daß ich wild und traurig wurde im Gemüt, daß ich recht fühlte, ich wußte nicht, wo aus noch ein im Leben. All das war verschwunden bei Goethe, und doch hatte ich mich davor am meisten gefürchtet. Er kam auf mich zu, gleich im ersten Augenblick, küßte mich auf die Stirn und behandelte mich wie eine lang verheißene Freude, die nun endlich erscheint. Auch war er mit mir nicht fremd, wie zwei Prinzen, die miteinander auf einer einsamen Insel erzogen sind, die am Ufer des Meeres ihren künftigen Lebensplan ersonnen haben, so war er mit mir.»

Die übersteigerte Erwartung der Zweiundzwanzigjährigen ist literarisch verarbeitet in «Goethes Briefwechsel mit einem Kinde». Sie macht sich zur Mignon, die dem Genius zu Füßen sitzt, ähnlich wie sie den Meister in ihrem Denkmalsentwurf darstellte. Alle seine Werke hat sie gelesen. Die verklärte Freundschaft stärkt ihr Selbstbewußtsein, auch wenn sie ahnen mochte, daß sie für ihn eine wunderliche Person war, die «Mamsell Brentano» oder, später, als sie mit Achim nach Weimar zum Frauenplan kam, eine der «Tollhäusler» – wie Goethe die Brentanos gern nannte.

Achim von Arnim sah Bettines aufsehenerregende Begeisterung mit Skepsis, auch ihr Bedürfnis nach Gesellschaft. Er war in Einsamkeit bei der Großmutter aufgewachsen, mit einem Bruder, der eigene Wege ging, selber zufrieden, in der Natur und mit der Poesie zu sein. Er genoß die Besuche in Frankfurt bei den Brentanos, die Wärme des belebten Hauses, doch er zögerte lange, Bettines Sympathie anzunehmen. Sie meinte schon, nicht heiraten zu sollen, wie sie Karoline von Günderode mit Bestimmtheit auseinandersetzte.

Ein Hausstand, das wollte ihr nicht in den Sinn, aber dichten, wie Clemens von ihr forderte, war auch nicht ihre Sache. Wohl hielt sie sich bereit, an der Liedersammlung mitzuarbeiten, die Achim und Clemens ständig beschäftigte.

Gemeinsam Taufpaten von Gundes ältestem Kind, begegneten sich Bettine und Achim neu. Er zeigte sich besorgt um seine Güter, besorgt auch um das zerrissene Deutschland, das – für oder gegen Napoleon – unvermeidlich mit Krieg überzogen wurde. Bettine lernte bei Savignys in München und Landshut nicht nur das Behagen häuslichen Daseins mit Kindern, Professorenteins und Studenten kennen. Der Schriftsteller und Philosoph Friedrich Heinrich Jacobi gehörte zu ihren neuen Freunden, anregend, klug und sanft. Sie nahm ihn ernst, ließ sich aber doch hinreißen, über ihn zu spotten. Mit Gunde zusammen verfaßte sie eine Satire gegen das ehrwürdige Akademiemitglied. Jacobi tritt darin auf und sagt: «Ich habe mich im Nachdenken verirrt und weiß wirklich nicht den rechten Weg zu finden, die Sonne geht schon unter, ich fürchte, daß mich der kalte Abendthau überrascht und daß dies meinen Augen keineswegs gesund ist.»

Unter allen Menschen, die sie kennenlernte, schien ihr damals der Kronprinz Ludwig von Bayern der originellste; «sein ganzes Wesen scheint zwar mehr mit Gewallt die Freiheit erringen zu wollen als mit ihr gebohren zu seyn; seine Sprache, seine Gebärden haben etwas Angestrengtes wie ein Mensch, der sich mit gutem Aufwand von Kräften an glatten Felswänden anklammert, um ihre Spitze zu erreichen oder nicht zu stürzen, in allen Gliedern eine zitternde, ängstliche Bewegung hat». Die Vorstellung vom gerechten König, der nicht Krieg gegen sein Volk führt – Bettine war während des Aufstandes der Tiroler im Jahr 1809 auf seiten der Tiroler –, wird mit der Figur des ersten Monarchen verbunden bleiben, dem sie begegnete. Sie idealisiert ihn, wie sie später Friedrich Wilhelm IV. von Preußen idealisieren sollte, indem sie alle freiheitlichen Hoffnungen auf die Spitze der Hierarchie verlegte. Gewiß war der jungen Bettine nicht bewußt, daß sie damit die angestrebte Souveränität des Volkes verloren gab. «Königliche Majestät! oder auch Lieber Ludwig von Baiern!» – so schrieb sie dem Monarchen, zur Entrüstung vieler, die dies lasen. Der König selbst fand solche Vertraulichkeit ganz unangemessen: «Sie hat dazu gar kein Recht, ich habe ihr nie Cour gemacht, nicht im geringsten.»

Sie aber nahm sich das «Recht der innigen Hingabe an verwandte Geister». Das war etwas anderes als Gundes Bekenntnis ihrer Liebe zu Savigny, dem sie in der Verlobungszeit geschrieben hatte: «Ich bin Dein und Du kannst mit mir machen, was Du willst.» Bettine gab nicht ihren Willen in den eines anderen Menschen, um sich ihm anzuverwandeln und zu tun, was er für richtig hielt. Sie suchte das Miteinander und fand dafür keine eigenen Formen, denn die konventionellen waren ihr verhaßt.

In der Mitte ihres Lebens schrieb sie einen Gedanken dazu, der ihr in jungen Jahren schon alles zu vereinen schien, was ihr wichtig war, nämlich «daß man mit Freunden, die einen als ihr Eigentum bewachen und lieben, zusammenleben möge; dagegen schwinden doch alle anderen Pläne von Glückseligkeit». Das war zweifellos ein Zugeständnis an die Verwandten, mit denen sie sich zu arrangieren hatte. Savigny mahnte sie nach wie vor, brachte ihr Bücher und war «liebenswürdig» – ein Wort, das in Zusammenhang mit dem Professor auch von Studenten gebraucht wurde. Vielleicht hat ihr seine deutliche Sprache jetzt nicht mehr die eigene verschlagen: «Dein Blick ist wie billig nach dem Himmel gerichtet, aber Dir fehlt das Talent, Dir kleine Stuben- und Taschenhimmel zu erbauen. Das größere, allgemeinere Talent, das jenem zum Grunde liegt, ist die stille, ruhige, innig zufriedene Selbstbeschränkung.»

Der Umgang mit den Studenten in Landshut gefiel ihr, und sie wird nicht wenig zur oft gelobten heiteren Atmosphäre im Hause Savigny beigetragen haben. Einer der Schüler Savignys, Max Prokop von Freyberg, berichtet ihr von der außerordentlichen Wirkung, die Savigny als Lehrer auf die Jugend habe. Sie feierte ihn mit Fackelzügen und hymnischen Gesängen, als er nach drei Jahren mit seiner Familie Landshut verließ, um eine Professur an der Universität Berlin anzunehmen.

Achim von Arnims «Zeitung für Einsiedler» aus dem Jahr 1808 wird Bettine an die Wunderwelten gesellschaftlichen Lebens erinnert haben, in denen sie mit Karoline gelebt hatte. Hyperion, der Eremit, hatte sie zu innigem Einssein mit der Natur und miteinander an-

Als Zweiundzwanzigjährige steigerte Bettine sich in eine verklärte Freundschaft zu Goethe hinein, die sie in «Goethes Briefwechsel mit einem Kinde» verarbeitete. Ihre Verehrung fand einen besonders bizarren Ausdruck im Entwurf eines Goethe-Denkmals. Radierung von Ludwig Emil Grimm, 1838.

geregt; sie wollten Einsiedler sein, brechen mit allem, was sie bedrängte, neue Ordnungen erfinden und ganz und gar von Liebe beseelt werden. Achims Einsamkeit war eine andere; er dachte politisch in poetischen Dimensionen. Seine Einsiedler waren bereit, sich zu verbünden, eine Gesellschaft von Individualisten mit dem gemeinsamen Ziel: Freiheit. Das hieß damals Freiheit von Fremdherrschaft und Freiheit von Zensur.

Bettine schreibt dem stolzen Mann von ihrem Besuch bei Goethe und daß sie beide liebe, Goethe und Arnim. Sie heiratet. Und noch im selben Jahr 1811 verfliegt alle Kühnheit in bezug auf Goethe, dem sie dennoch «ein leidenschaftliches Andenken» in ihrem Herzen bewahrt.

Sie ist glücklich in ihrem eigenen Hausstand. Schloß Wiepersdorf gefällt ihr, auch wenn sie bald Menschen vermißt, mit denen sie geistige Interessen teilt. Achim ist zunehmend von der Landwirtschaft festgehalten, Bettine von den «wunderbaren Kindern», die sie mit ihm hat. Gunde und Savigny sind weniger präsent, und mit der Schwester verbinden sie jetzt viele gemeinsame Sorgen um Alltägliches. Dennoch sind die grundsätzlichen Verschiedenheiten spürbar, vor allem, als Bettine sich ein «pied à terre» in Berlin sucht, um nicht ganz zu «verbauern», wie sie Achim vorhält. Gunde, so schreibt Bettine, habe von Schwierigkeiten zwischen ihr und Achim erfahren, sie billige nicht, daß Bettine um der Erziehung der Kinder willen ihren Mann so lange allein lasse. Auch Achim nörgelt, während Bettine ihm genau und liebevoll berichtet, über die Kinder und über Verkäufe von Mehl, Gemüse und anderen Produkten des Gutes, die sie in Berlin für ihn tätigt. Sie klagt, daß er nicht auch nach Berlin komme, um zu schreiben, denn das Gut könne jeder andere verwalten. Gunde aber «predigte noch gestern, daß es kein Verdienst sei, seinen Mann anzubeten und zu vergöttern wie ich, aber seines Mannes Fehler zu erkennen und ihn doch zu lieben und zu ertragen, das sei das wahre Verdienst».

Sie ertrug vieles nicht und ertrug doch viel. Mit den sieben Kindern äußerst sparsam lebend, heiter und sorgsam bedacht auf die Entwicklung der Eigenheiten eines jeden, war sie doch selber noch jung und begierig, sich zu bilden. Ehrgeizig für Achim, in dessen Genius sie viel Zutrauen hatte, war sie enttäuscht über seine Selbstgenügsamkeit auf dem Lande. Savigny kommentierte ihre zunehmenden Seufzer über die Plackerei, allein mit allem, mit ihrer mangelnden «Gelassenheit»; der Gunde hielt sie vor, nicht «schwesterlich» mit ihr zu sein, richtete sich aber darauf ein, ihre Angelegenheiten ohne die Hilfe der in Berlin so beschäftigten Savignys zu regeln.

Sie sahen sich dennoch oft, wohnten zeitweilig im selben Haus, wo sich die Größen der Wissenschaft, die Brüder Humboldt, Schleiermacher, Hegel, die Brüder Grimm, die sie schon kannte, einfanden. Sie selbst pflegte Freundschaften, auch mit Rahel Varnhagen und ihrem Kreis. Ihre Briefe an Achim sprechen von großer Sorge um die Kinder, von Krankheiten, aber auch von Büchern wie Walter Scotts «The Abbot», ein Roman, der den jungen Ranke so stark beeindruckt hat, daß er meinte, so solle auch die Geschichtsschreibung sein. Achims eigenes Buch «Kronenwächter» sei «wie ein großer Wald voller junger Eichen, die sich alle nach Ausbreitung sehnen».

Niemand kann mehr von ihr behaupten, sie sehe aus «wie eine kleine Berlinerjüdin». So hatte Caroline Schelling einst geurteilt und den Witz der Übermütigen kritisiert. Bettine war immer noch einfach gekleidet, meist schwarz, im Gegensatz zu Gunde, die von ihren vielen Reisen mit Savigny neueste «Moden» mitbrachte. Die Feste bei den Savignys waren üppig. Gunde organisierte alles perfekt. Doch konnte sie sich nicht wirklich freuen, schreibt Bettine an Arnim, zum Beispiel an den großen Geburtstagsgeschenken, die Savigny ihr machte. Gunde blieb Bettine fern.

Dennoch suchte sie ihre Wohnungen in Berlin – sie zog mehrmals um, immer in eine billigere Behausung, weil das Geld knapp wurde – stets in der Nähe der Savignys. Auch sie konnte es nicht lassen, die «Paradiesvögel» von einst in ihren würdigeren Positionen zu beobachten. «Abends bei Savigny. Gute Gesellschaft ...»; oder «Savigny freundlicher und mitteilender als sonst»; oder «Gundel nicht rechtzeitig beim Herausgeben zum Mittagessen», oder «Savignys nach der Reise wie immer stumm, wollen nichts gesehen und gehört haben, was des Berichtens wert sei».

Bettine aber hielt vielerlei für berichtenswert. Gespannt verfolgte sie die politische Entwicklung der nachnapoleonischen Zeit. Auch Savignys Eintauchen in die Politik, über die er jedoch kaum mit ihr sprach. Sie aber entzündet sich an jeder revolutionären Stimmung, wie Freunde ihr vorwerfen, sie findet in Berlin bestätigt, was sie in kühnen Träumen fern von jeder Realität schon lange dachte: es muß eine neue, eine gerechtere Ordnung sein.

Als die sieben Professoren in Göttingen ihren Protest gegen die Abschaffung geltender Verfassung mit dem Verlust ihrer Ämter bezahlen müssen, setzt sie sich vehement für sie ein. Sie bittet Savigny, seinen Freund Grimm nach Berlin zu holen. Gunde dämpft sogleich ihren Enthusiasmus; einen Besuch Bettines bei den Grimms in Göttingen hält sie gar für «Extravaganz und Vagabundenstreiche». Bettine kann nicht anders als sich ganz oder gar nicht einsetzen. Ihr Goethe-Buch wird von Börne schon so gelesen: sie war ganz auf ihn gerichtet, doch war sie da noch «das närrische Kind, das seiner Puppe seine Leiden vorweint».

Niemand ist eine Puppe für sie, auch nicht der König von Preußen, dem sie eines ihrer eindrucksvollsten Werke widmet: «Dies Buch gehört dem König», das Armenbuch, eine Sozialtopographie der Armut, die alles übertrifft, was die damalige Wissenschaft über das alltägliche Leben dargestellt hatte. Zahlen, genaue Beschreibungen, Vorschläge und eindeutige Zeichen der Empörung von Zuständen, von denen sie glaubte, sie müßten sofort geändert werden. Gerechtigkeit ist eines der großen Worte, die sie hochhält.

Die Unruhe ihrer Jugend, das Irrlichtern, die Träume von der besseren Welt, von mehr Freundschaft und innigerer Liebe, haben sich mit zunehmender Kenntnis der realen Verhältnisse verdichtet zu einem Gedankensystem des Neuanfangs. Sie traute jedem Menschen zu, auf seine innere Stimme zu hören und Ideen zu entwickeln, die der Allgemeinheit wohltun. Die Tochter Maxe hat das verstanden: «Es hat wohl selten eine Mutter gegeben, die ihren Kindern so volle Freiheit ließ und deren Willen doch auch noch für die bereits erwachsenen so unbedingte Autorität, eine innerlich zwingende Macht war.»

Liebe in der Ehe, Liebe zu den Kindern und Liebe zu den Menschen – Bettine zwang sich manche Entbehrung ab, dies alles zu leben. Ihre Texte sprechen es aus. Nicht die Revolution hat das Recht für sich, auch nicht, was mit «Kommunismus» nur unzureichend benannt war. Während der Schwager Savigny sich auf sein Staatsamt in Zeiten der Restauration vorbereitete und seine Frau Gunde liebenswürdige Gastgeberin eines glanzvollen Diners mit Fürsten und Würdenträgern war, blieb Bettine, trauernd um Arnims frühen Tod, mit den Freunden im Geiste: «Die Sehnsucht hat allemal Recht!»

Bettine starb 1859, achtundzwanzig Jahre nach Achim von Arnim. Ihre Schwester Gunde überlebte sie um vier Jahre.

BERUF TOCHTER

Marie und Eugenie Schumann

von Beatrix Borchard

Für meine Mutter und meine Schwestern

Auch dem Vaterland, mit welchem Marie, ebenso wie ich, sich auf das Unlöslichste verbunden fühlte, ging es schlecht und immer schlechter ... Die beste Stunde des Tages war Nachmittags, wo ich ihr vorlas. ‹Volk ohne Raum› von Hans Grimm war das vorletzte Buch, welches uns tief erschütterte.

Der Winter war unendlich – Marie tätig wie immer. Stundenlang saß sie am Schreibtisch, und viele Zeit widmete sie, wie schon seit Jahren, dem Ordnen ihres Besitzes. Wunderbare Ordnung im Hause, ebenso in ihrem persönlichen Besitze und in den Papieren und Briefschaften ...

Donnerstag 12. unserer Eltern Hochzeitstag, sagte sie ‹Heute fahre ich nicht› – Sie blieb liegen und stand nicht wieder auf. Der Arzt kam. Es werde schnell zu Ende gehen, sagte er. Fieber, Herzschwäche, Bangigkeiten traten ein. ‹Erleichtern Sie›, bat ich den Arzt, ‹aber verlängern Sie nicht...› Nicht einen Augenblick war sie ohne Bewußtsein des nahen Endes – in der ersten Zeit rief sie einmal, als sie an furchtbarer Bangigkeit litt, laut: ‹Oh, meine Mutter, meine Mutter›; dann nie wieder. Kein Angstruf, keine Klage. Und weil mir dies Sterben so unendlich viel gegeben hat, darum spreche ich davon. Die Leere ist furchtbar für mich, aber eine Trennung ist es nicht. Ich brauche keinen Schritt aus dem Wege zu gehen, den ich mit ihr gegangen bin. Ich gehe weiter und fühle sie neben mir ... Alles was sie an irdischen Gütern besaß, hat sie mir hinterlassen – aber an das teuerste Vermächtnis dachte sie nicht, ahnte kaum etwas davon, ich meine die Liebe, die sie in den Herzen Unzähliger zurückließ und die nun in überströmender Fülle, mich geradezu erschütternd, sich über mich ergossen hat.

Tiefen Dank im Herzen werde ich auf meinem Weg mutig weiter wandeln, bis zum Ende, meiner Teuren nach.»

Haarlocken, Photos, Briefe, Konzepte, Notizen. Darunter ein Schreiben des Reichsministers für Volksaufklärung und Propaganda Dr. Goebbels und der «Rückblick auf das letzte Lebensjahr unserer geliebten Marie» aus dem Jahre 1929. Ein Stapel Papier im Bonner Stadtarchiv: das ist der Nachlaß von Eugenie Schumann, der jüngsten Tochter des hohen Paares der deutschen Musik – Clara und Robert Schumann. Noch ist das Material weitgehend unveröffentlicht. Wer interessiert sich schon für die Kinder berühmter Eltern? Acht waren es insgesamt, vier Mädchen und vier Jungen. Eugenie Schumann starb als letzte – 1938 in der Schweiz, in Interlaken, wo sie mit ihrer ältesten Schwester Marie gelebt hatte.

Sie wohnten zusammen, die Jüngste und die Älteste. Bis Marie 1929 starb. Sie wurde zehn Jahre früher geboren und starb neun Jahre früher als Eugenie. Zwei Fräulein: Fräulein Marie Schumann und Fräulein Eugenie Schumann, und da war noch ein drittes Fräulein, auch mit Vornamen Marie, Marie Fillunger, eine Sängerin. Alle drei liegen in einem Grab: zwei deutsche Schwestern und eine österreichische Geliebte.

Welchen Weg waren die beiden Schumann-Töchter miteinander gegangen? Und welche Rolle spielte die Sängerin Marie Fillunger in dieser Schwesternkonstellation? Während Eugenie Schumann als Autorin hervorgetreten ist – sie hat 1925 ihre Erinnerungen veröffentlicht und 1931 eine Biographie über ihren Vater –, gehört Marie Schumann zu den Töchtern berühmter Menschen des 19. Jahrhunderts, von denen man nicht mehr weiß, als daß sie den Nachlaß ihrer Eltern verwaltet haben. Und der Name Marie Fillunger ist vollkommen unbekannt. Er wird nur in Veröffentlichungen über Johannes Brahms im Zusammenhang mit der Uraufführung seiner Liebesliederwalzer genannt, sonst erfährt man nichts über sie.

Die Älteste und die anderen

Marie Schumann kam am 1. September 1841 kurz vor dem ersten Hochzeitstag der Eltern in Leipzig zur Welt. Clara und Robert Schumann waren selig: «Ein neuer Lebensabschnitt, wenn auch

Marie (hier mit ihrer Mutter im Jahre 1854) war das erste Kind von Clara und Robert Schumann. Keinem ihrer Geschwister sollte so viel liebevolle Aufmerksamkeit entgegengebracht werden wie ihr.

nicht ohne Sorgen, aber glücklich vollbracht, daß wir dem Himmel aus ganzem Herzen dankbar sein müssen. Am ersten September schenkte er uns durch unsere Clara ein Mädchen. Die Stunden, die vorangingen, waren schmerzvoll; ich will die Nacht zum ersten September, einen Mittwoch, nicht vergessen. So viel stand in Gefahr, in einer Minute einmal übermannte es mich, daß ich mich nicht zu fassen wußte. Dann vertraute ich aber auf Claras starke Natur, ihre Liebe zu mir – wie sollte ich das alles beschreiben können. 10 Minuten vor elf Uhr Vormittag war das Kleine da – unter Blitz und Donner, da gerade ein Gewitter am Himmel stand. Die ersten Laute aber – und das Leben stand wieder hell und liebend vor uns – wir waren ganz selig vor Glück. Wie bin ich doch stolz, eine Frau zu haben, die mir außer ihrer Liebe, ihrer Kunst auch solch ein Geschenk gemacht ... sie ist das erste ordentliche Ehrenmitglied unsres Bundes; wahrhaftig unser Glück war immer groß, aber wenn es etwas noch erhöhen und befestigen konnte, so ist es diese kleine Marie, das einmal dein Ebenbild innerlich werden soll, wie es mir äußerlich gleicht.»

So der glückliche Vater im gemeinsam geführten Ehetagebuch. Für die kleine Marie begann das Leben also mit einem Auftrag. Sie sollte als «das erste ordentliche Mitglied unsres Bundes» ein Ebenbild ihrer Eltern werden. Eine schwere Aufgabe angesichts solcher Eltern. Clara Schumann war bei Maries Geburt zwar noch nicht ganz 22 Jahre alt, aber als Pianistin und Komponistin bereits europaweit berühmt. Ausgebildet hatte sie ihr Vater, Friedrich Wieck. Ihre Mutter, Mariane [sic!] Tromlitz, war ebenfalls Pianistin, doch hatte sie keinen Einfluß auf die musikalische Entwicklung Claras. Als sie das Leben mit Wieck nicht mehr ertragen konnte, verließ sie ihn – zwei Söhne und eine Tochter durfte sie nicht mitnehmen. Clara durfte zwar zunächst mit ihr und dem jüngsten Bruder gehen, mußte aber pünktlich an ihrem fünften Geburtstag zum Vater nach Leipzig zurück. Erst Jahre später, nachdem sie sich mit dem Vater überworfen hatte, nahm sie den Kontakt zur Mutter wieder auf, die dann auch Patin von Marie wurde. Mit elf konnte Clara Wieck bereits im Leipziger Gewandhaus auftreten. Das war 1830. Im selben Jahr veröffentlichte der Vater ihre erste Komposition, «Vier Polonaisen für Klavier», und Robert Schumann, damals zwanzig Jahre alt, zog als Klavierschüler des Vaters ins Haus. Er hatte sich erst spät, und wie sich rasch herausstellen sollte: zu spät, für eine Pianistenlaufbahn entschieden. Durch falsches Üben verletzte er sich eine Hand; damit war eine Virtuosenkarriere unmöglich geworden. Aus der musikalischen Freundschaft zwischen dem jungen Studenten und dem Kind Clara entwickelte sich eine Liebe; der Vater war gegen eine Verbindung seiner Tochter mit einem gescheiterten Pianisten und einem zwar begabten, aber mittellosen Komponisten. Er wollte seine Tochter nicht, wie er es formulierte, im Kindbett enden sehen. Ein jahrelanger Kampf, der erst vor Gericht durch eine Klage gegen den Vater beendet wurde, war die Folge. Einen Tag vor ihrem einundzwanzigsten Geburtstag konnte Clara Wieck Robert Schumann schließlich in Leipzig heiraten. Der errungene Sieg hatte Folgen, denn nun standen beide unter großem Erfolgsdruck. Während andere Künstlerinnen sich nach der Heirat aus der Öffentlichkeit zurückziehen mußten, wollte Clara Schumann, wie sie nun hieß, sich als Pianistin für die Werke ihres Mannes einsetzen, da dieser sie nicht selbst öffentlich aufführen konnte. Er seinerseits wollte den Beweis antreten, daß er nicht nur Klavierstücke und Lieder schreiben konnte, sondern auch Symphonien. Und tatsächlich, kaum waren die beiden verheiratet, komponierte Schumann wie im Rausch ein Orchesterwerk nach dem anderen. So hatte die Uraufführung seiner ersten Symphonie im Leipziger Gewandhaus bereits mit großem Erfolg stattgefunden, als Marie geboren wurde. Der Dirigent war kein Geringerer als Felix Mendelssohn gewesen, Schumanns Leitbild dieser Jahre. Schumann war glücklich, das spricht nicht nur aus jeder Zeile des Ehetagebuchs, sondern vor allem aus seiner Musik.

Für Clara Schumann lagen die Dinge komplizierter. Sie, um die sich seit ihrer Kindheit alles gedreht hatte, mußte sich nun anpassen. Ihr größtes Problem: sie durfte nicht mehr spielen, wann sie wollte, denn Schumann fühlte sich dadurch beim Komponieren gestört. Liest man Clara Schumanns Eintragungen im Ehetagebuch, so gewinnt man den Eindruck, daß sie sich bereits im ersten Ehejahr von einem selbstbewußten jungen Mädchen zu einer unsicheren, sich ihrem Mann unterlegen fühlenden Frau entwickelte. Ihre erste Schwangerschaft erlebte sie zwiespältig. Sosehr sie sich auf ein Kind freute, so sehr ängstigte sie auch die Vorstellung, monatelang nicht auftreten zu können. Nach ihrer Niederkunft versuchte sie, möglichst rasch wieder zu arbeiten. Sie stillte Marie nicht selber, sondern holte, wie damals üblich, eine Amme ins Haus. Die mußte allerdings bald ausgetauscht werden, damit das Kind nicht «verhungere», wie es im Tagebuch heißt. Unterwegs auf Konzertreise in Dänemark, schreibt Clara Schumann am 25. März 1842 an ihren Mann: «Jede

Kleinigkeit interessiert mich ... ich will wissen, was sie anzieht, ob sie Schuhe hat, ob sie des Nachts ins Wickelbett kommt, ob sie Haare bekommt, ob es lockig oder glatt ist, wie es mit den Zähnen geht, ob sie eigensinnig, oder friedfertig ist ...»

Als Nachlaßverwalterin ihrer Eltern und Alleinerbin sämtlicher Tagebücher konnte Marie in späteren Jahren genau nachlesen, wie sie sich als Kind entwickelt hatte: «Unsere Kleine macht uns unbeschreibliche Freude; sie wächst täglich und zeigt einen gutmüthigen Charakter bei großer Lebhaftigkeit. Der erste Zahn steht nun auch da. Clara's Glück darüber u. über das ganze Kind ist mir auch eines.» (18. Juni 1842)

Der erste Zahn, das erste Lächeln, das erste Wort, auch die erste ernsthafte Krankheit – Clara Schumann im September 1842: «Der Anblick war herzzerreißend, so ein kleines liebes Wesen so leiden zu sehen ... Immer liebte ich mein Kind unaussprechlich, jetzt ist es mir jedoch, als wäre sie mir noch einmal wiedergegeben – einen solchen Besitz kann man nie genug schätzen, das fühlt man erst recht, wenn Einem der Verlust nahe war, wie es bei uns wirklich der Fall.»

Ganz anders erging es der zweiten Tochter. Elise kam im April 1843 zur Welt. Wie in vielen Familien, wurde das zweite Kind auch in der Familie Schumann nicht so freudig begrüßt wie das erste: Der Abstand zwischen ihr und Marie betrug nur anderthalb Jahre, und dann war sie ja doch wieder nur ein Mädchen. Clara Schumann notiert: «Ich hatte mir und dem Robert besonders einen Knaben gewünscht, und gewiß war mein Robert innerlich betrübt, daß es nicht so war, doch ist er zu gut, daß ihm dieß Kind nicht auch lieb wäre, schon um Meinetwillen, und wir sind ja auch noch so jung, der Himmel wird ihm schon auch einen Knaben schenken, der sein Vaterherz erfreut.»

Elise schnitt im ständigen Vergleich mit ihrer Schwester schlecht ab. Robert Schumann im «Erinnerungsbüchlein für unsere Kinder»:

«Marie, Heiterer, lebhafter Charakter, wenig eigensinnig, durch Güte leicht zu lenken, anschmiegend, gemütlich, liebevoll. Vortreffliches Gedächtnis für die kleinsten Begebenheiten aus ihrem kleinen Leben. Gegen Fopperei sehr empfindlich.

Zeigt zur Musik Lust; außergewöhnliche Begabung noch nicht zu

gewahren. Fängt im Februar 46 zu stricken an, zeigt überhaupt Sinn für das Häusliche, Wirtschaftliche.
Spricht viel, oft unaufhörlich. Erster Schwabenstreich: leckt ein Miniaturportrait der Mutter, das ich ihr, als die Mutter in Kopenhagen war, zum Ansehen gab, rein auf und ab.
Elise, In vielem das Gegenteil von Marie; starrköpfisch, sehr unartig, mußte oft die Rute fühlen, ißt und trinkt außerordentlich gern; kann aber auch ausgelassen lustig sein.»
Als er dies schrieb, war Marie noch keine fünf, Elise noch keine vier Jahre alt. Schumann, der sich gern als zärtlicher Vater darstellte, schlug ein vierjähriges Kind mit der Rute. Auch Clara Schumann machte keinen Hehl aus ihrer Vorliebe für ihre Älteste. Kein Wunder also, daß Elise einmal die Tochter sein sollte, die sich am leichtesten von der Mutter löste. Während einer viermonatigen gemeinsamen Konzertreise nach Rußland Anfang 1844 wurden Marie und Elise bei Verwandten in Schneeberg untergebracht. Ende 1844 zog die Familie nach Dresden, wo Schumann sich – vergeblich – einen festen Wirkungskreis erhoffte. Während der Dresdner Jahre, in denen Schumann zeitweise so schwere Depressionen hatte, daß er kaum arbeiten konnte, kamen vier weitere Kinder zur Welt. Zunächst im März 1845 ein drittes Mädchen, Julie, «ein zartes sensibles Pflänzchen», wie der Vater notiert. Sie gilt als die hübscheste, aber auch am wenigsten robuste unter den Schumann-Töchtern. Elf Monate nach Julie kam Anfang Februar 1846 endlich der ersehnte erste Sohn Emil. Aber das Glück der Eltern war von kurzer Dauer, er wurde nur ein Jahr alt. Laut Schumann war er «fast immer kränklich – hat wenig Freuden auf der Welt gehabt. Nur einmal habe ich ihn lächeln gesehen».
Der nächste Sohn, Ludwig, 1848 geboren, sollte Clara Schumanns Schmerzenskind werden. Wiederum ein Jahr später wurde sie von einem dritten Sohn, Ferdinand, entbunden. Und als schließlich – zehn Jahre nach Marie – Eugenie am 1. Dezember 1851 auf die Welt kam, war sie kein Wunschkind, sondern als siebtes Kind in elf Ehejahren nur eine weitere Belastung. Ihr Geburtsort war nicht Dresden, sondern Düsseldorf, wohin Schumann 1850 als Musikdirektor berufen worden war. Das Ehetagebuch, in dem Maries Entwicklung so liebevoll festgehalten worden war, war längst ad acta gelegt. Der

Vater führte nur noch ein Haushaltsbuch, in dem er minutiös Einnahmen und Ausgaben, seine Arbeitsleistungen und den ehelichen Beischlaf festhielt. Clara Schumann, damals 32 Jahre alt, fühlte sich bei der Geburt Eugenies am Ende ihrer Kraft: eine Schwangerschaft nach der anderen, kaum eine Atempause, um auf Konzertreisen zu gehen oder zu komponieren, und die wachsende Sorge um den gesundheitlichen Zustand ihres Mannes. «Meine Niederkunft rückt näher, hätte ich sie nun erst einmal wieder hinter mir! es hängt gar so viel daran, das Einem das Leben erschwert, und dann kosten Einem die vielen Kinder doch schrecklich viel Geld!» Das Ehepaar war auf einem Fest, als Clara Schumann die ersten Wehen spürte. Ohne ihrem Mann Bescheid zu sagen, ging sie nach Hause, und kurz nach Mitternacht gebar sie Eugenie.

«Die Mutter war vor meiner Geburt sehr unglücklich gewesen, denn jedes neue Kind ... bedeutete einen Zuwachs an Sorgen. Da tröstete sie mein Vater: ‹Kinder sind der größte Segen. Davon kann man nie genug haben›», so Eugenie Schumann in ihren 70 Jahre später niedergeschriebenen «Erinnerungen». Sie konnte also davon ausgehen, daß wenigstens ihr Vater sich über ihre Geburt gefreut hatte, wenn vielleicht auch nur als Beweis seiner trotz langer Depressionsphasen ungebrochenen Zeugungskraft. Die Geburt seiner jüngsten Tochter meldete er der Schwiegermutter in Berlin und notierte sie als letzte Eintragung im «Erinnerungsbüchlein».

Es ist schwer, sich eine Vorstellung vom Alltag im Schumannschen Haushalt zu machen. Sechs kleine Kinder sprangen herum, um die sich in erster Linie Dienstboten kümmerten. Clara Schumann gab den Kindern Klavierunterricht und versuchte, ihre Hausfrauenpflichten zu erfüllen. Ihre Hauptaufgabe sah sie aber darin, ihren Mann zu betreuen, für ihn die Kommunikation zur Außenwelt aufrechtzuerhalten, ihn vor zunehmender Kritik an seiner Tätigkeit als Düsseldorfer Musikdirektor zu schützen. Robert Schumann hatte sich ganz in sich selbst zurückgezogen, und die Kinder sahen ihn nur abends zum Gutenachtsagen. Wie weit Clara Schumanns Rolle als Vermittlerin zwischen Schumann und der Außenwelt ging, kann man etwa daran ablesen, daß sie, wenn er mit Orchester und Chor probte, in der ersten Reihe saß, mit der Partitur auf den Knien, und den Musikern hinter seinem Rücken Einsatzzeichen gab, wenn ihr

Mann vergaß, weiterzudirigieren. Das Jahr 1853 war eine letzte glückliche Phase im Leben Schumanns. Er war von einem Kreis junger Freunde und Verehrer umgeben. Unter ihnen der zwanzigjährige Johannes Brahms, auf dessen frühe Kompositionen Schumann enthusiastisch reagierte.

Um die Jahreswende brach Schumann psychisch zusammen und versuchte mit einem Sprung in den Rhein im Februar 1854 seinem Leben ein Ende zu machen. Er wurde jedoch gerettet und zunächst nach Hause gebracht, nach einigen Tagen dann auf eigenes Verlangen in eine Nervenheilanstalt in die Nähe von Bonn. Was haben die Kinder von alldem mitbekommen? Überliefert ist nur, daß Marie auf den Vater aufpassen sollte und mit ihm allein im Raum war, als er plötzlich aus dem Haus stürzte, und daß die Kinder aus dem Fenster zuschauten, als er fortgebracht wurde. Marie war noch keine dreizehn, Eugenie erst zwei Jahre alt. Sie sahen ihn nie wieder.

Die Ursachen seines Zusammenbruchs lassen sich nicht bis ins letzte klären, aber seitdem die Berichte des behandelnden Arztes aufgetaucht sind, kann man davon ausgehen, daß Schumann sich in jungen Jahren mit Syphilis infiziert hatte und die tödliche Krankheit nun ausgebrochen war.

Eugenie hatte später, im Gegensatz zu den älteren Geschwistern, keinerlei Erinnerungen an ihren Vater. Was ihr von ihm blieb, war ihr Vorname, den er für sie ausgesucht hatte (Eugenie, die Hochwohlgeborene, so hieß auch die künftige französische Kaiserin), und eine Bemerkung in einem seiner letzten Briefe an ihre Mutter: «schreibe über Eugenie, sie zeigte so helle Sinne» – das war alles. Eine Notiz auf einem kleinen Zettel im Nachlaß Eugenie Schumanns läßt erahnen, wie sehr sie sich als Kind überflüssig und ungeliebt gefühlt haben muß: «Und dieser herrliche Mensch hätte mich lieben müssen, gleich viel ob er wollte oder nicht, weil ich sein Kind war, Blut von seinem Blut, Geist von seinem Geist, so wenig er mir auch davon vererbt hat. Unaussprechliche Wehmut, nie zu heilender Schmerz.»

Eugenie blieb nicht das letzte Kind. Clara Schumann gebar noch nach dem Selbstmordversuch des Vaters den Sohn Felix. Neben Marie wurde er, der sie am stärksten an ihren Mann erinnerte, Clara Schumanns Lieblingskind. Eugenie Schumann in ihren «Erinnerungen»: «Wir beiden Kleinen waren unzertrennlich. Felix war ein reizend liebenswürdiges Kind, aller Menschen Liebling. Ich selbst liebte ihn so zärtlich, daß ich es natürlich fand, daß er mir so oft vorgezogen wurde.»

Nach der Geburt von Felix ging Clara Schumann gemeinsam mit dem Geiger Joseph Joachim auf Konzertreise. Joachim und vor allem Johannes Brahms waren die beiden Freunde, die sie in der Zeit zwischen Schumanns Selbstmordversuch und seinem Tod Ende Juli 1856 unterstützten. Sie besuchten sie so oft wie möglich und musizierten mit ihr, so daß diese schweren Jahre dennoch für alle eine Zeit intensivster Freundschaft wurden. Johannes Brahms hatte einen engen Kontakt zu den Schumannschen Kindern. «Wie auf einem Bilde», schreibt Eugenie Schumann, «sehe ich im Flur eines Hauses in Düsseldorf eine Schar Kinder stehen; die blicken staunend hinauf nach dem Treppengeländer. Dort macht ein junger Mann mit langem blonden Haar die halsbrecherischsten Turnübungen, schwingt sich von rechts nach links, hinauf, hinab; schließlich stemmt er beide Arme fest auf, streckt die Beine hoch in die Luft und springt mit einem Satz hinunter, mitten hinein in die bewundernde Kinderschar. Die Kinder waren wir, ich und meine etwas älteren Geschwister, der junge Mann Johannes Brahms.» In Clara Schumanns Abwesenheit kümmerte er sich um sie, spielte mit ihnen, komponierte für sie seine Volks-Kinderlieder und übte mit Marie und Elise Stücke ein, die sie der Mutter, wenn sie von ihren Reisen heimkehrte, vorspielten. Eugenie Schumann im Rückblick:

«Was Brahms' Freundschaft meiner Mutter in der schwersten Zeit ihres Lebens gewesen war, wußte ich damals nicht, erst mehrere Jahre nach meiner Mutter Tod las ich die Worte, die sie gleich einem Vermächtnis uns Kindern in ihr Tagebuch geschrieben hatte, Worte, in denen sie uns zur lebenslangen Dankbarkeit gegen den verpflichtet, der ihr einst Jahre seines jungen Daseins geopfert habe. Was aber sein Dasein überhaupt im Leben unsrer Mutter bedeutete, alles, was er ihr gab, was nur er ihr geben konnte, das verstand ich schon damals. Nach unsres Vaters Ausscheiden aus dem Leben war es Brahms, dem sie die höchste Freude verdankte, die ihr als Musikerin noch werden konnte, die, den schaffenden Künstler auf Schritt und Tritt zu begleiten. Schon als Kind war solche Freude ihr täglich Brot ge-

Die Schumann-Kinder, 1855. Marie hat Felix auf dem Schoß; links im Bild Ludwig, rechts (v. o.) Elise, Ferdinand und Eugenie.

wesen; an den Schöpfungen Chopins und Schumanns war sie groß geworden, an der Hand des Einzigen in die Werkstätten Bachs und Beethovens eingedrungen. Und nun war es Brahms, mit dem sie weiterwandelte, an dessen Werken sich die Schwingen ihrer Seele immer und immer wieder Kraft zum Weiterfliegen holten. Sie fragte mich einmal, ob ich wohl begreifen könne, was es heiße, von Kindheit an einen Freund gehabt zu haben, der ihr im täglichen, stündlichen Verkehr künstlerische Anregung höchster, edelster Art gleich kostbaren Perlen auf den Weg gestreut habe, ob ich begreifen könne, daß sie ohne solche Anregung nicht hätte weiterleben können, daß sie sich an die Menschen anklammere, die ihr wie Brahms und Joachim gewissermaßen Ersatz bieten konnten für das, was sie als Künstlerin verloren, ohne deren liebevollste Bemühungen, sie durch die Musik ihrem Schmerz zu entreißen, sie die furchtbare Leidenszeit nicht hätte überstehen können. Ja, wohl begriffen wir es tief in unsern Herzen. Wir hatten volles Verständnis für das Wesen unsrer Mutter – wir wußten, daß es da keine Grenze gab zwischen der Künstlerin und der Frau, daß beide unauflöslich verschmolzen waren, so daß man nicht sagen konnte: Hier hört die eine auf, und die andere fängt an. Gar manchmal sagten wir zueinander: Was könnte Mama wohl am ehesten aus ihrem Leben missen: Uns oder die Kunst? und fanden die Antwort nicht, waren dem Himmel dankbar, der ihr Brahms als Weggefährten geschickt hatte. Auch wußten wir, daß er trotz aller Schroffheit mit ganzer Seele an unsrer Mutter hing, daß er sie liebte und verehrte wie niemand sonst in der Welt. Über alle Verstimmungen hinüber reichten sie sich immer wieder die Hände, konnten es, weil ihre Freundschaft auf dem felsenfesten Grunde der Seelengemeinschaft, des innigsten Verständnisses in allen wichtigen Fragen der Kunst und des Lebens ruhte.»

Mit Schumanns Tod mußte auch eine Entscheidung zwischen Brahms und Clara Schumann über den Charakter ihrer Beziehung getroffen werden. Es gab nur einen Weg: Trennung. Brahms war Anfang Zwanzig, stand erst am Anfang seiner künstlerischen Laufbahn, er mußte frei sein. Clara Schumann, noch keine 37 Jahre alt, mußte sieben unmündige Kinder ernähren. Sie brauchte einen Menschen, der für sie da war, sie auf ihren Konzertreisen begleitete, sich um die Kinder kümmerte. Und dieser Mensch sollte ihre älteste Tochter sein, Marie.

Die Tochter als Freundin oder «An ihrer harmonischen Natur wird sich die meine zuerst wieder aufrichten, das fühle ich ...»

Clara Schumann notiert im August 1856 in ihr Tagebuch: «Freitag den 1. August kehrten wir nach Düsseldorf zurück – ich kann meine Gefühle nicht beschreiben als ich die Kinder vaterlos wiedersah und doch so unbefangen heiter. Wie aber sehnte ich mich jetzt nach Marie namentlich, sie, die Älteste, immer sein Liebling, unser erstgeborenes Kind! Eine Mutter findet gar zu gern eine Freundin an ihrer ältesten Tochter. Wäre sie doch einige Jahre älter!»

Marie war knapp fünfzehn, als der Vater starb und Clara Schumann ihre Karriere als Konzertpianistin wieder in vollem Umfang aufnahm. Mit dem Tod des Vaters löste sich die Familie als Lebensgemeinschaft auf. Die Kinder hatten nicht nur den Vater verloren, sondern mußten von nun an auch weitgehend auf die Mutter verzichten. Clara Schumann entzog sich ihrer Mutterrolle nicht, aber nach den Jahren der Ehe, in denen sie ihre eigenen Bedürfnisse hatte zurückstellen müssen, war sie nun nicht mehr bereit, auf Konzertreisen zu verzichten. Sie ging deshalb auch nicht auf das Anerbieten verschiedener Familien ein, sie finanziell zu unterstützen. Mit eigener Hände Arbeit wollte sie für den Unterhalt ihrer Kinder aufkommen. In Gestalt der sich für die Kinder und das Werk ihres Mannes aufopfernden Frau erschien sie daher als Heldin und nicht als schlechte Mutter. So ging sie, von der Öffentlichkeit bewundert statt kritisiert, in den nächsten dreißig Jahren jeden Winter auf Konzertreise. Wichtigstes Reiseziel war England, wo sie nahezu jedes Jahr mehrere Monate konzertierte. Nur im Sommer konnten die Kinder mit ihr zusammenleben, zunächst in Berlin, später in Baden-Baden. Marie und Eugenie kamen wie die anderen Geschwister in Pension bzw. zu Freunden und Verwandten. Eugenie blieb nach dem Umzug von Düsseldorf nach Berlin gemeinsam mit Felix zunächst in der Obhut einer Hausangestellten. Später wurden sie von Elisabeth Werner, einer Freundin der Mutter, und schließlich von den beiden ältesten Schwestern Marie und Elise versorgt. Eugenie in ihren «Erinnerungen»: «Die Übersiedlung nach Berlin erfolgte im Jahre 1857.

Wir bezogen eine schöne Wohnung, in welcher selbstverständlich die sogenannte Berliner Mittelstube mit einem großen Fenster nach dem Hofe nicht fehlte. In diesem der Südsonne zugewandten Raume hielten wir Kleinen uns auf; dort stand auch das Tafelklavier für uns zum Üben, während die Schwestern den schönen Flügel in der vorderen Wohnstube benutzten.»

Die Wohnung lag am Schöneberger Ufer des Landwehrkanals, auf dem – von Apfelkähnen aus – Obst und Gemüse aus dem Umland verkauft wurde. Im Gegensatz zu den älteren Brüdern Ferdinand und Ludwig, die in männliche Obhut gegeben worden waren, konnten hier zumindest die Töchter und Felix zusammenleben. Marie durfte die Mutter bald auf Reisen begleiten und übernahm nach und nach die Rollen, die ihr Clara Schumann zugedacht hatte: sie auf Konzertreisen zu betreuen, ihr Haushälterin, Schreibkraft, Schneiderin, Freundin, Vertraute und Schwester zu sein und den anderen Geschwistern eine zweite Mutter. Zwar konnte sich Marie wie Tausende anderer Töchter der damaligen Zeit kein eigenes Leben jenseits der Familie aufbauen, aber diese Lebensform schien durch die Aufgabe, die ihr zugewachsen war, legitimiert: Wenn sie für ihre Mutter lebte, lebte sie auch für das Werk des Vaters, mithin für die Kunst.

Clara Schumann, selber ohne Mutter groß geworden, suchte in ihren Töchtern Menschen, die sie bedingungslos liebten. Schon früh wußte sie, daß sie es nicht ertragen würde, im Alter allein zu sein: «Ich bedarf zu sehr der Liebe.» So band sie Marie eng an sich. Clara Schumann in einem Brief an die Tochter vom 2. Juli 1868: «Meine liebe teure Marie, wüßtest Du doch, wie lieb Du mir bist, wie mein ganzes Sein mit dem Deinen verknüpft ist.»

Es verwundert nicht, daß Marie es nicht vermochte, die Mutter zu verlassen und sich selbständig zu machen, obwohl sie von allen Kindern die besten Voraussetzungen für einen eigenständigen Weg als Pianistin mitbekommen hatte. Sie wurde geliebt, musikalisch gefördert und gefordert. Aber der Name Schumann war für sie wie für die Geschwister eine Hypothek. Clara Schumann selbst war dies durchaus bewußt. Im Januar 1882 notierte sie in ihr Tagebuch: «Ich lasse mir jetzt von Marie und Eugenie sonntags vorspielen – ich finde es unrecht, wenn ich mich mit ihnen, die so hübsch spielen –, so feines Verständnis haben, nie beschäftige. Ich habe ja keine solche Schülerin wie beide sind. Recht betrübt ist es mir immer, daß ich ihnen nach außen hin ein Hemmschuh bin! Was sie leisten, weiß niemand, weil sie eben nicht vorspielen, wenn ich dabei bin.»

Aber anders als für ihre Geschwister war für Marie ein Lebensweg bereitet, sie mußte, als sie ins Erwachsenenalter kam, nur die ihr zugewiesenen Rollen übernehmen. Über Maries Verhältnis zu Clara Schumann schreibt Eugenie: «Ja wirklich, der Himmel hatte es gut gemeint mit unsrer Mutter, daß er ihr eine solche Tochter zur Seite stellte. Ihr hatte sie es zu verdanken, daß sie ungestört ihrem Beruf leben konnte; nie nahten sich ihr die so lästigen Anforderungen des täglichen Lebens, sie bei der Ausübung ihrer Kunst aus allen Himmeln reißend. Ihr konnte sie getrost alles überlassen, mit ihr wurde alles und jedes beraten, alle Pläne mit ihr gemacht. Meine Mutter vergalt ihr aber auch ihre Hingabe durch zärtlichste Liebe, der die Dankbarkeit noch etwas ganz besonders Rührendes gab. Auch hielt sie streng darauf, daß man ihrer ‹Marusch› wie sie sie damals oft nannte, stets die schuldige Achtung erwies; sie gab ihr schon früh eine große Selbständigkeit, volles Verfügungsrecht, und entschädigte sie auf diese Weise für das Opfer ihres Lebens. Wenn ich später, als ich älter wurde, und meine eigenen Ideen über dieses und jenes im Haus hatte, bei Marie auf Widerstand stieß und mich bei Mama beklagte, daß ich nicht zu meinem Recht käme, sagte sie immer ‹Du mußt nie vergessen, was mir Marie in den Jahren nach Papas Tod, wo ihr alle noch klein wart, gewesen ist; ohne sie hätte ich die Zeit gar nicht überleben können.›»

Eugenie oder
«Wer bin ich neben ihr?»

Eugenies Lebenssituation stellte sich hingegen vollkommen anders dar: Ihre «Erinnerungen» sind das erschütternde Dokument eines einsam heranwachsenden Mädchens. Mit zwölf mußte sie sich von Felix, mit dem sie bis dahin immer zusammengewesen war, trennen. Sie kam 1863 in ein Mädchenpensionat nach Rödelheim bei Frankfurt am Main. Ihre «Erinnerungen» erzählen von ihren Leiden unter einer harten Pensionsvorsteherin, die keinerlei Verständnis für sie hatte. Die in ihrem Buch abgedruckten Briefausschnitte aus der Clara-Schumann-Korrespondenz dieser Jahre zeigen eine Mutter, deren Fürsorge sich in erster Linie in Ermahnungen wie «Bleib brav und mach mir keinen Kummer» niederschlug, und ein Kind, das sich nur gleichsam auf Knien der Mutter zu nähern wagte:

«Samstag Abends 8 Uhr
Liebe theure Mama!
Heute Morgen bekam ich deinen lieben Brief u. beeile mich nun ihn dir zu beantworten. Du kannst Dir gar nicht denken, wie aufrichtig ich mich darüber gefreut habe, wie leid es mir aber auch thut, daß Du so betrübt über mich bist. Ich habe es aber selbst gefühlt, daß Ihr in der letzten Zeit meines Daseins nicht mehr recht zufrieden mit mir wart, wie am Anfang. Ich bin nicht schlecht, liebe Mama, glaube es mir; ich habe aber viele große Fehler u. kenne sie alle; schon oft habe ich versucht sie zu überwinden, aber ich bin nicht stark genug, ich sinke immer wieder zurück. Ich versuche es jetzt noch einmal u. werde dabei immer an Dich denken, liebe Mama. Hast du mir auch vergeben? Mama, ich kann sonst nicht ruhig sein...»

Für Eugenie war jeder Brief der Mutter ein Schatz, ganz gleich, was diese schrieb, und so trug sie die Briefe so lange mit sich herum, bis sie nur noch aus Fetzen bestanden. Ihre eigenen Antworten an die Mutter wurden von der unerbittlichen Pensionsvorsteherin, einem Fräulein Hillebrandt, kontrolliert, so daß Clara Schumann nicht wissen konnte, daß die Berichte über das schlechte Benehmen ihrer Tochter erlogen waren. Es vergingen zweieinhalb Jahre, in denen Eugenie die Mutter und die Geschwister sehr selten sah. Im ersten Jahr durfte sie sogar zur Strafe nur eine einzige Woche zu ihnen. Eugenie war schließlich so eingeschüchtert, daß sie selbst in den Ferien bei der Mutter lange nicht den Mut fand, sich zu öffnen, auch nicht gegenüber Marie. Jedes eigene Leiden erschien ihr lächerlich angesichts der Mutter, die ihre künstlerische Tätigkeit den Kindern gegenüber als «Pflicht» und «Opfer» legitimierte. Clara Schumann hatte inzwischen ein Haus in Lichtenthal in der Nähe von Baden-

Baden, der damaligen Sommerhauptstadt Europas, erworben. Das Sommerleben im Familien- und Freundeskreise beschreibt Eugenie anschaulich in ihren «Erinnerungen» und auch, wie schwer der alljährliche Abschied fiel.

«Traurig war es, wenn der Herbst herankam. Mamas Geburtstag am 13. September, uns der geliebteste Festtag des Jahres, bedeutete das Ende des Sommers. Es fingen dann die Vorbereitungen für den Winter an; Mamas Toiletten wurden instand gesetzt, die großen Koffer bereitgestellt und Marie leistete Unglaubliches. Aber sie war auch die Traurigste, wenn die Stunde des Abschieds von dem geliebten Häuschen kam.»

Als sich Eugenie schließlich weigerte, nach Rödelheim zurückzugehen, und von den Verhältnissen dort erzählte, kam sie 1866 – sie war inzwischen 15 Jahre alt – in die für damalige Verhältnisse sehr fortschrittliche Mädchenerziehunganstalt «Neu-Watzum» in Wolfenbüttel. Die Leiterin Henriette Breymann orientierte sich gemeinsam mit ihren Geschwistern, die auch an dieser Schule unterrichteten, an den Erziehungsgrundsätzen von Pestalozzi und Fröbel.

«Auch uns war sie mehr Schwester als Vorgesetzte, was sich schon rein äußerlich darin kundgab, daß wir sie und ihre Geschwister mit Du anredeten; und so große Ehrerbietung wir ihr zollten, so nahten wir uns ihr doch ohne Scheu. Unser Verhältnis zu ihr ruhte auf der Grundlage gegenseitigen Vertrauens ... Geleitet von dieser sicheren Hand lebte ich langsam wieder auf, und der Druck, der auf meinem Gemüte gelegen ... wich von mir.»

In diese Zeit fällt ein für Clara Schumanns Haltung gegenüber ihren Töchtern charakteristischer Brief an die knapp sechzehnjährige Eugenie: «Du sagst, Du möchtest tot sein – findest Du denn das Los Deiner Schwestern so gar traurig? Sind Sie mir nicht Stütze und meinem Herzen die liebsten Freundinnen? Stehst Du meinem Herzen nicht ebenso nahe, und soll ich nicht hoffen dürfen, auch an Dir, mein teueres Kind, dasselbe zu finden? Möge der Gedanke *daran Dich* so froh machen. Hege ihn vor allem im Herzen, und kümmere Dich nicht, was aus Dir wird. Jetzt *lerne*, was Du kannst, dann komme zu mir und Deinen Schwestern, ein Wirkungskreis im Hause wird Dir nicht fehlen, und will's Gott, so leben wir noch eine Weile miteinander. Hast Du den Drang, nach außen eine Tätigkeit zu haben, so läßt sich auch das bewerkstelligen, ohne daß wir Dich deshalb entbehren. Vor allem fasse Mut, es wird dann auch alles werden. – Ich möchte, ich könnte immer bei Dir sein, und immer Dich ermutigen ...» (24. Oktober 1867)

Eugenie blieb, bis sie achtzehn war, in «Neu-Watzum» – ihrer «zweiten Heimat». Dort schloß sie lebenslange Freundschaften mit anderen – wie man das damals nannte – Töchtern aus gutem Hause, die später viel zur Verbreitung der Ideen von Pestalozzi und Fröbel beitrugen. Der Abschied von Henriette Breymann fiel Eugenie schwer, so wohl hatte sie sich in diesem Kreis gefühlt. In ihrer entscheidenden Entwicklungsphase hatte sie sich von der Mutter und den Geschwistern entfremdet. Die Mutter erschien ihr streng, und nur ungern ordnete sie sich den Schwestern unter, als sie nun nach Hause zurückkehrte. Sie hatte unter allen Geschwistern die beste Schulausbildung genossen, ihr fehlte bald der Unterricht und das Zusammensein mit ihren Freundinnen. Sie mußte auch einen Teil der ungeliebten häuslichen Arbeiten übernehmen, und die Mutter teilte ihren Tagesablauf genau ein: «Meine Mutter hielt darauf, daß ich die in der Schule begonnenen Studien fortsetzte; drei Stunden richtete sie mir ein zum Üben am Klavier, und nun hatte ich den Unterricht nicht mehr bei den Schwestern sondern von ihr selbst. Zweimal die Woche gab sie mir regelmäßig am Vormittage eine Stunde und hielt die dafür bestimmte Zeit aufs Gewissenhafteste ein, was auch sonst für Anforderungen an sie herantreten mochten.»

Diszipliniert, wie sie selbst es war, erwartete Clara Schumann auch von ihren Töchtern, daß sie keine Minute ungenutzt verstreichen ließen. Eugenie brauchte einige Monate, um sich an ihr neues Leben zu gewöhnen und Vertrauen zu ihrer Mutter zu gewinnen. «Mir wurde immer wohler zu Mute, mehr und mehr schloß ich mich an Marie an, nur vor der Mutter hatte ich noch immer eine unbezwingliche Scheu, nie näherte ich mich ihr unaufgefordert. Da, eines Tages – wie es kam, könnte ich es sagen? – fühlte ich mich plötzlich unwiderstehlich zu ihr hingezogen. Gleich einer Offenbarung kam es mir zu Bewußtsein, daß diese königliche Frau meine Mutter war, daß sie mir gehörte, daß ich und die Geschwister ihr das Teuerste auf der Welt waren. Und da legte ich ihr von hinten die Arme um den Hals und sagte nur ganz leise: ‹Mütterchen›. Und da war der Bann gebrochen; es war der Anfang einer Freundschaft, die mich beglückte wie nichts andres im Leben, die ihm Inhalt und Weihe gab und die sich, je älter ich wurde, mehr und mehr vertiefte.»

Die Freundschaft der Mutter als «Inhalt» des eigenen Lebens und als seine «Weihe»? Eugenie Schumanns «Erinnerungen» sind das Lebensresümee einer siebzigjährigen Frau. Vielleicht hat sie rückblickend versucht, einen Sinn im Verlauf des eigenen Lebens zu erkennen, indem sie wie Marie, die für sie eine Verkörperung uneigennütziger Liebe war, das eigene Leben dem Leben eines anderen Menschen opferte, den sie höher als sich selbst achtete. Eugenie Schumanns unveröffentlichte Notizen jedoch sprechen eine andere Sprache: «Daß die Sünden der Väter an den Kindern heimgesucht werden, darin erblickte ich keine Ungerechtigkeit, aber daß die Kinder für die guten Taten der Eltern leiden müssen, wie es bei uns der Fall war, dafür gibt es keine Erklärung, keinen Trost.»

Zunächst sah es so aus, als würde Eugenie einen eigenständigen Weg als Musikerin gehen. Im Winter 1869 studierte sie in Berlin Klavier an der neueröffneten Musikhochschule. Vorbild für sie hätte ihre zweitälteste Schwester Elise sein können, die sich mit 22 Jahren als Klavierlehrerin und als Gesellschafterin verschiedener Damen in Frankfurt am Main niedergelassen hatte. Sie war auch die einzige Tochter, die den Mut hatte, mit der Mutter gemeinsam in einem Konzert aufzutreten. Elises Konsequenz aus dieser Erfahrung: «Einmal, und nicht wieder.» Mit 34 Jahren, für damalige Verhältnisse spät, heiratete sie 1877 einen amerikanischen Geschäftsmann, Louis Sommerhoff. Mit ihm lebte sie zeitweise in den USA, dann wieder in Frankfurt und zog vier Kinder groß.

Als Eugenie ihre Studien in Berlin aufnahm, arbeitete dort der zweitälteste Bruder Ferdinand. Nach dem Abitur absolvierte er eine Ausbildung als Bankkaufmann. Er nahm seine kleine Schwester unter seine brüderlichen Fittiche und sorgte dafür, daß ihr Ruf als alleinstehendes junges Mädchen keinen Schaden erlitt. In den Sommermonaten fuhr sie nach Baden-Baden, wo Clara Schumann und im Sommer 1872 sogar Johannes Brahms sie unterrichtete. Eugenie Schumann in ihren «Erinnerungen», in denen sie ausführlich sowohl den Unterricht der Mutter als auch den von Brahms beschreibt:

«Eine geradezu fatalistische Hoffnungslosigkeit in bezug auf meine musikalischen Leistungen hemmte von allem Anfang an meine Fortschritte, lähmte die zarten Schwingen, die mich vielleicht doch hätten etwas höher tragen können ... so wie meine Mutter spielen konnte ich nicht, aber anders konnte ich auch nicht spielen; denn ihr Spiel schwebte mir als höchstes Ideal unverrückbar vor.»

Als Eugenie in die Familie zurückkehrte, waren außer Marie nur Julie, ihre drittälteste Schwester, und Ludwig, der älteste Bruder, zu Hause. Auch für Julie, damals erst neun Jahre alt, war der Selbstmordversuch des Vaters der einschneidende Einschnitt in ihrer Kindheit gewesen. Clara Schumann hatte sie zu ihrer Mutter nach Berlin, dann zu ihrer Freundin Elise List nach München gebracht, so daß Julie als einziges der Schumann-Kinder nicht nur ohne Eltern, sondern auch ohne die Geschwister aufgewachsen war. Zur Enttäuschung von Johannes Brahms, der sich, ohne daß ihr dies bewußt geworden wäre, in sie verliebt hatte, heiratete sie den italienischen Grafen Marmorito. Auch Clara Schumann fiel es schwer, Julie gehen zu lassen. Eugenie Schumann: «Ruhten auf Mariens Schultern die schweren Pflichten, die Verantwortung für das ganze Hauswesen, so war es Julie, die mit tausend kleinen Liebesdiensten, wie sie nur das zärtlichste Gemüt ersinnen konnte, der Mutter das Leben zu verschönern trachtete. Sie war es, die jeden Morgen mit größter Lust und Sorgfalt die Schokolade für sie kochte und sie ihr hinauftrug, die ihr jeden Wunsch an den Augen ablas, die an Gedenk- und Festtagen die Bilder der Eltern schmückte.»

Zeit ihres Lebens sehr anfällig, starb Julie 1872 während ihrer dritten Schwangerschaft siebenundzwanzigjährig an einer Lungentuberkulose. Zu dieser Zeit war Ludwig bereits «lebendig» in einer Nervenheilanstalt «begraben». Schwerhörig und kurzsichtig, hatte er sich nur langsam entwickelt. Mit Zwanzig wollte er plötzlich wie sein verstorbener Vater Musiker werden, obwohl ihm, so wird zumindest berichtet, jede Begabung fehlte. Zwei Jahre später stellten Ärzte eine unheilbare Rückenmarkserkrankung mit Auswirkungen auf das Gehirn fest – wahrscheinlich eine Auswirkung der syphilitischen Erkrankung seines Vaters. Daraufhin wurde Ludwig in eine Heilanstalt nach Colditz in der Nähe von Leipzig gebracht, wo er 29 Jahre lang bis zu seinem physischen Tod dahinvegetierte. Ludwigs Schicksal erschütterte die Geschwister und vor allem Clara Schumann sehr, da

«Ich bin nicht schlecht, liebe Mama, glaube es mir», schrieb Eugenie an Clara Schumann aus dem Pensionat. In einer Zeit, als sie auf die Zuwendung der Mutter angewiesen war, lebte sie von ihr getrennt.

der Sohn besonders an ihr hing: «Ach, mein Herz tut mir immer so weh, wenn ich den armen Jungen ansehe. Er hat mich so lieb, etwas so unaussprechlich Gutes und Treuherziges in seinem Blicke. Was gäbe ich darum, könnte ich ihn glücklich machen.»

Im Bonner Stadtarchiv liegen im Nachlaß Eugenie Schumanns zahlreiche Briefe von Clara Schumann an den Colditzer Anstaltsleiter und seine Antwortschreiben. Sie zeigen, daß sie ihren Sohn durchaus nicht, wie heute gern behauptet wird, einfach abgeschoben hat. Das Wissen um das Schicksal ihres Sohnes belastete sie sehr, und sie fühlte sich Besuchen bei ihm in der Anstalt nicht gewachsen.

1873 verlegte Clara Schumann ihren Wohnsitz von Baden-Baden wieder nach Berlin, der Hauptstadt des neuen Reiches. Der entscheidende Grund für den erneuten Ortswechsel: Drei ihrer Kinder, Ferdinand, Felix und Eugenie, lebten bereits dort. Sie wollte ihnen ein gemeinsames Heim bieten. Aber ohne daß sie es wußte, war Ferdinand bereits dabei, einen eigenen Hausstand zu gründen. Clara Schumann war nicht erfreut, daß er 1873, selbst erst 24 Jahre alt und ohne sicheren Beruf, die zwanzigjährige Antonie Deutsch heiratete, mit welcher er sieben Kinder bekommen sollte. Vor allem Eugenie und Marie waren gegen die Verbindung, während Clara Schumann aus eigener Erfahrung wußte, daß es sinnlos war, diese Liebe zu bekämpfen.

Eugenie konnte in Berlin zum ersten Mal mit Marie und der Mutter zusammenleben: «Wir hatten eine schöne sonnige Wohnung Unter den Zelten, und die Bäume des Tiergartens schauten uns in die Fenster ... Selbstverständlich hatten wir von früher her viele persönliche Beziehungen in Berlin. Zu den alten Freunden kamen neue, und an Geselligkeit im großen und kleinen Kreise fehlte es nicht. Was an bedeutenden Musikern in Berlin lebte oder von auswärts einkehrte, traf sich bei Joachims, Stockhausens oder bei uns. Dazu gesellte sich die große Zahl von Musikliebhabern aus den verschiedensten Kreisen der Stadt. Zu ihnen gehörte, wohl als weltberühmtester, Generalfeldmarschall Moltke ... Unsere Mutter war auch jetzt ernstlich darauf bedacht, uns musikalisch zu fördern. Jederzeit war sie bereit, uns Stunde zu geben; auch veranlaßte sie regelmäßige Zusammenspielübungen mit Violin- und Cellospielern, und ganz besonders regte sie uns zum Studium der Harmonielehre und des Kontrapunktes an, wofür wir in unserem Onkel Bargiel den besten Lehrer fanden.»

Eugenie bekam auch Gesangsunterricht bei einem der berühmtesten Sänger der damaligen Zeit, Julius Stockhausen. Aber da sie oft krank war, brach sie die Studien ab. Außerdem war der Wunsch «dazuzugehören» offenkundig stärker als das Bedürfnis, sich selbständig zu machen. Sie blieb zu Hause und entschied sich, ihre Schwester Marie in der Arbeit für die Mutter zu unterstützen. Die Rolle, die

Marie ohne ihr eigenes Zutun zugefallen war, wählte Eugenie nun bewußt: sie wollte der Mutter das werden, was ihr Marie war. Doch dies erwies sich als ein unerreichbares Ziel.

Fillu

Eugenie Schumann an die Freundin Mary Levi am 18. Dezember 1878: «Vielen Dank für Deine Wünsche; Du hast ganz recht, den ‹einen› besonders zu betonen; ich glaube selbst, daß eine Frau nur ihre Bestimmung erfüllt, wenn sie einen eigenen Wirkungskreis hat; sie kann nur dann glücklich werden. Und da man sich solchen nur auf dem Wege der Heirath oder als Telegrafistin schaffen kann, so bin ich für's heirathen; und nur wenn mir das gar nicht glücken sollten, könnte ich mich zu den letzteren Auswegen entschließen. Doch ganz im Ernste, ich bin oft recht traurig, daß ich mich gar nicht verheirathe. Marie behauptet immer, ich könnte nie lieben u. das macht mich oft irre an mir selbst, da ich noch nie den Beweis vom Gegentheil geliefert hab. Aber in meinen besseren Stunden fühle ich es tief, daß ich lieben könnte, so warm u. innig wie nicht Alle es können, und dass es an den Verhältnissen liegt, wenn ich es noch nicht bestätigt.»

Ob es Eugenie zu diesem Zeitpunkt noch nicht bewußt war, daß für sie nicht ein Mann, sondern eine Frau ‹der Eine› werden sollte? Als sie diesen Brief schrieb, kannte sie die Sängerin Marie Fillunger bereits vier Jahre. Sie war dreiundzwanzig, als die ein Jahr ältere Sängerin mit einem Empfehlungsschreiben von Brahms in der Tasche vor der Haustür stand. «Wir kamen uns schnell näher und sie wurde mir eine lebenslang geliebte Freundin. Sie war ein Wesen ganz anderer Art, als sie bisher in meinen Bereich gekommen waren. Gesunder Humor, ein Mutterwitz, der stets die größte Heiterkeit um sich verbreitete, echt österreichische Gutmütigkeit, dito etwas Leichtsinn, immer mit beiden Füßen im Leben stehend, sich überall heimisch machend, dabei sich stets selbst treu, unbekümmert um die Meinung der Welt, jedem Einfluß unzugänglich, alles, was norddeutsche Kultur war, energisch ablehnend, das war Marie Fillunger, oder wie ich sie bald, um Zusammenstöße zwischen den beiden Marien zu vermeiden, nannte: Fillu, und Fillu wurde und blieb sie für die ganze Welt.»

Marie Fillunger war in Wien ausgebildet worden, Brahms hatte sie entdeckt und wollte ihr den Weg zu weiteren Studien und ersten Schritten in die Öffentlichkeit bahnen. Sie verliebte sich offenkundig sofort in Eugenie: «Mein liebes Genchen! Meine Ruh ist hin, seit ich von Dir geschieden bin ... Ich zähle doch unausgesetzt die Stunden die mich noch von Dir trennen um so mehr als die vollendete Ruhelosigkeit, welche alle Tage in Eins zusammenschmilzt u. keine Besinnung zuläßt, die Sehnsucht nach dem Genchen-Eckzimmer immer mehr concentrirt.»

In der Wiener Stadtbibliothek liegen viele weitgehend unveröffentlichte Briefe von Marie Fillunger an Eugenie Schumann – Liebesbriefe: «... seither habe ich mich an Deinen Küssen satt u. durstig getrunken u. dieser Durst brennt mir nun in tiefster Seele. Der Brand wird nicht erlöschen, bis Deine Lippen mich berühren.»

Aus heutiger Sicht ist sehr schwer zu entscheiden, ob nicht, trotz solcher Formulierungen, die beiden Frauen ihre Liebe nur als Freundschaft gelebt haben. Die Antwortbriefe von Eugenie sind nicht erhalten, und auch in ihren «Erinnerungen» macht sie nur indirekte Andeutungen über den Charakter dieser Beziehung. Einer Reihe ungedruckter Briefe an Freundinnen, in denen von Marie Fillunger die Rede ist, etwa an Mary Fiedler, die zweite Frau des Dirigenten Hermann Levi in München, läßt sich immerhin entnehmen, daß die beiden ein Zimmer teilten. Denn Clara Schumann akzeptierte Fillu nicht nur, sie nahm sie sogar in ihren Haushalt auf. Vielleicht sah sie in der Beziehung zwischen ihrer Tochter und Fillu nichts weiter als eine Freundschaft. Die Rollenverteilung zwischen Eugenie und Marie Fillunger war eindeutig: Wie es schon ihr Kosename andeutet – wir würden heute das französische «filou» etwa mit pfiffiger Typ übersetzen –, bezeichnete sich Fillu selber als «Kerl».

Marie Fillunger an die gemeinsame Freundin Mary Levi am 13. September 1881: «Mit Eugeniens Befinden bin ich ganz und gar nicht zufrieden, ich hätte so gern von Ihnen gehört, wie Sie sie gefunden. Sie hat leider so wenig Widerstandskraft, daß sie jede kleine Aufregung elend macht, und auch daß sie sich über jede Kleinigkeit aufregt: Wenn ich mit ihr bin, dann kann sie alle diese kleinen Tragödien in dem Archive, welches meine Theilnahme ihr eingerichtet, niederlegen – und da liegen sie ruhig, aber wenn wir getrennt sind, dann sammelt sie davon eine drückende Last, meist Grillen, Einbildungen u. eine ziemliche Anzahl kleiner Hauskreuzchen. Mit ihrem schönen, weichen Gemüthe wirthschaftet Genchen ganz gräulich, und man hat wie bei einem Baby immer drauf zu sehen, daß sie nicht Dingen (bei Kindern ‹Messer, Gabel, Schere u. Licht› mit denen sie sich verletzt, auffängt und gegen sich selbst richtet. Ich weiß auch, daß dies ein Familienübel ist, und nicht auszutreiben – Man kann nur immer und immer wieder Genchens Seelenspiegel blank scheuern, er läuft nur zu rasch wieder an, mit trüben Wolken. Ich wünschte sehr, Sie hätten sie mal ein bischen bei sich in München u. brächten mal wieder die echte Heiterkeit, die ihr eigen ist, an's Tageslicht. Ich kenne Niemanden der so des Sonnenlichts bedarf wie Eugenie, wenn sie eine freundliche Sonne bescheint dann blüht u. grünt sie herrlich, aber das leiseste Stürmchen wirft mir oft u. oft das ganze Kartenhaus in Trümmern. Wie grausam ist die Natur, die in ein schwaches, zartes Gefäß ein schwaches zartes Gemüth einschließt, da muß es ja alle Augenblicke Riße u. blutende Wunden geben.»

Die Briefe Marie Fillungers spiegeln auch Konflikte zwischen den Freundinnen. Da die Gegenbriefe fehlen, sind nicht alle Anspielungen nachträglich zu entschlüsseln, aber Eugenie versuchte offenkundig, die Geliebte zu überreden, sich aus der Öffentlichkeit zurückzuziehen und nur noch Gesangsstunden zu geben: «Ich laße es nicht, ich will, ich muß! ... Er thut so weh dieser Brief ... Du schreibst ‹gieb es auf› Hat Brahms Ausspruch sich Dir so unauslöschlich eingegraben u. Du denkst; wäre sie lieber Köchin geworden? Dieses Gespenst stieg mir aus Deinem Brief entgegen u. jagte mir entsetzlichen Schrecken ein ... O Dein Brief war so kalt ..., bitte, bitte laß mich nicht verzweifeln! Laß mich Dich wiederfinden, ich kann Dich nicht träumen, nicht denken, immer fürchte ich Dich!» (12. Juni 1876)

Wir wissen nicht, worauf sich die Bemerkung von Brahms bezieht, aber vielleicht war Eugenie auf die Karriere der Freundin eifersüchtig, weil sie es selbst nicht vermochte, sich aus der Familie zu

Marie Schumann, Marie Fillunger, deren geliebte Freundin Eugenie und Clara Schumann (v. l.): In Frankfurt bildeten sie viele Jahre lang eine Lebensgemeinschaft für die Musik – bis es zum Konflikt zwischen den beiden Marien kam.

befreien und künstlerisch zu entfalten. Außerdem war jede Konzertreise Fillus mit einer Trennung verbunden. Marie Fillunger blieb dennoch mit Eugenie zusammen und zog sogar mit nach Frankfurt am Main, als Clara Schumann sich 1878 entschied, eine Klavierprofessur am Hochschen Konservatorium anzunehmen. Marie, später auch Eugenie, wurden als «Hilfslehrerinnen» eingestellt, um die Schüler, oder vielmehr die Schülerinnen, denn in erster Linie unterrichtete Clara Schumann Mädchen, für den Unterricht ihrer Mutter vorzubereiten.

Clara Schumann sah ihre drei Töchter als ihre wahren Nachfolgerinnen, obwohl sie in ihrer langen nicht nur pianistischen, sondern auch pädagogischen Laufbahn zahlreiche Schüler und Schülerinnen ausbildete und am Hochschen Konservatorium in Frankfurt die Gelegenheit hatte, so etwas wie eine Clara-Schumann-Schule des Klavierspiels zu begründen, eine Schule, die bis heute fortwirkt. Im Januar 1882 notiert sie in ihr Tagebuch: «Ich hatte heute wieder große Freude an Eugeniens Spiel, sie spielte mit feinstem Verständnis und vereinigt Kraft mit Zartheit. Ach spielte sie doch öfters die Sachen ihres Vaters vor Leuten – ich glaube, wenn ich mal nicht mehr spielen kann, lebt nur noch eine Tradition in meinen Töchtern.»

1879 starb Clara Schumanns Lieblingssohn, Felix, der Jüngste. Eine Zeitlang hatte er geglaubt, die Musikerlaufbahn einschlagen zu können. Er wählte nicht das Instrument seiner Mutter, sondern wollte Geiger werden. Obwohl Clara Schumann skeptisch war, bat sie Joseph Joachim um ein Gutachten. Joachim kam zu dem Schluß, daß Felix zwar «begabt sei, aber eben kein Genie». Nachdem sich sein Plan zerschlagen hatte, begann er Gedichte zu schreiben. Aber er war noch nicht neunzehn, als er wie seine Schwester Julie an Lungentuberkulose erkrankte. Damit begann eine jahrelange Odyssee durch verschiedene Luftkurorte und Heilbäder. In der letzten Krankheitsphase pflegten ihn Eugenie und Marie in Frankfurt. Mit 23 Jahren starb er in den Armen Maries. Clara Schumann floh in die Arbeit.

Felix war nicht der letzte Sohn, den sie begraben sollte. Auch Ferdinand erkrankte. Er war als Soldat im Deutsch-Französischen Krieg gewesen und hatte sich ein Rheumaleiden zugezogen, das sich inzwischen so verschlimmert hatte, daß er mit Morphium behandelt wurde. Die Folge: er war abhängig, konnte bald nicht mehr arbeiten und siechte langsam dahin. 1884 nahm Clara Schumann die drei ältesten Enkelkinder vorübergehend zu sich. Als Ferdinand schließlich 1891 starb, hinterließ er sieben unmündige Kinder. Clara Schumann übernahm die Vormundschaft für ihre Enkelkinder, obwohl die Schwiegertochter noch lebte.

Zehn Jahre lebten Clara Schumann, Marie, Eugenie und Fillu in Frankfurt zusammen. Eugenie und Fillu wohnten im ersten Stock, Marie und die Mutter im Erdgeschoß des Hauses in der Myliusstraße, das Clara Schumann erworben hatte. Eugenie oblag die gesamte finanzielle Verwaltung des Haushalts, und über Marie schreibt der Enkel Ferdinand: «Sie führte den Hausstand, gab dann aber auch gleichfalls Unterricht im Clavierspiel, auch mir, bereitete die Schüler für die Mutter vor und sorgte für den Unterricht in Theorie und Ensemblespiel.»

Clara Schumann unterrichtete zu Hause. Nach wie vor ging sie auf Konzertreisen, wenn sie nicht von neuralgischen Schmerzen in den Armen am Spielen gehindert war. Außerdem begann sie mit Unterstützung von Brahms die Werke ihres Mannes herauszugeben. Marie Fillunger arbeitete weiter an ihrer Stimme, sang in Konzerten und machte sich vor allem als Interpretin von Schumann- und Brahmsliedern einen Namen. Am Klavier begleitete sie oft Clara Schumann oder auch Brahms selbst. 1888 schreibt Clara Schumann an Brahms über eine Aufführung seiner Zigeunerlieder: «... die Fillu sang mit einer Freiheit und Übermut, daß alle Leute sagten, so haben sie sie nie gehört.» Neben ihrer sängerischen Tätigkeit entlastete Fillu Eugenie und Marie, indem sie auch Sekretärinnenarbeiten für Clara Schumann übernahm.

Aber das friedliche Zusammenleben endete 1889 mit einem großen Krach zwischen Marie Schumann und Marie Fillunger. Die Vorgänge sind nicht überliefert, sie lassen sich nur indirekt aus den Briefen Fillus an Eugenie entnehmen. Offenkundig ging es um die Frage, wer von den beiden Marien im Hause Schumann zu bestimmen habe: Marie Schumann oder Marie Fillunger? Der Anlaß wird wie meist in solchen Fällen nichtig gewesen sein. Für Fillu war entscheidend, daß Clara Schumann sich, wahrscheinlich ohne die Zusammenhänge genau zu kennen, hinter ihre älteste Tochter stellte.

Offenkundig glaubte Clara Schumann, Marie «das Opfer ihres Lebens», wie es Eugenie nannte, dadurch danken zu müssen, daß sie ihr in allen Dingen die Entscheidung überließ. Längst hatte sie Marie auch zur «Hüterin» und «Wahrerin» des Schumannschen Nachlasses gemacht und versucht, sie für die Zeit nach ihrem Tode finanziell sicherzustellen. Tagebucheintragung vom November 1871: «Marie hat jetzt 12 Jahre ihres Lebens ihren Pflichten für mich und ihre Geschwister gelebt... so daß es ihr, stürbe ich jetzt, schwerer als den anderen Schwestern werden würde, sich durch Stundengeben eine Existenz zu gründen ... Kurz ich mußte, das fühlte ich, Marie sicher stellen und that das, indem ich diesen Willen aufsetzte und gerichtlich in Baden niederlegen ließ.»

Je älter Clara wurde, desto ausschließlicher war sie auf ihre älteste Tochter angewiesen, gleichzeitig war sie sich durchaus bewußt, was dieses Leben an ihrer Seite für Marie bedeutete. So schreibt sie etwa am 27. Juni 1890 an ihre Freundin Lida Bendemann: «Mein Schutzgeist, meine Marie. Das liebe Kind, herrliche Kind, könnte ich sie doch beglücken mit einer eigenen Häuslichkeit – doch, ich komme wieder auf die Kapitel, wo wieder das Herz so viel zu sagen hätte.»

Die Dankbarkeit der Mutter gab Marie Macht. Sie schirmte Clara Schumann nach außen ab und stellte sich zwischen sie und andere, die Abhängigkeit der Mutter durchaus für ihre eigenen Interessen nutzend. Vor allem für die Kinder Ferdinands, die nach dem Tod des Vaters abwechselnd bei Clara Schumann lebten, wurde ihre Tante Marie im Laufe der Jahre zu einer eher furchteinflößenden Gestalt, während sie die Großmutter fast wie eine Heilige verehrten.

Marie Fillunger jedenfalls unterwarf sich Marie Schumann nicht. Sie ging, und in ihr Zimmer zog die Enkelin Julie, älteste Tochter des Sohnes Ferdinand. Marie Fillunger an Eugenie: «Der Riß ist geschehen u. flicken läßt sich da nichts, ich kann nicht glauben, daß wenn Marie sieht, daß ich abgetreten bin für ewige Zeit, daß sie Dich immer noch weiter quält. Sollte sie nicht nachgeben, so beruhige dich darüber, daß sie von meiner Seite keinen Annäherungsversuch zu fürchten hat, ich bin ganz fertig u. mein Dankbarkeitsgefühl gegen Mama ist bis jetzt noch nicht sehr lebendig.» (5. April 1889) Und einige Tage später: «Du mußt eine Unterredung mit Mama erzwingen, denn so gut wie sie schließlich wirklich glaubte, weil ich mich nicht verteidigte, so wäre mir kein Unrecht geschehen, so denkt sie dies auch von Dir ... Sei klug, mein Genchen, Du hast es nicht mit normalen Menschen zu tun. Mama ist alt u. hört selten die Wahrheit u. Marie ist nicht bei Trost in ihrer maßlosen Heftigkeit u. warum solltest Du Dich opfern wie ein Lamm, ohne Widerrede?»

Fillu zog ihre Konsequenzen, verließ Deutschland und baute sich in England eine neue Existenz auf. Eugenie, inzwischen 38 Jahre alt, ging nicht mit ihr. In England sang Marie Fillunger viel Wagner, dem Clara Schumann vollkommen ablehnend gegenübergestanden hatte, und gab Unterricht. 1891 unternahm sie gemeinsam mit dem Dirigenten Sir Charles Hallé und seiner berühmten Gattin, der Cellistin Wilma Neruda, eine Konzertreise nach Australien, wo sie in sechs Wochen vierzig Konzerte gab. Eugenie begleitete sie bis Gibraltar. Dann kehrte sie nach Frankfurt und zur Mutter zurück.

«Wir haben einen sehr schweren Winter», schreibt Eugenie am 13. Dezember 1891 an Mary Levi, «Mama ist nicht krank, aber sehr leidend; ihre Nerven sind, wir wissen nicht recht wodurch, in einem äußerst erregten Zustand; sie hört Tag und Nacht gräßliche Musik ist dabei außerstande einen Ton schöner Musik zu genießen, da sie alle Tonarten falsch hört. Auch sonst ist sie von allen möglichen Leiden heimgesucht, und bei ihrem noch jugendlichen lebhaften Geist und dem Hang zur Melancholie trägt sie an den Gebrechen des Alters doppelt so schwer ... Mir geht es soweit ganz gut; ich habe immer so viel zu thun, daß ich gar nicht Zeit genug habe über mich nachzudenken, und das ist wohl ein Glück, denn bei aller Befriedigung, die mir Mama's Liebe, Marien's schwesterliche Zuneigung und die Erfüllung meiner Pflichten gewährt, vermisse ich seit der Trennung von Fillu für mein Inneres unsäglich Vieles. Das kannst Du mir gewiß nachfühlen, Du hattest für mein Freundschaftsverhältnis zu ihr stets so viel Verständniss und Theilnahme. Ihre Laufbahn hat sich aber seit unserer Trennung so glücklich gestaltet, daß es mir eine kleine Entschädigung ist, ich weiß sie wenigstens ganz befriedigt.»

1892 ging Clara Schumann mit 72 Jahren schweren Herzens in den Ruhestand. Beide Töchter gaben ihre Stelle sofort auf. Den Sommer verbrachten sie wie in fast all den Frankfurter Jahren in der Schweiz, wo Eugenie ernsthaft erkrankte. Clara Schumann an Brahms: «Eugenie wurde sehr krank, und hat uns schwere Sorgen gemacht! Es geht ihr jetzt besser, aber sie bleibt doch immer zart. Ich mußte sie verlassen, weil ich mich inmitten solcher Aufregungen, die ihr so sehr abwechselnder Zustand mit sich bringt, nicht erholen konnte, ich bedarf der Ruhe, wie auch Eugenie. Wir regten uns immer füreinander auf, das ging nicht.»

Als die Mutter und Marie abgereist waren, kam Fillu aus England und übernahm die Pflege. Eugenie an Mary Levi: «Fillu erwartete mich in Basel und pflegte mich dann hier die ersten 14 Tage, die ich fast ganz im Bett verbrachte; dann nahm eine Freundin aus London, Mary Hope, ein sehr lieber Mensch, ihre Stelle ein und sie ist jetzt noch bei mir. Morgen sind es vier Wochen, daß ich hier bin und bin ich jetzt so viel wohler, daß ich wenigstens das Gefühl habe, als könnte ich einmal wieder gesund werden ...»

Vielleicht war diese Krankheit der letzte Auslöser für die Entscheidung Eugenies, Ende 1893 zu ihrer Freundin nach England zu ziehen. Im Alter von 42 Jahren verließ sie also um der Geliebten willen die Mutter und die Schwester. Clara Schumann fühlte sich von Eugenie verlassen und sah sich noch stärker mit Marie verbunden, wie ein Brief an ihre Freundin Lida Bendemann vom Oktober 1892 zeigt: «Eugenie ist glücklich in London angekommen, hat schon gestern ihren Unterricht begonnen. Es ist mir ein großer Schmerz, daß sie von mir gegangen.» Und in einem anderen Brief an dieselbe Freundin heißt es: «Marie allein ist ja solch ein Schatz! Wie traurig ihr so gar nichts mehr sein zu können, als ein Wesen der Sorge, für sie allein müßte ich mich schon aufraffen!

Ach, warum kann ich es so gar nicht! ich bin aber so schwach, die ewigen Schmerzen, das andauernde Kopfleiden, die Sorge, wie es werden soll ... Eugenie hat uns nun verlassen. Wir haben zu unserer Beruhigung gute Nachrichten. Sie ist glücklich. Die Fillu hat sie hier abgeholt und ihr zu Liebe habe ich die Fillu wieder bei uns aufgenommen ...»

Eugenie konnte in London rasch einen Kreis von Schülerinnen um sich versammeln. Sie war bereits einige Male dort gewesen, und zwar gemeinsam mit der Mutter, die in England fast noch mehr gefeiert wurde als in Deutschland. Eugenie wurde herzlich aufgenommen, aber sie geriet rasch in Konkurrenz zu anderen englischen Schülerinnen von Clara Schumann, die ebenfalls für sich beanspruchten, die «Stimme ihrer Herrin» zu verkünden. Einige Male trat Eugenie Schumann auch als Konzertpianistin auf, aber die Last des Namens Schumann war zu groß. In erster Linie wurde sie als Stellvertreterin ihrer Mutter wahrgenommen, zumindest war dies ihr eigenes Gefühl. Die Trennung von der Mutter fiel ihr offenkundig nicht leicht. Verschiedene Briefe im Bonner Nachlaß zeigen deutlich, daß sie nicht wußte, wohin sie gehörte, und sie spricht dies auch selber in einem dieser Briefe aus:

«Mein innigstgeliebtes Mütterlein! Wie weit sind wir nun voneinander getrennt! Nur alle Gedanken ließ ich bei Euch zurück und kann es noch gar nicht fassen, daß ich nicht mehr bei Euch bin. Ich weiß oft gar nicht mehr, wohin ich gehöre, und führe überall ein Traumleben ... Innigen Kuß, mein Mütterchen von Deiner treuen Tochter Eugenie.»

1895 unternahm Marie Fillunger eine Konzertreise nach Südafrika. Wieder begleitete Eugenie sie nicht, sondern fuhr nach Deutschland zu Mutter und Schwester. Clara Schumann, inzwischen fast vollständig zur Untätigkeit verurteilt, wußte, daß sie nicht mehr lange leben würde.

Tagebucheintragung vom 16. April 1895: «Eugenie hat mir einige Male ganz vortrefflich vorgespielt. Bei jedem Male Hören finde ich sie gereifter, wäre nur ihr Körper nicht so zart. Was für prächtige Menschen sind die Töchter, wie oft denke ich dies, und daß ich von ihnen muß, sie nicht mehr mit meiner Liebe umfangen kann.»

Anfang Mai 1896 erlitt Clara Schumann einen Schlaganfall. Eugenie aus London: «Mein teures Mütterlein, ich sehne mich so unbeschreiblich nach dir und kann mich durchaus nicht an die Trennung gewöhnen und daran, daß ich nicht jede Minute weiß, wie es Dir geht. Es ist schrecklich, daß ich jetzt fort mußte! Also heute solltest Du zum ersten Male hinuntergehen! Könnte ich Dich doch die Treppe hinunterführen ... Lebewohl, mein Mütterlein! Könnte ich Dich doch streicheln, Dir zutrinken, Dich lächeln machen und Deine lieben teuren Augen sehen ...

Innigsten Kuß von Deiner Eugenie.»

Vier Tage vor dem Tode der Mutter kam Eugenie in Frankfurt an. Der Enkel Ferdinand protokollierte minutiös den Todesprozeß. Am 20. Mai schließlich notierte er: «4.21 Uhr. Großmutter ist soeben gestorben.» Alle drei Töchter und der Enkel waren bei ihr.

Als die Mutter starb, war Marie 55, Eugenie 45 Jahre alt. Gemeinsam lösten sie den Frankfurter Haushalt auf. Während Eugenie nach England zurückkehrte und dort bis zum Ersten Weltkrieg blieb, begann für Marie ein neuer Lebensabschnitt: «Wie recht haben Sie», schrieb sie rückblickend am 31. Januar 1904 an Marie Grimm, «daß

Sie sich Ihre Selbständigkeit wahren. – Schwer ist nur der Anfang einer selbständigen Existenz. – In meinem Leben ist es so spät gekommen, daß es doppelt schwer war, aber es ist doch gegangen.»

Marie und Eugenie als Hüterinnen des Schumannschen Erbes

Marie zog in die Schweiz nach Interlaken, bevorzugter Ferienort seit Jahren, gab Klavierunterricht und hütete das Schumannsche Erbe, indem sie dafür sorgte, der Nachwelt ein ‹richtiges› Bild von ihrer Mutter zu überliefern: Zunächst bat sie den Brahms-Freund Julius Allgeyer, ein Buch über Clara Schumann zu schreiben. Seine Biographie über den Maler Anselm Feuerbach hatte der Mutter besonders gut gefallen. Als Allgeyer plötzlich starb, fand sie in dem Bonner Altphilologen Berthold Litzmann einen ihr geeignet scheinenden Autor. Im Stadtarchiv Bonn liegt der private Vertrag, den sie mit Berthold Litzmann abschloß. Darin heißt es unter Punkt 5:
«Frl. Marie Schumann als Eigenthümerin des gesamten handschriftlichen Nachlasses ihrer Eltern verpflichtet sich:
a Prof. Litzmann das gesamte in ihren Händen befindliche Material für die Biographie zur Verfügung zu stellen ...»

Ob sie sich an ihre Selbstverpflichtung hielt oder ob Litzmann nicht mit den Originalen, sondern nur mit von ihr abgeschriebenen Auszügen aus den Briefen und Tagebüchern arbeiten durfte, ist unklar. Wir müssen davon ausgehen, daß Marie nach Fertigstellung der dreibändigen Biographie von Litzmann die Tagebücher Clara Schumanns, die sie allein von der Mutter geerbt hatte, vernichtete. Sie sah dies nicht nur als ihr Recht, sondern auch als ihre Aufgabe an.

Nachdem diese Arbeit getan war, begann sie den Briefwechsel ihrer Mutter mit Johannes Brahms herauszugeben. Nur acht Jahre jünger als er, hatte sie unter allen Geschwistern zu Brahms das persönlichste Verhältnis gehabt. «Mit ihr fühlte er sich entschieden am behaglichsten», so Eugenie in ihren «Erinnerungen». Auch im Falle dieses Briefwechsels läßt sich nicht mehr rekonstruieren, ob ihre Darstellung im Vorwort den Tatsachen entspricht. Dort schreibt sie, daß Brahms und die Mutter im Oktober 1887 ihre Briefe ausgetauscht hätten. Sie habe dann Clara Schumann beim Verbrennen ihrer Briefe überrascht und daran hindern können, ihre Briefe vollständig zu vernichten. Brahms seinerseits habe auf der Rückfahrt die eigenen Briefe im Rhein versenkt. In einem unveröffentlichten Brief an eine Bekannte ist jedoch die Rede davon, daß Marie größte Schwierigkeiten hatte, die Briefe ihrer Mutter aus dem Nachlaß von Brahms zurückzubekommen. Das setzt voraus, daß Briefe erhalten geblieben waren, und tatsächlich füllt der Briefwechsel Clara Schumann–Johannes Brahms zwei Bände. Dieser Widerspruch wird sich wohl nicht klären lassen.

Der Beginn des Ersten Weltkrieges vertrieb Eugenie Schumann und Marie Fillunger aus England. Fillu ging zunächst zu ihrer Familie nach Österreich. Nach Kriegsende 1919 zog sie zu Marie und Eugenie nach Interlaken. Zehn gemeinsame Jahre blieben den drei Frauen noch. Die Einkünfte der Schwestern aus den Tantiemen der Schumannschen Werke schmolzen durch den Krieg, dann durch die Inflation so zusammen, daß sie sich genötigt sahen, große Teile des Briefnachlasses an die Preußische Staatsbibliothek in Berlin und das Robert-Schumann-Museum in Zwickau zu verkaufen.

Eugenie begann zu schreiben, und wie ihr Leben war auch ihr Schreiben den Eltern gewidmet. 1925 erschienen ihre «Erinnerungen», 1931 eine Biographie über ihren Vater. Von Marie ist dagegen, abgesehen von Briefen und Erinnerungen an den Vater, die Eugenie in ihrer Schumann-Biographie abgedruckt hat, kaum ein Wort erhalten. Sie war nicht die Reflektierende, sondern die Handelnde. Ihrer Lebensaufgabe gewiß, mußte sie sich nicht ihrer Identität versichern, während das Schreiben für Eugenie ein Versuch war, zu verstehen, Nähe herzustellen. Die Leitfrage der «Meinen Schwestern Marie und Elise» gewidmeten «Erinnerungen» Eugenie Schumanns war: «Wer bin ich neben ihr?»

In ihrem Vorwort schreibt Eugenie, sie habe begonnen, ihre Erinnerungen aufzuschreiben, ohne Absicht, sie zu veröffentlichen, und daß es die Schwester gewesen sei, die einen Verleger auf den Text aufmerksam machte. Sie habe das Bedürfnis gehabt, irrtümliche Meinungen über ihre Brüder aus der Welt zu schaffen: «Es sind in der Welt durchaus irrtümliche Meinungen über die Veranlagung und den Charakter meiner Brüder verbreitet. Ihnen entgegenzutreten durch getreue Schilderung der Persönlichkeiten, so wie sie sich vor allem in ihren Briefen spiegeln, schien mir Pflicht nicht nur gegen die teuren Brüder, sondern auch gegen sie als Söhne unserer Eltern ... Ich schrieb schließlich mir zu Freude, mein Leben überblickend und da verweilend, wo es mir gefiel. Je länger ich schrieb, desto mehr trat die Gestalt unserer Mutter in den Vordergrund.»

Ähnlich wie Marie fühlte auch sie sich aufgerufen, für ein ‹richtiges› Bild zu sorgen, nur daß sie nicht schreiben läßt, sondern selbst schreibt. Wie Notizen im Bonner Nachlaß zeigen, setzte sie sich im Zusammenhang mit der Aufgabe, die «Wahrheit» über ihre Brüder zu schreiben, das erste Mal mit den Gedichten von Felix auseinander: «Im Februar 1879 verloren wir unseren Felix. In Marien's Armen, dieselben, die ihn gewiegt hatten, kämpfte er den letzten Kampf. 45 Jahre sind es her. Ich habe ihn tief geliebt und nicht vergessen ... So begrub ich denn meinen Schmerz, dachte nicht, ihn noch einmal an's Licht zu ziehen. Da sagte mir Marie eines Tages, sie habe so sehr den Wunsch, es möge jemand noch einmal Felix Gedichte durchgehen und sehen ob nicht welche darunter seien, die es verdienten, der Vergessenheit entrissen zu werden. Dieser liebevolle Gedanke bestimmte mich die Mappen, welche 45 Jahre geschlossen geblieben, noch einmal zu öffnen und die vergilbten von der lieben Hand beschriebenen Seiten zu durchblättern ... Man wird fragen: Ja kanntet Ihr denn diese Gedichte nicht? Und da muß ich in tiefer Trauer antworten: Nur die ersten Versuche aus seinem 18ten u. 19ten Jahr. Der verhängnisvolle Irrtum meines Lebens: alle Leistungen von dem Standpunkte aus zu beurteilen: Das Höchste oder nichts, belastet mich in diesem Falle mit einer schweren Schuld.»

Aus der Konfrontation mit der Geschichte ihrer Geschwister wird so ein Dokument ihrer eigenen Leidensgeschichte als Tochter berühmter Eltern. Adressiert ist ihr Buch an ihre Schwester Marie:

«Warst Du doch eine zweite Mutter, bei der ich mich immer geborgen fühlte. Ich erinnere mich deutlich, daß ich als kleines Kind dein Gesicht, die dunkel blaugrauen Augen mit den dichten Brauen, das glänzende schwarze, glattgescheitelte Haar, deine sehr schlanke Gestalt unendlich lieb hatte. Ich erinnere mich, daß ich mich gerne an dich anschmiegte und daß ich den zarten Duft, der von Deinem

Marie auf einer Fotografie um 1865. Für Eugenie war sie große Schwester, zweite Mutter, Leitbild und Hindernis auf dem Weg zu einem selbständigen Leben.

Haar ausging, gerne einatmete ... Dein Dasein war von dem unsrer Mutter unzertrennlich. Du warst des Vaters Liebling und so waret ihr besonders eng verbunden ... Ihr konntet nicht ohne einander sein ... Der Eigenart meines Wesens folgend trennte ich meinen Weg von dem deinen, aber wo ich auch sein, von wo ich auch kommen mochte, wenn mein Fuß den Weg zu dir einschlug, dann, und nur dann, ging ich ‹heim›.»

Marie Schumann starb 1929. Eugenie ließ ihr auf den Grabstein setzen: «Sie war treu bis in den Tod.» Julia Wirth-Stockhausen, Tochter des befreundeten Sängers Julius Stockhausen und selbst Autorin einer Biographie über ihren Vater, gab ihrem Nachruf auf Marie Schumann in der «Frankfurter Zeitung» vom 19. November 1929 den bezeichnenden Titel «Die Tochter». Nach einer kurzen Lebensbeschreibung entwirft sie ein Bild von der Verstorbenen: «Die klaren durchdringenden Augen in dem frischen, oft von Heiterkeit umleuchteten Gesicht, sind manchem unbequem gewesen; ihre aufrechte Gestalt, ihr freier grader Gang waren ehrfurchtsgebietend, beherrscht und beherrschend. Ihr Gewand – das breitgestreifte, weite, schwarze Atlaskleid – umrauschte sie wie ein Schutz, wie eine Tracht aus ihrer Zeit in die neue hinein, in die sie mehr mit neugierigem als mit sympathischem Interesse hineinlugte. Ihre Liebe gehörte ihrem Heim und den darin bewahrten Zeugen ihres erfüllten und darum beglückenden Lebens, dem Flügel, ihrer letzten Schwester und der treuen seit Jahren mit ihr lebenden Freundin.»

Da Elise Schumann ein Jahr vor Marie gestorben war und Ludwig bereits 1899, war nun Eugenie das letzte überlebende Kind von Clara und Robert Schumann. Nur ein halbes Jahr nach Marie starb auch Marie Fillunger. Nun war sie endgültig allein. Während Eugenie den Tod der Schwester ausführlich dokumentierte, findet sich über die Freundin und Geliebte kein entsprechendes Dokument im Nachlaß. In einem Nachruf auf Eugenie Schumann vom November 1938 heißt es, daß diese nach dem Tode Maries in die Pension Villa Frey in Bern, dann nach Arkona zog. Für diese Angabe ließ sich kein Beleg finden.

Eugenie schrieb weiter. Nachdem sie in ihrem ersten Buch eigene Erlebnisse dokumentiert hatte, unternahm sie nun in einem zweiten Buch den Versuch, einen Menschen zu vergegenwärtigen, an den sie keinerlei Erinnerungen hatte, ihren Vater.

«Meinen Vater nicht gekannt zu haben war der größte Schmerz meines Lebens», lautet eine Notiz im Bonner Nachlaß, und in ihrem Vorwort zu ihrer Robert-Schumann-Biographie bezeichnet sie ihre Biographie als eine «Liebesarbeit».

«An den Leser! Lange war ich unschlüssig, ob ich mich mit nachstehender Arbeit an die Öffentlichkeit wagen dürfe.

Viele Male setzte ich die Feder an; ebenso oft legte ich sie wieder hin. Hast du das Recht, so fragte ich mich, mit Ansichten hervorzutreten, zu welchen ein jeder, der sich ernstlich mit der Persönlichkeit Robert Schumanns befaßt, ebensogut gelangen könnte wie du? Kannst du etwas sagen, was andere noch nicht gesagt haben?

Ich bin nicht wissenschaftlich geschult und nicht musikgelehrt. Auch habe ich, ich muß es bekennen, bis vor wenigen Jahren nie selbständig über die Person meines Vaters nachgedacht.

Er war mir der Niegekannte, der mein Vater gewesen war, der himmlische Musik geschrieben hatte und dafür von den Menschen geliebt und bewundert wurde, der unserer Mutter das liebste auf der Welt gewesen und nun schon lange lange tot war – an den sie immer dachte, aber von dem man nur leise und behutsam sprach, weil sein Ende ein so namenlos trauriges gewesen.

So nahm ich ihn hin, wie ein Stück Geschichte möchte ich sagen, voll Liebe, aber gedankenlos, auf Treu und Glauben. Widerstandslos fügte ich mich den Fesseln, welche Überlieferung der verschiedensten Art geschmiedet hatte und welche sich der eigenen, freien Erfassung seines Wesens entgegensetzten ...

Man wird mich anmaßend nennen, und ich bin darauf gefaßt, bin mir meiner Unzulänglichkeit vollkommen bewußt. Aber eines darf ich für mich in Anspruch nehmen ... daß ich ihm in Liebe näher stehe als irgendein Anderer, und Liebe ist es, die es braucht sein Wesen zu erfassen.

Und so gehe denn diese, meine Liebesarbeit, in die Welt als: das Bild meines Vaters, wie ich ihn sehe.»

In gewissem Sinn ist Eugenie Schumann mit diesem «Lebensbild meines Vaters» eine moderne Biographie gelungen, schrieb sie doch keine Biographie romancée, sondern ein Buch, das Quellen und die eigene Schreibperspektive immer wieder reflektiert. Da eine ganze Reihe von Materialien, die sie zitiert, wie zum Beispiel die Ehetagebücher der Eltern und Schumanns Haushaltsbücher, zum Zeitpunkt der Entstehung ihres Buches vollkommen unbekannt waren und erst fünfzig Jahre später komplett veröffentlicht wurden, kam ihrem 1931 erschienenen Buch für lange Jahre ein hoher Quellenwert zu. Gewidmet war es der Schwester und der Geliebten: «Die beiden geliebten Menschen, meine Schwester Maria und die Freundin und Lebensgefährtin Marie Fillunger, welche mir, die eine durch mich beglückende Zustimmung, die andere durch aufopfernde Teilnahme, die Vollendung vorliegender Arbeit ermöglicht haben, erleben das Erscheinen in der Öffentlichkeit nicht. – Beide sind dahin, und meinen unauslöschlichen Dank kann ich ihnen nur nachrufen.»

Mit ihrer Biographie wollte Eugenie Schumann den Beweis antreten, daß ihr Vater nicht psychisch krank war, sondern an geistiger Überanstrengung und mangelnder öffentlicher Anerkennung zerbrochen war. Das Wort «deutsch» findet sich oft in diesem Text. Das ist kein Zufall, denn Eugenie Schumann stand den Nationalsozialisten positiv gegenüber. Politisch interessiert bis ins hohe Alter, verfolgte sie die Entwicklung in Deutschland aufmerksam. Wenn Bücher erschienen, deren Verfasser ihr nicht ausreichend national gesinnt erschienen, schrieb sie an die Verleger und Autoren und beschwerte sich. Darauf weisen zumindest die verschiedensten Briefentwürfe im Bonner Nachlaß hin, so auch die folgenden Zeilen aus einem Brief vom 14. Februar 1936: «Und zwei Jahre nach seinem Tode offenbart sich unser Volk als das, was es war – als ein Volk von Helden, an Tapferkeit, Leistung und Ausdauer von keinem anderen übertroffen, oder auch nur erreicht.»

Als der Verleger ihrer «Erinnerungen» ihr jedoch nahelegen wollte, für eine Neuauflage Abschnitte, die sich auf jüdische Künstler beziehen, zu streichen, antwortete sie entschieden: «Nein, ich dämpfe, streiche nicht ein Wort meiner ‹Erinnerungen›. Sie sind ohne jede Tendenz geschrieben – ich habe die Dinge erzählt wie sie waren und was ich schrieb, hat Anklang gefunden und mir ein Plätzchen gesichert in den Herzen vieler Menschen. Wer nun hinter dem Buche etwas suchen will, der mag es thun, aber es wird ihm nicht zur Ehre gereichen. Die Judenfrage ist für Deutschland gelöst und durch die Nürnberger Gesetze geregelt. Es wird einige Zeit zu ihrer Auswirkung bedürfen, aber die Gefahr einer Wiederkehr der früheren Zeiten, das ist ausgeschlossen, das begrüßen wir als eine Notwendigkeit – Aber wozu nun all die Äußerungen eines zum Teil künstlich geschürten Hasses auf einen Gegner, der am Boden liegt? Sie sind kleinlich, unseres Volks unwürdig und ich zögere nicht hinzuzufügen: gehässig. Auch sind sie, wie unser Führer erklärt hat, nicht in seinem Sinn. Also nochmals, geehrte Herren, ich kann Ihnen in dieser Sache nicht gefällig sein. Mein ganzes Wesen, mein innerstes Gefühl sträubt sich dagegen – mein Gewissen als Deutsche u. Tochter meiner Eltern. Sie haben es wohl nicht anders von mir erwartet.»

Die Neuauflage ihres Buches erschien dann erst vier Jahre nach ihrem Tode 1938, und tatsächlich waren zahlreiche Passagen, die sich auf jüdische Künstler bezogen, weitgehend gestrichen.

Zu einer weit ernsteren Auseinandersetzung zwischen ihr und den Nationalsozialisten kam es schließlich in der Frage der Uraufführung des Schumannschen Violinkonzertes in d-moll. Nach Schumanns Tod waren Joachim, Brahms und Clara Schumann übereinstimmend zu dem Entschluß gekommen, dieses Stück nicht zu veröffentlichen. Sie glaubten in ihm Spuren der Geisteskrankheit Schumanns erkennen zu können. Das Autograph befand sich im Nachlaß des Widmungsträgers Joseph Joachim. Der älteste Sohn Joachims, Johannes Joachim, hatte es geerbt und die Handschrift 1923 an die Berliner Staatsbibliothek verkauft. Nun, da das sehr populäre Mendelssohnsche Violinkonzert aus den Spielplänen verschwinden mußte und der Schumann-Forscher Wolfgang Boetticher auf Kosten Mendelssohns Robert Schumann zum ‹arischen Originalgenie› hochstilisierte, brauchte man dieses Konzert. Boetticher in seinem Nachruf auf Eugenie Schumann: «Aber Schumanns Vermächtnis ist Verpflichtung, die auch dann zum Handeln zwingt, wenn persönliche Motive und andere Zweckmäßigkeitsgründe widersprechen. Denn über die Richtigkeit solcher Eingriffe hat allein die historische Einsicht zu entscheiden, ob das Werk der Stilhöhe des Meisters entspricht.»

Eugenie Schumann versuchte die Uraufführung zu verhindern, aber es gelang ihr nicht. Obwohl Goebbels sie, «die verehrte Tochter unseres großen deutschen Meisters», persönlich zur Uraufführung des Violinkonzertes im Deutschen Opernhaus zu Berlin am 19. November 1937 einlud, erschien Eugenie Schumann nicht. Um sich keine Vorwürfe machen zu müssen, gab sie statt dessen eine öffentliche Stellungnahme ab, die allerdings nur in der Schweiz gedruckt wurde. In der deutschen Presse wurde kolportiert, sie habe an der Uraufführung teilgenommen. Bis zuletzt handelte sie also im

Wie Marie, so verstand sich auch Eugenie als Hüterin und Wahrerin des Schumannschen Erbes. Ihre «Erinnerungen» erschienen 1925, das «Lebensbild meines Vaters» 1931.

Geiste der Schwester als Hüterin und Wahrerin des mütterlichen Erbes: «Ich brauche keinen Schritt aus dem Wege zu gehen, den ich mit ihr gegangen bin. Ich gehe weiter und fühle sie neben mir ... Tiefen Dank im Herzen werde ich auf meinem Weg mutig weiter wandeln, bis zum Ende, meiner Teuren nach.»

Eugenie Schumann starb am 25. September 1938 und wurde auf dem Bergfriedhof Gsteig bei Interlaken an der Seite ihrer Schwester und ihrer Geliebten begraben.

«ES WÄRE WIRKLICH SEHR SCHADE, WENN DU DAS SCHREIBEN AUFGEBEN MÜSSTEST ...»

Jenny, Laura und Eleanor Marx
von Ariane Thomalla

«Von Kindheit an wissen wir ja, was es heißt,
sein Leben dem ‹Proletariat› zu widmen.»

Paris im Herbstregen. Rue Visconti, «rive gauche». Eine kleine schmale Straße zwischen hohen Mauern nahe der Rue de l'Université. Sehr alt das Haus, geschichtsbefrachtet. Ich gab den Code ein, den Madame Simone Longuet-Marx, die Witwe des letzten Urenkels von Karl Marx, mir verraten hatte. Übrigens des Longuet, der als Karl J. Longuet kein unbekannter Bildhauer in Frankreich war, sich aber in der Nachkriegszeit entschlossen hatte, privat den Namen Marx dazuzunehmen. Damit habe er ein für allemal – so die Witwe, auch sie Bildhauerin – das Gerede stoppen wollen. Was klar sei, sei klar. Karl J. Longuet-Marx war der älteste Sohn des Jean («Johnny») Longuet, des ältesten Sprößlings der ältesten Marx-Tochter Jenny. Der Stammhalter, der als prominenter französischer Sozialist, weil er sich gut mit Lenin verstand, in den zwanziger Jahren den persönlichen Nachlaß von Karl Marx in Bausch und Bogen an die junge Sowjetmacht verschenkt hatte – ein damals großer, von der französischen Öffentlichkeit laut applaudierter Akt.

War wirklich alles aus dem persönlichen Erbe weg, fragte ich mich, als ich die ausgetretenen Treppen hochstieg. Dritte Etage, eine schwere alte Tür, schwarz lackiert. Delacroix, der hier sein Atelier hatte, erfuhr ich später, hatte sie vergangenes Jahrhundert anbringen lassen. Die Atmosphäre der Wohnung beeindruckte mich. Auch das ein Erbe? Kein Schnickschnack oder Nippes. Alles sinnvoll, klar und künstlerisch. Bücher bis unter die Decke. Bilder und Skulpturen die Fülle im überkuppelten Salon. Die herrliche Coupole stammte ebenfalls von Delacroix, der hier Chopin und George Sand porträtiert hatte. Eigens ein Klavier wurde seinerzeit dafür hochgeschleppt.

Der Flügel der Longuet-Marx stand eine steile Maisonettetreppe tiefer «in der einstigen Druckerei von Balzac», wie mir Anne Longuet-Marx, die Tochter, die dort wohnt, ihr Arbeitszimmer historisch einordnete. Eine der beiden Ururenkelinnen von Karl Marx, Mitte Dreißig. Ihre Schwester Frédérique lehrt Ethnologie an der Universität in Caen, Anne selbst Literatur und Theater an der Pariser Universität III. Eine äußerst gescheite junge Frau, sympathisch.

Gleich auch kam sie mir bekannt vor. Natürlich – Laura Marx, die schönste und mittlere der drei Töchter! Hier sah ich vor mir, was Jenny Marx nach Deutschland mit Mutterstolz berichtet hatte: «Der obere Teil ihres Gesichtes könnte schön genannt werden, so lieblich ist das wellenförmige, sich kräuselnde, kastanienbraune Haar, so süß sind die lieben, grünlich schillernden Augen, die wie ewige Freudenfeuer flackern, so edel und schön geformt ist die Stirn.» Auch die Familie staunt über diese Ähnlichkeit. Eine Wiederkehr in der vierten Generation.

Spuren von Karl Marx und seinen Töchtern? Eine versteckte Ecke nur im Arbeitszimmer wies den berühmten, überraschend zierlichen Lehnstuhl auf; darüber im Original die Fotografien, die um die Welt gegangen sind: Marx mit Rauschebart und Löwenmähne, Laura mit Lockenpracht über der klaren Stirn; dann eine englische Kommode aus Jennys Besitz, auch sie sehr einfach. Ich stellte zuerst die zweite Frage: Ob Ururenkelin zu sein eine besondere Identität ergäbe? Falls ich das politisch meinte, lachte sie, müsse sie gleich klären: Wenn sie marxistisch gewesen sei, dann bestimmt nicht als Nachfahrin, sondern als Mitglied ihrer Generation. Und überhaupt, sei sie früher stolz auf ihre Familie gewesen, dann des Vaters, des Bildhauers wegen. Karl Marx – das läge weit zurück.

Kein Aufhebens, kein Mythos. Auch das schien mir, die ich suchte, ein Stück Kontinuität. Auch daß Simone Longuet-Marx sagte, schon ihr Mann habe alle Interviews und Round-tables entschieden abgelehnt. Am Telefon hatten mir Mutter und Tochter beteuert: Längst sei alles gesagt und geschrieben. Hatte ich sie mit meiner Skepsis gewonnen? Was zum Beispiel, fragte ich nun, war mit Eleanor, der Jüngsten? Warum war sie zuletzt so im Unglück? Da gerieten, den Kaffee rührend, Mutter und Tochter in sanften

Disput. Simone Longuet-Marx wollte Eleanor mehr heroisch sehen: eine außerordentliche Frau, voller Pflichtbewußtsein, beflügelt vom Idealismus, den Menschen ganz im Geist des Vaters zu helfen. Anne, psychoanalytisch belesen, schaute skeptisch: Eleanor habe sich leidenschaftlich auch zum Opfer gemacht.
Was sie am meisten an ihren Vorfahren frappiert habe? Die Ururenkelin von Karl Marx antwortete überraschend schnell: die Klarheit, die Transparenz der Beziehungen.

«Und nun, mein liebes kleines Vögelchen, Cacadou, Sekretär, Küchenfee, Reiterin, Dichterin, auf Wiedersehn. (...) Addio Dein Meister ‹Old Nick›.»
(Karl Marx an seine Tochter und «Sekretärin» Laura, 1868)

Wie, ohne in alle Vorurteile zu fallen, über die Töchter von Karl Marx schreiben, dachte ich mit Blick auf den Bücherberg vor mir auf dem Tisch. Er stand im zum Geburtshaus gehörenden Karl-Marx-Studienzentrum in Trier. Daß er seine Frau Jenny an seinen revolutionären Träumen hatte «zerschellen» lassen, war reichlich als Klischee verbreitet. Auch daß er «ein Schnorrer» gewesen sei, scholl vielfach mir entgegen. Daß er aber Töchter hatte, sogar wie im Märchen gleich drei, wußte fast niemand von denen, die ich kannte – nicht einmal Historiker und Politikprofessoren. Der ausgeblendete private Marx? Was ist aus ihnen geworden, kam immer gleich die Frage. Fast kleinlaut meine Antwort: Jenny, die Älteste, Karl Marx' Lieblingstochter, eine zum politischen Journalismus berufene kluge Frau, sei mit 38 Jahren 1883 an Blasenkrebs gestorben – nach schweren, zu lange in viktorianischer Schamhaftigkeit verheimlichten Schmerzen. Oder starb sie an sechs Kindern in acht Jahren? Charles Longuet war Revolutionär wie Vater Marx, aber wohl nicht von dessen Delikatesse und Güte.

Eleanor, die Jüngste, nahm sich 1898 mit 43 Jahren das Leben. «Nach einem qualvollen Ehe-Drama, wie es Strindberg nicht erschütternder hätte erfinden können», las ich in einer Biographie. Ein wahrhaft diabolischer Partner, dem sie sich in freier ‹Gewissensehe› ohne Trauschein angetraut hatte: Dr. Edward Bibbins Aveling, Bio-

Eleanor «Tussy» Marx (1855–1898), die jüngste der Schwestern, schrieb politische Bücher über die Arbeiterklasse und die Frauenfrage und übersetzte u. a. Gustave Flaubert und Henrik Ibsen. Porträtaufnahme um 1875.

loge, Freidenker, Atheist und später an Eleanors Seite führender Sozialist, Sohn eines irischen Sektengeistlichen. Ein im übrigen häßlicher, für viele sogar abstoßender Mann. Aus welcher seelischen Disposition hatte sie ihn gewählt? Immerhin lebte sie mit ihm vierzehn Jahre. Beim Begräbnis von Karl Marx soll Aveling schon dabeigewesen sein. Zuletzt hatte er, während er ihr Erbe in chronischer Verschwendungssucht verpraßte, heimlich eine junge Schauspielerin geheiratet. Ein Schurkenstreich. Ahnungslos pflegte sie den kranken Mann aufopferungsvoll weiter. In Hörigkeit? «Daß unrecht handeln einfach eine moralische Krankheit ist», entschuldigte sie ihn vor sich und anderen in aller Klarsicht. «Moralisch Gesunde» dürften da nicht urteilen. Stoff für einen Groschenroman. Oder eine Tragödie?

Auch politische Enttäuschung mag bei Eleanors Selbstmord eine Rolle gespielt haben. Die sozialistische Agitatorin, die auf Parteitagen und im Londoner Hyde Park die Arbeiter mit ihren Reden hinriß, hierin begabter als ihr Vater, sah sich zuletzt in der englischen Arbeiterbewegung isoliert. Mit der deutschen Sozialdemokratie, deren Vertreter sich an Eleanors Arroganz als Marx-Tochter stießen, gab es seit längerem Differenzen. Familiär war sie ohnehin vereinsamt: Die Mutter seit 1880, der Vater und die älteste Schwester seit 1883 tot, zuletzt, 1895, Engels verstorben; Laura, vornehme Dame im fernen Frankreich, verhielt sich gegenüber der schwierigen, ihr oft zu affektiven Schwester reserviert. Als Eleanor Lauras Unterschrift, ohne gefragt zu haben, unter ein Telegramm an Bismarck setzte, mußte sie sich bei Laura entschuldigen.

Die mittlere war die stabilste und pragmatischste und dem alle durch sein Charisma vereinnahmenden Vater gegenüber distanzierteste Tochter. Draveil bei Paris, 4. November 1911. Ein schloßartiger Landsitz mit sechsunddreißig Räumen, Gewächshäusern, Wintergärten, Orangerie, großem Park und Dienerschaft und am Wochenende den Genossen aus Paris zu sozialistischen Meetings. Einmal sogar mit Wladimir Iljitsch Lenin und seiner Geliebten Nadeschda Krupskaja, die eigens die 25 Kilometer aus Paris herausgeradelt kamen, um die Tochter von Karl Marx zu sehen. Laura und Paul Lafargue sitzen am Tisch, festlich gekleidet, waren am gleichen Tag noch im Kino gewesen. Der Gärtner fand sie so. Paul 70 und Laura 66 Jahre alt. War es Paul, der das Zyankali in die Arme gespritzt hatte? Er nur hatte den Brief hinterlassen des Inhalts, daß man der Armut und Krankheit und dem geistigen Zerfall im Alter entgehen wollte. Die Partei war verletzt. Half man den Seinen nicht in der Not? Hatten die Lafargues, wollte ich wissen, ihrem Leben ein Ende gesetzt, weil das Erbe von Engels aufgebraucht war? Aufgebraucht mit Grandezza – ohne es kleinlich für einige Jahre länger ‹gestreckt› zu haben? Ein entschlossen glücklicher Tod, fand ich, eines bis zuletzt in Liebe und Arbeit harmonischen Paars. Sie hatten das Leben bis zur Neige gekostet, beide groß in der Kunst, leicht zu leben, worin Laura aus der Reihe der Schwestern fiel. Also auch in der Kunst, leicht zu sterben.

> «Obwohl ich mich völlig zerstört fühle (ich glaube, ich habe noch nie eine solche Müdigkeit gekannt), schreibe ich Dir ...» (*Jenny an Laura 1881*)

Der Bibliothekar in Trier machte mir weit das Fenster auf. An einem stickig feuchten Sommertag wie diesem rieche es schnell nach dem billigen Leim der DDR-Bände in den Regalen. Bücher aus Ost und aus West mit zweierlei Geruch, sinnierte ich. Und die Wahrheit liegt in den Originalzeugnissen, wußte ich nach zwei Tagen Studium der biographischen Literatur und fischte aus dem Bücherstapel die sogenannten «Töchter-Briefe». Sie hatten, erfuhr ich in Trier, eine lange Dämmerexistenz gefristet. Erst im schriftlichen Nachlaß der Familie, dann bei einem Grandseigneur der französischen kommunistischen Partei, Emile Bottigelli. Alle hätten von ihnen gewußt, sagte der Marx-Experte in Trier, aber keiner sie gelesen. Die Partei war nicht an Familienklatsch und Tratsch interessiert. Fälschlich laufen sie unter dem Stichwort «Töchter-Briefe». Eigentlich sind es «Schwestern-Briefe». Nur ein geringer Teil ist an Mohr, Old Nick, Challey – oder wie sie sonst den Vater zärtlich titulierten – gerichtet. Gelegentlich griffen auch die Schwiegersöhne zur Feder. Als die zwischen 1866 und 1898 meist englisch verfaßten Episteln 1979 auf französisch erschienen, war die Verblüffung groß über ihren Charme und ihre Modernität. Unverstellt, uneitel, herzlich schrieben sich die Schwestern, voller Esprit und mit innigstem Interesse aneinander, lebhaftem Interesse auch an der großen Politik. Briefe, auf denen kein Staub liegt.

Kritisch sah ich nach dieser Lektüre manches, was ich zum Beispiel in Ruth Zimmermanns Buch «Jenny Marx und ihre Töchter. Frauen im Schatten des Revolutionärs» von 1984 gelesen hatte. Etwa dies, daß die Töchter von Karl Marx «im Bannkreis einer absolut autoritären Vatergestalt» gelebt und deshalb niemals «den Primat der Männer auf geistigem Gebiet» angezweifelt hätten. Oder, daß Eleanor, «dem Vater an Begabung und Kampfgeist ebenbürtig», imstande gewesen wäre, «sein unvollendetes Werk» weiterzuführen, «wenn auch ihr vier begabte Menschen lebenslang ihre volle Arbeitskraft gewidmet hätten – so wie es analog ihrem Vater mit dem weiblichen Teil seiner Familie vergönnt» gewesen sei. «So aber, wie ihr vom dämonischen Vater geprägtes und zerstörtes Leben ablief, auf erschütternde Weise allein gelassen, mußte sie scheitern.» Noch unangemessener die «Nach-Gedanken» des Buchs: «So bleibt bei aller Achtung, Anteilnahme, ja Bewunderung für die Lebensleistung, die Charakterstärke und Leidensfähigkeit der Marx-Frauen ein bitterer Geschmack von Trauer zurück. Einer Trauer, die sich ausdehnt auf die Millionen, die heute weltweit von eiskalten Technikern der Macht unter Berufung auf Karl Marx am natürlichen freien Leben und Denken gehindert werden.» Kalter Krieg in der Lebensgeschichte von vier Frauen, dachte ich, schloß das Buch und öffnete zwei in der DDR erschienene russische Biographien. Hier fehlte er völlig – der Verdacht auf den töchterzerstörenden Patriarchen. Dafür herrschte der Jubelton vor über die «außerordentlich gute Familienatmosphäre» im Hause Marx: «Hier duldete man weder Hoffnungslosigkeit noch Klagen über die Mißgeschicke des Lebens, hier herrschten Optimismus, Lebensfreude, Enthusiasmus.» Und was, bitte, war mit dem Selbstmord gleich zweier Töchter? Keine heilige Marx-Familie? «Die wachsende Wirkung der weltverändernden Lehre des Marxismus-Leninismus in unserer Zeit», hieß es hier verblüffend komplementär, zeige, «daß die Millionenschar von Kommunisten im 20. Jahrhundert die große Familie von Karl Marx darstellt.»

Er selbst sei kein Marxist, soll Marx in der ihm eigenen Ironie geäußert haben. Daß dann hinterher ein Despotismus draus wurde, sei nicht ihm anzukreiden, hielt der Trierer Experte die historische Wahrheit fest. Und: Seien die Fragen, die Marx gestellt habe, heute denn erledigt? Wie kann man die Menschen mit dem Staat, mit der Gesellschaft versöhnen? Wie kann man eine neu entstehende Klasse wie das Proletariat aus seiner Paria-Existenz erlösen? Was können wir tun, daß der Mensch nicht länger ein erniedrigtes Wesen ist? Dieses ungeheure Elend, wie es Engels in «Die Lage der arbeitenden Klasse in England» beschrieben habe. Eine schlimmere Anklage gegen die Gesellschaft sei niemals formuliert worden. «Überhaupt», schrieb die fünfundzwanzigjährige Jenny 1869, «ist England in diesem Augenblick ein Land des Grauens. Im Londoner East End ist Hungertyphus ausgebrochen. In den Armenhäusern werden die Armen im großen gemordet. Die Ärzte, denen die ‹Leichen› der Armen nicht mehr genügen, machen ihre Experimente an den ‹Lebenden›, und dabei ist mir die Zeit noch frisch in Erinnerung, als die englische Presse sich höchst entrüstet zeigte über die Vivisektion von Tieren in Frankreich.»

«Es gibt aber wohl kaum ein lieblicheres Kind ...»
(Frau Jenny Marx über die kleine Tochter Tussy)

Das Foto, in allen Büchern anzuschauen, hatte es mir angetan. In Paris hing es an der Wand: Gruppenbild der drei Töchter mit den zwei Vätern des Sozialismus. Nicht unbedingt glücklich sitzen die jungen Damen da, ein wenig steif in den dunklen, angerüschten Röcken, die lächerlichen Kapotthüte auf dem Haupt. Skeptisch beider Blick: die schwarzlockige, schwarzäugige Jenny mit dem dunklen Teint des Vaters («Mohr») und Laura mit dem Goldglanz im Haar. Dazwischen in kurzem Rock mit bloßem Knie die Kleinste, «der Abgott des Hauses», «bildhübsch, naiv und launigen Humors», Papas Liebling mit den reichen Gaben, zehn Jahre alt. Bis zum fünften Lebensjahr fast ausschließlich mit Milch aufgezogen – so sehr saß der Familie der Tod von drei Kleinkindern noch im Nacken. Von Tussys Geburt hatte Marx 1855 am 17. Januar Engels gemeldet, daß «gestern zwischen sechs und sieben Uhr morgens meine Frau von einem bona fide traveller – leider of the sex par excellence – genesen ist».

Leider? Er liebte sie als «ferocious girl» – Ersatz wohl für Edgar, den drei Monate nach Tussys Geburt achtjährig verstorbenen Sohn. «Ein reizendes Kind mit dem Charakter eines Knaben», erinnerte sich Schwager Lafargue an seinen ersten Besuch. «Marx behauptete, seine Frau habe sich in Geschlecht geirrt, als sie dieselbe als

Mädchen zur Welt gebracht.» Kam Tussy mit ihrer Weiblichkeit deshalb später so schlecht zurecht und geriet schließlich in die Arme des Betrügers Edward Aveling, der sie zwar betrog und ausnahm, aber ‹das Weib› in ihr geweckt hatte? Daß sie, altklug zwischen den Großen sitzend, auch von den Schwestern mütterlich umsorgt und geherzt, schon als kleines Mädchen überfordert war, machen die von der Familie mit blindem Entzücken gepflegten Anekdoten deutlich: «Das Kleinste – das Baby», schrieb Marx an Engels, «ist ein merkwürdiger Witzbold und behauptet, daß she has got two brains.» Lange soll sie nicht zu bewegen gewesen sein, zur Schule zu gehen, habe sie doch vom Papa das Lesen gelernt, und der überschüttete sein Nesthäkchen mit Lektüre – wie zehn Jahre zuvor Jenny und Laura. Tussy las er den ganzen Homer vor, das «Nibelungenlied», «Gudrun», «Don Quijote» und «Tausendundeine Nacht». «Shakespeare war unsere Hausbibel; mit sechs Jahren kannte ich schon ganze Szenen aus Shakespeares Werken auswendig.» Den ersten Roman gab er ihr am sechsten Geburtstag. «Der Vater las alle diese Bücher mit mir und besprach deren Inhalt ganz ernsthaft mit seiner kleinen Tochter.» Auch Engels tat bei der Erziehung mit. Als Tussy dreizehnjährig einige Monate in Manchester weilte, meldete er nach London: «‹Hermann und Dorothea› hat sie durchgelesen.» Jetzt sei die jüngere «Edda» dran. Die politische Erziehung forderte die Jüngste, ganz im Familiengeist, von sich aus ein. «In London war das Ereignis der Woche eine Fenier-Demonstration», berichtete Jenny 1868. «Da Tussy aus Irland mehr denn je unerschütterlich irisch gesonnen zurückgekommen ist, gab sie nicht eher Ruhe, als bis sie Mohr, Mama und mich überredet hatte, mit ihr zum Hyde Park zu gehen, wo die Versammlung stattfand.»

Mit Wichtigkeit abonnierte Tussy den «Irish-Man». Kaum neunjährig, plusterte sie sich, «Politikerin von top to bottom» – so die Mutter –, gegenüber dem ihr persönlich unbekannten holländischen Großonkel Jan Philips auf, dem Ahnherrn des Philips-Konzerns. Ein Brief, der jeden Kinderpsychologen heute alarmieren würde: «Ich höre von Papa, das Sie ein großer Politiker sind, und so werden wir uns sicher verstehen. Was halten Sie von der Entwicklung in Polen? Ich halte den Polen immer den Daumen, diesen mutigen kleinen Kerlen.»

Jenny, Eleanor und Laura Marx (v. l.) mit Karl Marx und Friedrich Engels.

In dieses Bild paßt, daß die Neunzehnjährige, die den Vater nach Karlsbad begleitete, dort zwar als sehr intelligent und warmherzig, aber auch als kapriziös auffiel. Ganze Tage soll sie, Zigaretten rauchend in Zeitungen vergraben, in den Restaurants gesessen haben. «Der Verzug eines Genies», lautete ein böses Urteil. Eine Frau jedenfalls, die, unglücklich pflichtbewußt, zugleich distanzlos gegenüber den Ideen des sich selbst und seinem Werk gegenüber viel skeptischeren Vaters, alle retten wollte: die Iren, die Kommunarden, die ungelernten Arbeiter, den unehelichen Bruder Freddy und vor allem ihren Dr. Edward Aveling, wie sie ihn respektheischend nannte.

Auf dem Foto stehen die zwei Väter wie Beschützer hinter den Mädchen. Sie hatten sie nicht beschützen können, dachte ich. Zwei Väter im Leben. Friedrich Engels mit dem Spitznamen «General» war immer präsent, selbst in den Zeiten seiner «Fronarbeit» im väterlichen Betrieb in Manchester. Erst 1870 ließ er sich als wohlhabender Rentier in London in enger Nachbarschaft zu den Freunden nieder. Was immer tagtäglich bei Marxens geschah, lebhaft nahm er Anteil. Zwischen Marx' philosophischen, politischen und ökonomischen Rapporten stehen immer auch Sätze wie: «Tussy hatte heute einen großen Schrecken. Sie fand Dicky tot im Käfig, obgleich er gestern noch ganz lustig sang. Er ist mit allen Ehren bestattet worden.» Rapporte über die Turn- und Pianostunden, über die aus- und eingehenden Verehrer, über die Krankheiten. Engels finanzierte Extras wie die Sommergarderobe der drei Grazien, damit sie standesgemäß zu Lauras Schwiegereltern nach Frankreich reisen konnten. Ob die Sommerfrische am Meer oder das Honorar für den Doktor – alles machte er möglich.

Etwas berührte mich gespenstisch an dem Foto. Es fehlt die Mutter, Jenny Marx, geborene von Westphalen. Und nicht nur hier. Auch in den Briefen der Töchter wird sie selten erwähnt. Kein einziges Mal kommt sie als Adressatin vor. Lag's daran, daß nur der Vater verreiste? Oder drehte sich doch alles um ihn, den – lachte der Leiter des Karl-Marx-Hauses – «Gott im Haushalt mit fünf Frauen»?

> «Schließlich und endlich kann es Marx, ‹der Politiker› und ‹der Denker› mit der Nachwelt aufnehmen (...), während ‹Marx der Mensch› wahrscheinlich wenig gut wegkommen wird.»
> *(Eleanor 1896 an Laura)*

Ein bitterer Satz der einundvierzigjährigen Eleanor an Laura in Draveil, die nie auch nur mit einer Zeile auf die Peinlichkeit reagierte, obwohl die Schwester Beistand brauchte. Oder wurden die Briefe vernichtet? Die Biographie von Marx und seiner Familie weise große Lücken auf, hieß es in Trier. Die Peinlichkeit, daß Karl Marx einen unehelichen Sohn hatte, ausgerechnet mit der Hausgehilfin Helene Demuth, die mehr war als nur ein Dienstmädchen: Freundin und zweite Mutter und oft genug der gute Geist. Freddy wurde 1851 in der finstersten Zeit des Exils geboren. Engels übernahm sofort die Vaterschaft. Jenny Marx, «the beloved woman», sollte nichts davon wissen. Hätte sie es nicht ertragen? Eleanor war es, die später nicht ertrug, daß Lenchens und Engels' Sohn in fremde Pflege abgeschoben worden war – ohne Chancen auf Bildung, Aufstieg und Liebe. Die Wahrheit dann war für sie niederschmetternd. Das Vaterbild geriet ins Wanken. Dabei hatten erst ihre Vorwürfe seiner ihr unbegreiflichen Vernachlässigung Freddys wegen Engels dazu gebracht, noch auf dem Totenbett das Geheimnis zu lüften. Louise Kautsky, Engels' letzte Haushälterin, berichtete: «Tussy behauptete, daß General lüge und daß er stets selbst gesagt habe, er sei der Vater (...) der alte Mann blieb bei seiner Behauptung, daß Freddy der Sohn Marx' sei, und sagte zu Moore (dem Nachlaßverwalter): Tussy want's to make an idol of her father. Sonntag, also den Tag vor seinem Tode, hat es General der Tussy selbst auf die Schiefertafel geschrieben, und Tussy kam so erschüttert heraus, daß sie all ihren Haß gegen mich vergaß und an meinem Hals bitterlich weinte.»

Freddy, der verleugnete Sohn und Bruder, wurde ihr letzter Vertrauter: «... und doch, lieber Freddy, sieht es wirklich so aus, als bekämen wir allein die ganze Strafe.»

«Sie litt hier doppelt. Einmal aus physischen Gründen.
Und dann griff sie der bürgerliche trouble an.»
(Karl Marx an Engels über «Jennylein»)

«Über Marx ist unsäglich viel gelogen worden», schrieb vierzig Jahre später und «Karl Marx zum Gedächtnis» Wilhelm Liebknecht, der in seinem Londoner Exil zwischen 1850 und 1862 im Hause Marx ein- und ausging, dem «natürlichen Mittelpunkt» der politischen Emigration aus Deutschland: «Ein Taubenschlag, wo viel und allerhand fahrendes, flüchtiges und Flüchtlingsvolk aus- und einflog, kleine Tiere, große Tiere, größte Tiere.» «Gelogen», wenn gesagt wurde, «daß er in Saus und Braus gelebt habe, während der gemeine Haufe der Flüchtlinge um ihn herum hungerte und verhungerte.» Er, Liebknecht, sei Zeuge: «Das Flüchtlingselend in seiner schärfsten Form hat für Marx und seine Familie jahrelang gedauert.»

Ein von Anfang an schicksalgeprüftes Paar. Schon gegen die heimliche Verlobung des erst achtzehnjährigen «Feuerkopfs» aus getaufter jüdischer Advokatenfamilie in Trier – die Vorfahren waren hochgelehrte Rabbiner – mit der vier Jahre älteren Schwester seines Freundes Edgar von Westphalen, «dem schönsten Mädchen der Stadt», der «Trierer Ballkönigin», hatte es in Jennys Familie Widerstand gegeben. Mich beeindruckte, mit welcher Sicherheit sich dieses Paar gefunden hatte. Und mit welcher Selbstverständlichkeit Jenny zum Beispiel aus der Ferne an Karls intellektueller Entwicklung teilnahm, zu Hause selbstredend Epikur und Demokrit las, als er darüber promovieren wollte. Da war das spätere Klima der Familie angelegt: die auch geistige Aufmerksamkeit füreinander.

Gleich nach der Hochzeit 1843 flohen sie aus Deutschland – nach Paris, wo Jenny geboren wurde, von dort wieder nach Brüssel, wo Laura 1846 auf die Welt kam; dann nach Erscheinen des «Kommunistischen Manifests» 1848 zurück nach Köln, wo Edgar das Licht der Welt erblickte, und von hier zog man 1849, staatenlos für immer, nach England.

Ich rief mir die Daten zurück: 1849 Ankunft mit drei Kleinkindern in völliger Mittellosigkeit. Ein viertes wird geboren. Am 20. Mai 1850 «Zwangsemittierung» aus Haus 4 Anderson Street, Chelsea. «So saß ich eines Tages da», klagte Jenny Marx nach Deutschland, «als plötzlich unsere Hauswirtin (...) die 5 £, die wir ihr noch schuldeten, forderte, und als wir sie nicht gleich hatten (...), traten zwei Pfänder ins Haus, legten all meine kleine Habe mit Beschlag, Betten, Wäsche, Kleider, alles, selbst die Wiege meines armen Kindes, die beßren Spielsachen der Mädchen, die in heißen Tränen dastanden (...) In weniger als 5 Minuten stehen mehr als zwei bis dreihundert Menschen gaffend vor unsrer Tür, der ganze Mob von Chelsea.»

Engels, aus Manchester zum Weihnachtsfest eingetroffen, findet die Marx-Kinder blaß, abgemagert und krank vor. In zwei schäbigen möblierten Zimmern in Soho, 28 Dean Street, unter katastrophalen sanitären und hygienischen Verhältnissen. Die kleine Jenny zählt sechs, Laura vier Jahre. Frühe düsterste Erfahrungen für beide. Fe-

Erst 1988 wurde der Irrtum korrigiert: die berühmte Fotografie zeigt nicht Jenny Marx und ihre Mutter Jenny Marx geb. von Westphalen, sondern Franziska und Gertrud Kugelmann.

bruar 1852 kann Marx seine Wohnung nicht verlassen, weil sein Anzug im Pfandhaus hängt. Zwei Monate später erkrankt die ein Jahr alte Franziska an Bronchitis. «Drei Tage rang das arme Kind», notiert

Jenny Marx, «mit dem Tode. Es litt so viel. Sein kleiner entseelter Körper ruhte in dem kleinen hintern Stübchen; wir alle wanderten zusammen in das vordere, und wenn die Nacht heranrückte, betteten wir uns auf die Erde und da lagen die 3 lebenden Kinder mit uns, und wir weinten um den kleinen Engel, der kalt und erblichen neben uns ruhte.»

Laura scheint diese Zeit besser verkraftet zu haben als die zwei Jahre ältere Schwester. Oder rührte von daher, fragte ich mich, ihre spätere «Kühle»? «Jennychen» versetzte die Eltern in Sorge. Sie sei, schrieb Marx an Engels, «jetzt schon so weit, daß sie den ganzen Druck und die Schwere unserer Verhältnisse fühlt, und das, glaub ich, ist ein Hauptgrund ihres physischen Leidens.» Zeitlebens wiederkehrend: Asthma, Bronchitis – der ewige Husten –, Schlaflosigkeit und Magersucht. 1853 berichtet ein Spitzel der preußischen Polizei: «In keiner der Stuben ein sauberes oder anständiges Möbelstück, alles ist zerbrochen, zerschlissen, zerfetzt, fingerdicker Staub klebt drauf (...) Manuskripte, Bücher und Zeitungen liegen kunterbunt neben Spielzeug und Fetzen aus dem Nähkorb seiner Frau.» Im Privatleben sei Marx «ein höchst unordentlicher, zynischer Mensch», dafür aber «als Gatte und Familienvater», trotz seines sonst «unruhigen und wilden Charakters», «der zarteste und zahmste Mensch». Man sähe ihm «auf den ersten Blick den Mann von Genie und Energie an». Seine «Geistesüberlegenheit» übe «eine unwiderstehliche Gewalt auf seine Umgebung aus». Offensichtlich auch auf den «Konfidenten»: «Man empfängt auf das freundlichste. Man trägt Pfeife, Tabak und was eben da ist, mit Herzlichkeit an. Eine geistreiche angenehme Konversation ersetzt endlich die häuslichen Mängel, macht das Ungemach erst erträglich. Man söhnt sich mit der Gesellschaft sogar aus, findet diesen Zirkel interessant, ja originell.»

Erst 1856, Jenny zählt jetzt zwölf, Laura zehn Jahre, entrinnt die Familie durch den Tod von Jennys Mutter in Trier, die ein Erbe hinterläßt, der «Misere» von Soho. Schuldgefühle und Depressionen bleiben vor allem bei Frau Marx, die sich davon eigentlich nie wieder richtig erholte. Die frühe Kindheit und ihre Bedeutung fürs Leben. Marx und Freud – nicht selten drängt sich beim Lesen der Briefe die Parallelität auf. Erstaunlich klar sah man – vor Freud – im Hause Marx den Zusammenhang zwischen Krankheit und Seele.

Die Sorge um das Wohlbefinden der anderen wird zum Dauerthema der Familienbriefe. «Wie steht es mit Deiner Gesundheit?» zeigt sich der Vater vor allem Jennys wegen beunruhigt. «Ich bin überzeugt, daß ein paar Wochen an der Seaside Dich ganz retablieren würden.» Dringlicher: «Und nun, mein liebes Kind, den besten Dienst, den Du mir leisten kannst, ist, Dich selbst aufrechtzuerhalten.» Als Eleanor ihren ersten nervösen Zusammenbruch hat, eilt der Vater aus Frankreich nach London zurück, um ihr beizustehen. Beim zweiten Zusammenbruch 1881 ist er selbst schon zu müde, krank und doch mit 63 Jahren eigentlich noch nicht richtig alt. Die Schwestern sorgen sich um ihn, referieren sich gegenseitig seinen Gesundheitszustand. Wehe deshalb, kam von außen Kritik. Flammend antwortete Jenny 1871, als Dr. Ludwig Kugelmann aus Hannover wohl Vorwürfe erhoben hatte: «Unser Exil, jahrelange Isolierung usw. usw. usw. sind Opfer für die große Sache des Proletariats, die ich nicht bedaure. Ich bekenne dennoch, daß ich noch stets einige menschliche Schwächen habe und daß meines Vaters Gesundheit mir wertvoller ist als die Vollendung des zweiten Bandes des Kapitals.»

> «Ich wohne allerdings zu teuer für meine Verhältnisse (...) Aber es ist das einzige Mittel, damit die Kinder (...) Beziehungen und Verhältnisse eingehen können, die ihnen eine Zukunft sichern können.»
> *(Marx an Engels, Juli 1865)*

Erst ab Mitte der sechziger Jahre konnten die Marxens aufatmen. Zwei Erbschaften und ab 1869 das feste Legat von jährlich 350 Pfund, das Engels dem Freund aussetzte – heute etwa das Jahreseinkommen eines mittleren Bankdirektors –, sicherten ein besseres Leben. So zog man in Modena Villas Maitland Park, Hampstead ein, eine dreistöckige Villa, wo die Mädchen zum ersten Mal ihr eigenes Zimmer hatten. Ein Hauch von Großbürgerlichkeit kam da auf und endlich das Glück. Es strahlt aus der nun einsetzenden zärtlichen Korrespondenz zwischen Vater und Töchtern. «Dear Miss Liliput!»

antwortete er seiner Jüngsten auf eine Einladung zum Dinner in ihr kleines Reich: «... werde ich mich glücklich schätzen, diese recht seltene Gelegenheit zu ergreifen, an Ihre Eßwaren und Getränke heranzukommen. Doch vernachlässigen Sie bitte letztere nicht, wie es die üble Gewohnheit der Jungfern zu sein pflegt.» Unterschrift: «Addio, mein liebes unbekanntes kleines Frauenzimmer. Immer Ihr Dr. Wunderlich.» Nachsatz: «Hoffentlich keine britischen Weine.»

Er war «der zärtlichste Vater, der stundenlang mit seinen Kindern Kind sein konnte», las ich bei Wilhelm Liebknecht. «In seinen freien Minuten oder auf Spaziergängen schleppte er sie herum, spielte mit ihnen die tollsten, lustigsten Spiele – kurz, war Kind unter Kindern.» Ihre Gesellschaft sei ihm ein Bedürfnis gewesen. «Er erholte und erfrischte sich darin» und tat wohl vor allem eins: Er nahm die Töchter ernst, jede ihrem Alter entsprechend, fasziniert von ihren Persönlichkeiten. Mit Charme und Augenblinzeln weckte er ihr Bewußtsein von eigener Würde, Witz und Verstand, war dabei alles andere als «autoritär». «Whiskey, dieses große und gute Geschöpf», beruhigte er die verreiste Tussy über ihre lebende und «stumme» Menagerie, «war anfangs, wie Kalypso, nicht zu trösten und verzweifelt über Deine Abreise. Er lehnte die schönsten Knochen ab, verließ Dein Schlafzimmer nie und wies durchaus alle Symptome der tiefen Leiden einer ‹schönen Seele› auf. Aber wenn Dein Name genannt wird, bekommt er Anfälle ...» – «Lieber DADA», schrieb die zehnjährige Tussy entzückt, «gerade als Dein Brief kam, hatte ich erklärt, daß Du einfach nicht zwei ganze Wochen wegbleiben darfst, ohne zu schreiben, und daß ich dir das nie verzeihen werde, aber mein Zorn ist erstaunlich schnell vergangen, als Dein Brief vorgelesen wurde, und jetzt schreibe ich Dir sofort. Ich habe nicht wie früher in den Betten nach Dir gesucht, aber ich singe dauernd: ‹Wenn ich ein Vöglein wär und auch zwei Flügel hätt', flög ich zu dir.›»

«Tussy», ergänzte Paul Lafargue, «braucht Sie offensichtlich, um leben zu können.»

Außergewöhnlich waren die Marxens ihren Kindern zugewandt. Sie durften sich zwischen den philosophierenden und politisierenden Erwachsenen tummeln. Immer dabei. Aber man weckte auch ihre Sensibilität für das Kinderelend der Zeit, deren Ausbeutung im England Oliver Twists. Keine nur englischen Manchester-Verhältnisse, wie Jenny den Vater 1871 über eine Glashütte in Bordeaux informierte: «Als wir das Gebäude betraten, fühlten wir uns in Dantes Inferno versetzt. Die Hitze war unerträglich. Ohne sich einen Augenblick Ruhe gönnen zu dürfen, rannten die gequälten Geister hin und her, eine Schar abgezehrter, totenblasser Männer und Jungen. Die Arbeit geht fast die ganze Nacht über weiter, und trotzdem werden Kinder im Alter von sieben, acht, neun Jahren beschäftigt. Die armen kleinen Wichte sind morgens die ersten in der Fabrik und verlassen sie nachts als letzte. Ihr Arbeitgeber hat eine großartige Methode gefunden, um sie auszubeuten. Sie werden nach Arbeitstagen bezahlt, die Männer dagegen nach Werkstücken, so daß es im Interesse der Männer ist, die Kinder so hart wie möglich arbeiten zu lassen.»

> «Es wäre wirklich sehr schade, wenn Du das Schreiben
> aufgeben müßtest, aber mit der Zeit, wenn Du
> erst mal eingerichtet bist und ein gutes Mädchen hast,
> wirst Du mehr Zeit haben. Jetzt ist natürlich noch
> jeder Augenblick mit dem Haus oder den Kindern
> ausgefüllt, doch das wird nur eine Zeitlang dauern.
> Hast Du gesehen, was in Irland los ist ...?»
> *(Eleanor an Jenny, London, April 1881)*

Ich schaute von meinem Schreibtisch auf in den prasselnden Herbstregen draußen. Eine gute Schreibatmosphäre. Äußerst gemütlich, unser Jahrhundert. Und ich stellte mir Jenny vor, wie sie 1881 im Aprilregen im Schlamm draußen vor Paris mit ihren fiebrigen quengelnden Kleinkindern saß. Chronisch erschöpft und voll Heimweh nach der Familie in London. Der Mann kühl und ständig abwesend. Keine Hilfe. «Wirklich schade, wenn Du das Schreiben aufgeben müßtest...» Über zehn Jahre zurück lag der Erfolg ihrer Artikelserie über die von den englischen Regierungstruppen brutal erstickten Aufstände in Irland. Die französische sozialistische Zeitschrift «Marseillaise» hatte sie veröffentlicht. «Bravo Jenny!» rief damals Engels: «Ein ruhmvoller und völlig verdienter Erfolg.» Erfolg dank solider Recherchen, aber wohl auch der zündend aufrichtigen Empörung wegen. Tatsächlich brachten Jennys Artikel, überall in Europa nach-

Jenny (links) und Laura Marx (1845–1911). Für Jennys Artikelserie über die Aufstände in Irland äußerte die Schwester rückhaltloses Lob. Laura übersetzte Engels' Schriften später ins Französische.

gedruckt, den Premier Gladstone im Parlament in Not, so daß er einige der inhaftierten Fenier frei- und nach Amerika auswandern lassen mußte.

Wie viele Frauen von damals heute noch unter ihren männlichen

Pseudonymen verborgen sind, grübelte ich – wenn sie überhaupt gewagt hatten zu schreiben. Karl Marx hatte, damit fiel er aus der Zeit, seine Töchter ermutigt. Dennoch verfaßte Jenny diese Artikel – wie konnte es anders sein – nicht unter dem eigenen weiblichen Namen. Aufschlußreich: Sie wählte in Nähe zum Vater, der gelegentlich mit A. Williams zeichnete, das Pseudonym J. Williams. Vater-Tochter-Bande bis ins literarische Versteck. Marx nannte daraufhin Jenny «den berühmten Williams». Auch Laura, jung verheiratet in Paris, beglückwünschte Jenny rückhaltlos und ohne Neid. Ein Phänomen, das mich berührte: die nicht vorhandene Konkurrenz der Marx-Töchter untereinander. War es das, was die Ururenkelin in Paris so frappiert hatte: «Die Klarheit, die Transparenz der Beziehungen»? Ungetrübt von Eifersucht, Häme, Mißgunst oder Neid? Eine Folge liebevoller, aber auch klarer intelligenter Erziehung, aufklärerisch von Anfang an? Lauras Lob war mit leisem Spott für den eigenen Mann versetzt: «Du darfst über deinen Erfolg geschmeichelt sein, ich kann Dir nämlich versichern, daß nicht jeder in seinen Beziehungen zu dieser Zeitung so erfolgreich ist wie Du.» Lafargue habe verschiedene Versuche gemacht, bei der «Marseillaise» Fuß zu fassen. «Keine Zeile ist erschienen, wie Du Dir vorstellen kannst: Paul rannte dauernd auf die Redaktion, das einzige, was er erreichte, waren durchgelaufene Stiefelsohlen.»

Und jetzt, 1881, klagte Jenny: «Es scheint mir ein Jahrhundert her, daß ich mein liebes altes England und Euch alle verlassen habe, ein endloses Jahrhundert von Tagen, die einander so gleich sind, daß man sie nicht mehr unterscheiden kann, außer daß einige noch eine Extraportion dieser elenden kleinen häuslichen Sorgen mit sich bringen, die stärker auf mir lasten als großes Unglück.»

Doch wieder griff ich vor: Zuerst mußten noch die Heiraten erzählt werden. Also dreizehn Jahre zurück nach Modena Villas, wo Bälle stattfanden und gesellschaftliches Leben – endlich! Marx wollte seine charaktervollen Mädchen sehr gut, wenn möglich sogar großbürgerlich verheiraten, war es doch seine Sehnsucht auch, verriet mir der Marx-Forscher in Trier, «wie die englische Oberschicht zu leben». Nein, das sei kein Widerspruch. Nach Marx' Theorien sollte jedermann später so leben können, wenn erst einmal die Quellen des gesellschaftlichen Reichtums für alle gerechter sprudelten.

Laura war zweifellos die Attraktivste, «in allem wenige Grade lichter, leichter und klarer, eigentlich hübscher als die ältere Schwester», gestand die Mutter. Schon als junges Mädchen hatte sie Lust und Begabung fürs Elegante, auch für die elegante Feder. Engels, dessen Schriften sie später wie die des Vaters ins Französische übersetzte, bewunderte den «glänzenden graziösen Stil» der «Dichterin» in der Familie. Laura war es, die, von Engels finanziert, Reitstunden nahm. Laura heiratete zuerst, und ihre Hochzeit schien eine Partie, obwohl es «eine Zeitlang» dauerte, ehe sie «mit ihrem ruhigen kalten kritischen Sinn sich entschließen konnte». Ein Schwiegersohn nach des Vaters Geschmack, auch wenn er den Bruder Leichtfuß erkannt hatte. Paul Lafargue, der Medizinstudent, Sohn einer Pflanzerfamilie auf Kuba, die, zurückgekehrt, jetzt Weinhandel in Bordeaux betrieb, hatte dank einer Mulattin als Großmutter ein in Marx' Augen «kreolisches» Temperament. «Wahre Liebe», ermahnte er deshalb den allzu stürmischen Bräutigam, «äußert sich in der Zurückhaltung des Liebenden, bescheidenem Gebaren oder sogar Schüchternheit, nicht aber in hemmungsloser Leidenschaftlichkeit oder verfrühten Vertraulichkeiten.» Ein Brief, der mit der berühmten, später immer gegen Marx verwandten Selbstbezichtigung endete: «Sie wissen, daß ich mein gesamtes Vermögen dem revolutionären Kampf geopfert habe. Ich bereue das nicht. Im Gegenteil. Und wenn ich meine Laufbahn noch einmal von vorn beginnen müßte, ich würde wieder so handeln. Aber: ich würde nicht heiraten. Ich beabsichtige, alles, was in meiner Macht steht, zu tun, um meine Tochter vor den Klippen zu bewahren, an denen das Leben ihrer Mutter zerschellt ist.»

Deshalb sollte der junge Mann erst mal ein fertiger Medicus werden. Die Sache mit Lafargue, teilte Marx Engels am 23. August 1866 mit, «sei soweit arrangiert, daß der Alte mir aus Bordeaux geschrieben, bei mir angefragt um den Titel eines promesso sposo für seinen Sohn, sehr günstige ökonomische Bedingungen gestellt hat (...) So far the thing is settled.» Interessant der Nachsatz: «Laura erklärt, daß, bevor sie sich förmlich verlobt, Dein consent da sein muß.» Sicherte sich das junge Mädchen «mit dem kalten kritischen Sinn» nach dieser Seite ab? Die leichtlebigen Lafargues ließen sich später ungeniert von Engels finanziell unterstützen. Tussy dagegen, hier nobler als ihre sonst so noble Schwester, wollte unabhängig von Engels sein und emanzipiert auf eigenen Füßen stehen. Hatte die lebenslange Abhängigkeit der Eltern von Engels ihrem ausgeprägten Gefühl für Ehre und Würde widerstrebt? So gutbürgerlich das Heiratsgeschäft für Laura, typisch für Marx: Just in dem Augenblick herrschte wieder Finanzmisere, was «umso fataler» war – so schrieb er an Engels –, «als Lafargue (bis vor seiner Abreise nach Bordeaux vor einigen Tagen) fortwährend im Haus und der real state of things ihm ängstlich verborgen werden mußte».

April 1868 wurde geheiratet, das Paar zog nach Paris. Am 1. Januar 1869 kam Charles-Etienne, genannt Schnaps, auf die Welt, das Entzücken der jungen Eltern: «(Sie) lächeln selig angesichts der Wundertaten ihres Schnaps, wenn er Steinchen sammelt und sie mit Spucke putzt...» Das zweite Kind starb sechs Wochen nach der Geburt. Und dann trat ein, was Marx um alles in der Welt hatte verhindern wollen: eine Wiederholung der revolutionären «Misere» auch im Leben der Töchter.

1872 nahm Lafargue an der im März proklamierten Pariser Kommune als Bordeaux-Beauftragter teil. Nach der Niederschlagung und der Verfolgungsjagd auf die Kommunarden konnte er sich mit Laura, Schnaps und einem Neugeborenen über die spanische Grenze retten. Jenny und Eleanor, per Schiff aus England der völlig überforderten Schwester zu Hilfe geeilt, schlossen sich an. «Lauras jüngstes Kind», berichtete Jenny, «war während der ganzen Zeit krank und starb nach schrecklichen Leiden.» Paul sei inzwischen «auf unbekannten Pfaden ins Innere Spaniens entkommen», sie selbst und Tussy «auf dem Rückweg von Bosost entdeckt und verhaftet, einige Tage in unserm Hause als Gefangene eingesperrt und dann in die Gendarmeriekaserne gebracht worden». Inzwischen sei auch Schnaps erkrankt. «Um drei Uhr morgens drangen plötzlich vier spanische Offiziere in (Lauras) Schlafzimmer ein und richteten ihre Karabiner auf das Bett, in welchem sie mit ihrem Kinde schlief. Das arme kranke Kind erwachte plötzlich und beginnt erschrocken zu schreien; aber das hält die spanischen Offiziere nicht davon ab, in jedem Loch und in jeder Ritze nach Herrn Lafargue zu suchen...» Ende Mai 1872 stirbt Schnaps mit zweieinhalb Jahren.

Wie hatte Laura den Verlust von drei Kindern in zwei Jahren

verkraftet? Hatte sie ihn verkraftet? Keine Kinder kamen mehr. Wollten sie keine mehr? Lafargue, las ich, gab tiefgeschockt den Arztberuf auf, «da er seinen eigenen Kindern nicht hatte helfen können». Beide Eheleute warfen sich in die Politik. Bleich und still war Laura noch, als die gesamte Familie vom 1. bis 7. September 1872 zum V. Kongreß der Internationale nach Den Haag reiste, dem einzigen, an dem Marx und Engels je teilnahmen. Marx wollte die Internationale gegen die Anarchisten retten, indem er vorschlug, den Sitz des Generalrats nach New York zu verlegen. Das kam der Auflösung der Internationale gleich, war so gewollt und geschah denn auch. Ein Auftritt, der großes Aufsehen erregte bei Presse wie Polizei, die wie die Delegierten in internationaler Formation angerückt waren. Sogar beim Gabelfrühstück in Bad Scheveningen wurden die Marxens mit Engels observiert.

«Marx hat ein vornehmes Äußeres», schrieben die Journalisten. Seine Augen hätten allerdings nicht den Ausdruck, «den man bei einem Vollblut-Internationalen erwarten sollte». «In seinem grauen Anzug sieht er sehr comme il faut aus.» Er habe «etwas Gebieterisches». Auch seine «hübsche Frau» wirke intelligent und «sehr ladylike», und das war Jenny Marx ja auch.

Von diesem Kongreß gibt es das Zeugnis eines spanischen Kommunisten, Anselmo Lorenzo, über Jenny und über Eleanor, die ihn, wie er sich wunderte, sechzehnjährig allein zur Post begleiten sollte. «Das junge Mädchen, fast noch ein Kind, war äußerst hübsch, obwohl ihre Schönheit viel irdischer war als die ihrer Schwester, heiter und vergnügt wie die Verkörperung der Jugend und des wahren Glücks.» Dagegen sei Jenny «ein Mädchen von idealer Schönheit», das zwar Spanisch könne, aber wie ihr Vater mit einer schlechten Aussprache. «Sie belegte mich mit Beschlag, damit ich ihr etwas vorläse, weil sie die richtige Aussprache hören wollte. Sie nahm mich in die große, mit Büchern vollgestopfte Bibliothek und nahm aus dem Schrank, der der spanischen Literatur vorbehalten war, zwei Bücher. Das eine war der ‹Don Quijote›, das andere eine Dramensammlung von Calderon.» Die Erklärungen, die er ihr dazu habe geben wollen, «erwiesen sich als überflüssig, weil meine junge schöne Gesprächspartnerin in dieser Materie Bildung und Einfühlungsvermögen besaß, was sie mir bewies, indem sie meinen Ausführungen viele andere passende und treffende Gedanken hinzufügte, die mir noch niemals eingefallen waren.» Eine Marx-Tochter.

Jenny heiratete gleich danach im Oktober 1872 Charles Longuet, der ein Freund Lafargues war, auch er Medizinstudent, und während der Kommune das «Journal Officiel de la Commune» herausgegeben hatte. Als mittelloser Emigrant hielt sich Longuet in London mit Französischunterricht über Wasser, bis ihm 1880 die Amnestie erlaubte, nach Paris zurückzukehren. Jenny folgte ihm ein Jahr später mit drei Kindern und schwanger – in ein wenig von ihm vorbereitetes «Heim». «Ich bin elend und hoffnungslos nervös – fühle mich seelisch und körperlich unwohl», klagte sie in jenem Brief Laura, ihrer Vertrauten, die ihr dann zuletzt in Argenteuil zur Seite stand: «Eines der drei Kinder läßt mich gewöhnlich nachts nicht schlafen. (...) Ich sehne mich so oft nach einer Erlösung von dieser unaufhörlichen Kinderpflege, daß mir jede recht wäre (...) In dieser Öde von Argenteuil, wo ich außer dem Bäcker, Fleischer, Käsehändler und Gemüseverkäufer nichts sehe und höre, mehr vermisse, als ich sagen kann. Ich glaube fest, daß selbst die öde Routine der Fabrikarbeit einen nicht mehr aufreibt als die endlosen Haushaltspflichten. Wenigstens bei mir ist das und war das immer so (...) Ich bin ganz von allen Nachrichten abgeschnitten und sehne mich täglich nach den Anschlagzetteln der Londoner Zeitungen, die einen in diesem ‹Heim› genannten Gefängnis mit den Wesen, die draußen leben und kämpfen, in Verbindung halten.»

Jenny war die Lieblingstochter des Vaters – unangefochten. Laura und Tussy liebten sie selbst über alle Maßen, ihre gradlinige Sanftheit, Bestimmtheit, Uneigennützigkeit in allem, was sie tat, ob sie schrieb oder mit feiner Hand entwirrte, wenn es zwischen den anderen Probleme gab, zum Beispiel zwischen Marx und seiner Jüngsten. Auch noch, als es ihr bereits ziemlich schlecht ging. Als Tussy in großer Verzweiflung war – «Was weder Papa noch die Ärzte noch sonst jemand verstehen will, ist, daß ich hauptsächlich ‹seelischen› Kummer habe» –, fand sie bei Jenny ein offenes Ohr für ihre Sorgen auch um den Beruf. Sie mußte einen Beruf haben und wollte Schauspielerin werden, eine der wenigen attraktiven Möglichkeiten für eine Frau. «Ich habe zu oft und bei ganz verschiedenen Leuten – gesehen, daß ich Gefühle auslösen kann.» Jenny vermittelte an den

Vater, obwohl sie zehn Jahre zuvor selbst auf den gleichen Traum verzichtet hatte. «In der That», war die Mutter damals überzeugt, würde sie, die «ein sehr schönes Sprechorgan hat, a voice low and sweet, und von Kindheit auf Shakespeare mit Fanatismus studiert hat (...) längst eine Bühne betreten haben, wenn sie nicht aus Rücksicht auf Familie etc. etc. bis jetzt sich noch davon entfernt gehalten hätte». Jenny war wahrscheinlich begabter als Eleanor, die zum Chargieren neigte, wie eine Bemerkung des Connaisseurs Engels gegenüber Marx andeutet: «... will sie öffentlich Effekt machen, muß sie unbedingt strike out a line of her own.» Doch, so theaterbegeistert die Marxens waren, sie dachten zu bürgerlich, um ihre Töchter wirklich gern auf der Bühne agieren zu sehen. Man sei doch sicher, schrieb die pragmatisch bürgerliche Laura 1870 an Jenny, «daß man beim Theater mit ziemlich schlechter Gesellschaft in Berührung kommt».

Als Jenny am 10. Januar 1883 starb, hatte Eleanor, die die Nachricht dem Vater überbrachte, den Eindruck, sie würde ihm sein Todesurteil bringen. Und so war es auch. Marx starb wenige Wochen später, am 14. März 1883.

> «Insofern war es ganz klar, daß die Töchter
> nicht ins gewöhnliche Leben absteigen konnten.»
> *(Margarete Mitscherlich)*

Der Vater und die Töchter? Ich fuhr zur Psychoanalytikerin nach Frankfurt. Margarete Mitscherlich hatte 1981 das Vorwort zur deutschen Ausgabe der «Töchter-Briefe» verfaßt. «Heute würde ich es anders schreiben», gab sie gleich in ihrer Wohnung mit Blick auf die Frankfurter Banktürme zu. Ihre neue These: Marx – der Ausnahmevater, Marx – das Genie, vergleichbar im Umgang mit den Töchtern nur dem genialen Sigmund Freud, dessen Tochter Anna nicht zufällig des Vaters Nachfolge angetreten habe. Allerdings einige Jahrzehnte später, als die Chancen für hochgescheite Frauen schon günstiger standen. Marx habe seine Mädchen weit über das Niveau der höheren Töchter ihrer Zeit gebracht. Ihre Fähigkeit, die moderne Gesellschaft kritisch zu durchschauen, sei außergewöhnlich gewesen.

Mädchen, dachte ich, mit unzeitgemäßer Lust am klaren Denken. Alles andere als verschwärmte Romanleserinnen.

Dabei hätte Marx wie jeder andere durchschnittliche patriarchalische Vater im neunzehnten Jahrhundert – «vor allem in Deutschland», setzte Frau Mitscherlich lachend hinzu – sagen können: Frauen sind unfähig zu denken, gut genug nur für die Ressorts Kinder, Küche, Kirche. Und: Sollen sie dumm bleiben, wie sie sind! Aber Marx habe nie daran gedacht, seine Töchter für dümmer zu halten als sich selbst. Wie selbstverständlich hatte er alle einbezogen in seine Arbeit und sein Denken.

Hatten sie nach solch einem Vater – Genie und Weltverbesserer, Messias zugleich und sie außerdem so liebend – noch eine Chance, glücklich zu werden? Die Antwort der Analytikerin: Daß er sie in einem konventionellen Frauenschicksal habe glücklich wissen wollen, scheine nur auf den ersten Blick absurd. Hieß das doch vor allem: Keinen Beruf! Chancenlos – das sah er – waren sehr begabte Frauen in seiner Zeit, zumal ihnen die Universität den Zugang verwehrte. Darum sein Ärger, «daß Jennychen – hinter meinem Rücken – sich als Stundengeberin engagiert hat» – in seinen Augen «sich hergab». Eleanor blieb zehn Jahre später keine Wahl. Sie mußte ihren Lebensunterhalt verdienen, und das ziemlich mühsam: «... stecke bis über die Ohren in Arbeiten aller möglichen (bloß, leider!, nicht besonders einträglichen) Art.»

Sie seien, folgerte Frau Mitscherlich, mehr als nur die Sekretärinnen des Vaters gewesen, selbständige wissenschaftliche Mitarbeiterinnen, die in Eigenregie einen Teil seiner Korrespondenz führten und an seiner Seite im großen Lesesaal im Britischen Museum saßen, um zu recherchieren, zu exzerpieren und dem Exzerpierten ein System zu geben. «Heute habe ich mehrere hundert Zeitungen durchsehen müssen», berichtete Jenny, «um aus ihnen für Mohr Auszüge über die finanziellen Schwindelkonzerne usw. zu machen.» Der Vater verfolge «in allen Details» den Bankrott des Bankhauses Overend, Gurney und Co., das bis dahin als größte Bank der Welt galt. Er wollte die sozialen Auswirkungen auf den kleinen Mann prüfen.

Nie habe sich «in dem Verhältnis zwischen ihm und seinen Töchtern, welche ihn ungemein liebten, auch nur ein Schatten väterlicher Autorität geltend gemacht», las ich in Lafargues Erinnerungen. «Er befahl ihnen nie, sondern bat sie um das Gewünschte wie um eine Gefälligkeit, oder legte ihnen nahe, das zu unterlassen, was er verbieten wollte. Und doch dürfte nur selten ein Vater mehr Gehör gefunden haben als er.»

«Mein lieber Cacadou», schrieb Marx seinem «Lörchen» in ihre Pariser Flitterwochen, «Du könntes Guillaume (Rue Richelieu 14) einen Besuch machen und seine (ökonomischen) bulletins de librairie von 1866–86 besorgen. Du könntest auch zur Librairie Internationale (Boulevard Montmartre 15) gehen und um ihre Kataloge (1865–1868) bitten. Selbstverständlich wirst Du, wenn Du diese gewünschten Sachen bekommst, sie nicht ‹schicken›, sondern bei Deiner Rückkehr an diesen öden Ort mitbringen.» Natürlich kam Laura mit dem Gewünschten nach London zurück. Und nicht nur das, sie brach sogar die Flitterwochen früher ab, allein um «Mohrs» Geburtstag mitfeiern zu können. Auch verheiratet und in Frankreich, blieb sie in Vaters Diensten, zusammen jetzt mit dem Ehemann. Beider erste Großtat gleich nach der Hochzeit: die Übersetzung des «Kommunistischen Manifests» ins Französische. 1870 gründete Lafargue, von Laura assistiert, die «Föderation der Pariser Sektionen der Internationale».

«Wenn ich auch verheiratet bin, mein Herz ist, wie es seit jeher war, an den Ort gekettet, wo mein Papa ist, und anderswo würde das Leben für mich kein Leben sein ...» Noch nach der Eheschließung blieb Vater Marx für Jenny der wichtigste Mann. Sie jubelte, als Longuet 1873 nach einigen Wochen in Oxford, weil er dort keinen Job fand, mit ihr nach London zurückfuhr. «London enthält Modena Villas, und im ersten Stock von Modena Villas, im Zimmer, das auf die Straße blickt, kann ich immer meinen lieben Mohr finden. Ich kann Ihnen nicht ausdrücken, wie einsam ich mich fühle, wenn ich von ihm getrennt bin, und auch er sagt mir, daß er mich sehr vermißt hat und daß er sich während meiner Abwesenheit in seine Arbeit vergraben habe.» Das klang, erschrak ich fast, nach Liebe.

In das Liebesleben der jüngsten Tochter hatte Marx direkt eingegriffen. Er hatte die Verbindung der erst Siebzehnjährigen mit dem baskischen Grafen Hippolyte Prosper Olivier Lissagaray verhindert, einem Helden der Pariser Kommune, der des Sozialismus wegen mit seiner Familie auseinandergeraten war. Als abgerissener Flüchtling in

London, doppelt so alt wie Tussy und nur den Ruhm in der Tasche, hatte er als Schwiegersohn keine Chance. Marx schätzte seine Geschichte der Pariser Kommune, «Huit Journées du Mai derriere les barricades», die Eleanor ins Englische übersetzte. Sie kam seiner eigenen Interpretation der Pariser Kommune nahe. Erst heimlich, war Eleanor dann jahrelang offiziell verlobt. Doch bei so viel väterlicher Abwehr konnte die Sache nicht gedeihen. Sie löste zehn Jahre später lautlos die Verlobung.

Was Lossagung anging, überschlugen sich alle Bücher mit Vorwürfen über Marx' väterliche Willkür, die der Tochter schier das Herz gebrochen habe. Aber, ging mir durch den Kopf, hatte er nicht der Jüngsten das Schicksal der Ältesten erspart: ein Kindbett nach dem anderen in Armut? Wenn auch, wog ich ab, Lissagaray, ein mit Charisma und Zärtlichkeit begabter Mann und immerhin revolutionärer Held, eine Chance für Eleanor gewesen wäre, den Vater in sich abzuschütteln. Lissagaray starb 1901 unverheiratet und arm. Zweitausend Menschen sollen seinem Sarg zum Pariser Friedhof Père Lachaise gefolgt sein.

«An ungewöhnlichen menschlichen Exemplaren», beharrte die Psychoanalytikerin nicht ohne Ironie, «an Genies, wie es Karl Marx und Sigmund Freud waren, verallgemeinernde analytische Deutungen vorzunehmen, ist schwer.» Sie fielen aus allen Rastern. Pech oder Glück, da Tochter zu sein? Ich dachte: beides.

> «Jenny hatte ihren voll bemessenen Anteil an Sorgen und Kummer und Laura hat ihre Kinder verloren. Aber Jenny war so glücklich zu sterben, und so traurig dies für ihre Kinder war, so gibt es Zeiten, wo ich das für ein Glück halte.»
> *(Eleanor an Freddy Demuth)*

London, 31. März 1898. Eleanor erhält am frühen Morgen einen Brief, der sie völlig erschüttert. Ob ihr der Schreiber die heimliche Ehe von Aveling, dem sie stolz in freier Liebe und Ehe verbunden war, mit der jungen Schauspielerin Eva Frye enthüllte? Offenkundig erfolgte «eine stürmische Auseinandersetzung». Kurz vor zehn geht

das Hausmädchen Gertrud Gentry zur Apotheke mit einem Brief und mit der Visitenkarte des «Dr.» Aveling in der Hand, die dem Apotheker vortäuschen sollen, der Absender sei ein praktizierender Arzt: «Bitte, der Überbringerin Chloroform und eine kleine Quantität Blausäure für einen Hund zu geben, E. A.»
Wer hatte sie geschickt? Wer hatte unterzeichnet? E. A. sind zweifellos die Initialen von Edward Aveling. Die Menge Gift, heißt es, reichte aus, um mehrere Menschen zu töten. Aveling, der am Tag vorher von Eleanor noch im Krankenstuhl herumgefahren wurde, weil es ihm nach einer Lungenentzündung so schlecht ging, verließ danach das Haus. Wollte er nicht Zeuge sein? Hatte er sie zum Selbstmord gedrängt? Es war für ihn – die Logik jedenfalls liegt auf der Hand – der einzige Weg, um an das restliche Erbe von Engels und an die Tantiemen der Schriften von Karl Marx zu kommen – für sich und seine neue Frau. So sahen es die Freunde Eleanors später.

In den letzten Monaten hatte er ständig Geldforderungen gestellt, auch sie gezwungen, einen Testamentsnachtrag zu seinen Gunsten zu machen. Ein halbes Jahr vorher gab es einen rasch wieder zurückgenommenen Aufschrei Eleanors an den Halbbruder Freddy: «Komme, wenn du eben kannst, heute abend (...) ich steh vor der fürchterlichsten Situation: äußerster Ruin – alles bis auf den letzten Pfennig, oder äußerste Schande vor der Welt. Es ist entsetzlich. Schlimmer als selbst ich es mir vorstellte!» Erpreßte Aveling sie wegen Freddy? Oder verlangte er von ihr, Manuskripte ihres Vaters zu verkaufen? «Ein Pumpgenie» von «sagenhafter Natur», hatte George Bernard Shaw den Mann genannt, der dennoch, hierin loyal, an Eleanors Seite für den Sozialismus kämpfte.

Alle wußten von ihrem «Martyrium». Ein alter Bekannter, der sie lange nicht gesehen hatte, erschrak über die «verblühte Schönheit ihres Gesichts, ihre hoffnungslosen Augen und den Kummer, der sich tief in die Linien um ihren Mund eingegraben hatte». Sie war erst 42 Jahre alt. Dafür hatte sie unglaublich viel geleistet – trotz aller Krankheiten, Familiensorgen, Geldsorgen, Ehesorgen, und das als Frau. «Zu einer Zeit», schreibt ein Biograph, «in der die Mehrheit der Frauen noch schwiegen, war sie Wortführerin, Organisatorin und treibende Kraft der ungelernten Arbeiter des Londoner East End.»

Voll Respekt ging ich die umfangreiche Liste ihrer Bücher und Übersetzungen durch. Sie zeugten mir nicht nur von Kampfgeist und großer Begabung, auch von immenser Energie. Bücher, die sie zum Teil mit Aveling zusammen verfaßt hatte – hier hatten sie harmoniert. Ausgerechnet über «The Woman Question», dachte ich. Allein schrieb sie Bücher wie «Die Arbeiterclassen-Bewegung in England» (1895) – «... die einzige, die das schreiben könnte», hatte Engels gesagt. Sie übersetzte aber auch Literarisches. Und hier: ausgerechnet Flauberts «Madame Bovary» und Stücke von Henrik Ibsen.

Eleanor ging ins Obergeschoß, las ich, schrieb einige Briefe, auch an den Rechtsanwalt, nahm dann ein Bad, kleidete sich in Weiß und legte sich ins Bett. Das Mädchen betrat kurz darauf gegen elf Uhr das Schlafzimmer. Da war sie schon bewußtlos. Als der Arzt kam, war alles vorbei.

Aveling soll am Nachmittag zurückgekehrt sein und versucht haben, den hinterlassenen Brief zu vernichten. Ein Polizeioffizier habe ihn daran gehindert. Bei der polizeilichen Befragung schnitt er bestens ab – unfaßbar für Eleanors Freunde, die dennoch keinen Prozeß wegen unterlassener Hilfeleistung anstrengten, denn «ihn zu beschuldigen, würde sie verletzt haben». Außerdem hätte es der Sache der Marxisten und Sozialisten und der Gewerkschaftsbewegung geschadet. Aveling war hier ein prominenter Mann. Die Strafe traf ihn anders: Vier Monate später erlag er seinen Krankheiten.

«Mein lieber, lieber Johnny!» fand sich ein Brief von Eleanor an den ältesten Neffen Jean Longuet, den Stammhalter und Großvater der Marxschen Ururenkelin Anne in Paris: «Mein letztes Wort ist an Dich gerichtet. Versuche, Deines Großvaters würdig zu werden. Deine Tante Tussy.» Der «Verzug eines Genies»? Der Irrtum einer Tochter? Einen solch pathetischen Satz jedenfalls hätte Karl Marx nie geschrieben.

Merkwürdig berührte mich, bevor ich in Trier die Bücher zuklappte, noch die Geschichte mit Eleanors Asche: Die Urne, die keiner haben wollte, nicht einmal, unbegreiflich das, die Schwester Laura. Lange stand sie im Büro der «SDF» herum, danach im Hauptquartier der Kommunistischen Partei, bis sie 1967 endlich Ruhe im Familiengrab auf dem Friedhof von Highgate fand.

«DEINE KLEINE HAND, MEIN HERZ, FIEL AUS MEINER LÄNGST»

Ricarda und Lilly Huch
von Christiane Raabe

Im Jahr 1893 erschien der erste Roman von Ricarda Huch, «Erinnerungen von Ludolf Ursleu dem Jüngeren». Dem Berner Journalisten und Literaturkritiker Josef Viktor Widmann, der das Manuskript dem Verleger Wilhelm Hertz empfohlen hatte, schrieb die junge Autorin: «Mein Roman ist jetzt erschienen. Mir ist nicht ganz geheuer dabei, aber ich habe mir vorgenommen, alles abzuschütteln, denn schließlich schreibt man doch nicht für die Leute, sondern für sich.» Daß ihr «nicht ganz geheuer» war, lag weniger an ihrem Verleger Wilhelm Hertz, der lange gezögert hatte, das Manuskript zu veröffentlichen, weil es, wie Ricarda Huch mutmaßte, «nicht moralisch genug für eine Dame» sei. Unbehagen bereitete ihr vielmehr das Bewußtsein, mit dem Roman die eigene Familie bloßgestellt und die familiäre Intimsphäre verletzt zu haben. Sie hatte die Verfallsgeschichte der großbürgerlichen Braunschweiger Familie Huch und die ihrer Liebe zu ihrem Vetter und Schwager Richard Huch, dem Mann ihrer Schwester Lilly, zwar in dichterischer Fiktion verhüllt, aber für jeden Eingeweihten sofort erkennbar geschrieben.

«EINE FLUCHWÜRDIGE TEUFELIN»

Der autobiographische Roman war für die damals achtundzwanzigjährige Ricarda Huch ein Befreiungsschlag. Darin erzählt der Klosterbruder Ludolf Ursleu, dem Ricarda Huch die Züge ihres Bruders Rudolf verlieh, die verhängnisvolle Liebesgeschichte zwischen seiner Schwester, der schönen Geigerin Galeide, und deren Vetter Ezard, der mit der Schweizer Lehrerin Lucile, einer Freundin von Galeide, verheiratet ist. Die verbotene Liebe zwischen Galeide und Ezard wütet rücksichtslos in der bürgerlichen Welt der Ursleuen, die Ricarda Huch detailliert dem Braunschweiger Familienhaus nachzeichnete. Sie verarbeitete in dem Roman die nunmehr schon zehn Jahre dauernde Liebe zu ihrem Schwager und Vetter Richard Huch, die Kränkungen, die sie wegen dieser als unheilvoll verurteilten Leidenschaft von ihrer Familie erfahren hatte, aber auch das nagende Schuldgefühl, das sie gegenüber ihrer Schwester Lilly, in dem Roman als Lucile eingeführt, empfand. So bricht das schlechte Gewissen durch, als die Autorin Galeide gestehen läßt: «Wenn ich mich selbst betrachte, wie ich früher war, und was ich ... Lucile angetan habe, so erscheine ich mir wie eine kalte, ruchlose und fluchwürdige Teufelin.» Andererseits vermochte Ricarda Huch es ganz ungeniert, die Liebe zwischen Galeide und Ezard verderbnisbringend walten zu lassen. Die Väter beider Liebenden bringen sich stillschweigend um, Lucile wird kurzerhand durch eine Choleraepidemie dahingerafft, so daß sich die Liebe am Ende erfüllen könnte, käme es nicht zu einer überraschenden Wendung: ein zweiter Mann tritt in das Leben der Galeide. Verzweifelt über die Endlichkeit und das Trügerische einer als göttlich, ewig und einmalig geglaubten Liebe, springt die Heldin Galeide schließlich in einem dramatischen Finale in den Tod.

Nun sei sie ordentlich froh, daß endlich alle tot seien, schrieb Ricarda Huch Ende 1892 aus Zürich an ihren Vetter Richard. Sie hatte ihre angesammelte Wut und seelische Last in der dichterischen Welt der Ursleuen abgeladen. Der väterliche Freund Widmann erkannte die psychologische Entlastung, die das Arbeiten an dem Roman für Ricarda Huch bedeutet hatte, als er ihr schrieb: «Es wäre mir ganz himmelangst um Sie, dächte ich nicht, daß das eben der glückliche Vorteil der Dichter ist, einen Werther, eine Galeide so los werden und daran genesen zu können.»

Der Roman wurde ein verlegerischer Erfolg, die Rezensionen waren hymnisch, und nur die «Neue Preußische Zeitung» schrieb erbost: «Es bleibt völlig dunkel, was die Verfasserin veranlaßt hat, ein solches Buch zu schreiben ... Daß in manchen Familien häßliche Entartungen vorkommen, steht fest. Aber wer läßt denn diese Krankheitsberichte drucken und namentlich unter literarischem Gesichtspunkt?» Die Familie, hellauf empört, schloß sich diesem Urteil an.

Ricarda Huch mit Richard, dem Mann ihrer Schwester Lilly, auf einer Fotografie aus dem Jahre 1893.

Vor allem die beiden Geschwister Lilly und Rudolf Huch fanden es «kannibalisch», den Vater durch Selbstmord enden zu lassen, und warfen ihrer Schwester «Rücksichtslosigkeit und Pietätlosigkeit» vor, wie Ricarda Huchs Vetter Hans Hähn aus Braunschweig nach Zürich berichtete. Ihr Bruder Rudolf, das schwarze Schaf der Familie und noch zu Lebzeiten des Vaters enterbt, schwang sich zum Bewahrer der Familieninteressen auf und sah «ein trauriges Armutszeugnis» darin, sich «mit selbsterlebten Geschichten behelfen» zu müssen. Es war einfach unanständig, das ängstlich geheimgehaltene Familiendrama an die Öffentlichkeit zu zerren. Die Nestbeschmutzerin konnte sich mehr als zehn Jahre nicht mehr in ihrer Heimatstadt Braunschweig blicken lassen, es brauchte ein halbes Menschenleben, ehe sie ihre Schwester wiedersehen sollte.

BRAUNSCHWEIGER KINDHEIT

Die weitverzweigte Familie Huch war seit 1815 in Braunschweig ansässig, als Heinrich Carl Rudolph Huch, der Großvater von Lilly und Ricarda, aus Hamburg in die niedersächsische Löwenstadt zog. «Stolz, stürmisch, unbeeinflußbar ... (und) starrköpfig», mit einer Neigung zum Missionarischen und zum Größenwahn, hing Heinrich Huch der Ruf eines Abenteurers nach. Er starb geistig umnachtet in Porto Alegre, wo er 1830 ein Handelshaus gegründet hatte. Von seinen vier Söhnen praktizierte der älteste, William, Vater von Richard Huch, als Rechtsanwalt in Braunschweig, während die drei jüngeren vom Vater zum Beitritt in das Handelshaus in Brasilien gedrängt worden waren. Der jüngste der Brüder, Richard Huch, Vater von Lilly und Ricarda, nahm es seinem Vater zeitlebens übel, daß er ihn gezwungen hatte, Kaufmann zu werden. Er war ein stiller, melancholischer Mann, der an sich und der Welt litt und leidenschaftslos, aber gewissenhaft den Handelsgeschäften zwischen Brasilien und Europa nachging. Das heitere Gemüt und die kindliche Schönheit mochte ihn an der jungen Emilie Hähn angezogen haben, die er 1858 als Fünfzehnjährige heiratete. Noch im selben Jahr kam die Tochter Lilly in Porto Alegre zur Welt, drei Jahre später folgte ein Sohn, der Rudolf genannt wurde. Zur Entbindung des dritten Kindes reiste die Familie nach Deutschland, wo Ricarda 1864 in Braunschweig geboren wurde. Die Mutter erholte sich von der schweren Geburt, bei der sie beinahe gestorben wäre, nie mehr. Sie mußte mit den Kindern in Braunschweig bleiben und bezog gemeinsam mit ihren Eltern und ihrem Bruder Justus ein herrschaftliches Haus an der Hohetorpromenade. Bis zu ihrem frühen Tod 1883 bewahrte sie sich ihr heiteres Wesen, war zart und schön wie eine «Blume, die in einer warmen Nacht aufblüht und am Morgen in ihrer Pracht dasteht», eine Freude in ihrem Dasein, aber vollkommen lebensuntüchtig. Den Kindern war sie eher eine «junge Schwester» als eine Mutter.

Obwohl der Vater die meiste Zeit auf Reisen und die Mutter leidend war, wuchsen die Geschwister keineswegs in einer bedrückten Atmosphäre auf. Das lag an der Großmutter Emilie Hähn, die den dienstbotenreichen Haushalt und die Erziehung der Kinder in ihre Hand nahm. Was den Eltern an Energie und Tatkraft fehlte, besaß sie, gepaart mit Witz und Güte. Sie war einen gutbürgerlichen Lebensstil gewöhnt. Zwei Mädchen und eine Erzieherin, die Lilly, Rudolf und Ricarda in den ersten Jahren unterrichtete, lebten ständig im Haus, eine Schneiderin kam regelmäßig zum Maßnehmen. Die Kinder erhielten Klavierunterricht, spielten im großen Garten der Villa, in den Ferien fuhr die Familie zum Wandern in den Harz. Die Schwestern hatten wenig gemeinsam. Während Lilly ein schönes und lebhaftes Kind war, verträumte Ricarda gerne die Tage. «Auffallend still, fast todt» wirke sie neben Lilly, zudem falle ihr nichts ein, soll die Mutter besorgt gegenüber ihrer Schwägerin Marie Huch geäußert haben. Ricarda, für den Vater der «Sonnenschein» der Familie, nahm sensibel die Stimmungen ihrer Mutter auf und fühlte sich früh ungeliebt. Sie bildete sich ein, sie sei ihrer Mutter nicht hübsch genug und fiele dieser mit ihrem schwärmerischen Gemüt auf die Nerven. Das Gefühl, ungeliebt zu sein, trübte ihre sonst unbeschwerte Kindheit.

Theater und Musik spielten in der Jugend der Schwestern eine große Rolle. Sie studierten kleine, selbstgeschriebene Stücke ein, in denen etwa der Vater und dessen «unantastbare» Bismarckverehrung, über die sich alle Frauen im Haus heimlich lustig machten, aufs Korn genommen wurde. Der Höhepunkt war erreicht, wenn Lilly, den Vater nachahmend, ins Zimmer stürzte und mit dröhnender Stimme verkündete: «Undankbar seid ihr alle, alle, alle, das bringt euch noch zu Falle, Falle, Falle!» Auf dem Klavier im sogenannten Saal spielten die Schwestern vierhändig Symphonien von Haydn oder hörten

Die Geschwister Lilly, Ricarda und Rudolf mit der Mutter Emilie Huch (v. l.).

ihrem Vetter Richard zu, der oft zu Besuch kam und wunderbar Chopin spielen konnte. Es war «eine Noblesse und Leidenschaft in ihm, die gerade mit diesen Werken verschmelzen konnte», schrieb Ricarda Huch später. «Da er das meiste auswendig wußte, spielte er oft spätabends im Dunkeln ... die Fenster standen offen, die melodische Flut rauschte in das Brausen der Bäume draußen. Es gab für mich nichts Schöneres.» Richard war der älteste Sohn von William Huch, hatte wie sein Vater Jura studiert und war nach bestandener Promotion von Göttingen in sein Vaterhaus zurückgekehrt. Seither besuchte er seine Cousinen Lilly und Ricarda häufig, weil er sich mit einem ihm eigenen patriarchalischen Selbstverständnis für den «herrenlosen» Haushalt verantwortlich fühlte, wenn der Vater in Brasilien war. (Der in seiner Jugend aufsässige Bruder Rudolf ging mittlerweile auf ein Internat in Helmstedt, nachdem er von einer Braunschweiger Schule geflogen war.) Die Schwestern verehrten ihren Vetter Richard, bewunderten seine Redegabe und sein nächtliches Klavierspiel, das ihre romantischen Jugendseelen erregte. Bald hatte sich die neunzehnjährige Lilly in den neun Jahre älteren Vetter verliebt. Selig schrieb sie an ihren Vater nach Porto Alegre: «Lieber Papa, ich mag Richard so gerne leiden ...! Sein Bild hängt über meinem Schreibtisch ... Du glaubst gar nicht, wie schön er aussieht!» Als die beiden kurz darauf heirateten, munkelte mancher aus der Verwandtschaft: «Was *so* heiß beginnt, hält nicht an.»

Lilly und Richard Huch bezogen eine Wohnung am Bruchtorwall gegenüber dem Bahnhof, die sie dem wilhelminischen Zeitgeschmack entsprechend einrichteten. Die Decken waren mit dunklen Fresken bemalt, an den Wänden hingen schwere Teppiche, davor standen wuchtige Möbel, Bilder, Antiquitäten und allerlei Nippes durften nicht fehlen. Lilly Huch genoß ihr neues Zuhause. Es waren glückliche Monate nicht nur für sie, sondern auch für beide Schwestern, die eine tiefe Vertrautheit verband, seitdem Ricarda nicht mehr im Kindesalter war. Beide ähnelten sich in ihrer äußeren Erscheinung, hatten das schöne Gesicht der Mutter, waren innerlich jedoch verschieden. Auf einer Abbildung aus dieser Zeit sieht man die Geschwister mit der Mutter, Lilly bereits als junge Frau, offen und selbstsicher wirkend, während Ricarda verschlossen, beinahe ängstlich und abwesend zu sein scheint. Die Schwestern sahen sich damals täglich in Lillys Wohnung, abends besuchten sie das Theater oder die Oper, sahen Spohr, Rossini oder Meyerbeer. Geheimnisse wurden ausgetauscht und Lilly in die ersten schriftstellerischen Versuche ihrer Schwester eingeweiht. Ricarda hatte, «seit (sie) denken konnte», gedichtet und kleine Erzählungen geschrieben. Lillys Urteil war ihr wichtig, zumal die Schwester mittlerweile als Frau eines angesehenen Rechtsanwalts eine gesellschaftliche Stellung in Braunschweig einnahm, die Aussicht auf Kontakte für Veröffentlichungen versprach. In der Tat vermittelte Lilly der Schwester 1880 die Möglichkeit, in einer Zeitschrift eine Kurzgeschichte drucken zu lassen. Sie erschien unter dem Pseudonym Roderich Huch, das die Schwestern gewählt hatten. Als Lilly kurz danach einen Sohn bekam, bestand sie darauf, er solle auf den ungewöhnlichen Namen Roderich getauft werden. Sie verriet ihrer Familie nicht, wie sie auf diesen Namen gekommen war.

«VERBOTENE LIEBE»

In dieser Zeit lud die damals siebzehnjährige Ricarda Huch Freunde und Bekannte zu dramatischen Leseabenden ein, an denen mit verteilten Rollen Klassiker gelesen wurden. Sie verliebte sich Hals über Kopf in einen jungen Referendar, Wilhelm Mädge, der besonders schön und ausdrucksstark las, ihre scheuen Blicke aber nicht wahrzunehmen schien. Ricarda litt unsäglich und Lilly mit ihr. Da Richard Huch mit Mädge geschäftlich in Verbindung stand, bat Lilly schließlich ihren Mann, Mädge nach dessen Empfindungen auszuforschen. Natürlich wollte er von Ricarda nichts wissen. Diese war am Boden zerstört, als Richard die schlechte Nachricht überbrachte. Dann geschah etwas Unerwartetes. Richard legte der Unglücklichen tröstend den Arm um die Schulter. Die Berührung durchfuhr sie wie ein Blitz. «Von diesem Augenblick an liebte ich ihn», schrieb sie später. «Es war wie ein Augenblick reinen, vollkommenen Glücks ... Ich stand in Flammen, die Welt war verändert.»

Vielleicht war es Eitelkeit, vielleicht auch echte Leidenschaft, die den damals dreißigjährigen, nach außen kühlen Richard Huch dazu trieb, die Liebe der Siebzehnjährigen zu wecken, unverantwortlich war es allemal. Lilly ahnte zunächst nichts. Vielmehr fuhr sie noch gemeinsam mit Richard, Ricarda und den Kindern in die Schweiz, wo sich die Liebe zwischen ihrer Schwester und ihrem Mann nicht mehr verbergen ließ. Lilly war zutiefst getroffen, als sie die Leidenschaft erkannte, «die wie der Sturm das niederfegte, was ihr im Weg stand».

Blind vor Liebe, verdrängte Ricarda Huch den Schmerz, den sie und Richard ihrer Schwester zugefügt hatten. «So wie ich war, konnte ich mir einbilden, eine Liebe könne wie ein schönes Licht überall ausgebreitet sein, es gäbe eigentlich in diesem Sinne gar keine verbotene Liebe», erinnerte sie sich später. Ein Bewußtsein von Schuld sei ihr nicht gekommen, «wollte ich doch nichts von ihm, wollte meiner Schwester nichts nehmen, wollte mich nur ihm schenken, ihm mein Herz schenken ... Es war etwas, was nur uns anging, was meiner Schwester nichts nahm.» Sie begriff ihre Liebe zu Richard Huch als ein Naturereignis, ein Naturrecht, «heilig und ewig», diese Liebe war ihr ein göttliches Fatum, und nur mit dieser Gewißheit ertrug sie den moralischen Druck, den das Unglück der Schwester und die Beschwörungen ihrer Familie in den nächsten Jahren auf sie ausübten. Am ärgsten setzte ihr der Vater zu. Unbeholfen versuchte er, seine väterliche Autorität spielen zu lassen. Er überschüttete sein «unglückliches, verblendetes Kind» mit Vorwürfen, appellierte an ihr Pflichtgefühl, drohte in seiner Erregung, sie aus seinem Herzen zu verstoßen, und bemühte zuletzt, da alles nichts half, höhere Autoritäten, um das Gewissen seiner Tochter zu erreichen: «Das aber sei Euch gesagt, daß ihr es habt über Euch bringen können, Lilly, mein, unser Alles so namlos unglücklich zu machen, *das* ist die Sünde, die Gott richten wird, unerbittlich!» Dann wieder wandte er sich rührend an seine verstockte Tochter: «Du hast doch die Gewißheit, daß dein Vater dich lieb hat, wenn er auch um dich weint.» All das verstörte Ricarda Huch, brachte ihre Liebe aber nicht ins Wanken. «Es war sinnlos, die Pflicht gegen sie ins Feld zu führen», heißt es in ihren Erinnerungen. Sie empfand ihre Liebe zu Richard als Schicksal, und «diesem Schicksal mußte sich alles unterwerfen». Die Ehe zwischen Lilly und Richard Huch stellte sie dabei zu keinem Augenblick in Frage. Zwar nahm sie die Geburt der Tochter Käthe 1884 mit Gefühlen der Eifersucht auf, von Scheidung war aber nie die Rede.

Und Lilly? Sie liebte Richard zu sehr, als daß sie von sich aus eine Trennung gefordert hätte. Auch Richard konnte es nicht recht sein, seinen guten Ruf als Anwalt aufs Spiel zu setzen, indem er eine Frau mit drei kleinen Kindern verließ. Daher blieb nach außen alles beim alten. Richard und Lilly Huch führten weiterhin eine scheinbar intakte Ehe.

Aufbrüche und Verwirrungen

Ricarda Huch verließ Braunschweig nach fünf unseligen Jahren, in denen sie ohne ein bestimmtes Lebensziel von einem heimlichen nächtlichen Treffen mit Richard zum nächsten dahintrieb. Die Ausweglosigkeit ihrer Liebe, eine wachsende Unzufriedenheit, aber auch die Ahnung, daß ihr Vater sie später nach Brasilien mitnehmen wollte, machten sie unruhig. Von ihrer Freundin Etta Heinicken hatte sie gehört, daß Frauen in Zürich studieren konnten. Die für ein Studium notwendige Maturitätsprüfung – Ricarda Huch hatte nur bis zu ihrem vierzehnten Lebensjahr eine Privatschule besucht – sollte «bei täglich 4 bis 5 Stunden fleißigen Studiums» innerhalb von 15 Monaten nachgeholt werden, versicherte ihr eine Zürcher Lehrerin, die sie wegen näherer Information angeschrieben hatte. Hier tat sich ein Ausweg auf. Da sie wußte, daß ihr Vater niemals einem Studium seiner Tochter zustimmen würde, brach sie von Braunschweig aus auf, als er in Brasilien war.

Zürich war die «Stadt der Jugend, der Freiheit und der Hoffnung». Wie einen anbrechenden Frühling genoß Ricarda fast rauschhaft die liberale akademische Atmosphäre an der Universität, wo Frauen und Männer sich die Studienbänke teilten, während Deutschland noch weit davon entfernt war, die Hochschulen für Frauen zu öffnen. Mit wachem Sinn nahm sie alles auf, stürzte sich mit Feuereifer in die Arbeit, bestand nach einem guten Jahr das Maturitätsexamen und schrieb sich, weil es der Wunsch der Großmutter war, für Geschichte ein, obwohl sie lieber Naturwissenschaften studiert hätte. Die Kurse absolvierte sie glänzend und entdeckte die Geschichte für sich als sprudelnde Quelle von dramatischen Geschehnissen, als einen «farbigen Strom ..., aus dem Persönlichkeiten auftauchten, die (sie) kämpfen und siegen oder unterliegen sah, als den Stoff, in den ... (ihre) Phantasie hineingriff, um ihn dramatisch zu gestalten». Dieser verspielte, beinahe respektlose Umgang mit dem Fach gab ihr später den Schlüssel in die Hand, um in ihren Romanen die Staubkammern der Geschichte zu entrümpeln, literarisch zu verzaubern und lebendig werden zu lassen. Während des Studiums rebellierte Ricarda Huch allerdings nur, wenn sie ihrer Phantasie freien Lauf ließ. Sie war eine brave, strebsame Studentin,

Ricarda Huch im Jahre 1886, in dem sie Braunschweig verließ, um in Zürich zu studieren.

schrieb eine den Anforderungen nach Wissenschaftlichkeit genügende Doktorarbeit über «Die Neutralität der Eidgenossenschaft besonders der Orte Zürich und Bern während des spanischen Erbfolgekriegs», die sie später fade und grau fand. Das Leben in Zürich gefiel ihr, sie fand Freundinnen, mit denen sie häufiger Unsinn machte, als intellektuell zu diskutieren, wie es die Vorkämpferinnen der Frauenemanzipation taten, von denen sie sich distanzierte. Sie ging ihren Weg leichtfüßig, hatte Erfolg und war durch das Erbe des Vaters, der 1887 verstorben war, finanziell vorerst abgesichert, so daß ihr die Forderungen der Frauenbewegung fremd blieben.

Obgleich Ricarda Huch später die Zürcher Jahre als «ein Fest» beschrieb, überkam sie immer wieder eine «an die Grenzen der Verzweiflung rührende Sehnsucht» nach Richard und ihrer Familie. Sie setzte sich dann hin und schrieb Briefe an den Geliebten, in denen sie ihm zarte Liebesgedichte mitschickte. Auch litt sie unter der Trennung von ihrer Schwester und erstmals unter einem Schuldbewußtsein. Holprig dichtete sie in Gedanken an ihre Schwester:

Seit ich der Unschuld weißes Kleid
Zerriß und von mir warf,
Ich Dein und unsrer Kinderzeit
Nicht mehr denken darf.

Nie mehr in Freude oder Schmerz
An meinem Hals Du hängst,
Und Deine kleine Hand, mein Herz,
Fiel aus meiner längst.

Ach laß, wenn ich gestorben bin,
Die Tränen, die Du weinst,
Mir übers Antlitz fließen hin,
Weißt Du, wie voreinst.

Wie sehr ihre schwesterlichen Empfindungen unbewußt zwischen Schuldgefühlen, Eifersucht und Liebe schwankten, zeigt die unglückliche Romanfigur der Lucile in den «Erinnerungen von Ursleu dem Jüngeren», an denen sie 1892 intensiv arbeitete. Während sie alle Personen, sich selbst eingeschlossen, die Huchschen Familienangehörigen teilweise bis hin zum Sprachduktus nachzeichnete, scheint es, als habe sie der Mut verlassen, auch die Schwester der Öffentlichkeit preiszugeben. Sie versuchte, Lucile die Züge ihrer Zürcher Freundin Salomé Neureiter zu geben, obgleich Lucile in der Rolle der betrogenen Ehefrau eindeutig auf die Schwester zurückging. Nur mit Salomé Neureiter vor Augen brachte sie es über sich, ihre Schwester so weit von ihrem Gewissen fernzuhalten, daß sie Lucile in der Geisterwelt der Ursleuen durch die Hand ihrer Feder sterben lassen konnte. Die Verschleierung mißlang jedoch, die Figur der Lucile blieb ein Zwitterwesen. Kein Wunder, daß der Vetter Hans Hähn befremdet war: «Das einzig Dumme (an dem Roman) ist Lucile. Lilly ist einfach netter, viel bedeutender, reicher u. reizvoller, u. da die Worte Luciles alle von ihr hätten gesagt werden können, wird man in dieser ein entstelltes Bild Deiner Schwester sehen u. dasselbe schlechter Absicht, im günstigsten Fall durch Leidenschaft u. Eifersucht verursachter Verblendung zuschreiben.» Hans Hähn – Vertrauter in Ricarda Huchs Liebesnöten und Vermittler heimlicher Treffen zwischen Richard und ihr – versuchte nun die beiden Schwestern einander wieder näherzubringen. «Ich sprach übrigens mit L(illy) öfter von Dir ... Sie dachte nachher ganz vernünftig von Dir», berichtete er 1893 nach Zürich, und kurz darauf schrieb er: «Kannst Du Dir vorstellen, daß Du Dich mit Lilly wieder verträgst? Ich finde, daß Ihr gut zueinander paßt, Ihr habt 2 gleiche Seiten, mit denen Ihr Euch ineinandersetzt, u. 2 ungleiche, die Ihr einander gebt. Man könnte an 2 Dominosteine denken ...» Doch seine Bemühungen waren umsonst, das Band zerschnitten.

Auch Richard war verstimmt. Der Roman handelte von dem Trugbild großer Liebe, was er auf sich beziehen mußte. Ricarda Huch hatte zu dem eigentlichen Thema des Buchs gefunden, als sie sich in einen jungen Schweizer Studenten verliebte, der abends in einem Pensionszimmer über ihr Geige spielte. Sie war hingerissen, verzaubert, verwirrt, begriff sich nicht mehr, die die Liebe zu Richard wie ein Heiligtum in sich getragen hatte. «Was war denn der Zweck von diesem gewaltigen Aufwand, den das Schicksal mit uns machte ...? All der Jammer, den wir angerichtet haben ...! nichts als Zufall.» Die Gewißheit, mit ihrer einmaligen Liebe im Recht zu sein, die sie über alle seelischen Tiefen getragen hatte, war erschüttert. Zwar beendete sie die Beziehung zu dem Studenten, doch hatte die Liebe zu Richard einen Riß bekommen. Von widerstreitenden Stimmungen ließ sie sich fortan hin- und herreißen. «Lieber, lieber, lieber Richard! Bitte behalte sehr in Deinem Gedächtnis, daß ich keinen Menschen auf der Welt jemals so geliebt habe wie Dich!» beschwor sie ihren Vetter und verliebte sich sogleich wieder in einen anderen, den jungen Schriftsteller Emanuel Zaeslin. Sie würde für Richard alles tun, rechtfertigte sie sich gegenüber ihrem Freund Widmann, nur nicht «in ein Kloster gehn und von fern an ihn denken», das könne sie nicht. Kurz darauf war sie wieder «frech glücklich», daß sie sich von Zaeslin getrennt hatte: «Wir paßten nämlich absolut nicht füreinander.» Richard teilte sie jedesmal geradeheraus, fast belustigt ihre kindlich anmutenden Verliebtheiten mit, als sei er ein Herzensfreund. Und doch mußte sie wissen, daß sie damit einen Stachel der Eifersucht in ihn trieb. Sie war ihm noch immer verfallen. So las sie besorgt in einem Brief ihres Vetters Hans Hähn, es scheine, «daß R. und L. sich wieder nähern». Ängstlich schrieb sie an Richard, sie könne ohne ihn nicht leben. «Liebes Herz, laß uns hoffen.» Und in einem späteren Brief bat sie beinahe flehend: «Liebe mich um Gottes willen.» Sie konnte hoffen, denn der Schein, Lilly und Richard seien wieder vereint, trog. Die Ehe war brüchig. Lilly Huch fand sich erstmals bereit, über eine Trennung zu reden, bestand aber darauf, Richard müsse Braunschweig verlassen.

Ricarda Huch hatte Zürich im Oktober 1896 den Rücken gekehrt, um mit einigen Freundinnen in Bremen ein Mädchengymnasium aufzubauen. Näher an Braunschweig, traf sie sich öfter mit Richard, gemeinsam bereisten sie England, Zukunftspläne wurden gesponnen. Schließlich entschieden sie, zusammen nach Paris zu gehen, wo Richard am ehesten als Anwalt Fuß zu fassen hoffte. Da auch die geliebte Großmutter, die die Enkelin jahrelang beschworen hatte, von der «sündigen Liebe» zu lassen, nichts mehr einzuwenden hatte und «plötzlich den Finger Gottes in der ‹Teufelei›» sah, stand dem Glück nichts mehr im Wege. Doch über ihnen stand kein guter Stern. Mit gepackten Koffern kamen sie in Köln an, als eine Auseinandersetzung entbrannte, weil Ricarda nicht einsehen konnte, daß Richard Lilly das Versprechen abgenommen hatte, ihm regelmäßig über die Kinder zu schreiben. Man müsse im Leben ganze Arbeit tun, warf sie ihm vor. Sie wollte ihn bedingungslos für sich besitzen. «Ich hatte seit Jahren weder meine Schwester noch die Kinder mehr gesehen ... Ich hatte nichts mehr mit ihnen zu tun», erklärte sie später ihre harte Haltung. «Er aber erlebte ... den Schmerz der Frau und die Liebe der Kinder zu ihm ... (und ich) fühlte, wie er mich von sich stieß, mich haßte.» Der Abend endete unversöhnt. Richard kehrte am nächsten Tag nach Braunschweig zurück, Ricarda fühlte sich «vernichtet».

Getrennte Wege

Die Lebenswege der Schwestern, die sich durch die Liebe zu demselben Mann so unglücklich gekreuzt hatten, liefen jetzt endgültig auseinander. Lilly und Richard kamen sich wieder näher, und die Ehekrise schien vorerst überwunden. Nach seiner Rückkehr soll Richard reumütig eine halbe Nacht bei Lilly gesessen haben, berichtete die Großmutter ihrer Enkelin Ricarda nicht ohne Genugtuung. Lilly Huch liebte Richard nach wie vor und sollte es zeit ihres Lebens tun, obwohl sie wußte, daß er ihr nie ganz treu sein würde und immer wieder kleine Liaisons suchte. Doch noch verbanden die drei Kinder sie fest miteinander. Aus der Ferne hörte Lilly bald über ihre Schwester, daß diese einen italienischen Zahnarzt geheiratet hatte, in Triest lebte und als Schriftstellerin wachsende Anerkennung erfuhr.

Tatsächlich hatte Ricarda Huch sich mit einer bewundernswerten Kraft aus der persönlichen Krise herausgerissen, war von Bremen nach Wien gezogen, wo sie sich in die Arbeit an einer Abhandlung über die Romantik vertiefte. Da sie kaum Geld besaß, wohnte sie in einer billigen Pension, in der Italiener, Rumänen und Österreicher abstiegen.

Zum Mittagstisch erschien eines Tages ein italienischer Gast mit schäbigem Anzug und schwankendem Gang, der sie durch «den Zug von Einsamkeit», der um seine Augen lag, bezauberte. Bald war sie «behext» von dem sieben Jahre jüngeren Italiener, der sich als Zahnarzt Ermanno Ceconi vorstellte, sah aber klar, daß vieles gegen eine Beziehung sprach. Er kam aus bedrängten Verhältnissen, war, anders

Ricarda Huch mit Ermanno Ceconi 1897, ein Jahr vor ihrer Hochzeit. Die Fotografie ist Marie Baum, «Meinem Bäumchen», gewidmet.

als Richard, kein intellektueller Mensch und vertrat ein traditionelles Frauenbild. «Er ist wie ein Kind, für das man alles sorgen und tun sollte. Er sagt auch selbst, seine Frau müsse zugleich seine Mutter sein», berichtete Ricarda Huch einer Freundin. Das Schlimmste aber wäre, «daß er absolut kein Mensch zum Geldverdienen» sei. Andererseits ließ sie sich von seinen «opalig schimmernden Augen, die so überirdisch und so schelmisch blicken konnten», bannen und liebte seine italienische Heißblütigkeit. «Du Wunderwerk, du liebe Kostbarkeit ...! Die andern machte Gott mit der Maschine. Mit seinen Händen hat er dich gemacht», dichtete sie für ihren «lieben dummen Doktor Ceconi» und heiratete ihn im Sommer 1898.

Sie zogen nach Triest, wo Ricarda Huch ohne große Lust an dem zweiten Teil der «Romantik» arbeitete. Sie fühlte sich in Italien nicht wohl – «Für mich hat der Gedanke, in Triest zu bleiben, etwas Tödliches» –, ihre Verhältnisse waren beengt und ärmlich, sie litt unter der feuchten Kälte im Winter und der Hitze im Sommer und fand bald alles abscheulich. Nur das Treiben am Hafen faszinierte sie. Neugierig streifte sie durch die Gassen, in denen die faulige Meeresluft hing, und sammelte Eindrücke und Bilder einer fremden, unheimlichen und vernachlässigten Lebenswelt, die sie in einem ihrer schönsten Bücher, «Aus der Triumphgasse», beschrieb. Der Roman erschien im Jahr 1900 als Vorabdruck in der «Frankfurter Zeitung», als die junge Familie – die Tochter Marietta war 1899 zur Welt gekommen – bereits Triest verlassen hatte und nach München gezogen war. Hier lebten sie, zunächst noch in ständiger Geldnot, in einer kleinen Wohnung über dem berühmten Café Luitpold, aus dem Krach und eine «höllische Luft» aus Rauch und Essensdüften nach oben stieg, dorthin, wo Ricarda Huch, das Licht ausnutzend, an einem kleinen Fensterbrett schon an ihrem nächsten Buch schrieb, während hinter ihr im Laufstall das Kind stand und jeden Augenblick zu schreien beginnen konnte. Sie genoß München, wo sie alte Freundinnen wiedertraf, und betrachtete es als Omen, daß sie bald in der Glücksgasse eine neue Wohnung beziehen konnten. Da Friedrich Huch, ein Halbbruder von Richard Huch, der Vetter Hans Hähn und Lillys Sohn Roderich damals ebenfalls in München lebten, kam sie nun auch wieder in Kontakt mit ihrer Familie.

Friedrich und Roderich Huch gehörten zu den Eingeweihten des Schwabinger Stefan-George-Kreises, jenen «Kosmikern» und «Enormen», jenen heidnisch Durchleuchteten, die eine «Erneuerung des Gesamt-Lebens von Grund auf» beschworen. Damals kreiste in der Schwabinger Bohème alles und jeder um irgend etwas und irgend jemanden, so daß es fast unmöglich war, sich dem zu entziehen. Doch Ricarda Huch ließ sich nicht in einen der Kreise hineinziehen und bildete auch keinen eigenen, obwohl sie als Schriftstellerin mittlerweile bekannt war und verehrt wurde. Sie schloß zwar Freundschaft mit Hanna und Karl Wolfskehl, besuchte aber nicht deren «heidnischen Salon», den man wie einen Kultraum zu betreten hatte. Hier gab sich der «Meister» Stefan George persönlich die Ehre, seine Jünger zu empfangen, und zu Fasching kam man weinlaubbekränzt als griechischer Gott oder Bacchant auf den dionysischen Kostümbällen zusammen. Nur einmal war Ricarda Huch bei Wolfskehls geladen und wurde für würdig befunden, Stefan George in dem für ihn vorbehaltenen «geweihten» Zimmer zu begrüßen. Doch daraus wurde nichts. Ermanno Ceconi fehlte das erhabene Empfinden, und er fuhr mit den Worten dazwischen, wenn Herr George Frau Dr. Ceconi kennenlernen wolle, solle er sich gefälligst zu ihr bemühen, um sich ihr vorstellen zu lassen. Ansonsten wurde das aus kosmischer Weltsicht zu den «Belanglosen» zählende Ehepaar Ceconi nur durch Roderich Huch, im Kreis «Konstantin, der Sonnenknabe» genannt, über die «Enormen» unterrichtet. Hautnah bekamen sie so den «großen Krach» mit. Als Roderich Huch aus dem Kreis ausstieg und zu der Gegenkultur der «Bunten» um die Gräfin Franziska zu Reventlow überging, wurde er eines Nachts auf der «kosmischen Wiese», dem Garten vor Friedrich Huchs Wohnung, von einem «Enormen» überfallen und konnte sich gerade noch halbnackt zu seiner Tante Ricarda retten.

Die kosmischen Erschütterungen rauschten an Ricarda Huch vorbei, die «wie ein Tiger auf Arbeit» schrieb – ach, hätte sie doch «verdreifacht am Schreibtisch sitzen können». Freunde hatten ihr ein Häuschen in Grünwald bei München gekauft, wo sie mit Ermanno Ceconi und ihrer Tochter die Wochenenden verbrachte und im Sommer oft tage- und wochenlang arbeitete. Die Romane – fast jeden Sommer schloß sie einen ab – trugen jetzt wieder stärker autobiographische Züge. Die bittere Erfahrung ihrer Liebe zu Richard Huch verarbeitete sie in «Vita solemnis breve» und verklärte Ermanno Ceconi in «Von den Königen und der Krone» zu einem edlen, innerlich zerrissenen Sproß eines mythologischen Königsgeschlechts. Schön, aber körperlos im Strudel ihrer glänzenden Worte, formte Ricarda Huch dieses Jugendstilgeschöpf mit ihrer Feder und hüllte Ermanno Ceconi so in ein strahlendes, goldenes Phantasiegewand, das seine Leidenschaftlichkeit und zornigen Stimmungsausbrüche verbarg, unter denen sie zunehmend zu leiden hatte. Zwischen Untreue und rasender Eifersucht schwankend, brach Ermannos Temperament oft vulkanisch hervor und ließ sich dann kaum zügeln. Eines Tages warf er sogar mit einem Messer nach ihr. Sie zog sich immer öfter nach Grünwald zurück. Roderich Huch meinte bereits 1904, die beiden lebten getrennt.

Was Lilly Huch in Braunschweig von alledem mitbekam, ist ungewiß. Sie hatte ihre eigenen Sorgen, da die Ehe mit Richard endgültig gescheitert war, nachdem die Kinder das Erwachsenenalter erreicht hatten. Diese waren lange das moralische Gewissen gewesen, das der Ehe Bestand gegeben hatte, nun aber brach der Boden unter ihr zusammen. Lilly ließ sich auf eine Liebesaffäre ein, und die Scheidung wurde 1906 eingereicht. In diesem Augenblick erreichte sie die geradezu ungeheure Nachricht, daß ihre Tochter Käthe, mittlerweile Medizinstudentin, sich in Ermanno Ceconi verliebt habe. Es schien beinahe, als wolle sich die Tochter unbewußt für ihre Mutter an deren Schwester rächen. Obwohl Ermanno Ceconi schon vorher untreu gewesen war, erschütterte Ricarda Huch die Affäre zwischen ihrem Mann und Käthe Huch mehr als sonst. Sie kündigte die Scheidung an. In dieser aufgewühlten Stimmung traf Richard Huch ein, der in Sorge um seine Tochter nach München gereist war.

ROLLENTAUSCH

«Als ob der Stein», der auf ihrer «Vergangenheit gelegen hatte, sich gewaltsam löste», entfachte das unerwartete Wiedersehen in Ricarda und Richard Huch vom ersten Augenblick an die alte, jahrelang verschüttete Liebe. Wie als Siebzehnjährige stand Ricarda Huch wieder in Flammen, wie als Fünfundzwanzigjährige schrieb sie wieder hinreißende Liebesgedichte. Ermanno Ceconi versuchte vergeblich, Ricarda mit Bitten und unter Androhung einer Ehebruchklage für sich zurückzugewinnen. Schließlich willigte er in die Scheidung ein, nahm sogar die Schuld auf sich, indem er dem Scheidungsrichter ein Verhältnis mit Franziska zu Reventlow auftischte. Ricarda Huch ging nach Zürich, wo sie voller Ungeduld ein Jahr der Trennung, das ihre Schwester Lilly in ihrem Scheidungsprozeß durchgesetzt hatte, verlebte. 1907 zog sie nach Braunschweig und heiratete ihren Vetter Richard Huch.

Für Lilly Huch war es ein schwerer Schlag, daß die Leidenschaft zwischen ihrer Schwester und Richard Huch neu entbrannt war. «Ich verstehe nicht», schrieb sie vorwurfsvoll an Richard, «wie Du wünschen kannst, nur mit Ricarda zu leben und glücklich zu sein.» Es war ihr kaum eine Befriedigung, die beiden mit Hilfe des Gesetzes wenigstens mit einem Jahr der Trennung gestraft zu haben. Lilly Huch war damals 48 Jahre alt und stand vor einer vollkommen ungewissen Zukunft. Sie komme sich vor «wie eine Heimatlose auf der Landstraße», heißt es in einem Brief aus dieser Zeit. Doch sie besaß eine Lebenskraft und Willensstärke, die sie mit ihrer jüngeren Schwester teilte. Da sie nicht von Richard Huch und auf keinen Fall von ihrer Schwester finanziell abhängig sein wollte, beschloß sie, das Abitur nachzumachen, um anschließend zu studieren. Sie verließ Braunschweig, zog nach Berlin und nahm Privatunterricht. In gewisser Weise tauschten die Schwestern jetzt ihre Rollen. Während Ricarda Huch in die Wohnung ihrer Schwester zog und dort mit Richard und Lillys Tochter Mimi lebte, mußte Lilly – wie Ricarda 25 Jahre zuvor – alleine in einer ihr fremden Stadt von vorne beginnen. Dem Gefühl der Verlassenheit ausgesetzt, rang sie um Selbstachtung. «Manchmal ist mir, als käme meine Jugend wieder», schrieb sie an Richard, gestand ihm jedoch kurz darauf: «Nach deinem Klavierspiel habe ich oft Sehnsucht.» Sie liebe ihn noch immer. Dennoch denke sie ohne Bitterkeit an ihn und ihre Schwester: «Der Gedanke an mich soll Euch nicht stören u. keinen Schatten auf Euer Glück werfen.»

Sie wußte nicht, daß auch Ricarda um ihre Liebe, um ihr Glück rang. Denn Richard Huch, «der Gott, in Element gewandet», fiel herab von dem Olymp, auf dem Ricarda ihn seit ihrer Jugend vergöttert hatte. Schon bald zeigte sich, daß sie in wesentlichen «menschlichen Dingen» nicht übereinstimmten. Durch die Ehe mit

Ermanno Ceconi hatte Ricarda Huch materielles und menschliches Elend kennengelernt und war für die soziale Frage sensibilisiert, während Richard nie aus seiner gutbürgerlichen, von konservativer Arroganz geprägten Welt herausgetreten war. Er war es gewohnt, bewundert zu werden, und beobachtete argwöhnisch, daß Ricarda nicht allein in ihm, sondern auch im Schreiben Erfüllung fand. Diese Gegensätze ließen sich durch ihre Liebe noch versöhnen, solange die kleine Tochter Marietta bei ihrem Vater in München wohnte. Als sie aber nach einiger Zeit nach Braunschweig kam, konnte Richard es nur schwer ertragen, Ricardas Liebe mit der Tochter teilen zu müssen. Rücksichtslos tyrannisierte er das Kind, wenn er abends Wand an Wand zum Kinderzimmer auf dem Klavier spielte. Häufig fiel er in heftige Erregungszustände, die den Beginn einer Nervenkrankheit ankündigten. Er ging dann «stark gestikulierend, was er sonst nie tat, (auf und ab) und überhäufte mich mit Vorwürfen ... Oft drängte er sich auch in eine Ecke des Zimmers und sagte, mich wild anblickend, daß er Angst vor mir habe.» Schließlich bat er Ricarda, sie solle Marietta zu ihrem Vater schicken, der auch wieder geheiratet hatte. Aus München schrieb der Vetter Hans Hähn, Marietta habe alles Vertrauen zu Richard verloren. Auch zu ihrer Mutter wolle sie nicht zurück. Vor allem Ermanno Ceconi weigere sich, Marietta nach Braunschweig zurückzulassen, weil er das «seelische Anrichten» an dem Kind fürchte. Trotz lastender Schuldgefühle und zunehmender Entfremdung zwischen ihr und Richard blieb Ricarda in Braunschweig. «Ich war für (sie noch immer) ein Phantasiegebilde», schrieb Richard später. Er war nun fest entschlossen, «diese Liebe aus dem Herzen (zu) reißen», da ihn «das Zusammenleben ... zugrunde» richte. Um sie zu verletzen, besuchte er seine erste Frau Lilly in Berlin, kurz darauf ging er eine Beziehung mit einer jungen Geigerin ein. Erst jetzt verstand Ricarda: «Das war das Ende meiner Liebe ... Ich habe diese Liebe als Höllenfeuer gefühlt.»

«Wie konnte es geschehen, Ricarda, daß du diese große und innige Liebe verloren hast? Das ist so unverständlich», schrieb Lilly Huch 1910 an ihre Schwester. Es war einer der ersten Briefe, die sie seit beinahe dreißig Jahren an Ricarda richtete. Wie alles, was in dieser Zeit auf sie einstürzte, mußte Ricarda Huch diese Frage als Vorwurf auffassen. Sie erlebte die schlimmsten Jahre ihres Lebens, erlebte, wie Richard gegen sie intrigierte, sie «schonungslos zertrat» und Gerüchte über sie verbreitete, wie alte Freundinnen und die Familie mit Anschuldigungen über sie herfielen und der einst vertraute Vetter Hans Hähn sie als Anwalt Richards in den Scheidungsverhandlungen bloßstellte und attackierte. Damit dieser «wüste, wahnwitzige Traum» ende, nahm sie schließlich die Schuld auf sich, obwohl sie überzeugt war, daß sie für Richard nur «ein Stein in seinem Wege war, der fort mußte». 1912 wurde die Ehe wegen «böswilligen Verlassens» geschieden. Jahrelang konnte Ricarda nicht mehr durch Braunschweig fahren, ohne die Fenster des Zuges zu verhängen, und eine «maßlose Erbitterung» überkam sie, wenn sie an ihre «sogenannte Familie» dachte. Ein Gift hatte sich in ihr angesammelt, das erst nach Jahren nachließ. Der Versuch Lillys, den Kontakt zu ihrer Schwester wiederaufzunehmen, mußte scheitern – Ricarda Huch war dazu nicht bereit.

Richard, der sich nach eigenem Eingeständnis den «eigenwilligen Schwestern» nicht gewachsen fühlte, hatte beide im tiefsten Inneren getroffen. Er war ein Mensch, der nahm und nichts gab, der bewundert werden wollte und mit heftiger, ins Krankhafte gesteigerter Eifersucht Frauen, die ihn liebten, an sich binden wollte. Er forderte uneingeschränkte Aufmerksamkeit bis hin zur Selbstaufgabe, die er mit Liebe verwechselte, und richtete dabei sein eigenes und beinahe auch das Leben anderer zugrunde. 1914 starb er an einem Gehirnschlag. Nach der unwürdigen Trennung stand der Gedanke an ihn, selbst über seinen Tod hinaus, wie eine Mauer zwischen den Schwestern.

«FRISCH, MORGENHELL, VOLL VON UNGEDULDIGEN KRÄFTEN»

Ricarda Huch brauchte länger als ein Jahr, um sich so weit zu fangen, daß sie wieder arbeiten konnte. Außer der Bitterkeit, die sie seelisch und körperlich krank machte, beunruhigte sie die finanziell vollkommen ungesicherte Zukunft. Zwischenzeitlich spielte sie mit dem Gedanken, an der neu gegründeten Frauenfachhochschule in Leipzig zu unterrichten, doch Angst vor dem Lehren und vor dem Verlust der Freiheit zum Schreiben schreckten sie. Schließlich nahm sie sich in München in der Kaulbachstraße eine Wohnung mit Blick über den Garten eines Priesterseminars auf die Ludwigstraße. Sie hatte lange gezögert, in München neu zu beginnen, da sie die Macht der Erinnerungen fürchtete; als sie sich dann aber doch entschloß, erwies sich die Entscheidung als glücklich.

In München lebten viele alte Freundinnen aus der Zürcher Zeit, die ihr beistanden und sie ablenkten. Die Zoologin Marianne Plehn, die als erste Frau in Bayern den Professorentitel ehrenhalber verliehen bekam, gehörte ebenso dazu wie die Parapsychologin Fanny Hoppe-Moser und die Malerinnen Rose Plehn, eine Schwester von Marianne Plehn, Mimi von Gyso, Luise von Kehler und Sophie von Schewe, die gemeinsam mit Käthe Kollwitz in dem bedeutenden Atelier Herterich in Schwabing studiert hatten. Neue Freundinnen fand sie in der Bildhauerin Clara Rilke-Westhoff und der Münchner Vorsitzenden des Frauenvereins, Ika Freudenberg. Nahe kam ihr auch ihre Cousine, die Schauspielerin Lisbeth Huch, die eine Beziehung mit dem jungen Dirigenten Wilhelm Furtwängler hatte. Ricarda Huch war eine gute Freundin, und tiefe Freundschaften, vor allem die zu Marie Baum, ihrem «Bäumchen», halfen ihr über schwierige Lebenslagen hinweg. Bereits in ihren Zürcher Jahren hatte sie festgestellt: «Ich glaube, es gibt jetzt viel mehr erfreuliche Frauen als Männer; Frauen kenne ich ganz viele prachtvolle, Männer furchtbar wenig.» Ihr taten die Freundinnen gut, die sie in München traf, beglückend war es aber, daß sie ihre Tochter Marietta wieder zu sich nehmen konnte.

Mit Ermanno Ceconi hatte sie sich geeinigt, daß das «Busi», wie die Eltern Marietta nach dem italienischen Wort für Kätzchen nannten, ein halbes Jahr bei der Mutter und ein halbes Jahr beim Vater leben sollte. «Das Gefühl, mit Busi zu leben und so unzertrennlich mit ihr verbunden zu sein, ist mir immer gegenwärtig», schrieb sie dankbar an Marie Baum. «Man muß wohl alles durchgemacht haben, was ich durchgemacht habe, um mein ganzes Glück fühlen zu können.» Das Leben mit ihrer Tochter empfand sie bald als Paradies. «Nach jahrelanger Zerrissenheit war ich ganz frei», heißt es in ihren Lebenserinnerungen. «Der Unglücksfaden, den eine unheilvolle

Leidenschaft gesponnen hatte, war ganz und gar abgesponnen; ein Stück Leben ausgelebt, das wie ein Felsblock auf meinem Wege gelegen hatte. Das Leben fing für mich frisch, morgenhell, voll von ungeduldigen Kräften noch einmal an.»

Sie riß sich aus dem Zustand der Lethargie und nahm die kühne, schon in Braunschweig begonnene Arbeit an der Geschichte des Dreißigjährigen Krieges neu auf. Bald war sie wieder die alte, voll Energie und ungeheurer Disziplin. Berauscht von den historischen Ereignissen, versessen, ja «rasend», schrieb sie über das Leiden der vom Krieg heimgesuchten Menschen und über das Wüten der verwahrlosten Soldateska. Gekonnt, mit Sympathie für die einen, Zurückhaltung gegenüber den anderen, porträtierte sie die historischen Gestalten der Zeit: Gustav Adolf von Schweden, Wallenstein und den Feldherrn Tilly. «Wie ein ungeheurer Sturm rauschte es an mir vorüber; ich brauchte meine Erregung nur auf das Papier zu übertragen.» «Der Große Krieg in Deutschland», der ihren Ruhm begründete, erschien zwischen 1912 und 1914 in drei Bänden und wurde von Lesern und Kritikern gleichermaßen begeistert aufgenommen, auch wenn die Historiker etwas ratlos vor der bilderreichen epischen Geschichtsschreibung Ricarda Huchs standen. Trotz der Quellennähe hatte die Autorin Literatur geschrieben, in der sie sich erlaubte, was in der Wissenschaft einer Todsünde gleichkommt: Sie bemühte sich nicht um Distanz zu den historischen Ereignissen, sondern begab sich beim Schreiben mit Leib und Seele auf eine Zeitreise, spürte Mentalitäten nach und ließ «Herzen in der Geschichte klopfen und Träume sie durchglühen».

Es war Zufall, daß der letzte Band des «Großen Kriegs in Deutschland» in dem Jahr erschien, als der Erste Weltkrieg ausbrach. Ricarda Huch hatte mit einem Kriegsausbruch nicht gerechnet, begrüßte ihn aber wie viele in dem Glauben, daß die überlebten Verhältnisse in einem kranken Europa durch einen schnell geführten Krieg neu geordnet würden. Daß Deutschland dabei eine führende Rolle übernehmen werde, stand für sie außer Frage. Sie war von der «Überlegenheit der deutschen Kraft und Kultur» überzeugt. «Wenn ich ein Mann wäre, ginge ich gerne mit, aktiv sein ist immer schön.» Und das konnte sie auch hinter der Front sein. Als die Weltöffentlichkeit im September 1914, nach der Bombardierung der Kathedrale von Reims, die Deutschen als «Barbaren» brandmarkte, mischte sie sich empört ein und schrieb in der «Frankfurter Zeitung» unter der Schlagzeile «Wir Barbaren und die Kathedrale», daß man in Kriegszeiten zwischen Kunst und Leben abwägen müsse. Dabei schleuderte sie die Worte auf das Papier: «Europa ist reich genug, um es sich mehr als eine Kathedrale kosten lassen zu dürfen, wenn nur aus den Trümmern eine gereinigte, verjüngte Menschheit aufersteht.» Dieser Satz schädigte ihren Ruf nachhaltig, und sie ärgerte sich bereits weniger Tage später, daß sie sich dazu hatte hinreißen lassen. Sie dämpfte ihre Erregung, die sie bei Kriegsbeginn empfunden hatte, und wandte sich wieder den Themen zu, die sie seit längerem beschäftigten.

Die wichtigsten Anregungen erhielt sie in dieser Zeit von dem Kunsthistoriker Heinrich Wölfflin, den sie seit 1912 kannte und bald «unerschöpflich liebte». Wölfflin war ein zurückhaltender, bisweilen bis zur Unhöflichkeit schroffer Mensch, der ihr geradeheraus sagte, er verkehre nur mit ihr, weil sie die «erste Dichterin Deutschlands» sei. Der junge Biograph Richard Friedenthal, der die beiden gemeinsam erlebte, fand es geradezu «komisch, wie sie um den ... Maulfaulen warb. Er knurrte in seiner rauhen schweizerischen Tonart nur ein ‹gewiß› oder ‹ja, doch›, während Ricarda wahre Rosenketten um ihn zu winden suchte.» Heinrich Wölfflin ließ sich nicht betören, und sie nahm sich schließlich, «fast krank» vor verletztem Stolz, zusammen und bezwang ihre Empfindungen. So entwickelte sich aus dieser Leidenschaft, ihrer letzten großen Liebe, eine geistige Freundschaft, die Ricarda Huch zu einem neuen Verständnis von Leben und Kunst führte. Aus bitterer Selbsterfahrung vollzog sie einen inneren Wandel. Bereits in der Ehe mit Richard Huch hatte sie ihre Jugend, ihr naives Vertrauen in die Welt und ihre blinde Leidenschaftlichkeit verloren. Sie war ruhiger geworden und nun, nach der Enttäuschung mit Wölfflin, auf der Suche nach einem Glück und einer Geborgenheit, um die sie kein Mensch betrügen konnte. Die Ästhetin und Heidin Ricarda Huch wurde religiös, wurde eine überzeugte Christin. Ihr großes Liebesvermögen schenkte sie fortan uneingeschränkt ihrer Tochter.

Ihre innere Wandlung verraten die weltanschaulich-christlichen Werke, an denen Ricarda Huch seit Beginn des Ersten Weltkriegs arbeitete. 1916 erschien die Abhandlung «Luthers Glaube», 1919 folgte «Der Sinn der Heiligen Schrift». «Wer die älteren Schriften der Dichterin kennt, wird fragen: wie kommt Saul unter die Propheten?» wunderte sich der Religionssoziologe Ernst Troeltsch, und Walter Emmerich, der Herausgeber der Gesammelten Werke von Ricarda Huch, fand sogar, «ein greulicher Synkretismus aller Möglichkeiten des Geistes» mache diese Werke schwer erträglich. Es gab zwar auch einige positive Stimmen, insgesamt wurden die Bücher aber schlecht verkauft und fanden kaum Anklang. Es sei viel religiöses Empfinden in «Luthers Glaube», aber «keine Spur historischen Verständnisses», lautete das vernichtende Urteil von Troeltsch. «Ach, ich wollte, sie hätte ihren lieben Aberglauben wieder», schrieb die sechzehnjährige Tochter Marietta damals in ihr Tagebuch, «denn was für eine Plage dieser ewige liebe Gott für einen vernünftigen Menschen wie mich ist, kann man nicht beschreiben.»

«Liebe Ricarda, mir fehlt Richard ...»

1917 erkrankte Ricarda Huch schwer. Über die Verwandten erfuhr die Schwester Lilly von der lebensbedrohlichen Infektion. Sie hatte in all den Jahren die schriftstellerische Karriere ihrer Schwester aufmerksam verfolgt und erkannte Ricarda Huchs Bedeutung neidlos an. Voll echter Bewunderung ließ sie Ricarda Huch einmal wissen: «... deine Bücher liest man so, als hörte man eine Melodie, und man hat nicht das Gefühl, als sei das Arbeit.» Sie verehrte ihre Schwester, hatte ihr längst vergeben, war stolz auf sie und sehnte sich nach einem Lebenszeichen. Von der Nachricht über die gefährliche Krankheit aufgeschreckt, schrieb sie mit unverkennbarer Sorge: «Ich kann es nicht einmal ausdenken – daß du nicht mehr leben solltest.» Es drängte sie zu einem Neuanfang.

In den Briefen, die Lilly Huch fortan ihrer Schwester schickte, teilte sie wenig über sich mit. Sie erzählte nicht von den Erfahrungen ihres Studiums, das sie gerade mit einer Promotion in Nationalökonomie abgeschlossen hatte. Die Jahre an der Universität werden nicht immer leicht für sie gewesen sein. Studentinnen waren vielen deutschen Hochschullehrern wie dem Nationalökonom Lujo Brentano «ein Greuel, – sie wissen und verstehen nichts, machen sich nur wichtig» und wurden nach Ausbruch des Weltkriegs zur Zielscheibe bösartiger Kampagnen. Vorurteile, aber auch ihr Alter machten der über fünfzigjährigen Lilly Huch zu schaffen. «Man ist halt allein zwischen lauter Jugend», klagte sie. 1910 schrieb sie sich in Berlin für das Fach Nationalökonomie ein, wechselte aber bald nach Freiburg und zog schließlich nach Heidelberg, das vor dem Ersten Weltkrieg die klügsten und revolutionärsten Köpfe der National- und Geisteswissenschaften anzog. Auf dem Lehrstuhl für Nationalökonomie lehrten hintereinander die Brüder Max und Alfred Weber Soziologie, zu dem Lehrkörper gehörte Edgar Jaffé, der mit der promovierten Nationalökonomin Else Richthofen verheiratet war. Friedrich Gundolf, Ernst Troeltsch, Friedrich Naumann, die Frauenrechtlerin Marianne Weber, Karl Jaspers und Ernst Bloch erweiterten den Kreis der Heidelberger Professoren, die sich gegenseitig anregten, ihre Visionen darlegten und blitzgescheit über weltgeschichtliche Konzepte debattierten. In dieser liberalen und anregenden, ja aufregenden Atmosphäre, die Heidelberg zum intellektuellen Gegenpol der Schwabinger Lebenskultur machte, fühlte Lilly Huch sich aufgehoben. Sie blieb in Heidelberg und promovierte über das Thema «Nationalökonomie als Wissenschaft im Kantischen Sinne». Der erste Teil der Dissertation erschien 1917, der angekündigte zweite Teil erschien nie.

Nach der Promotion zog Lilly Huch nach Berlin zu ihrer Tochter Mimi, die als Bibliothekarin im «Verein Deutscher Maschinen-Bau-Anstalten» arbeitete. Ähnlich wie Ricarda Huch und ihre Tochter Marietta verband ein enges Vertrauen Lilly und Mimi Huch. Auch die Tochter Käthe lebte mit ihrem Mann und zwei kleinen Kindern in Berlin und kam oft zu Besuch. Die Familienbindung gewann mit zunehmendem Alter für beide Schwestern an Bedeutung. «Man ist doch sehr mit seiner Familie verwachsen.» Obgleich mehr als zehn Jahre seit der Scheidung vergangen waren, hatte Lilly Huch die Trennung nicht verwunden. Richard Huch war das wiederkehrende Thema der Briefe an ihre Schwester, es schien beinahe, sie sei von ihm besessen. Ihr fehle Richard in jedem Augenblick, schrieb Lilly

Der Gedanke an Richard Huch hatte für lange Jahre wie eine Mauer zwischen den Schwestern gestanden. Als Ricarda Huch erkrankte, drängte es Lilly Huch zu einem Neuanfang. Ihre Werbung um die schwesterliche Zuneigung sollte zunächst vergeblich sein. Das Entstehungsdatum der Fotografie ist unbekannt.

1917, und anderthalb Jahre später, penetrant beharrlich: Sie denke an Richard, wie er war, voller Treue. Seine Liebe habe er ihr nicht schenken können, das *konnte* er einfach nicht, weil er eben nicht anders konnte, als Ricarda zu lieben. Sie bat ihre Schwester mit den Worten «es wäre ja alles anders gekommen, wenn du Richards entsetzliche Kindheit gewußt hättest» um Verständnis für seine Ausfälle und Exzentrik und empfahl der Schwester Literatur über die Krankheit, an der Richard Huch in seinen letzten Lebensjahren litt. Sie solle die Bücher lesen, um zu verstehen. Ricarda Huchs Antwortbriefe sind leider verlorengegangen, doch eines ist sicher: sie wollte nicht verstehen. Sie war ihrem Prinzip, «man müsse im Leben ganze Arbeit tun», stets gefolgt. So wie sie ihre Bücher mit Leidenschaft schrieb, sich dann aber nicht mehr darum kümmerte, wenn sie das Manuskript aus der Hand gegeben hatte, so konnte sie sich bedingungslos der Freundschaft und Liebe hingeben, solange sie Wärme bekam. War das Vertrauen aber zerstört, wandte sie sich für immer ab. Die große Erbitterung über die Scheidung hatte sie mit Mühe verwunden, ausgraben wollte sie sie nicht noch mal. Daher bedrängten Lillys Briefe sie, waren ihr unangenehm. Lilly Huch spürte die Zurückhaltung ihrer Schwester und schrieb: «Liebe Ricarda, du sollst dich niemals mit langen Briefen quälen, wenn du nicht Lust zum Schreiben hast.» Sie begriff nicht, daß sie immer wieder die falschen Themen ansprach. Lilly fühlte sich unverstanden, zog sich gekränkt zurück, und der Briefaustausch schlief ein. Die Lebenswege der Schwestern, die sich kurz berührt hatten, liefen wieder auseinander, jahrelang hörten und wußten sie nichts voneinander.

GOLDENE ZWANZIGER JAHRE

Für Ricarda Huch, um die es während des Krieges ruhig geworden war, begannen damals Jahre des Erfolgs und der Anerkennung. Abseits vom öffentlichen Rampenlicht, beinahe in religiöser Einkehr hatte sie die Zeit des Krieges mit ihrer Tochter in München und in der Schweiz verbracht. Bei Kriegsende schien sie jedoch wie erweckt. Mit dem ersten Zug reiste sie nach München, wo sie sich engagiert für ein neues Deutschland einsetzte. «Wir haben nur zwei Möglichkeiten», schrieb die Gegnerin des Versailler Vertrags Ende 1918 in einem Aufruf, «verzichten wir auf unsere Selbständigkeit, und geben wir uns selbst dem Feind preis, oder aber bewahren wir unseren Stolz, den wir auch als besiegtes Volk noch haben dürfen, und vor allen Dingen, suchen wir durch Einigkeit uns kräftig zu machen.» Bewundernd notierte Thomas Mann in sein Tagebuch: «würdiger Aufruf Rikarda Huchs gegen die deutsche Würdelosigkeit». Sie hatte sich wieder in das Bewußtsein der Öffentlichkeit geschrieben, ihre Worte besaßen Gewicht. Gemeinsam mit Rainer Maria Rilke, Fritz Strich, Heinrich und Thomas Mann rief sie zur «Schicksalsgemeinschaft mit dem arbeitenden Volk» auf und bat nach der blutigen Niederschlagung der Räterepublik in München um Amnestie für alle unschuldig Verhafteten. Sodann überraschte sie die Öffentlichkeit mit einer neuen Schrift, «Bakunin und die Anarchie». Aus dem Gefängnis schrieb ihr Erich Mühsam: «Ihr Buch hat mir unbeschreiblichen Eindruck gemacht ..., weil das, was ich von diesem (Bakunins) Geist, von dieser Kraft weiß, hier einmal ganz menschlich, ganz natürlich und tief verstehend bestätigt wird ..., daß Sie das scheinbar Widerspruchsvolle in seinem Tun und Lassen überall aus der großen reinen Menschlichkeit zu erklären wissen ..., dies alles hat mir das Bedürfnis, Ihnen zu danken unabweisbar gemacht.» Wie Phönix aus der Asche war Ricarda Huch auf die gesellschaftliche Bühne zurückgekehrt. Als sie 1924 ihren sechzigsten Geburtstag feierte, erntete sie reichlich die Früchte für ihr Lebenswerk. Sie sei «eine wunderbar artikulierende Herrscherin im Reich des Bewußten, eine Mehrerin dieses Reiches, eine große Schriftstellerin», schwelgte Thomas Mann in einer Ehrung in der «Frankfurter Zeitung». «Nicht nur die erste Frau Deutschlands ist es», die man zu feiern habe, sie sei «wahrscheinlich heute die erste Europas.» Zwei Jahre später wurde sie als erste Frau zum Gründungsmitglied der Sektion Dichtkunst an der Preußischen Akademie der Künste in Berlin gewählt.

Sie nahm den gesellschaftlichen Erfolg mit der ihr eigenen Gelassenheit. Nur die zahlreichen Besucher, die ihr die Wohnung einrannten, wurden ihr manchmal zuviel, so daß sie sich zu Hause wie in einem Hotel fühlte. Um dem atemlosen Alltag zu entfliehen, reiste sie wochenlang nach Padua zu Ermanno Ceconi. Bereits vor dem Krieg hatte sie ihren ersten Mann öfter getroffen, nun aber entwickelte sich eine tiefe Freundschaft, die ihr Leben bereicherte. In herzlichen Briefen munterte sie ihren «armen kranken volpinetto» auf, wenn er sich elend fühlte, und neckte ihren lieben «Manno», wenn es ihm gut ging. Zu Ermanno Ceconi fuhr sie auch sogleich, nachdem ihre Tochter Marietta 1926 den Juristen Franz Böhm geheiratet hatte. Der Abschied von Marietta fiel Ricarda Huch schwer. Sie sei entsetzlich unglücklich, vertraute sie einer Freundin

an, habe bittere Angst vor der einsamen Wohnung, und auch Manno
sei bedrückt: «Wir fühlten uns so recht als kinderloses Ehepaar (und)
... alt.» Es war eines der letzten Zusammentreffen der beiden, denn
kurz darauf erkrankte Ermanno Ceconi schwer. Ricarda Huch
pflegte den geliebten Menschen bis zu seinem Tod. Ihre tiefe Erschütterung zeigte sich noch zehn Jahre später in einem Gedicht:

> Nicht alle Schmerzen sind heilbar, denn manche schleichen
> Sich tiefer und tiefer ins Herz hinein,
> Und während Tage und Jahre verstreichen,
> Werden sie Stein.
> Der Frühling kommt wieder mit Wärme und Helle,
> Die Welt wird ein Blütenmeer.
> Aber in meinem Herzen ist eine Stelle,
> Da blüht nichts mehr.

Ricarda Huch verließ in dieser Zeit München, die Stadt, «an der das
Herz hängt und das Auge seine Lust hat», die Stadt, in der sie die
glücklichsten Jahre ihres Lebens verbracht hatte. Sie zog nach Berlin
zu ihrer Tochter, die mit ihrem Mann in der Uhlandstraße lebte. Nur
wenige Häuserzeilen entfernt, in der Carmerstraße am Steinplatz,
wohnte seit einigen Monaten ihre Schwester Lilly Huch. Sie war hier
1927 mit ihrer Tochter Mimi eingezogen. Lilly Huch hatte die zwanziger Jahre nur vorübergehend in Berlin verbracht. 1922 hatte sie eine
Stelle als Hauslehrerin in Ostpreußen auf einem Rittergut in der
Nähe von Allenstein angetreten. Sie unterrichtete dort die vier
Töchter des Hauses und befreundete sich mit den Gutspächtern. Monatelang lebte ihr Enkel Heinrich, ein Sohn von Käthe, bei seiner
Großmutter, die sich in der neuen Umgebung glücklich fühlte. Als
sie zu ihrer Tochter Mimi nach Berlin zurückkam, war sie weit über
sechzig und hatte jahrelang nichts von Ricarda Huch gehört.

Ein heiteres Blümchen

Die Geschichte der Schwestern ist nicht so banal, daß sie sich zufällig beim Spazierengehen wiederbegegnet wären. Es waren die Töchter und Schwiegersöhne der beiden Schwestern, die den Augenblick für gekommen sahen, daß sich ihre Mütter wiedersehen und aussöhnen sollten. Ricarda Huch wurde für die Idee gewonnen, Lilly Huch wußte von nichts. Als die Familie sie in ihrer Wohnung überraschte und sie die «schweren Schritte» ihrer Schwester auf der Treppe hörte, weigerte sie sich, Ricarda zu sehen. Der Versuch, eine Versöhnung herbeizuführen, wäre beinahe gescheitert, doch Lilly Huch überwand nach vielem Zureden ihren inneren Widerstand und Groll und trat ihrer Schwester entgegen. Die beiden hatten sich über vierzig Jahre nicht gesehen, dazwischen lag die Fülle zweier bewegter Leben, doch sahen sich die Schwestern nach wie vor ähnlich. Lilly Huch war kleiner und zarter und ihre Gesichtszüge weicher. Aber beide hatten schöne stille Augen, deren Blicke außerhalb der Welt zu wandern schienen. Auch in ihrer Unbekümmertheit und unerschöpflichen Energie glichen die beiden einander. «Du solltest meine Schwester sehen», berichtete Ricarda Huch Marie Baum, «vom Morgen um 7 bis tief in die Nacht quick und voll Feuer, und aussehen tut sie wie ein Blümchen.» Als seien die Jahre der Rivalität weggefegt, verstanden sich die Schwestern augenblicklich wie in Kindertagen. Sie sahen sich in den fünf Jahren, die Ricarda Huch in Berlin blieb, häufig und fuhren 1932 sogar gemeinsam nach Bad Harzburg, um den siebzigsten Geburtstag ihres Bruders Rudolf Huch zu feiern. «Es war das erste Mal seit 1886, daß wir drei zusammen waren», registrierte Ricarda Huch, doch eine Versöhnungsszene wie die zwischen den Schwestern wiederholte sich nicht. Ricarda Huch hatte ein distanziertes Verhältnis zu ihrem Bruder, der sich als Schriftsteller verkannt sah und nicht ohne Neid den Erfolg seiner jüngeren Schwester verfolgte. Von dem Wert seines schriftstellerischen Schaffens überzeugt, litt er darunter, daß seine Bücher «von aller Welt als belanglos angesehen wurden». Widmann, der alte Freund Ricarda Huchs aus Zürcher Jahren, hatte ihm in einer Rezension zu seinem bekanntesten Buch «Mehr Goethe» eine unerfreuliche «leidige Nörgelei» vorgeworfen, seine Schwester äußerte sich zu seinen Schriften nie. Besonders bitter war es für ihn, wenn «Verehrerinnen (!) meiner Schwester ... mich wohl mit einem gütigen Lächeln (fragten): Und Sie schriftstellern auch?» Allmählich schlich sich der giftige Gedanke in sein Bewußtsein, daß ihm diese Verwandtschaft nur schade. Das Zusammentreffen in Bad Harzburg löste die Spannungen zwischen Bruder und Schwester nicht. Lapidar bemerkte Ricarda Huch: «In Harzburg war es eigentlich hübsch, bis auf die Familiengespenster.»

DER MUT DER ALTEN DAME

Die nationalsozialistische Machtergreifung erlebte Ricarda Huch nicht mehr in Berlin, sondern in Heidelberg, wo sie seit Ende 1932 mit ihrer Tochter und ihrem vierjährigen Enkel bei Marie Baum wohnte. Sie hatte den Aufstieg der Nationalsozialisten mit Unbehagen verfolgt: «Man könnte zuweilen an den Deutschen verzweifeln.» 1933 machte sie ihrem Unmut dann öffentlich Luft. Als die neuen Machthaber sofort nach ihrem Sieg mit der Gleichschaltung begannen und unbequeme sowie jüdische Mitglieder der Preußischen Akademie der Künste und Wissenschaften ausschlossen, trat sie unter Protest aus der Akademie aus. An den Präsidenten schrieb sie: «Daß ein Deutscher deutsch empfindet, möchte ich fast für selbstverständlich halten; aber was deutsch ist, und wie Deutschtum sich betätigen soll, darüber gibt es verschiedene Meinungen. Was die jetzige Regierung als nationale Gesinnung vorschreibt, ist nicht mein Deutschtum. Die Zentralisierung, der Zwang, die brutalen Methoden, die Diffamierung Andersdenkender, das prahlerische Selbstlob halte ich für undeutsch und unheilvoll.» Eine Übereinstimmung mit dem Programm der Regierung, wie es von den Mitgliedern der Akademie verlangt werde, sei bei ihr nicht vorhanden. Deshalb erkläre sie ihren Austritt. Ihr Protest hatte keine Konsequenzen, man wagte sich nicht an die große alte Dame der deutschen Literatur heran. Diese hielt sich fortan in der Öffentlichkeit, aber nicht in ihren Briefen zurück. Gestern habe sie mit Freunden eine neue Regierungsverfassung entworfen mit einem Paragraphen «Sitz der Regierung ist Berlin und München; Sitz des deutschen Volkes ist Krislau, Dachau etc.», schrieb sie 1935 bissig an eine Freundin. Und kurz darauf berichtete sie von dem bewegenden Eindruck, den eine Predigt von Martin Niemöller auf sie gemacht hatte.

In Jena, wo Ricarda Huch seit 1936 mit der Familie ihrer Tochter

Die Geschwister Lilly, Ricarda und Rudolf Huch trafen sich 1932 nach 46 Jahren das erste Mal wieder zu dritt.

lebte, bildete sich schnell ein fester Kreis von Freunden, mit denen sie und ihr Schwiegersohn Franz Böhm regelmäßig zusammenkamen und denen gegenüber sie offen ihre politischen Ansichten äußern konnten. Auch der junge Pastor Helmut Gollwitzer, der in Berlin Predigtverbot hatte und sie mit Nachrichten über den im Konzentrationslager inhaftierten Niemöller versorgte, gehörte zu den Vertrauten. Daß sie nicht vorsichtig genug sein konnte, bekam Ricarda bald am eigenen Leibe zu spüren, als sie und ihr Schwiegersohn Franz Böhm während einer Gesellschaft mit einem Ehepaar in einen Streit über die Rolle der Juden in der deutschen Kultur gerieten. Prompt wurden sie denunziert. Ricarda Huch mußte sich zu Verhören bei der Gestapo einfinden, Franz Böhm wurde die Professur an der Jenaer Universität entzogen. Beide verdankten es vermutlich dem Reichsjustizminister Gürtner, einem Verehrer von Ricarda Huch, daß das Verfahren gegen sie 1939 eingestellt wurde.

Allen Aufregungen zuwider arbeitete Ricarda Huch in den dreißiger Jahren unermüdlich an einer großen Trilogie zur deutschen Geschichte, in der sie nicht darauf verzichtete, auf das Leid der Juden und auf die «bestialischen Triebe in den Untiefen des deutschen Volkes» einzugehen und einen Lobgesang auf Freiheit und Glauben anzustimmen. Die Kritiken des ersten, 1934 erschienenen Bandes «Römisches Reich Deutscher Nation» waren überaus bösartig: «Mag sie (die Autorin) dann auch getrost ganz jenseits der Berge bleiben und dort die Blüten ihres Geistes verstreuen. Im Deutschland Adolf Hitlers ist für Magierinnen dieser Art heute kein Platz mehr», hieß es in einer Rezension der «Nationalsozialistischen Monatshefte». Obwohl der Band sich schlecht verkaufte, ließ der Verleger Martin Hürlimann Ricarda nicht fallen und druckte 1937 den zweiten Band, «Das Zeitalter der Glaubensspaltung». Der dritte Teil über den Untergang des Römischen Reichs Deutscher Nation konnte der Zensur des Propagandaministeriums nicht standhalten und erschien erst nach Ricarda Huchs Tod. Sie war zu einer Persona non grata geworden.

«ES IST ALLES SO SCHRECKLICH TRAURIG ...»

Lilly Huch war während der dreißiger Jahre bei ihrer Tochter Mimi in Berlin geblieben. Die wirtschaftliche Situation der beiden Frauen verschlechterte sich in dieser Zeit, und sie vermieteten Zimmer, um die Haushaltskasse aufzubessern. Da Mimi Huch tagsüber arbeitete, kümmerte sich die über siebzigjährige Mutter um die Mieter.

«Meine Schwester (ist) geradezu erstaunlich», berichtete Ricarda Huch 1936 von einem Besuch aus Berlin. «Sie ist von morgens bis abends von sprühender Lebendigkeit.» Die Lebensfreude und physischen Kräfte litten jedoch bald unter dem Unheil des Krieges. Gleich in den ersten Kriegswochen kam Lilly Huchs geliebter Enkel, der jüngste Sohn von Roderich Huch, bei einem Unfall ums Leben. Er hatte bei ihr gewohnt und war zu einer Art Ersatz für Roderich geworden. Die Nachricht von seinem Tod erreichte sie wenige Tage vor ihrem achtzigsten Geburtstag. Als Brandbomben 1943 ihre Wohnung zerstörten, flüchtete sie nach Karlsbad, wo sie von dem Tod ihres Sohnes Roderich erfuhr. Ricarda Huch, die durch Briefe von den Schicksalsschlägen unterrichtet war, schrieb an Marie Baum: «Es ist alles so schrecklich traurig, ich war gestern innerlich krank.» Mimi Huch, deren Arbeitsplatz 1944 nach Freudenstadt ausgelagert wurde, holte ihre Mutter nun zu sich. Die beiden hatten durch den Krieg viel verloren, einen Teil ihres Besitzes, ihren Lebensmut. Krank, den nahenden Kanonendonner vernehmend, erlebte Lilly Huch das Ende des Krieges in Freudenstadt.

Im September 1946 schrieb Ricarda Huch: «Ich bin sehr deprimiert über die Aussichtslosigkeit der allgemeinen Lage und mancher besonderen. Meine Schwester sieht ihrem Ende entgegen, Mimi allein bei ihr, die arme tapfere Mimi, die nichts, aber auch nichts mehr besitzt, lauter bettelarme Existenzen und nirgends eine Spalte, um aus dieser Verschütteten-Existenz ans Licht zu kommen.» Das Schicksal ihrer Schwester ging Ricarda Huch ebenso nahe wie das Schicksal vieler ihrer Freunde. Die Briefe aus den Kriegsjahren, im Telegrammstil verfaßt, sind getränkt von Todesnachrichten und der rasenden Sorge um ihre Familie und Freunde. Am tiefsten erschütterte sie die Nachricht von dem fehlgeschlagenen Attentat der Widerstandskämpfer des 20. Juli und von den nachfolgenden Todesurteilen, die auch über ihre Freunde Elisabeth von Thadden und Ernst von Harnack verhängt wurden. Ihre Trauer faßte sie in die Worte: «Das Licht erlischt ... wir essen Asche ins Brot gemischt.» Der Krieg erreichte nun auch Jena, den stundenlangen Bombenhagel erlebte sie mit ihrer Tochter in den Luftschutzkellern. Hier, wo sie sich «im Rachen des Todes» wähnte, nahm sie sich vor, weiterleben zu wollen, um den Ausgang des Kriegs zu erfahren und Zeugnis abzulegen.

Gleich nach Ende des Kriegs begann sie, Material über die Geschichte des Widerstands zu sammeln, wandte sich über die Zeitung an Freunde und Verwandte von ermordeten Widerstandskämpfern und versank in einer Flut von Briefen und Zuschriften. Sie wollte keine Märtyrerviten verfassen, sondern dem Leben der im Kampf gegen Hitler Verfolgten, Gefolterten und Ermordeten auf ihre einfühlende subjektive Weise nachspüren. Die ausufernde Arbeit überforderte sie schnell, zumal sie sich plötzlich mit Erwartungen konfrontiert sah, die sie befangen machten, oder sich Anmaßung vorwerfen lassen mußte. Nur wenige Porträts entstanden, bevor sie ihre Unterlagen an Günther Weisenborn weitergab, der später Teile davon in dem Band «Der lautlose Aufstand» veröffentlichte.

Ricarda Huch war nach dem Krieg in Jena geblieben, wo die sowjetischen Besatzer sie zuvorkommend behandelten und zur aktiven Mitarbeit am Wiederaufbau aufforderten. Als die sowjetischen Behörden allerdings eine gedruckte Rede, die sie zur Neueröffnung der Universität Jena gehalten hatte, einstampften, wurde ihr das politische Klima zu rauh. Sie nutzte die Gelegenheit, als Ehrenvorsitzende den ersten deutschen Schriftstellerkongreß in Berlin im Oktober 1947 eröffnen zu müssen, um heimlich die sowjetische Zone zu verlassen. Mit Ovationen wurde sie in Berlin gefeiert, von wo aus sie in einem verschlossenen britischen Militärzug in den Westen gebracht wurde. Ende Oktober kam sie erschöpft und krank von den Strapazen in Frankfurt an und starb drei Wochen später am 17. November 1947 an den Folgen einer Lungenentzündung. Acht Wochen vor ihrem Tod war Lilly Huch 88 Jahre alt geworden. Anläßlich ihres Geburtstages hatte Ricarda Huch bemerkt: «Früher war sie viel gesünder als ich, es fehlte ihr eigentlich nie etwas, jetzt liegt sie zu Bett und wird aller Voraussicht nach nicht mehr aufstehen.» Selber schwer krank, erfuhr Ricarda Huch nicht mehr, daß ihre Schwester Lilly in den Tagen der aufreibenden Flucht über Berlin und Frankfurt am 23. Oktober 1947 in Bad Griesbach gestorben war. Beide Schwestern hatten für den Fall ihres Todes einander versprochen, daß die Nachricht davon der anderen möglichst lange vorenthalten bleiben solle. Es geschah, wie sie es miteinander verabredet hatten.

DAS UNGESCHRIEBENE LEBEN

Elli, Valli und Ottla, die Schwestern Franz Kafkas

von Alena Wagnerová

An den Wänden der Pinkassynagoge in Prag können wir unter den Namen der fast achtzigtausend Opfer des Holocaust aus Böhmen und Mähren auch diese drei lesen:
Gabriela Hermannová 22.9.1889 Praha – 21.10.1941 Lodz
Valerie Pollaková 25.9.1890 Praha – 31.10.1941 Lodz
Ottilie Davidová 29.10.1892 Praha – 5.10.1943 Osvetim

Kaum einer der Besucher, die täglich durch die Gedenkstätte strömen, würde diese drei Namen mit Franz Kafka in Verbindung bringen. Wenn überhaupt, dann sind seine Schwestern nur unter ihren Rufnamen Elli, Valli und Ottla bekannt. So wurden sie von Freunden, von der Familie genannt und in Kafkas Tagebüchern und Briefen, in denen er sich häufig nur ganz allgemein auf sie, als seine Schwestern, bezieht.

Die Lebendigkeit und Intimität, die diese zärtlichen Namen ausstrahlen, täuscht. Mit ihnen ist unser Wissen über das Leben der drei Schwestern auch schon fast erschöpft – Ottla, die jüngste, vielleicht ausgenommen. In diesem Sinne gehören auch sie zu den Millionen der namenlosen Opfer des größten Pogroms in der Menschheitsgeschichte, obwohl ihre Namen festgehalten sind. Angesichts ihres berühmten Bruders fällt es besonders schwer, sich damit abzufinden, daß Elli, Valli und Ottla nur eine schwache, kaum erkennbare Lebensspur hinterlassen haben sollen. Ihr Vergessensein erscheint in diesem Zusammenhang als ein Unrecht besonderer Art. Während das Leben von Franz Kafka bis in die letzten Details beinahe von Tag zu Tag dokumentiert ist, finden sie zumeist nur in Anmerkungsapparaten und Kommentaren Erwähnung, soweit Einzelheiten aus ihrem Leben zur Erhellung und Interpretation seines Werkes dienen können – als hätten sie ihr Leben nicht als eigenständige Persönlichkeiten gelebt. Wenn wir über Ottla etwas mehr als über Elli und Valli wissen, dann nur deshalb, weil von allen Schwestern sie dem berühmten Bruder am nächsten stand, seine Lieblingsschwester war.

Sie waren aber doch nur ganz gewöhnliche Frauen, kann man sicher einwenden. Warum sollte man dann die Erinnerung an sie wachhalten? Außer ein paar Briefen haben sie nichts Schriftliches hinterlassen. Als Mädchen in eine Familie des jüdischen Mittelstandes in Prag im letzten Jahrzehnt des 19. Jahrhunderts hineingeboren, hatten sie – im Unterschied zu ihrem Bruder, wenn es auch für ihn schon schwer genug war – nicht die Wahl, ihr Leben anders zu gestalten als im Rahmen der traditionellen unsichtbaren Rolle als Hausfrau, Ehefrau und Mutter. Ihr Lebensziel war durch ihr Geschlecht vorgegeben. Sie gehörten der einen Hälfte der Menschheit an, die für die andere, die männliche, geschaffen worden war. Es hätte sehr viel Mut und Energie bedurft, sich über diesen festgefügten Rahmen hinwegzusetzen. Nur Ottla, die Jüngste, hat es versucht.

Vielleicht bestand aber für sie die einzige Möglichkeit, der Rolle zu entkommen, gerade darin, sie zu erfüllen. Innerhalb dieser Grenzen öffneten sich dann doch Gestaltungsmöglichkeiten und Freiräume, die es außerhalb nicht gab. Jahrhundertelang haben Frauen trainiert, durch äußere Anpassung ihre innere Freiheit zu bewahren. Indem sie ihren Frauenalltag annahmen, haben sie zwar ihre Unterdrückung legitimiert, andererseits aber in der Bedeutungslosigkeit des Häuslichen auch ein Stück weiblicher Gefühlskultur geschaffen, ohne die die bürgerliche Gesellschaft ärmer gewesen wäre. Es ist letztlich eine Frage der gewählten Maßstäbe, wenn wir über Erfolg, Bedeutung oder Bedeutungslosigkeit urteilen.

Waren die Einzelheiten aus dem Leben der drei Schwestern bisher nur dann von Interesse, wenn man sie auf Kafka beziehen konnte, so soll diesmal der entgegengesetzte Weg eingeschlagen werden und Kafkas Werk, insbesondere seine Tagebücher und Briefe, als Quelle für Informationen über seine Schwestern dienen. Daß wir uns dabei seiner Sicht der Dinge nicht ganz werden entziehen können, ist selbstverständlich.

In ihrem Leben hatten Kafkas Schwestern eine stumme Rolle zu spielen. Möglicherweise werden auch wir ihnen in der Stille, die zwischen den Zeilen entsteht, am nächsten sein.

Franz Kafka ging gerade seit einer Woche in die deutsche Knabenschule am Fleischmarkt, als am 22. September 1889 Gabriele, die älteste seiner Schwestern, geboren wurde. In den sieben Ehejahren ist sie das vierte Kind, das Julie Kafka zur Welt bringt. Wenn Kafka sich später in den Briefen an Felice Bauer als einsames Einzelkind beschreibt, dann ist dies wohl Ausdruck seiner inneren Situation, nicht aber der Familienrealität. Gewiß, die beiden Brüder Georg und Heinrich, geboren 1885 und 1887, starben als Kleinkinder, Georg wurde aber immerhin fünfzehn Monate alt. Der kleine Franz hatte also durchaus schon Erfahrungen mit Geschwistern, wenn diese auch nicht frei von Konkurrenzgefühl und Eifersucht gewesen sein mögen.

Bei der Geburt der Schwester Gabriele ist alles anders. Inzwischen sechs Jahre alt und Erstkläßler, nimmt Franz die Schwester als ein Wesen wahr, das ihm etwas von seiner bisherigen Einsamkeit nimmt – und ihm als dem großen Bruder vielleicht auch das Gefühl von Überlegenheit gibt.

Die kleine Gabriele, das erste Mädchen in der Geschwisterreihe, wird noch zwei Schwestern bekommen; im Vergleich zu ihnen hat sie es in ihrer Kindheit am schwersten. Vielleicht hätte der Vater an Stelle der Tochter lieber einen Sohn gesehen, eine besondere Zuneigung wird Hermann Kafka für seine Älteste nie entwickeln. Gabriele wird seinen Unberechenbarkeiten und recht groben Beschimpfungen täglich ausgesetzt sein und immer wieder hören müssen: «Zehn Meter weit vom Tisch muß sie sitzen, die breite Mad», um gleich darauf vom Vater in ihrer «unmöglichen Art» nachgeahmt zu werden.

So ist er eben, der Vater, Hermann Kafka, mit dem die Kinder vorliebnehmen müssen. Seine große mächtige Gestalt und seine laute Art wecken Respekt, eher noch Angst. Unberechenbar, jähzornig, unbeherrscht, polternd, von seinem Geschäft vollauf beansprucht, ist er ein Patriarch, eine starke Vaterfigur. Auf das Leben seiner vier Kinder wird er einen Schatten werfen – die Mädchen kommen heiler davon als der Sohn. Die Armut und die vielen Demütigungen, die Hermann Kafka in seiner Kindheit im südböhmischen Wossek als Sohn eines kleinen Fleischhauers erlebte, formten seinen Willen zum gesellschaftlichen Aufstieg. Schlecht

«Ich bin vor meinen Schwestern, besonders früher war es so, oft ein ganz anderer Mensch gewesen... Furchtlos, bloßgestellt, mächtig, überraschend, ergriffen wie sonst nur beim Schreiben.» (1913) Valli, Elli und Franz Kafka (v. l.) um 1893.

ernährt und gekleidet, mit Frostbeulen an den Füßen, habe er schon als Zehnjähriger die Fleischwaren mit dem Handkarren in die umliegenden Dörfer bringen müssen, wird er seinen Kindern unzählige Male erzählen, mit einem kaum versteckten Vorwurf, sie hätten es doch so viel besser – dank ihm.

Dabei ist Hermann Kafka sicherlich kein böser Mensch und auch kein gleichgültiger Vater. In späteren Jahren wird er sogar ein liebevoller Großvater sein. Er ist auch nicht gefühlskalt. Er hat nur nicht gelernt, mit seinen Gefühlen umzugehen, sie zu kontrollieren. Auf den staubigen Landstraßen zwischen Wossek, Písek und Strakonitz ist wohl die «Herzensbildung» von Hermann Kafka auf der Strecke geblieben. Und der harte Kampf um den gesellschaftlichen Aufstieg und Erfolg hat zu seiner Kultivierung auch nicht beigetragen. Er ist, wie er ist – ein unbehauener Stein.

Wie seine Geschwister, wie fast alle jungen Juden in dieser Zeit hatte Hermann Kafka nach dem Militärdienst das heimatliche böhmische Dorf verlassen. Er hausierte mit Kurzwaren in Prag, bis er eines Tages in Julie Löwy dem Glück seines Lebens begegnete.

Auch die damals schon sechsundzwanzigjährige Julie Löwy, aus einer wohlhabenden jüdischen Familie aus Podiebrad, hatte keine leichte Jugend gehabt. Nach dem frühen Tod der Mutter mußte sie schon als Heranwachsende viele Pflichten im Haus übernehmen. Wie es scheint, festigte dies aber nur ihren Charakter.

Hermann Kafka, ein ansehnlicher, stattlicher junger Mann, ist Julie Löwy gesellschaftlich nicht ebenbürtig. Doch werden die beiden eine glückliche und ausgesprochen harmonische Ehe führen. Hermann Kafka respektiert seine Braut, sie wiederum weiß seine Tüchtigkeit und Durchsetzungskraft zu schätzen.

Mit Hilfe der Mitgift seiner Frau gründet Hermann Kafka 1883 in der Zeltnergasse ein Galanteriewarengeschäft en gros und en détail. Der Aufbau des Geschäftes erfordert seine ganze Kraft – schließlich will und darf er nicht scheitern –, aber auch die Kraft und vor allem die Umsicht seiner Frau. Polternd, schreiend und schimpfend bewegt er sich durchs Leben, hinter ihm – und doch vorausschauend – seine Frau: ausgleichend, freundlich, klug, tüchtig, kompetent und zurückhaltend. Auf diese Weise zu wirken, das betrachtet sie als die Aufgabe einer Frau. Sie vermag es auch, «ihre Selbständigkeit in kleinsten Grenzen schön und zart zu bewahren», wie ihr der Sohn im «Brief an den Vater» (1919) bescheinigt. Aufstieg und Wohlstand verdankt die Familie auch ihr. Aber so würde sie selbst es nie sehen. Wenn auch von ausgeprägter Individualität, so sind Julie und Hermann Kafka dennoch typisch für ihren Stand und ihre Zeit. Hermann Kafka ist bei weitem nicht der einzige Mann aus dem Mittelstand, der mit lauter Stimme und strengem Regiment das Leben zu meistern sucht. Und nicht nur Franz Kafka, sondern fast alle seine Generationsgenossen werden mit ihren Vätern Probleme haben. Ebenso trägt auch Julie Kafka typische Züge einer Gründerzeitfrau des kaufmännischen Mittelstandes. Den Haushalt und das Personal zu führen, im Geschäft ihrer Männer zu arbeiten und mehrere Kinder zur Welt zu bringen ist für Frauen ihres Standes eine Selbstverständlichkeit. «Ich bin jetzt wieder flott im Geschäfte, da fast unser ganzes männliches Personal assentiert wurde und befinde mich dabei fast wohler als im Franzensbad. Wenn man das Rackern gewöhnt ist, kann man sich an Ruhe und Müßiggang nur schwer gewöhnen», wird Julie Kafka im Jahre 1916 an Anna Bauer, die Mutter von Felice Bauer, schreiben. Im Vergleich zu dieser Generation der allseits tätigen Mütter wird der Wirkungskreis ihrer Töchter als sehr eingeschränkt erscheinen. In der Regel werden sie in die Privatsphäre der Familie verwiesen, so auch die Töchter Julie Kafkas.

Kurz bevor Julie Kafka mit Gabriele niederkommt, zieht die Familie in das «Haus Minuta» auf dem Kleinen Ring. Es ist der fünfte Umzug in sieben Ehejahren, und es ist die erste größere Wohnung, die sich die junge Familie leisten kann – ein Zeichen der wirtschaftlichen Stabilisierung. In derselben Wohnung wird Julie Kafka ein Jahr später, am 25. September 1890, von einem weiteren Kind entbunden, einer Tochter, die den Namen Valerie bekommt und Vaters Liebling wird. «Am glücklichsten in ihrer Stellung zu Dir war Valli», schreibt Franz Kafka im «Brief an den Vater». Zwei Jahre später, am 29. Oktober 1892 kommt Ottilie, das dritte Mädchen – und wieder kein Junge – auf die Welt, auch sie – wie alle anderen, ausgenommen Franz – ein Herbstkind. Die Geschwisterreihe ist komplett. Die Stellung Ottlas als der letzten und Jüngsten erweist sich als die günstigste.

Mit dem Umzug in das «Haus Minuta» haben sich die privaten Wohnverhältnisse der Familie Kafka verbessert, an der äußeren Umgebung hat sich aber nichts geändert. In der Enge der städtischen Quartiere mit ihren dunklen Treppenhäusern, den kleinen schmutzigen Hinterhöfen mit Holzverschlägen für Brennmaterial gibt es für die Kinder kaum eine Möglichkeit, sich beim Spielen frei zu bewegen. Der Stimme des Vaters ist in diesen engen Räumen kaum zu entkommen. An der Hand der Erwachsenen, meist des Hauspersonals, erkunden die drei Schwestern die Welt; sie sind permanenter Kontrolle unterworfen, einer Erziehung, die aus Geboten und Verboten besteht. Auf diese Weise wachsen brave und gefügige Mädchen heran. Frei sind sie nur in der Innenwelt ihrer Träume, in der Phantasie, die alle drei von ihrer Mutter geerbt haben. Die Löwys galten – im Unterschied zu den tatkräftigen «Riesenmenschen» aus der Familie Kafka – schon immer als Träumer, Exzentriker und unruhige, suchende Menschen mit einem außerordentlich starken Gerechtigkeitsgefühl. Die Passivität der beiden älteren Schwestern Elli und Valli in allen Dingen ihrer Lebensgestaltung ist wohl auch ein Ergebnis dieser Erziehung. Ihre Stärken realisieren sich vor allem in ihrem großen Einfühlungsvermögen und einer ausgeprägten narrativen Kultur. «Es war ein Vergnügen, mit ihr zu sprechen», wurde später über Valli gesagt.

In der Familie werden die drei Schwestern als Einheit betrachtet. Auch ihr Bruder spricht meist nur von seinen «Schwestern», ohne sie mit Namen zu nennen. Bis in die Pubertät tragen sie, wie Fotografien zeigen, alle die gleichen Kleider und ähnliche Frisuren. Nett sieht es schon aus, wenn sie zu dritt mit ihrem «Fräulein» durch die Straßen gehen. Mancher Passant dreht sich sicherlich nach ihnen um. Bürgerlich, geregelt, so soll das Leben sein, das ihre Eltern für sie wünschen, und sie nehmen es an.

Zum Glück gibt es aber auch die städtischen Grünanlagen, nicht weit von der Altstadt entfernt. Hier kann man schon mal wild drauflosslaufen, rennen, die eigene Körperlichkeit erfahren. Kein Wunder, daß der Chotek-Park und die Letná zu den Lieblingsorten der drei Mädchen und später ihrer Familien werden. Fast jeden Tag kann man ihnen hier begegnen. Die Parkanlagen sind für die Kinder um so wichtiger, als die Familie Kafka in den ersten Jahren auch den Sommer in Prag verbringt. Allem Anschein nach fahren sie erst im Jahr 1900 in die Sommerfrische nach Roztoky bei Prag.

Durch die Ankunft der drei Schwestern hat sich die Familiensituation bei Kafkas stark verändert. Wenn die Geschwister sich auch unterordnen müssen, so können sie doch zu viert den Jähzorn des Vaters ganz anders auffangen. Das bunte Familienleben mit vier Kindern relativiert ihn, sein Geschimpfe gehört einfach dazu, und das nimmt ihm viel von der früheren Bedrohlichkeit. Eine Erleichterung auch für Franz, obwohl er das Grundmuster der Familienkonstellation längst verinnerlicht hat. In der ersten Zeit wußte der bei Ottlas Geburt fast Zehnjährige nicht viel mit seinen Schwestern anzufangen. Und er soll sie, so hat es Elli später ihrer Tochter Gerti erzählt, oft tyrannisiert haben. Sicherlich hat er dadurch etwas von dem Druck, der seitens des Vaters auf ihm lastete, weitergegeben. Aber je älter die Schwestern wurden, desto mehr veränderte sich auch seine Beziehung zu ihnen. Zunächst fühlte sich Franz wohl am stärksten mit Elli in einer Art Haßliebe verbunden, weil sie neben ihm am stärksten unter dem Vater litt und er in ihr das Spiegelbild seiner eigenen Eigenschaften sah: «... ich konnte sie kaum ansehn, gar nicht ansprechen, sosehr erinnerte sie mich an mich selbst, so sehr ähnlich stand sie unter dem Bann der Erziehung», wird er in dem «Brief an den Vater», zweifellos etwas überpointiert, schreiben.

Mit dem Umzug in die Zeltnergasse 3 im Jahre 1896 neigte sich die erste Phase des Schikanierens und Kommandierens wohl schon ihrem Ende zu, und Franz begann seine Schwestern als Spielkameradinnen zu entdecken. Eine Autoritätsperson, die dritte in der Familie, blieb er aber nach wie vor. Nur so ist es zu erklären, daß die Schwestern bereit waren, nach seiner Anleitung, auf dem Boden liegend und entkleidet, Atemübungen zu machen.

In der Zeltnergasse nimmt aber auch die Tradition ihren Anfang, zu den Geburtstagen der Eltern Theaterstücke einzustudieren und aufzuführen. Die Texte schreibt Franz Kafka selbst. Es werden die einzigen gewesen sein, die seinen Eltern gefielen.

Anna Pouzarová, die in den Jahren 1902/1903 in der Familie Kafka als Erzieherin arbeitete, konnte sich noch Jahre später an diese Eigenproduktionen erinnern und an die Strenge, mit der Franz Kafka Regie führte. Die Mädchen sollen sehr gut gespielt haben. Von den Stücken sind nur die Titel erhalten: «Der Gaukler», «Foto-

Valli (geb. 1890), Elli (geb. 1889) und Ottla (geb. 1892) (v. l.) sind «die Schwestern» und in den Augen der Familie eine Einheit. Die Fotografie entstand um 1898.

grafien reden» und «Georg von Podiebrad». Später wurden Stücke von Hans Sachs gespielt. In dieser Zeit besuchten die beiden jüngeren Mädchen die Stadtschule für Mädchen in der Fleischergasse und Elli schon eine Privatschule, die «Deutsche weiterführende Schule für Mädchen» von Adele Schembor auf dem Wenzelsplatz. «Die Mädchen waren sehr brav und lernten gut», berichtet Anna Pouzarová. «Die temperamentvolle Ottla war ein Wildfang, aber auch Lieblingskind.» Sehr wahrscheinlich haben später auch Valli und Ottla die gleiche Privatschule besucht. Den Mädchen wurden Kochen, Nähen oder Malen und erste Grundzüge der Musik, der Literatur und der französischen Sprache vermittelt. Der Unterricht orientierte sich an ihren zukünftigen Aufgaben als Ehefrau. Der stark patriarchalischen jüdischen Tradition verpflichtet, legen die Eltern Kafkas keinen Wert auf eine höhere Bildung ihrer Töchter, obwohl in Prag bereits ein deutsches Lyzeum für Mädchen existiert, von dem tschechischen Gymnasium «Minerva» ganz zu schweigen. Das deutschjüdische Milieu in Prag war, was die Frauenemanzipation anbelangt, im Vergleich zum tschechischen um einiges zurück. Die Antriebskraft, die die nationale Emanzipation auch der tschechischen Frauenbewegung gab, fehlte hier. Die erste Welle des Zionismus um 1913 sollte in den jüdischen Kreisen in dieser Hinsicht manches in Bewegung bringen. Nach Anna Pouzarovás Erinnerungen wurden in der Familie die jüdischen Feiertage, insbesondere Pessah, eingehalten und auch die Sitte, bei diesem Fest ein besonderes Geschirr zu benutzen. Davon abgesehen war das Judentum der Familie Kafka bereits einer starken Erosion ausgesetzt, wenn wir auch davon ausgehen können, daß die Mädchen hebräische Texte zumindest buchstabieren konnten. Gesprochen wurde in der Familie deutsch und tschechisch, je nach der Situation. Die deutsche Sprache war die Bildungssprache, die tschechische die Umgangssprache.

Im Jahre 1907 zieht die Familie Kafka wieder einmal um: in das neue komfortable Haus «Zum Schiff» in der Pariser Straße, einem der ersten Häuser in Prag mit Lift. Franz Kafka, dessen Zimmer zwischen dem Wohn- und dem Schlafzimmer der Eltern liegt, wird aber in dieser Wohnung wenig Ruhe finden. «Großer Lärm» heißt dann auch ein Text, in der er die Atmosphäre der Wohnung beschreibt. «Ich sitze in meinem Zimmer im Hauptquartier des Lärms der ganzen Wohnung. Alle Türen höre ich schlagen, durch ihren Lärm bleiben mir nur die Schritte der zwischen ihnen Laufenden erspart, noch das Zuklappen der Herdtüre in der Küche höre ich. Der Vater durchbricht die Türen meines Zimmers und zieht im nachschleppenden Schlafrock durch, aus dem Ofen im Nebenzimmer wird die Asche gekratzt, Valli fragt, durch das Vorzimmer Wort für Wort rufend, ob des Vaters Hut schon geputzt ist, ein Zischen, das mir befreundet sein will, erlebt noch das Geschrei einer antwortenden Stimme.»

Ein Raum wird zum Refugium der Geschwister Kafka: das Badezimmer. Außerhalb der Reichweite der elterlichen Ohren werden hier Geheimnisse ausgetauscht, es wird geflüstert, gespottet, gelacht und wohl auch geweint. Immer wieder finden sich auch in Kafkas Briefen an die Schwestern Hinweise auf diese Badezimmergespräche. Und wir können annehmen, daß gerade hier die spezifische situationsbedingte Familiensprache, voller skurriler Anspielungen, auf scharfen Beobachtungen beruhend, ihre ersten Blüten trieb. Einsprengsel dieser Sprache lassen sich auch in Kafkas Briefen und Schriften finden. Mit diesem Code verständigt sich die Familie nicht nur im Bad. Vor allem wenn der Vater nicht zu Hause ist, beteiligt sich auch Julie Kafka, vom allabendlichen Kartenspiel befreit, an diesen Gesprächen, in denen die kleinsten Details ausführlich und mit viel Humor hin- und hergewendet werden. Das Löwysche Element in der Familie kann sich in diesen Stunden voll entfalten. «Laßt Ihr Euch außer den Zeitungen alles gut schmecken», schreibt Julie Kafka einmal in einem Brief an ihre Kinder, der einem Paket beigelegt ist. Die Familie Kafka ist, trotz der drohenden Vatergestalt, auch ein warmes Nest. Dies macht auch Franz Kafka die Trennung so schwer. «Ich bin vor meinen Schwestern, besonders früher war es so, oft ein ganz anderer Mensch gewesen, als vor andern Leuten. Furchtlos, bloßgestellt, mächtig, überraschend, ergriffen wie sonst nur beim Schreiben», notiert er 1913 in seinem Tagebuch.

Etwa 1909 beginnen die Eltern Kafka sich nach geeigneten Ehegatten für die beiden älteren Töchter umzusehen. Zu diesem Zweck wird eine Heiratsvermittlung eingeschaltet. Ob Elli und Valli nach dem Abschluß ihrer Schulbildung im Geschäft halfen oder nur zu Hause auf die Verheiratung warteten, wissen wir nicht. Und was sie davon hielten, auf diese Art und Weise verheiratet zu werden, auch nicht. Sie fügten sich. Ottla jedenfalls arbeitet in dieser Zeit schon im elterlichen Geschäft.

Für Elli findet sich sehr schnell ein Bräutigam. Bereits Mitte Dezember 1910 heiratet sie den aus Westböhmen stammenden Kaufmann Karl Hermann. Mit Interesse und Staunen beobachtet der Bruder die Veränderung der früher «schwerfälligen, nie zufriedenzustellenden, verdrießlich sich forthaspelnden» Schwester in ein fröhliches, unbekümmertes und freigebiges Wesen. Wenn er ihr äußerlich zufriedenes Leben auch eigentlich für trostlos hält, so bewundert er Elli doch wiederum dafür, daß sie im Unterschied zu ihm ganz unbeschadet die über Jahre andauernde Mißgunst des Vaters heil überstanden hat.

Ein Jahr später, am 8. Dezember 1911, bringt Elli ihr erstes Kind zur Welt – Felix, einen Jungen! «Als vorgestern die Mutter um 1 Uhr in der Nacht von meiner Schwester zurückkam mit der Nachricht von der Geburt des Jungen, zog mein Vater im Nachthemd durch die Wohnung, öffnete alle Zimmer, weckte mich, das Dienstmädchen und die Schwestern und verkündete die Geburt in einer Weise, als sei das Kind nicht nur geboren worden, sondern als habe es auch bereits ein ehrenvolles Leben geführt und sein Begräbnis gehabt», notiert Franz Kafka in seinem Tagebuch.

Nach Ellis Verheiratung – sie wird als einzige den Bannkreis des Ghettos durchbrechen und mit ihrem Mann in die Nerudagasse im Stadtviertel Weinberge (Vinohrady) ziehen – scheint die Beziehung der zurückgebliebenen Geschwister noch enger geworden zu sein. Valli und Ottla sind zum Beispiel die ersten, denen Franz Kafka sogleich nach Fertigstellung «Das Urteil» vorliest. Von «einem zitternden Eintreten in das Zimmer der Schwestern» ist in seinem Tagebuch die Rede. Überhaupt liest er ihnen viel und gerne vor, und sie begleiten ihn zu einem Vorleseabend bei Oskar Baum. Er macht ihnen auch Lektürevorschläge und empfiehlt ihnen Theatervorstellungen – Bruder und Mentor zugleich. Mit Ottla wird er später sogar Schopenhauer lesen.

Aber es gibt auch trostlose Abende in der Familie, wie Kafka in seinem Tagebuch notiert: «Die Schwester weint wegen ihrer neuen Schwangerschaft, der Schwager braucht Geld für die Fabrik, der Vater ist aufgeregt wegen der Schwester, wegen des Geschäftes und wegen seines Herzens, meine unglückliche zweite Schwester, die über alles unglückliche Mutter und ich mit meinen Schreibereien.» Worin das Unglück der zweiten Schwester, Valli, bestanden hat, können wir nur vermuten. Möglicherweise erwies sich die Heiratsvermittlung als schwierig, oder Valli fürchtete sich vor der bevorstehenden Eheschließung. Am 12. Januar 1913 ist es jedenfalls soweit, und die Hochzeit von Valli und Josef Pollak, einem kaufmännischen Angestellten und späteren Prokuristen einer Firma aus der Papierbranche, wird gefeiert. An die 600 Anzeigen werden zu diesem Anlaß verschickt. Am Vorabend ihrer Hochzeit, als sie das Fräulein weinend ihre Sachen packen sieht, bricht auch Valli in Tränen aus. Und zum Weinen ist ihren Geschwistern, die Valli nur ungern gehen lassen, genauso zumute. Ottla ruft halb scherzhaft: «Die ist gescheit, sie weint auch!»

«Jemand hat mir gesagt, die Valli habe gestern im Brautschleier wie eine Fürstin ausgesehen», sagt Hermann Kafka zufrieden und auf tschechisch am Tag nach der Hochzeit.

1913 zieht die Familie Kafka noch einmal um, in das «Oppelthaus» auf dem Altstädter Ring. Die beiden ältesten Töchter sind zwar aus dem Hause, das Leben der Familie ist dadurch aber nicht ruhiger oder ärmer geworden. Mit den Schwägern und ihren Verwandten erweitert sich die Familie vielmehr um weitere Mitglieder. Und man pflegt intensive Familienkontakte. Der Sonntagnachmittag bleibt den gegenseitigen Besuchen vorbehalten und einem kurzen gemeinsamen Spaziergang. Weitere Enkel kommen zur Welt. 1913 bekommt Elli ihr zweites und Valli ihr erstes Kind, die Mädchen Gerti und Marianne, 1914 wird Vallis zweite Tochter Lotte geboren. Die «Mischpoche» hält fest zusammen, was nicht ausschließt, daß es auch Streitereien gibt. Aber der Familienverband gilt mehr.

Seit Beginn seiner Beziehung zu Felice Bauer 1912 beobachtet Franz Kafka mit einer besonderen Aufmerksamkeit die Veränderung seiner Schwestern in der Ehe. Denn die Eheschließung ist ein Problem, mit dem er sich immer intensiver und verzweifelter auseinandersetzt. «Valli geht hinter dem Schwager, der morgen zur Waffenübung nach Tschokov einrückt, aus unserer Tür hinaus. Merkwürdig, die in diesem Ihm-Folgen liegende Anerkennung der Ehe als Einrichtung, mit der man sich bis in den Grund hinein abgefunden hat», notiert er im Mai 1913 in seinem Tagebuch. Und auch in seinen Briefen an Felice tauchen kleine, oft sehr kritische Anmerkungen über seine verheirateten Schwestern auf. So etwa über Elli, «die noch vor 2 Jahren ein junges Mädchen war und sich nach 2 Geburten mehr aus Nachlässigkeit und Unwissenheit als aus Zeitmangel wahrhaftig im Aussehen des Körpers schon meiner Mutter annähert ... Und wenn man genau zusieht, nähert sich sogar meine mittlere Schwester schon der ältesten.» Kein Wunder, daß Felice Bauer die Schwestern als «flach» bezeichnet, was Kafka wiederum irritiert. Wie scharf er die Grenzen und Einschränkungen der traditionellen weiblichen Existenz auch reflektiert, er ist doch nicht imstande, die Frau als ein selbständiges Gegenüber zu sehen und zu akzeptieren, daß sie sich nicht über den Mann definiert.

Als Valli 1913 heiratet, ist auch Ottla schon im idealen Heiratsalter. Darüber ist mit ihr aber nicht zu reden. Seit etwa 1909 arbeitet sie im väterlichen Geschäft und ist inzwischen für den Vater eine unentbehrliche Hilfe geworden. Groß und stark, etwas plump, energisch, sensibel und opferbereit, ist sie «vielleicht die reinste Darstellung der Ehe zwischen Dir und der Mutter und der Kräfte, die sich da verbanden», wie Kafka im «Brief an den Vater» schreibt. Von der Passivität ihrer Schwestern – die allerdings auch Partei ergreifen können, insbesondere Valli, wenn ihr Gerechtigkeitsgefühl verletzt wird – ist bei ihr keine Spur. Als Jüngste in der Geschwisterreihe, als Wildfang und Lieblingskind, hat Ottla sich schon immer mehr Freiheiten herausgenommen als die anderen. So kleidet sie sich betont nachlässig. Zu spät merkt die Familie, daß sie ernsthaft aufbegehrt: nicht nur, daß sie vermutlich seit 1912 mit einem nichtjüdischen Tschechen, dem Juristen Josef David, befreundet ist; jetzt will sie auch nicht mehr im elterlichen Geschäft arbeiten, sondern sich als Landwirtin ausbilden lassen; und als Mitglied des zionistisch orientierten Klubs jüdischer Frauen und Mädchen trägt sie sich mit dem Gedanken, nach Palästina auszuwandern. Die erste Welle des Zionismus hat die Prager jüdische Gesellschaft erreicht. Deswegen auch Ottlas erwachendes Interesse an der Landwirtschaft. Hermann Kafka hat dafür natürlich überhaupt kein Verständnis. Es ist für ihn, als wolle man zurück nach Wossek.

Doch Ottla läßt nicht nach. Sie kämpft, leidet aber zugleich, weil sie genau weiß, welchen Schmerz sie ihren Eltern zufügt. Diese Fähigkeit, sich in einen anderen Menschen einzufühlen und die eigene Meinung dennoch zu behaupten, ist charakteristisch für sie.

Die Zeit des Konfliktes mit dem Vater ist auch die Zeit der intensiven Beziehung zwischen ihr und ihrem Bruder Franz.

Mit dem Ausbruch des Ersten Weltkrieges im August 1914 treten andere Probleme in den Vordergrund. Sowohl Josef Pollak als auch Karl Hermann müssen schon im Herbst einrücken. Elli zieht mit den beiden Kindern für ein paar Wochen zu den Eltern, so daß Franz in Vallis Wohnung, Bílekgasse 10, ausweichen muß. Valli bleibt für längere Zeit bei den Schwiegereltern in Böhmisch Brod. Auch Josef David ist in den folgenden vier Jahren Soldat. Josef Pollak wird schon in den ersten Kriegsmonaten verletzt und in einem Prager Lazarett gepflegt. Der passionierte Anekdotenerzähler ist tief erschüttert von alldem, was er an der Front erlebt hat. «Nach dem Krieg war

Franz und seine Lieblingsschwester Ottla, 1914. Ottla war die eigenwilligste und konfliktfähigste der Schwestern. Anders als Elli und Valli ließ sie sich nicht von ihrem Vater verheiraten. Sie traf ihre Entscheidungen selbst.

der Vater nicht mehr so wie vorher, sagte die Mutter immer», erinnert sich Marianne Steiner, die Tochter von Valli und Josef Pollak.

Der Konflikt zwischen Ottla und dem Vater spitzt sich zu. Als sie ihn nicht mehr ertragen kann, mietet sie sich ein kleines Häuschen in der Alchimistengasse, damit sie an ihren freien Nachmittagen den Auseinandersetzungen zu Hause aus dem Wege gehen kann. Als sie aber sieht, daß der Bruder die Ruhe dort zum Schreiben benötigt, stellt sie ihm die Räume mit der ihr eigenen Bescheidenheit zur Verfügung und geht spazieren. «Der gestrige Abend war sehr schön. Bis halb sieben war ich allein in dem Häuschen. Nachher kam Franz, ich brachte Kohle aus dem Keller, er leuchtete mir mit der Lampe hinunter. Ich blieb ein Weilchen mit ihm und hatte ihn so gerne, daß mit dem Gefühl ein unbeschreibliches Glück über mich kam. Er mußte dann beim Schließen der Tür den Kopf herausstrecken und den Himmel ansehen, der mit den Sternen über diesem Gäßchen das Beste ist, das ein Mensch sehen kann», schreibt Ottla in einem Brief an Josef David.

Im April 1917 setzt sich Ottla endlich gegen den Vater durch. Sie verläßt Prag und übernimmt die Verwaltung des Hofes ihres Schwagers Karl Hermann in Zürau in Westböhmen. Die Arbeit in dem vernachlässigten, hoch verschuldeten Betrieb ist hart. Doch als Franz, dessen Tuberkulose im Sommer 1917 ausbrach, im September nach Zürau kommt und acht Monate dort bleibt, wird für sie wie für ihren Bruder diese Zeit zur vielleicht schönsten in ihrem Leben. «Mit Ottla lebe ich in einer kleinen guten Ehe; Ehe nicht auf Grund des üblichen gewaltsamen Stromanschlusses, sondern des mit kleinen Windungen geradeaus Hinströmens», schreibt er aus Zürau an Max Brod.

Im Herbst 1918 kehrt Karl Hermann zurück. Ottla gibt ihre Arbeit in Zürau auf und schreibt sich in einen Winterkurs der landwirtschaftlichen Schule in Friedland im Isergebirge ein. Von ihren nach wie vor bestehenden Plänen, nach Palästina auszuwandern oder sich als Landwirtin im Böhmerwald niederzulassen, wird letztlich keiner realisiert: Am 15. Juli 1920 heiratet sie Josef David. Möglicherweise kann eine Stelle aus einem frühen Brief an Josef David Ottlas überraschenden Schritt erklären: «Wenn wir jemanden gern haben und wenn es eine Freundschaft ist, wissen wir, warum er uns teuer ist, er hat Eigenschaften, die uns gefallen und die wir schätzen, und wir trachten so viel wie möglich bei ihm zu sein. Wenn es aber eine andere Liebe ist, nicht nur eine freundschaftliche, dann kann es leicht geschehen, daß wir gar nicht wissen, warum er uns lieb ist, daß das Verhältnis nicht durch Freundschaftsbeweise aufrechterhalten wird, sondern das alles kommt, wir wissen gar nicht wie.» Wie in der

Ehe ihrer Schwestern wird sich auch in der ihren das Grundmuster der elterlichen Gemeinschaft wiederholen: Josef David ist ein autoritärer, zu Zornesausbrüchen neigender Mann. Wie Josef Pollak und, etwas weniger ausgeprägt, Karl Hermann ist er der Meinung, daß die Frauen sich ihren Männern unterzuordnen haben. Diesen Gefallen tut Ottla ihm nicht. Und so ist ihnen kein großes Glück beschieden. Zum großen Leidwesen ihres Mannes bleibt sie eine Boheme, die sich mit einer bürgerlichen Existenz nie ganz versöhnt. Wie schon ihr Vater will ihr auch Josef David den Umgang mit Dienstboten, armen Kesselflickern und anderen mitleiderweckenden Wesen aus den «niederen Ständen» verbieten. Auch er kann Ottla nicht daran hindern, sich ihrer anzunehmen und sie im Falle einer Gefahr – und das heißt: seiner Ankunft – im Besenschrank zu verstecken.

Im Jahre 1920 bekommt Elli das dritte Kind, die Tochter Hanna. Ein Jahr später, mit 29 Jahren, wird auch Ottla Mutter: ihre älteste Tochter Věra wird geboren. 1923 bekommt sie das zweite Kind, die Tochter Helena. Mit großem Interesse nimmt Kafka am Leben seiner Nichten und Neffen teil und will seinen Schwestern sogar in erzieherischen Fragen Ratschläge erteilen. Als er Elli und Valli vorschlägt, ihre älteren, damals knapp zehnjährigen Kinder in die berühmte Internatsschule nach Hellerau zu schicken, lehnen sie ab. Den Sommer 1923 verbringt der bereits schwerkranke Franz mit seiner Schwester Elli und ihren Kindern in Müritz an der Ostsee. Dort lernt er auch die Gefährtin seiner letzten Lebensmonate, Dora Dymant, kennen.

Wie gelähmt verfolgen die drei Schwestern die fortschreitende Krankheit ihres Bruders. Seine letzten Worte werden der ältesten Schwester Elli gelten, die er in der Sinnestrübung vor dem Tod mit dem jungen Arzt Robert Klopstock verwechselt. «Geh, Elli, nicht so nahe, nicht so nahe», sind seine letzten Worte.

«Im Leben meiner Mutter spielten wir Kinder, ihr Mann eine sehr positive Rolle, die sie ausfüllte, aber all das war ihr irgendwie sehr selbstverständlich. Tiefer als das ging der Einfluß ihres Bruders. Durch ihn war sie mit allem Kostbaren und Schönen und auch Schweren und Unerklärlichen verbunden, und sie konnte sich einfühlen in seine Welt ... Der Tod ihres Bruders war der erste schwere Schlag, den das Leben den drei Schwestern versetzte. Die Zeit verwischte etwas sein Antlitz, aber nie ihre Liebe und Verehrung für ihn», schreibt Gerti Kaufmann, Ellis Tochter, in ihren Erinnerungen. Das Leben der drei Schwestern verliert sich nach dem Tode des Bruders in der Anonymität des Alltags. Sie leben weiter wie bisher. Für ihre Töchter ist der Besuch des Gymnasiums schon bald eine Selbstverständlichkeit. Und Matylda Sladká, die Nichte Karl Hermanns, wird sich sogar als eine der ersten Germanisten dem Werk ihres Verwandten zuwenden.

Ende der zwanziger Jahre verschlimmert sich Hermann Kafkas alte Herzkrankheit. Nur noch im Rollstuhl, von einer Pflegerin begleitet, kann er seinen geliebten Chotek-Park besuchen. Dort sitzt er fast jeden Vormittag auf derselben Bank neben seiner Julie und füttert die Spatzen. Der Herbst des Patriarchen. Die Bank – sie steht auch heute noch da.

Nach seinem Tod im Jahr 1931 zieht Julie Kafka mit der Hausangestellten Marie Wernerová in das Mietshaus in der Bílekgasse, wo seit ein paar Jahren auch Ottla und Elli mit ihren Männern und ihren Kindern leben. In dieses Haus ist als Pensionär auch Julie Kafkas Bruder Siegfried Löwy, der Landarzt aus Triesch, eingezogen. Vallis Familie wohnt gleich um die Ecke. Nach wie vor bleibt die Familie auch räumlich zusammen.

Im Todesjahr von Hermann Kafka trifft die Familie ein weit entsetzlicherer Schlag. Vallis jüngste Tochter Lotte fährt zusammen mit Tante Ottla und ihrer Familie ins Riesengebirge – ein Ausgleich dafür, daß ihre ältere Schwester Marianne mit ihrer Klasse nach Paris reisen durfte. Im Riesengebirge bekommt Lotte eine schwere septische Angina, gegen die es damals kein Mittel gab, und stirbt im Alter von knapp siebzehn Jahren. Auch diesmal fährt Onkel Siegfried zum Krankenbett des Familienmitglieds, und wieder kann er nicht helfen. Man vermag sich die Verzweiflung der Eltern, die Erschütterung der ganzen Familie vorzustellen. Erst die Geburt des ersten Enkels im Jahr 1938 wird Valli über den Verlust der Tochter hinwegtrösten.

Zu Beginn der dreißiger Jahre verläßt Ellis ältester Sohn Felix Prag und läßt sich in Brüssel nieder. Seine Schwester Gerti heiratet den Komponisten Walter Kaufmann und folgt ihm nach Indien.

Als Julie Kafka 1934 ihrem Nierenleiden erliegt, ist im benachbarten Deutschland Adolf Hitler seit einem Jahr an der Macht. Aber wer will schon die Zeichen der Zeit verstehen? Auch später, als Prag sich mit den deutschen Emigranten füllt und man einiges über die Judenverfolgung im Dritten Reich hört, fühlt man sich als Jude in der Tschechoslowakei sicher.

So leben auch Gabriele und Karl Hermann sowie Valerie und Josef Pollak ihr Leben wie bisher. Sie lesen zwar täglich Zeitungen, mal tschechische, mal deutsche. Im Grunde genommen sind sie aber unpolitische Menschen.

Die deutsche Emigrantin Anna Maria Jokl, eine frühe Kafka-Leserin, die in den Jahren 1933 bis 1939 in Prag lebt, mit Ottla befreundet ist und sie sehr häufig besucht, erlebt Elli als eine etwas füllige «plappernde Hausfrau», die ab und zu kurz bei Ottla vorbeikommt. Viel wahrscheinlicher aber ist es, daß die Schwestern sich «plappernd» in ihrer alten Familiensprache voller Anspielungen unterhielten, die sich für einen Außenstehenden, der den Code nicht kannte, trivial anhören mußte und unverständlich war.

Bald werden Elli, Ottla und Valli voller Sorge über die Krebserkrankung von Karl Hermann sprechen.

Beim Anschluß von Österreich 1938 werden nun doch einige wach. Dann nehmen die Ereignisse ihren Lauf: die Sudetenkrise, das Münchner Abkommen, die erzwungene Abtretung der Grenzgebiete, wie sie durch den Vertragsbruch von England und Frankreich möglich wurde. Wer jetzt emigrieren will – und das sind viele –, stellt fest, daß es gar nicht so einfach ist. Josef Pollak und damit auch seine Frau wollen aber nicht emigrieren. Josef Pollak ist achtundfünfzig Jahre alt – wie und wo soll er neu anfangen?

Am 15. März 1939 besetzen die Einheiten der deutschen Wehrmacht den Rest der Tschechoslowakei. Am 16. März verteidigt Matylda Sladká, die Nichte Karl Hermanns, erfolgreich ihre Dissertation über Franz Kafka. Am gleichen Tag müssen jüdische Anwälte ihre Kanzleien aufgeben, und auch der Staatsdienst wird von Juden «gesäubert». Im Juni 1939 wird der jüdische Besitz «sichergestellt», im August 1939 Juden der Besuch der Badeanstalten untersagt. Die «Civilschwimmschule» darf jetzt niemand aus der Familie Kafka mehr betreten. Gleich im ersten Besatzungsjahr erliegt Karl Hermann seinem Krebsleiden. Die Ausgrenzung der Juden aus dem öffentlichen Leben geht weiter. Bald dürfen sie weder Theater noch Kinos besuchen, weder umziehen noch Wohnungen mieten. Ab dem 17. März 1940 ist ihnen auch der Zutritt zu allen Parkanlagen verboten. Die geliebten Chotek-Anlagen, der Park ihrer Kindheit, sind jetzt für Elli und Valli gesperrt.

Wie die Lebensbedingungen der Juden Schritt für Schritt eingeschränkt werden, so verschlechtern sich auch die ihnen noch verbliebenen Auswanderungsmöglichkeiten. Trotzdem gelingt zwischen dem 15. März 1939 und September 1941 noch mehr als 26 000 Juden aus dem «Protektorat Böhmen und Mähren» die Emigration. Unter ihnen ist auch Vallis Tochter Marianne mit ihrem Mann und dem kleinen Sohn. Felix, Ellis ältester Sohn, der Lieblingsenkel Hermann Kafkas, meldet sich sofort nach Ausbruch des Krieges zur tschechoslowakischen Auslandsarmee und stirbt 1940 an einer Schilddrüsenerkrankung.

Ab dem 19. September 1941 müssen die Juden im Protektorat den gelben Judenstern tragen. Und dann beginnen die Deportationen. Persönlich, sehr oft in der Nacht stellen die Boten der jüdischen Kultusgemeinde den Betroffenen die Hiobsbotschaften zu. Anfang Oktober 1941 sucht einer von ihnen auch die Wohnung von Gabriela Hermannová in der Bílekgasse auf und übergibt ihr, ihrer Tochter Hanna, ihrem Mann Dr. Arnošt Seidner und seinen Eltern, die mit der jungen Familie zusammenwohnen, die «Einberufung zum Transport». Weil das Ghetto Theresienstadt erst im November seine Tore für Juden aus ganz Europa öffnen wird, heißt der Bestimmungsort Lodz. Auch Marie Wernerová, das «Fräulein» und jahrelanges «Faktotum» der Familie, wird deportiert. Nach der Auskunft des Theresienstadt-Gedenkbuches wurde sie am 4. Dezember 1941 nach Theresienstadt gebracht und dann nach Riga, wo sich ihre Spur verliert.

Nach dem anfänglichen Schrecken – der weit in Polen liegende Ort weckt Ängste –, sind alle vollauf damit beschäftigt, sich auf den Transport vorzubereiten. Viele, meist unsinnige Formalitäten sind zu erledigen, die notwendigen Sachen müssen gepackt und der Haushalt aufgelöst werden – das heißt: er muß an Freunde verschenkt, bei ihnen versteckt oder verkauft werden. Da der gesamte jüdische Besitz als enteignet gilt, müssen die Vorbereitungen illegal mit einem nicht geringen Risiko geschehen. Dies alles innerhalb von ein paar Tagen zu leisten ist, bei den Einschränkungen der Bewegungsfreiheit, die Juden auferlegt sind, keine einfache Sache. In dieser Situation erfahren Elli Hermann und ihre Familie ebenso wie die Schwestern Valli und ihr Mann Josef Pollak, die die «Einberufung» nur eine Woche später erhalten, Unterstützung durch ihre nichtjüdischen bzw. halbjüdischen Verwandten. Die Davids, die im gleichen Haus wohnen, helfen ihnen am meisten. Kann man nachempfinden, mit welchen Gefühlen Ottla ihren beiden Schwestern beim Packen hilft? Sie selbst ist durch ihre «Mischehe» mit einem nichtjüdischen Mann geschützt.

Am 21. Oktober verlassen Elli Hermann und ihre Anverwandten Prag mit dem zweiten Transport nach Lodz. Valli und Josef Pollak werden ihnen zehn Tage später, am 31. Oktober, mit dem vierten Transport folgen. Von den insgesamt fünftausend Menschen, die im Herbst 1941 nach Lodz deportiert wurden, überlebt nur ein Bruchteil den Krieg. Elli Hermann ist zum Zeitpunkt der Deportation dreiundfünfzig Jahre alt, ihre Schwester Valli ein Jahr jünger, und deren physische Kondition war, im Unterschied zu der sportlichen Ottla, nie besonders gut.

In Lodz angelangt, werden die Ankommenden zunächst in den Massenquartieren in der Lagiewnickigasse, später in der Franziskanergasse untergebracht. Erst ein halbes Jahr später, im Frühjahr 1942, wird Elli Hermann und der Familie ihrer Tochter Hanna eine eigene Wohnung in der Gnesenerstraße Nr. 1 zugewiesen. Valli und Josef Pollak ziehen etwas später zu ihnen. Man ist also wieder zusammen, nur, unter welchen Bedingungen!

Der Prager Schriftsteller František Kafka, einer der wenigen Überlebenden des zweiten Lodzer Transports, fand Valli Pollak schon im Winter in der Massenunterbringung durch Krankheit ans Bett gefesselt und stark abgemagert. «Sie beklagte sich über nichts, sie benötigte nichts», schreibt er in seinem Bericht. Auch Elli Hermann solle während der ersten Zeit im Lager krank gewesen sein.

Waren die Lebensbedingungen im Ghetto Lodz kaum erträglich, so erleben die Bewohner des Ghettos im September 1942 eine Woche des Grauens. Bei einer totalen Sperre von Lebensmittellieferungen werden auf den Straßen willkürlich Selektionen durchgeführt.

In dieser Woche verlieren sich auch die Spuren der beiden Schwestern und die von Vallis Mann Josef Pollak. Mit großer Wahrscheinlichkeit wurden sie alle drei nach Chelmno gebracht und in den dortigen Gaskammern mit Auspuffgasen ermordet. In der Wohnung in der Gnesenerstraße sind sie nach den Angaben des Jüdischen Historischen Instituts in Warschau ab dem 10. September 1942 jedenfalls nicht mehr gemeldet. Die Verwandten in Prag sollten allerdings noch 1943 auf vorgedruckten Karten Lebenszeichen aus Lodz bekommen, die freilich oft gefälscht wurden, um den Eindruck zu erwecken, die Angehörigen lebten noch. Falls es sich nicht um Falschmeldungen handelte, könnte dies bedeuten, daß die beiden Schwestern erst bei der Liquidierung des Ghettos im Jahre 1944 getötet wurden.

Auch aus der Familie Seidner kehrte niemand zurück, weder Vallis Tochter Hanna, die beim Transport nach Lodz erst einundzwanzig war, noch ihre Schwiegereltern. Ihr Mann Arnošt Seidner überlebte zwar das Ende des Ghettos, starb aber am 28. März 1945 in Dachau.

Und Ottla? Nach außen hin zwar vor den schlimmsten Repressalien durch ihren nichtjüdischen Mann Josef David geschützt, zum Helfen beim Packen und zum Zusehen verurteilt, ist auch sie stark gefährdet. Nur auf eine andere Art: nicht von außen, sondern von innen. Geradlinig in ihrem Denken, instinktsicher in der Unterscheidung von Gut und Böse, die Ordnung der Dinge in sich selbst tragend, kann sie die Situation einer Privilegierten mit ihrem Gewissen nicht vereinbaren. Die Privilegierung läuft allen ihren Grundsätzen und ihrem Gerechtigkeitssinn zuwider. Sehr wahrscheinlich hat Elli, immer schon groß, wenn auch ohnmächtig in ihrem Einfühlungsvermögen, die Verfassung, in der sich ihre Schwester Ottla befand, sehr genau erkannt. Vor ihrem eigenen Abtransport beschwört sie die Schwester, den Schutz der «Mischehe» zu akzeptieren. Vergeblich. In sich gekehrt, still, faßt Ottla ihren Entschluß. So hat sie es schon immer getan, und auch gegen den Vater hat sie sich letztlich stets durchgesetzt. Jetzt beschließt sie, sich scheiden zu lassen. Nennen wird sie vor allem einen Grund – wenn sie nicht mehr zur Familie gehört, werden ihre beiden Töchter Věra und Helena, ihr ein und alles, der Aufmerksamkeit der Gestapo leichter entgehen.

Möglicherweise mußte Josef David wegen seiner jüdischen Frau manche Unannehmlichkeit erdulden. Möglicherweise ist auch von seiner Seite zu Hause schon mal ein ungeschicktes Wort gefallen. Josef David hätte seine Frau von ihrer Entscheidung sicherlich abbringen sollen. Doch wäre es ihm gelungen?

Ruhig, aber unnachgiebig – hitzige Debatten scheint es bei den Davids nie gegeben zu haben, und mit den beiden Töchtern wird darüber auch nicht gesprochen – setzt Ottla ihre Entscheidung mit plausiblen Argumenten, der Rücksicht auf die Töchter, Rettung des Eigentums, durch. Man kann sich gut vorstellen, daß sie nach der Scheidung leichten Herzens nach Hause ging. Jetzt vielleicht zum ersten Mal in ihrem Leben gehörte sie nur sich selbst. Sie war frei, wenn auch diese Freiheit nur in den Tod führte.

Nach der Scheidung bleibt Ottla in der ehelichen Wohnung in der Bílekgasse. Erst langsam begreifen die Töchter, was geschehen ist. Sie sind entsetzt. Später werden sie den Versuch unternehmen, der Mutter nach Theresienstadt zu folgen, Einlaß ins Ghetto zu finden. Sie werden abgewiesen, weil sie aufgrund ihres nichtjüdischen Vaters «die Bedingungen» nicht erfüllen.

Es dauert nur ein paar Wochen, bis der Diener der jüdischen Kultusgemeinde auch Ottilie Davidová die «Einberufung zum Transport» überbringt. Im Unterschied zu ihren älteren Schwestern heißt der Bestimmungsort für sie Theresienstadt. Der Ort im Protektorat läßt ein wenig hoffen. Und schon wieder wird gepackt und überlegt, was mitzunehmen wäre. Bevor Ottla gehen muß, bringt sie noch die Wohnung in Ordnung, und Josef David fettet am Vorabend gründlich ihre Schuhe ein: «Da wird dir kein Wasser durchkommen», kommentiert er sein Werk.

Am 3. August 1942 überschreitet Ottilie Davidová die Schwelle der Sammelstelle für die Deportation von Juden aus Prag, die Holzbaracke auf dem Gelände der Mustermesse in der Nähe von Baumgarten. Die unbeheizbare und regenundichte Baracke und die Begegnung mit dem gefürchteten jüdischen Leiter der Transportabteilung, Robert Mandler, sind die ersten Anzeichen für das, was ihnen bevorsteht.

Nach der Ankunft in Theresienstadt wird Ottla Davidová in einem der Frauenquartiere untergebracht, und etwas später beginnt sie als Pflegerin im «Kriechlingsheim», dem Heim für kleine jüdische Waisenkinder, zu arbeiten. In der Erinnerung von Věra Duxová (verh. Hájková), die als Zwanzigjährige mit demselben Transport nach Theresienstadt kam und auch im «Kriechling» arbeitete, ist Ottla Davidová auch heute noch lebendig – als eine schon weißhaarige, kultivierte und gütige Frau von fünfzig Jahren, die von allen Pflegerinnen sehr geachtet und respektiert wurde: eine Persönlichkeit. Was an Ottla auch bestach, war ihre immer sehr gepflegte Kleidung und Erscheinung. So soll sie eine weiße Schürze getragen haben, die sogar gebügelt und gestärkt war – in Theresienstadt etwas Besonderes.

Das mag überraschen, denn Ottla war früher immer für ihre vernachlässigte Kleidung bekannt. War ihre Mißachtung der Etikette Ausdruck des Aufbegehrens gegen die bürgerliche Gesellschaft mit all ihren Regeln gewesen, so kann sie sich jetzt gegen den Zerfall, die Auflösung, den Schmutz, die ganze Atmosphäre, in der sich so viele aufgeben, nur durch penibles Einhalten der Kleiderordnung wehren. Es scheint übrigens, daß Ottla sich in der Gemeinschaft der Frauen, in der auch viel gelacht wurde, recht glücklich fühlte. Als einmal die Frage gestellt wurde: «Sollten wir herauskommen – haben wir hier etwas gelernt?», soll sie geantwortet haben: «Ja, daß man auch aus Brennesseln eine Suppe kochen kann.»

Am 3. Juli 1943 wird im Ghetto der sechzigste Geburtstag Franz Kafkas gefeiert. Dem Gedenkvortrag «wohnten seine Schwester Ottilie, Verwandte und zwei Mitschüler des Dichters bei», notiert G. H. Adler in seinem Buch über Theresienstadt.

Sechs Wochen später trifft in Theresienstadt ein Transport von 1260 Kindern aus Białystok ein. Sie kommen in elendem Zustand an, die meisten von ihnen ohne Schuhe, nur in Lumpen gekleidet, verwahrlost, verstört. Verzweifelt wehren sich die Kinder dagegen, in die Duschen zu gehen, die sie für Gaskammern halten. Erst als es einem der Desinfektoren gelingt, mit den Kindern zu sprechen, einen größeren Jungen davon zu überzeugen, daß es sich wirklich nur um Duschen handelt, lassen sich die Kinder entlausen und baden. Frisch angezogen, werden sie in einer Baracke außerhalb des Lagers untergebracht.

In Theresienstadt wird gemutmaßt, daß es sich um die letzten überlebenden jüdischen Kinder aus Polen handele, die für eine Austauschaktion bestimmt seien. Als Pflegepersonal für die Kinder gesucht wird, meldet Ottla sich freiwillig. Věra Hájková erinnert sich noch heute, wie hoch sie und die jungen Schwestern im Heim damals Ottlas Mut schätzten und wie sehr sie sich schämten, sich für diese Aufgabe nicht selbst gemeldet zu haben. Nach einer anderen Überlieferung soll Ottilie Davidová von Eichmann selbst für diese Arbeit eingeteilt worden sein, was allerdings weniger wahrscheinlich erscheint.

Sowohl die Pfleger als auch die Kinder leben in einer strengen Isolation. Die Kinder bekommen bessere Essensrationen und tragen keine Judensterne. Langsam erholen sie sich, beginnen zu sprechen, und man hört sie sogar singen. Sie fassen wieder Hoffnung. Auch Ottla Davidová soll in dieser Zeit beruhigende Briefe über den bevorstehenden Austausch und über die Arbeit mit den Kindern, die ihr viel Freude bereite, nach Hause geschrieben haben. Aber dann kommt alles anders. Ob die geplante Austauschaktion scheiterte, die SS-Führung es sich anders überlegte oder sogar der Jerusalemer Mufti sich bei einem Besuch in Berlin in diese Angelegenheiten einschaltete, ist nicht eindeutig festzustellen. Jedenfalls werden die Kinder am 5. Oktober 1943 in einer Nacht-und-Nebel-Aktion nach Auschwitz gebracht und dort gleich nach der Ankunft vergast. Zusammen mit ihnen sterben ihre 53 Pfleger, darunter auch Ottla Davidová. Nach allem, was wir über sie wissen, können wir uns vorstellen, daß sie, von den Kindern umgeben, helfend, tröstend, beistehend, über ihren eigenen Tod hinwegkam.

Schwesternreise ins Exil

Lilli Palmer, Irene Prador
und Hilde Ross

von Gabriele Mittag

Hilde, Lilli und Victor Ross erheben sich vom Eßtisch. Wie immer um diese Zeit nähern sich lautlos die Schwäne. Der kleine Fluß reicht bis ans Haus heran. Durch das Fenster sind die Hälse der schneeweißen Tiere zu sehen. Die Ankunft der Schwäne ist ein Ereignis. Die Tiere sind der Familie schon so vertraut, daß es nahelag, ihnen Namen zu geben. Vater Schwan ist «Reject» getauft worden. Weil er so häßlich ist, erklärt Victor Ross. Und Reject sei stolz, so viele Kinder zustande gebracht zu haben. Obwohl er doch so häßlich sei. «Jetzt kommt er täglich, um uns seine Familie vorzuführen.» Es ist Mittag. Zeit für den traditionellen Rundgang einschließlich Fütterung der Schwäne und der Karpfen im Teich. Vier Hektar umfaßt das wunderschöne Anwesen, das Victor und Hilde Ross vor 15 Jahren von einem Fernsehdirektor erworben haben. Mit großem Aufwand hatte der Vorgänger die Mühle aus dem 15. Jahrhundert restauriert und in ein Traum-Landhaus verwandelt. «Wir sind sehr glücklich, daß wir diesen Ort gefunden haben. Jeden Tag freue ich mich darüber.» Hilde setzt sich wieder an den Eßtisch. Sie möchte nicht mit uns zusammen spazierengehen. Victor, Lilli und ich ziehen Gummistiefel an. Hund Hugo, 13 Jahre alt und pechschwarz, begleitet uns. Wir verlassen die «Mühle» durch die Hintertür.

Als Hilde mit ihrer Mutter 1936, nach drei schweren Jahren, endlich Nazideutschland den Rücken kehren und zu ihrer Schwester Lilli nach London emigrieren konnte, war «Zukunft» ein Begriff ohne Gesicht, ohne Farbe, ohne Klang. Es ist sicher kein Zufall, daß Hildes Bericht mit diesem Lebensabschnitt beginnt: «Für Lilli war es ungeheuer schwierig, mich und meine Mutter aus Berlin rauszuholen.» Das erste, was ich hier bei Hilde über ihre Schwester erfahre, ist die Erinnerung an eine Frau, die nicht aufgab und die Schwester und Mutter aus Deutschland gerettet hat. In der Geschichte der deutsch-jüdischen Emigration stößt man nur auf wenige vergleichbare Biographien. Zwar gab es zahlreiche junge Frauen, die allein ins Exil gingen. Aber die meisten konnten für ihre in Deutschland zurückgebliebenen Familien und Verwandten nichts mehr tun. Zu schwierig war das Leben im Exil, als daß man noch Familienangehörigen bei der Emigration hätte helfen können.

In London war alles neu und ungewohnt, die Sprache, der Alltag. Das einzig Vertraute war die Familie. Zum ersten Mal seit Jahren lebten Lilli, Hilde, ihre älteste Schwester Irene und die Mutter, Rose Peiser (geborene Lissmann), wieder unter einem Dach. Zumindest für eine kurze Zeit. So unterschiedlich die Lebenswege dieser Frauen in den folgenden Jahrzehnten auch verlaufen sollten, die Familie blieb ein Lebensanker und England der Ort, an dem die Familie immer wieder zusammenkam.

Im Landhaus der Ross', wo man gelegentlich den Kopf einziehen muß, weil die Decken so niedrig sind, ist die Schwester Lilli überall gegenwärtig. In den Zimmern sind gerahmte Fotos von ihr aufgestellt, und ihre Bücher sind in greifbarer Nähe. Wenn Hilde ihre Tochter, die während der Feiertage kommt, ruft, dann ruft sie ihre Schwester beim Namen. Selbst Hund Hugo ist mit der Schwester verbunden, denn er gehörte ihr. Im Foyer hängen an exponierter Stelle Gemälde von ihr, eigene und erworbene. Selbst die Eisenverzierung, die sich über dem Kamin befindet, erinnert an sie. «Die hat Lilli mal von einer Kirche abgenommen», erklärt Hilde.

SCHWESTERNLIEBE, EINE BESONDERE LIEBE – ODER DIE «SCHWIERIGE LILLI»

Wann immer Hilde, die jüngste der Familie Palmer, von ihrer Schwester Lilli spricht, sind es Worte der Liebe und der Bewunderung. Bis heute wird sie als die Schwester der «berühmten Palmer» angesprochen – und sie ist stolz darauf. Lilli war für Hilde wie eine «zweite Mutter». «Sie war ganz phantastisch mit mir», schwärmt

Hilde. «Wir hatten eine ganz besondere Beziehung. Sie war eine unbeschreibliche Frau. Wie sie Menschen geholfen hat! Was sie alles getan hat! Wie sie gearbeitet hat! Und was sie durchgemacht hat! Und ihre Begabung – sie konnte einfach alles. Außer kochen!» Nicht die geringste Kritik, keine unerfreuliche Erinnerung, kein hartes Wort wird über ihre Lippen kommen. Vielleicht möchte sie ihre Starschwester, deren Leben oft durch die Medien verfälscht und in beschämender Weise ausgeschlachtet worden ist, über ihren Tod hinaus schützen. Über Tote spricht man nicht schlecht. Außerdem gab es aus Hildes Sicht nichts «Schlechtes», Streitbares oder Schwieriges.

Einig sind sich alle darin, daß Lilli Palmer eine ungewöhnlich willensstarke Persönlichkeit mit einer außerordentlichen Ausstrahlung war. Es ist nicht verwunderlich, daß diese Mischung aus weiblicher Schönheit, Intelligenz, Talent, Selbstbewußtsein und Durchsetzungsfähigkeit auch angst machen konnte und dazu beitrug, daß sie in der Filmbranche als «schwierig» galt. Helmut Schmidt, der sich in den achtziger Jahren mit ihr befreundete, schrieb in seinen Memoiren: «Wenn sie wollte, konnte sie sehr charmant sein.» Wenn sie wollte, konnte sie also auch uncharmant und einmal nicht «Gute-Lilli-gutes-Kind», sondern «schwierig» sein. Man kann getrost annehmen, daß dieser Ruf, «schwierig» zu sein, mit ihrer Kompetenz und Unnachgiebigkeit in professionellen Dingen zu tun hatte. Sie wußte, was sie konnte. Warum hätte sie klein beigeben sollen, wenn sie es besser wußte? Sie war auch nicht bereit, sich von Regisseuren alles gefallen zu lassen. In die Filmgeschichte eingegangen ist ihr Streit mit Fritz Lang. Während der Dreharbeiten in Hollywood zu «Cloak and Dagger» (dt.: «Im Geheimdienst») war der für seinen rüden Umgang mit Schauspielern bekannte Regisseur so grob zu ihr, daß sie schließlich das Filmstudio verließ. Ein gewisser Russ Saunders erinnert sich an den Vorfall: «Je mehr Lang schrie, desto stärker schien die Palmer zu werden. Plötzlich stand sie auf, sagte zu Lang etwas auf deutsch (‹Machen Sie Ihren Mist allein›) und ging gelassen an der Kamera vorbei zum Ausgang.» Ihr Protest hatte Erfolg. In den Warner-Studios legte man aus Solidarität die Arbeit nieder. Drei Tage dauerte der Streik. Schließlich entschied Jack Warner, daß ein «Beauftragter der Produktionsfirma» die Dreharbeiten überwachen sollte. Als Fritz Lang später einmal auf Lilli Palmer angesprochen wurde, bezeichnete er sie als «exaltiert».

Ausdruck ihres Selbstbewußtseins war auch die Tatsache, daß sie später, als sie ein Star war, bei Vertragsabschlüssen Forderungen stellte. Alfred Weidemann, der Regisseur von «Julia, du bist zauberhaft» (1962), erinnert sich, daß Lilli Palmer im Vertrag hatte festschreiben lassen, daß sie sich den Regisseur aussuchen durfte. Bei dem Treffen bei Kaffee und Kuchen mit Weidemann sagte sie, man habe ihn ja sicher vor ihr gewarnt, sie gelte als «schwierig». Dabei nehme sie sich nur das Recht heraus, dem Regisseur Fragen zu stellen. Ein weiterer Zug war ebenfalls typisch für die «schwierige» Seite der Palmer. Sie, die eins nicht konnte – *nicht* Dame zu sein –, reagierte sensibel auf weibliche Konkurrenz. Daß andere Schauspielerinnen besser waren oder daß nicht sie es war, die die Hauptrolle bekam – das war schwer zu ertragen. Vor allem, wenn sie die Konkurrentin nicht ausstehen konnte (wie beispielsweise Hildegard Knef).

Drei Leben
und eine Weltkarriere

Jeder Versuch, die Lebensläufe der drei Schwestern in gerechten Proportionen darstellen zu wollen, ist zum Scheitern verurteilt. Ganz von selbst drängt sich Lillis Geschichte in den Vordergrund. Die Fülle von Literatur, Filmen, Zeugnissen und Selbstzeugnissen von und über die «preußische Ameise» (Lilli Palmer über Lilli Palmer) steht allein quantitativ in keinem Verhältnis zu dem, was über das private Leben oder öffentliche Wirken der beiden anderen Schwestern vorhanden, von Deutschland aus zugänglich und dokumentiert ist. Wenn in dieser Darstellung Lilli Palmer und ihr Leben dominiert, so liegt dies an der ungleichen Quellenlage. Anders als über die Biographien von Hilde und Irene kann sich jeder ohne großen Aufwand über Lillis Leben und Werk informieren. Von ihr liegen die Memoiren «Dicke Lilli, gutes Kind» und ihre Romane vor oder etwa die Palmer-Biographie von Michael O. Huebner. Ihre Leistungen als Schauspielerin bleiben durch die Wiederholungen

Für Hilde Ross war Lilli Palmer Vorbild, Beschützerin und Erzieherin. «Ich müßte ein ganzes Buch über dich schreiben» war Lillis Begründung dafür, daß die enge Beziehung zu Hilde in ihren Memoiren weitgehend unerwähnt blieb.

Als Mädchen träumte Irene von einer «Schwesternreise». Die war mit Lilli nicht zu machen – sowenig wie eine unbelastete künstlerische Entwicklung: Zeitlebens versuchte Irene, sich gegen den Vergleich mit der erfolgreichen Lilli zu wehren.

ihrer Filme im Fernsehen und im Kino in lebendiger Erinnerung. Von Hilde existiert dagegen nichts Schriftliches. Schreiben war nicht ihre Leidenschaft. Und wer nicht schreibt oder sich in anderer Form an die Öffentlichkeit wendet, der wird leichter vergessen. Die Exilforschung der Bundesrepublik interessierte sich jahrzehntelang nicht für Emigrantinnen wie Hilde, die weder ein «Werk» im klassischen Sinn vorzuweisen haben noch aufgrund politischer Aktivitäten als bedeutend eingeschätzt werden. Nicht einmal ihre Mitarbeit beim «Soldatensender West» ist bisher im Zuge der Forschungen über die Rundfunkarbeit gegen das «Dritte Reich» dokumentiert worden. So war mein Gespräch mit ihr im August 1996 die einzige Möglichkeit, ihr Leben zu rekonstruieren.

Im Fall der ältesten Schwester ist die Quellenlage noch schwieriger. Wer in Filmlexika nach ihrem Namen sucht, findet – wenn überhaupt – nur wenige Informationen. Das liegt vor allem daran, daß sie sechzig Jahre lang in England gelebt und gearbeitet hat und ihre schauspielerischen Leistungen für die deutsche Filmgeschichte keine Rolle spielten. Aber auch wer in Großbritannien recherchiert, stößt auf Schwierigkeiten. Mit Hilfe der Redaktion des Filmlexikons «cinegraph» sowie der österreichischen Publikation «Falter» bekam ich zwar Kontakt zu einem britischen Filmwissenschaftler, der mit dem Leben von Irene vertraut ist. Aber er konnte mir keine einzige Quelle nennen, noch war er aus verständlichen Gründen bereit, sein Wissen weiterzugeben. Allerdings ließ er mir freundlicherweise ihre Adresse zukommen, so daß ich ihr schreiben konnte. Zu einem persönlichen Gespräch kam es jedoch nicht mehr. Wenige Wochen nachdem ich mich im Juni 1996 an sie gewandt hatte, starb sie während eines Aufenthaltes in Berlin.

Das Leben Lilli Palmers – ein Abenteuerroman

Kein Star, aber eine gute Schauspielerin sei sie gewesen. So lautete die Selbsteinschätzung von Lilli Palmer. Unstrittig ist, daß sie außerordentlich erfolgreich war – in Europa und in Amerika. Ihr Leben liest sich streckenweise wie ein weiblicher Abenteuerroman mit märchenhaften Zügen. Das Leben Lilli Palmers – eine Erfolgsstory. Der Zeitpunkt ihrer Emigration, ihr Alter, ihr Temperament und ihr Talent waren entscheidende Faktoren dieser Entwicklung.

Für viele Emigranten, vor allem für die älteren und die männlichen Intellektuellen, war es sehr schwierig, fast aussichtslos, sich im europäischen Exil oder in Amerika zurechtzufinden und das Fremdheitsgefühl gegenüber der Kultur des Gastlandes zu überwinden. Die Frauen waren oftmals anpassungsfähiger, pragmatischer. Besonders den in jungen Jahren emigrierten Frauen – etwa den Schriftstellerinnen und Drehbuchautorinnen Vicki Baum und Salka Viertel, einer Freundin von Lilli in Hollywood – gelang es, im Exil erfolgreich zu sein. Das Erlernen der fremden Sprache fiel ihnen leichter, sie konnten sich offenbar schneller umstellen und anpassen, klammerten sich weniger an Vergangenem fest, sondern nahmen die Herausforderung der Gegenwart an. Besonders Amerika, das Land der «unbegrenzten Möglichkeiten», scheint für Emigrantinnen aus Deutschland durchaus eine Chance gewesen zu sein. Die Anzahl von Wissenschaftlerinnen und Psychoanalytikerinnen, die trotz der großen Erschwernisse der Emigration in Amerika professionell Fuß fassen konnte, ist beeindruckend.

Dennoch ist keine zweite aus Nazideutschland emigrierte Künstlerin so erfolgreich gewesen wie Lilli Palmer. Dieser Erfolg setzte sich in den fünfziger Jahren in der Bundesrepublik fort. In einem Porträt, das 1975 anläßlich der DEFA-Verfilmung von «Lotte in Weimar» mit Palmer in der weiblichen Hauptrolle in der DDR-Zeitung «Wochenpost» erschien, antwortete sie auf die Frage, wie viele Filme sie gedreht habe: «Keine Ahnung. Ich habe mit dem Zählen bei 80 aufgehört.» Aber sie war nicht nur Schauspielerin. In den vierziger Jahren hatte sie angefangen zu malen, und dieses Hobby bekam im Laufe der Jahre eine immer größere Bedeutung. In London fand 1965 ihre erste Vernissage statt, und 1978 stellte die Galerie Lambert Monet in Köln ihre Werke aus. Was eher zufällig begonnen hatte, wurde mit künstlerischem Ernst verfolgt. Lilli Palmer war keine Sonntagsmalerin. Heute wird der Wert ihrer gegenständlichen, farbenstarken Bilder auf 8000 bis 50000 Mark geschätzt. Talentiert war sie auch auf einem dritten Gebiet: Sie konnte schreiben. Es waren keine Texte, die in die offizielle Literaturgeschichte eingehen werden, aber unterhaltsame Bücher, die nah am Leben, am Alltag von Frauen, ihren Träumen, Enttäuschungen und Konflikten entlang geschrieben waren. 1974 gelang ihr mit ihrer in Zürich veröffentlichten Autobiographie «Dicke Lilli – gutes Kind» ein Welterfolg. Das Buch wurde in sieben Sprachen übersetzt und allein bis Mitte 1979 in 1,3 Millionen Exemplaren verkauft. Zwei Jahre später erschien die Fortsetzung, «Der rote Rabe», 1979 dann ihr erster Roman «Umarmen hat seine Zeit». Es folgten weitere, zumeist autobiographisch gefärbte Texte. Was die Kritiker an diesen Büchern schätzen, das sind ihr Humor, der Unterhaltungswert und der «welt- und lebenskundige» Charakter ihrer literarischen Stoffe und Figuren. In den achtziger Jahren schrieb sie Drehbücher – unter dem Pseudonym ihres Großvaters, Hermann Lissmann.

In der Bundesrepublik kennt man eine andere Palmer als in Amerika oder in den westeuropäischen Ländern. In England – dort war sie 1935 zum ersten Mal auf der Filmleinwand zu sehen – assoziiert man mit dem Namen Lilli Palmer nicht nur die gute Bühnen- und Filmschauspielerin, sondern auch den berühmten englischen Theaterschauspieler und Hollywood-Star Rex Harrison: Mit ihm war die Palmer verheiratet. Wer in der Bundesrepublik aufgewachsen ist, der denkt als erstes an «Oh, mein Papa!», den Ohrwurm aus «Feuerwerk», mit dem 1954 ihre Karriere als Schauspielerin in der BRD begann. Aus der Geschichte des bundesdeutschen Films war sie auch danach nicht wegzudenken: nach «Feuerwerk» wirkte sie in vielen anderen Filmen mit, unter anderem in der Christa-Winsloe-Verfilmung «Mädchen in Uniform» (1958, mit Romy Schneider), in «Teufel in Seide» (1955) und «Anastasia – die letzte Zarentochter» (1956). Man kennt sie aus einer der «Kommissar»-Serien mit Sabine Sinjen, aus «Stars in der Manege» und aus der ZDF-Serie «Eine Frau bleibt eine Frau» aus den siebziger Jahren. In der DDR wurde sie in der DEFA-Verfilmung von Thomas Manns «Lotte in Weimar» unter der Regie von Egon Günther bekannt. Lilli Palmer ist auch in die italienische und französische Filmgeschichte eingegangen. In Amerika konnte sie sich bald nach ihrer Ankunft in Hollywood 1945 behaupten und hatte auch am Broadway Erfolge. Sie wirkte in Fernsehfilmen mit und hatte sowohl in Amerika wie auch in Deutschland zeitweise eine eigene Talk-Show.

Wie lebt ein so erfolgreicher Mensch? Was bedeutet es für die Schwestern, wenn einer von ihnen so viel gelingt? 1975 hat Lilli Palmer auf die Frage, was für sie das Wesentliche sei, geantwortet: «Mein Mann, mein Sohn, meine Schwestern.» Wie verhält sich dieser Ausspruch zu dem Satz von Bernard S. Shaw, den sie in ihrer Autobiographie zitiert: «Der große Schauspieler darf nur eine einzige Liebe haben, sich selbst.»

Vielleicht gibt es da keinen Widerspruch. In ihren Memoiren erwähnt Lilli Palmer ihre Schwestern nur am Rande. Man erfährt, daß sie zu dritt waren, jedoch kaum etwas über Gefühle und Konflikte: «Sie hat zu mir gesagt: ich müßte ein ganzes Buch über dich schreiben», antwortet Hilde auf die Frage, warum sie und auch Irene eine so geringe Rolle in den Memoiren spielen. Dasselbe habe sie über das Leben von Irene gesagt. Wie dem auch sei: «Dicke Lilli, gutes Kind» ist als klassische Künstlerinnenbiographie angelegt, nicht als Familienroman. Lilli Palmer erzählt auf äußerst unterhaltsame Weise das Abenteuer ihrer Karriere, die Geschichte vom unaufhaltsamen Aufstieg einer Schauspielerin. Ihr Ehrgeiz, ihr Optimismus und ihr Entschluß, die Welt als Schauspielerin erobern zu wollen, scheinen durch nichts aufzuhalten gewesen zu sein. Unmöglich, beim Lesen nicht stolz auf ‹die Heldin› zu sein, mitzufühlen, mitzuzittern, sich mitzufreuen. Unmöglich, nicht begeistert zu sein von jenem unerschütterlichen Glauben, daß ihr die (Bühnen-)Welt zu Füßen liegen werde. Dieser Glaube hat sie durchs Leben getragen – vor allem durch die Hungerjahre des Exils. Ihre Rettung waren dieses «gestörte» Verhältnis zur Wirklichkeit und ihre Wünsche, die stärker waren als die Realität. Denn alles sprach dagegen, ausgerechnet im Exil eine Karriere als Schauspielerin zu starten. Wo andere Emigranten unendlich erschöpft vom Kampf um eine Arbeitserlaubnis resignierten und zugrunde gingen – Lilli schien immer nur Verschnaufpausen zu brauchen, um mit Rückschlägen fertig zu werden. Die hat es reichlich gegeben. In Frankreich. In England. Und auch später, als die Länder des Exils schon längst zur Heimat geworden waren.

Retrospektive:
Von Berlin ins Exil

Hilde wurde 1919 als dritte Tochter von Rose Lissmann und Alfred Peiser in Posen geboren. Ihre älteste Schwester Irene war bereits neun Jahre alt, die «dicke» Lilli – benannt nach Goethes Jugendfreundin Lili Schönemann – vier Jahre jünger. Im Gegensatz zu ihren älteren Schwestern hatte Hilde beide Eltern von Anfang an «ganz» für sich – falls man das bei einem berufstätigen Vater überhaupt sagen kann. Lilli und Irene hatten den Vater in den ersten Lebensjahren entbehren müssen. «Onkel» sagte Lilli zu ihm, als er aus dem Krieg zurückkam, so fremd war er ihr.

Alfred Peiser stammte aus wohlhabenden Verhältnissen und hatte bei Dr. Röntgen in Würzburg promoviert. In Breslau arbeitete er als Assistenzarzt und besuchte gelegentlich das Theater. Auf der Bühne fiel ihm eine Frau auf, die er sich nicht mehr aus dem Kopf schlagen wollte: Er verliebte sich in sie. Rose Lissmann, die immer davon geträumt hatte, Schauspielerin zu werden, und die dies – gegen den Widerstand ihres Vaters – durchsetzen konnte, trennte sich von ihrem Traumberuf und kündigte ihren neuen Vertrag mit einem Theater in Düsseldorf. Am Hochzeitstag wurden alle Bühnenkostüme verbrannt. Für die Familie von Alfred Peiser wäre es unvorstellbar gewesen, eine Schauspielerin als Schwiegertochter zu haben. Alfred Peiser hatte sie in seine Familie als «ehemalige Schauspielerin» eingeführt. Schauspielerin zu sein bedeutete in bürgerlichen Kreisen um die Jahrhundertwende fast das gleiche wie, sich zu prostituieren. Es ist kein Zufall, daß sich im Laufe der Jahre eine besonders innige Verbindung der Mutter zu den Töchtern entwickelte. Schließlich lebten alle drei – und ihnen voran Lilli – das aus, was der Mutter noch verboten worden war: ein Leben als Schauspielerin.

Im Jahre 1921 siedelte die Familie nach Berlin über und bezog ein Haus im Grunewald. Posen war nach 1918 polnisch geworden, und der Vater, ein «hundertprozentiger Deutscher» (Hilde Ross), wollte auf keinen Fall «polnisch werden». Er verließ seine «wunderbare Klinik» in Posen und nahm in Berlin eine Stelle als Chefchirurg im größten jüdischen Krankenhaus an. Hilde erzählt, der Vater habe Posen nach dem Ersten Weltkrieg auch wegen des Antisemitismus verlassen. Zu Hause wurde nie über dieses Thema gesprochen. Fast nie: Einmal berichtete der Vater über seine Erfahrungen als jüdischer Arzt während des Krieges. In Verdun, wo die schlimmsten Kämpfe stattfanden, war er als Chefarzt zuständig für eines der großen Lazarette. Als der Kaiser kam, um sich das Lazarett anzusehen, war es Alfred Peiser als Jude untersagt, ihn herumzuführen. Einem anderen, unbedeutenden Arzt kam statt dessen diese Aufgabe zu. Die Mutter, eine rheinische Jüdin, aufgewachsen auf einem Bauernhof, erzählte den Töchtern nichts von antisemitischen Erfahrungen. Auch Hilde kann sich nicht an Diskriminierungen vor 1933 erinnern.

Dennoch blieb der Familie Antisemitismus in Deutschland nicht erspart, auch nicht vor 1933. Lilli berichtet in ihren Memoiren von einer «Sonderbehandlung», die sicher in vielen deutschen Schulen stattgefunden hat. Lilli, die «Auftritte» so leidenschaftlich liebte, erfuhr eines Tages, daß sie an den alljährlichen Krippenspielen nicht mitwirken dürfe. Da sie Jüdin war, hatte es die Schulleitung für nicht «angebracht» gehalten, sie bei der Rollenverteilung zu berücksichtigen. Lilli war wie vor den Kopf geschlagen – liebend gern hätte sie die Jungfrau gespielt. «Ich war sogar bereit, Christin zu werden, nur um diese Rolle zu bekommen.»

Eine jüdische Identität durch religiöse, politische oder kulturelle Werte hatte die Familie Peiser nicht. Bis heute hat Hilde keine Synagoge betreten. Wie die meisten deutschjüdischen Familien wurde auch die Familie Peiser mit ihrer jüdischen Herkunft ausschließlich durch den Antisemitismus konfrontiert.

Prägend für die Entwicklung der Mutter, so Lilli in ihren Memoiren, war die Tatsache, daß Rose das fünfte Mädchen der Familie war. Der Vater, ein Weinhändler aus der kleinen Festungsstadt Ehrenbreitstein bei Koblenz, hatte sich leidenschaftlich einen Sohn gewünscht. Jedesmal wenn seine Frau wieder ein Mädchen zur Welt brachte, wurden seine Klagen lauter, bis sich schließlich die Hebamme weigerte, ins Haus zu kommen, weil sie der emotionalen Belastung nicht mehr gewachsen war. Aber auch das fünfte Kind wurde ein Mädchen. Ein Glück für die unerwünschten Töchter war es, daß sie sich untereinander verstanden und zeit ihres Lebens zusammenhielten. Es ist bezeichnend, daß Lilli zu Beginn ihrer Memoiren ausführlich auf die Kindheit und Jugend ihrer geliebten Mutter und auf die Tradition «der Schwesternreise» eingeht: «Das Band zwischen den fünf Schwestern war derart, daß sie sich nie ganz voneinander trennen konnten, auch als jede längst verheiratet war. Und so führten sie die ‹Schwesternreise› ein. Jedes Jahr im Frühling trafen sich alle fünf auf zwei Wochen in einem kleinen Kurort ... Ehemänner und Kinder waren nicht zugelassen.» Eine Generation später: Irene, erzählt Hilde, hätte das auch «furchtbar gerne gehabt», diese Schwesternreise. «Aber daran war nicht zu denken. Lilli hat zwar für Irene immer alles getan. Wenn sie krank war, wenn sie in die Klinik mußte, dann hat sie ihr die Sachen gebracht. Aber zusammen verreisen, nein, daran war nicht zu denken. Sie war so ganz anders und hatte ganz andere Ansichten als wir.»

Drei Schwestern
und ihr künstlerischer Ehrgeiz

«Wir hatten eine so glückliche Kindheit», schreibt Lilli in ihren Memoiren, «weil meine Eltern nie einen Hehl daraus machten, daß sie einander mehr liebten als uns. Sie hatten uns lieb, sie sorgten sich um uns, sie waren auch manchmal stolz auf uns, aber in erster Linie kümmerten sie sich umeinander und erst in zweiter um uns ... Meine beiden Schwestern und ich hatten eine glückliche, lärmende und liebevolle Kindheit, aber damals wußten wir nicht, wie außergewöhnlich das war.» Nicht nur Lilli, auch Hilde spricht in dieser Weise von ihrer Kindheit. Zu Hause sei es sehr harmonisch und ruhig zugegangen. Der Vater war zwar ernst und eine Autoritätsperson, die ungern Widerspruch duldete. Aber er war interessiert an seinen Töchtern, freundlich und ansprechbar. Der Umgangston zwischen Vater und Mutter sowie zwischen den Töchtern und den Eltern blieb Vorbild für das weitere Leben der Schwestern. In ihren späteren Beziehungen zu Männern hätten sie, so Hilde, völlig irritiert auf jedes autoritäre Wort reagiert. «Wir hätten nie verstehen können, wenn einer unserer Männer gesagt hätte: Shut up! Da hätten wir gedacht, das sei das Ende der Ehe! Wie spricht denn der mit mir!»

Und Irene? War auch ihre Kindheit und Jugend so glücklich? Alles deutet darauf hin, daß Irene von einem bestimmten Alter an das «Sorgenkind» der Familie war. Sorgen bereitete den Eltern die Hartnäckigkeit, mit der die Älteste auf ihr Talent pochte. Irene wollte unbedingt Opernsängerin werden. «Irene war zwar bildschön», erzählt Hilde, «aber ihre Begabung war eben mit der von Lilli überhaupt nicht zu vergleichen.» Sie sei klein, dicklich und mit einer «reizenden kleinen Stimme» ausgestattet gewesen, aber die habe für die Oper einfach nicht gereicht. Auch die Mutter, die etwas vom Theater verstand, sah in Irene kein großes schauspielerisches Talent. «Sie verstand viel von Musik», erinnert sich Hilde. «Sie wäre eine gute Filmmusik-Cutterin geworden. Aber für die Bühne war sie nicht geeignet.» An Lillis Begabung zweifelte dagegen niemand. Man kann nur ahnen, was das für Irene bedeuten mußte, eine

Schwester neben sich heranwachsen zu sehen, die mit ihrem Temperament, ihrem Charme und ihrer Extrovertiertheit die Welt im Flug eroberte; eine Schwester an der Seite zu wissen, die begabter und beliebter war und immer alle Aufmerksamkeit auf sich zog. Eine Schwester, die einfach alles am besten konnte – selbst Tischtennisspielen (Lilli war sogar einmal Champion von Berlin). Es scheint, als hätte Irene zeitweise gegen diesen «Schatten» angelebt und lebenslang versucht, sich gegen die begabte erfolgreichere Schwester als Künstlerin zu behaupten.

Erwachsen werden bedeutete für Irene: Einsamkeit, gegen den Willen der Eltern handeln, ihren Weg alleine gehen. Obwohl sie wahrscheinlich nicht in ihrem Berufswunsch ermutigt worden war, verfolgte sie strikt den Weg, der ihr vorschwebte. In den zwanziger Jahren war sie nach München gezogen. Dort sollte sie studieren. Eines Tages erhielt die Familie die Nachricht, sie habe einen Vertrag mit einem Theater unterzeichnet und stünde jeden Abend auf der Bühne. Der Vater war entsetzt. Aber da sie es nun einmal geschafft habe, so war seine Meinung, könne er nichts mehr dagegen unternehmen. Irene lebte ein von ihrer Familie unabhängiges, eigenes Leben. Erst im französischen Exil traf sie erneut ihre Schwester: Gemeinsam schlugen Lilli und Irene sich durch, sie erlebten die Höhen und Tiefen des Emigrantenlebens, auch den Hunger. Doch dann war es wieder gegenwärtig, das Drama der unterschiedlichen Begabung. Ein Jahr nach den gemeinsamen Auftritten als die «Sœurs Viennoises» in diversen Pariser Nachtlokalen mußte sie miterleben, wie ein Filmagent auf Lilli zuging. Er wollte nur Lilli, an Irene war er nicht interessiert.

Irene litt so sehr unter der Allgegenwärtigkeit ihrer Schwester, daß sie sich später Prador nannte. Der Name Palmer war im Filmgeschäft besetzt. Überhaupt hätte sie offenbar gerne einen anderen Platz innerhalb der Familie gehabt. Sie wollte nicht die Älteste sein. Das ging so weit, daß sie Lilli bat, die Altersangaben in der englischen Übersetzung ihrer Memoiren zu verändern. Was in der deutschen Ausgabe stand, war ihr gleichgültig, denn in Deutschland kannte sie niemand. Aber in England war ihr das «wahnsinnig wichtig», so Hilde. Aus diesem Grund suchte Irene Hilde auf, um sie zu fragen, ob es sie stören würde, als die Jüngste aufzutauchen. Natür-

lich störte Hilde sich daran. So kam es, daß Lilli in der englischen Ausgabe zur Ältesten und Irene zur Zweitjüngsten mutierte. Auch im Paß hatte sie nach Hildes Auskunft die Altersangabe gefälscht. «Sie hatte immer schon einen wahnsinnigen Komplex wegen ihres Alters. Sie fand, Jungsein, das war das Wichtigste. Dabei sah sie noch phantastisch aus, als sie 86 Jahre alt war. Eines Tages sagte sie zu mir: ‹Hilde, ich fühle mich so alt.› Daraufhin habe ich ihr gesagt: ‹Irene, wir *sind* alt!›»
Lilli, alle Zeichen sprechen dafür, war das Glückskind der Familie. Obwohl die Memoiren gleich zu Beginn von Charaktereigenschaften berichten, die dem Glück durchaus im Wege standen. «Ich wollte, gleich von Anfang an, ein ‹gutes Kind› sein, meinen Eltern und Lehrern ‹Freude machen› (mit einigem Erfolg), meinem Mann die ideale Lebensgefährtin sein (Pech) und meinem Sohn die beste Freundin (Irrtum). Das Gute-Kind-Übel hat mich mein Leben lang geplagt, in eine Zwangsjacke eingeschnürt. Es dauerte lange, bis ich begriff, daß es eine schlechte Angewohnheit war. Mit der Erkenntnis kam das Bedürfnis, das ‹gute Kind› loszuwerden. Das Fett war schon in der Emigration zerflossen ...» Fest steht, daß Lilli von Kindheit an ihre Umwelt bezauberte, daß sie hoch begabt, ekstatisch, temperamentvoll war. Aber auch streng sein konnte. Und zornig – wie ihr Vater.

Und Hilde? «Um mich kümmerte man sich am wenigsten. Das war auch gar nicht notwendig. Denn ich war ein ungeheuer vergnügtes, immer strahlendes Kind. Ich wurde die Wiederkommerin genannt. Das kam so. Manchmal nahmen mich meine Eltern zu Freunden mit. Ich habe mir das dann alles angesehen, und wenn wir wieder gingen, habe ich denen die Hand geschüttelt und gesagt: Ich komme wieder. Seitdem hieß ich die Wiederkommerin.» Hilde fühlte sich zu Lilli hingezogen, nicht zu Irene. Die sei als älteste Schwester «eigentlich ganz scheußlich» gewesen. Lilli dagegen – das war die große Schwester: Vorbild, Beschützerin und selbsternannte Erzieherin. «Ich wollte nie etwas Trauriges lesen. Ein Buch mit einem traurigen Ende habe ich einfach nicht angerührt. Deswegen hat sie mich eines Tages in ihr Zimmer eingesperrt, und dann mußte ich die ‹Nibelungensage› lesen. Als ich das Zimmer dann wieder verlassen durfte, fand ich eine Tafel Schokolade auf meinem Bett. Sie wollte mich dazu zwingen, etwas ‹Richtiges› zu lesen – nicht solche Bücher wie ‹Das Nesthäkchen dreht sich im Grabe um› oder so etwas. Ich liebte diese Nesthäkchen-Bücher sehr.» Lilli war es auch, die ihre kleine Schwester zum Friseur schleppte. «Meine Mutter wußte nicht sehr viel vom Anziehen. Das Moderne kam immer von Lilli.»

Die Kinder gingen in die von Hilde und Lilli heiß geliebte «Waldschule Charlottenburg» im Grunewald. Hilde war eine mittelmäßige Schülerin. «Nachmittags hat mein Vater mit mir Hausaufgaben gemacht, morgens war er im Krankenhaus zum Operieren.» Hilde interessierte sich nicht so sehr für die Schule, sondern vor allem fürs Tanzen. Lilli war überglücklich, in die Schule gehen zu dürfen. Denn sie liebte es, zu deklamieren – und brauchte Publikum. Sie konnte sich ekstatisch begeistern und entwickelte eine regelrechte «Deklamiersucht», die sie dank der Laienspielaufführungen in der Schule ausleben konnte. Sie wollte gefallen – allen voran ihrer Lehrerin. Für die schwärmte sie so leidenschaftlich wie Manuela von Meinhardis in «Mädchen in Uniform» für die Internatslehrerin Fräulein von Bernburg (einige Jahrzehnte später verkörpert von Lilli Palmer). Wie stark ihr Besitzanspruch an diese Lehrerin war, verdeutlicht eine Episode, die sie in ihrer Autobiographie erzählt. Als sie bei einer Aufführung einmal zufällig ihre Mitschülerin Inge auf dem Schoß ihrer vergötterten Lehrerin entdeckte, verließ sie mit zitternden Knien die Bühne, rannte zu ihr rüber und zerrte an Inges Haaren.

«Dicke Lilli, gutes Kind» hatte zwar die Eigenschaft, anderen nichts abschlagen zu können. Aber gleichzeitig konnte sie sich verteidigen, ihre Wut zum Ausdruck bringen und ihren Willen durchsetzen. Wenn sie etwas absolut wollte, bekam sie es auch. Nach den «Kindertriumphen» in der Schule stand ihr Entschluß fest. Sie wollte Schauspielerin werden – und verfolgte ihr Ziel mit unbedingter Disziplin. Ihr Vater war mit ihrem Berufswunsch zwar überhaupt nicht einverstanden und hätte seine Tochter gerne als Medizinerin gesehen. Er nahm sie auch in seine Klinik mit. Aber das änderte nichts. Schließlich willigte er in einen Kompromiß ein. Vormittags ging sie zum Gymnasium, nachmittags zum Schauspielunterricht. Wie sie das bewältige, «das sei ihr Problem».

Der Vater mußte schließlich feststellen, daß auch seine dritte Tochter Bühnenambitionen hatte: Hilde wollte nach der Schule nicht zum Gesangs- oder Schauspielunterricht, nein, sie wollte bei einem russischen Tanzlehrer Unterricht nehmen. Auch das gefiel dem Vater nicht. Ballerina – das sei doch kein Beruf. Später, im Exil, hat sie ausgerechnet von diesem Beruf leben können, jedenfalls eine Zeitlang. Alle Versuche des Vaters, die Töchter von Bühnenberufen abzuhalten, waren gescheitert. Was ihm bei der eigenen Ehefrau gelungen war, war bei seinen Töchtern nicht mehr möglich.

1933 – DAS JAHR DER TRENNUNG

Im April 1932 bestand Lilli das Abitur. Seit ihrem 16. Lebensjahr nahm sie bereits Schauspielunterricht bei Lucie Höflich und Ilka Grüning. Im Jahr des Schulabschlusses unterzeichnete sie in Darmstadt ihren ersten Vertrag mit einem Theater. Aber dies war nicht das einzige aufregende Ereignis. Sie war verliebt, in Rolf Gérard, einen Medizinstudenten. Er war ihre erste große Liebe. In Darmstadt wurde sie für die verschiedensten Inszenierungen eingesetzt, auch für musikalische Komödien. «Das Hauptproblem war aber nun, daß ich weder singen noch tanzen konnte. Als man das feststellte, war es schon zu spät.» Kurz: Lilli verdiente sich, auf nicht immer komfortable Weise, ihre Sporen auf der Bühne. Ihren ersten großen Erfolg hatte sie in Eduard Künnekes Operette «Glückliche Reise». Daraufhin erhielt sie ein Angebot aus Frankfurt für einen Zweijahresvertrag. Aber zu einem Engagement sollte es nicht mehr kommen. Durch die Machtübernahme Hitlers wurde ihr Vertrag rückgängig gemacht. Nie hätte sie gedacht, daß Hitlers antisemitische Drohungen einmal zu einer realen Gefahr für die Juden in Deutschland werden würden. Freunde von ihr verließen Deutschland, darunter Gustav Hartung, ihr Intendant aus Darmstadt. Auch Irene emigrierte. Lilli riet man, ebenfalls wegzugehen.

Ein letztes Mal ließ sie sich auf ein Engagement ein, wieder in Darmstadt. Bei der letzten Probe spürte sie eisiges Schweigen um sich. Der Regisseur zog sie zur Seite und teilte ihr mit, daß die örtliche SA am Abend gegen den Auftritt «der nichtarischen Schauspielerin in angemessener Weise mit 25 Mann» protestieren wollte. Lilli war fest entschlossen, trotzdem aufzutreten. Als sie sich daran erinnerte, daß ihr Vater Träger des Eisernen Kreuzes war, glaubte sie fest daran, daß das ihre Rettung sein könne. Ihr Einfall half ihr zunächst nichts, denn es gab niemanden, dem sie von der Auszeichnung hätte erzählen können. Vergeblich versuchte sie, den SA-Chef zu erreichen. Also begab sie sich abends mit zitternden Knien ins Theater. «Als wir uns, ins Theater wie angewiesen, hinter dem Vorhang aufstellten, passierte es. Eine der Hauptdarstellerinnen machte sich los und spuckte mir mit großer Treffsicherheit vor die Füße. Ich war wie gelähmt, doch da ging schon der Vorhang auf, und wir tanzten lachend, wie geprobt, über die Bühne. Es waren die schlimmsten Minuten meines Lebens.» Wie durch ein Wunder geschah während der ganzen Aufführung nichts. Ein SA-Mann war ins Theater gekommen und hatte die zum Protest entschlossenen SA-Männer herausgeholt. Der Zufall wollte es, daß Alfred Peiser ihn im Lazarett von Verdun gepflegt hatte.

An ein Weiterleben in Deutschland war nicht zu denken. Sie mußte raus. Aber wohin? Ihre Eltern untersagten ihr, nach England zu gehen, wo Lilli als Kind glückliche Tage verbracht hatte. Sie bestanden auf Paris, denn dort versuchte Irene bereits seit einem Monat, sich eine Existenz aufzubauen. Rose und Alfred Peiser selbst dachten nicht daran, Deutschland zu verlassen. Sie wollte an der Seite ihres Mannes sein, und für ihn war es unvorstellbar, seine Arbeit in dem jüdischen Krankenhaus aufzugeben. Allein verließ Lilli Berlin. Der Vater brachte sie zum Bahnhof. «Noch heute habe ich ihn vor Augen, wie er am Bahnsteig steht, die Hand erhoben, ohne zu winken. Ich sollte ihn nicht mehr lebend sehen.»

Während Lilli neugierig ins Unbekannte fuhr, blieb Hilde mit ihren Eltern in Deutschland zurück. Das Leben wurde schwierig. Jetzt mußte sie erleben, in einer «deutschen Schule» auf einmal als jüdisches Mädchen behandelt zu werden: «Mein Geschichtslehrer fing irgendwann an, von den Juden zu sprechen: wie fürchterlich die wären, was die alles angestellt hätten. Da habe ich gesagt: Wie können Sie das sagen? Jesus war doch auch ein Jude.» Kurz darauf wurde die Mutter vom Direktor vorgeladen. Hilde müsse leider von der

Schule genommen werden ... Die neuen Bestimmungen, sie müsse doch verstehen ... Von der Paul-Schule im Grunewald, die Hilde daraufhin besuchte, spricht sie noch heute in den höchsten Tönen. «Die waren ganz wunderbar mit mir. Die Hauptlehrerin war Jüdin. Sie und der Direktor, der nicht jüdisch war, sind später nach England ausgewandert und haben in London eine neue Schule aufgemacht.»

Kurz nach dem erzwungenen Schulwechsel starb der Vater 1934 im Alter von 57 Jahren am Herzinfarkt. Für Rose Peiser brach alles zusammen. Lilli und Irene kamen nach Berlin und versuchten sie zu überreden, gemeinsam mit Hilde Deutschland zu verlassen. Aber Rose wollte nicht. Irene und Lilli kehrten nach Paris zurück und schrieben täglich, immer abwechselnd, an ihre Mutter und die Schwester.

Die «Sœurs Viennoises» in Paris

Was die Töchter aus Paris zu berichten hatten, war nicht eben erfreulich. Frankreich, das Land, das dem «Kontinent die Menschenrechte geschenkt hatte» (Heinrich Mann), wurde bis zum Kriegsausbruch zwar zu einem der wichtigsten europäischen Asylländer. Für Anna Seghers, Hannah Arendt, Lotte Eisner, Gisèle Freund, Heinrich Mann und Tausende anderer Flüchtlinge aus Nazideutschland – 1933 wurde ihre Zahl auf 30 000 geschätzt – wurde Frankreich zur «terre d'asyl». Frankreich duldete die Flüchtlinge, sogar ihre antifaschistischen Aktivitäten. Aber ein schriftlich fixiertes Recht auf Asyl, einen Schutz vor Abschiebung oder gar einen Anspruch auf Arbeit gab es nicht. Abgesehen von diesem ungesicherten rechtlichen Status war der französische Alltag für die Flüchtlinge aus Deutschland bedrückend. In Hunderten von autobiographischen Zeugnissen, in Exilromanen wie «Der Tod des Johannes» von Lotte Schwarz oder in Klaus Manns «Der Vulkan» ist eindringlich beschrieben worden, was es bedeutete, staatenlos, exiliert, unerwünscht, fremd zu sein. Im Exil zu leben hieß für die meisten – vor allem für die älteren – soziale Degradierung, Einsamkeit, Hoffnungslosigkeit, Verlust an

Individualität und Selbstvertrauen, Orientierungslosigkeit. Insbesondere männliche Intellektuelle, die in Deutschland zu Bedeutung gelangt waren, litten unter diesen völlig veränderten Lebensumständen. Die Exilsituation wurde von Männern und Frauen unterschiedlich erlebt und gemeistert. Auch die französische Gesellschaft reagierte auf weibliche und männliche Flüchtlinge nicht in gleicher Weise. In einem französischen Polizeibericht heißt es zum Beispiel über die «lautstarken» öffentlichen Zusammenkünfte deutscher Intellektueller, daß das «weibliche Element» durch «Studentinnen und Künstlerinnen oder sogenannte (sic!) geflüchtete Künstlerinnen vertreten» sei, «wobei fast sicher anzunehmen ist, daß viele leichte Personen darunter sind, die auf diese Weise ihre ehemaligen deutschen Kunden wiederfinden». Weibliche Flüchtlinge wurden offenbar schnell mit «Prostitution» in Verbindung gebracht, nicht etwa mit politischer oder rassischer Verfolgung.

Als Lilli 1933 in Paris ankam, begriff sie das nicht als Exil. Paris bedeutete für sie ihre Zukunft – als Schauspielerin. Sie wollte Paris erobern, soviel war klar. Schonend versuchte Irene sie mit den französischen Realitäten vertraut zu machen: Daß man für alles eine Arbeitserlaubnis brauche, die man aber nicht bekomme. Daß die 200 Mark aus Deutschland von den Eltern gerade für die Miete ihres gemeinsamen kleinen Dachzimmers und für eine einzige Mahlzeit am Tag reichten. Daß Lilli sich dringend um eine Aufenthaltsgenehmigung bemühen müßte – und daß die französische Bürokratie bestechlich sei, Gott sei Dank. Irene war eben doch die große Schwester. Allein auf sich gestellt, war sie weggegangen. Dazu hatten Mut und Kraft gehört. Was muß sie empfunden haben, als ihre Lilli «nachkam», ausgerechnet Lilli? Lilli läßt in ihrer Autobiographie keinen Zweifel daran, daß sich die beiden im Exil fest zusammenschlossen, um die Situation zu bewältigen. Zwar zog Lilli bald mit dem nachgereisten Rolf Gérard, ihrem Verlobten, zusammen. Aber die größte Hürde, das Geldbeschaffungsproblem, nahmen sie gemeinsam.

Zunächst versuchte Lilli es jedoch allein. Sie zog von einem Theateragenten zum nächsten, felsenfest davon überzeugt, eine «blendende Schönheit» zu sein. In ihren Memoiren heißt es: «Was

Lilli und Irene Peiser: Im Pariser Exil nannten sie sich Palmer, tingelten als «Les Sœurs Viennoises» durch die Nachtclubs und warteten auf einen Entdecker. Der kam dann auch – für Lilli.

mich betrifft, so war ich ein fetter, freundlicher Wandervogel mit einem runden Mondgesicht, einem riesigen, wirren Haarschopf ... und einem ausgeprägten Doppelkinn.» Sie hatte schon alle Hoffnungen aufgegeben, da gelang es ihr schließlich, die Rolle einer japanischen Prinzessin in einer deutschen Operette im Moulin Rouge zu erhalten. Doch alles ging schief. Sie konnte nicht tanzen: Lilli übertraf die schlimmsten Befürchtungen des Choreographen. Während dreißig «fabelhaft ausgebildete Mädchen, meistens Amerikanerinnen», auf der Bühne herumsteppten, versuchte sich Lilli mit «ein bißchen Akrobatik» zu retten. Der italienische Choreograph wies sie zurecht. Akrobatik interessiere ihn nicht, sie seien ja nicht im Zirkus. Es kam, wie es kommen mußte. Bei der Premiere brach Lilli zusammen. «Der Kampf war kurz ... Ich fiel einfach um.» Lilli hatte sich den linken Knöchel gebrochen. Aber es kam noch schlimmer. Auf einmal durfte kein Geld mehr aus Deutschland geschickt werden. Lilli und Irene standen ohne einen Pfennig da. Wollten sie nicht verhungern, mußten sie sich etwas einfallen lassen. Während Lillis Knöchel verheilte, erfanden sie sich neu: Sie nannten sich die «Sœurs Viennoises» und studierten ein fünfsprachiges, schnulziges «Schwesternprogramm» ein. Außerdem legten sie sich einen anderen Nachnamen zu. Aus Peiser wurde Palmer. Blieb das Garderobenproblem. «Zwei gleiche Kleider mußten aufgetrieben werden, Abendkleider, etwas Kostümhaftes, Wienerisches, etwas, das nichts kostete, denn wir hatten keinen Pfennig übrig. In einem Restgeschäft am Fuße des Montmartre fanden wir die Lösung: ein paar Meter hellgrüner Taft, wahrscheinlich Gardinenstoff, im Ausverkaufsangebot. Eine befreundete Nähmaschine schneiderte sie zurecht. Die Kleider hatten Puffärmel und überall Rüschen. Wir sahen aus wie zwei große grüne Zitronenbonbons.» In diesem Aufzug tingelten sie durch die Pariser Nachtclubs: Vom «Monte Christo» zu den «Folies Bergères» (wo sie mit freiem Oberkörper auftreten sollten, was sie ablehnten), zum «Casanova» bis ins «La Shéhérezade» (unten Klub, oben Bordell). Erfolglos waren sie nicht, aber das «Glück» war meist nur von kurzer Dauer. Sie erlebten demütigende Momente, die Diktatur des Sekttrinken-Müssens (sie kippten ihn unter den Tisch, um nicht betrunken zu werden), einmal entging Lilli nur knapp einer Vergewaltigung durch einen Barbesitzer, der sich überraschend auf sie warf.

Kurz, das Milieu war unangenehm, eine Sphäre zwischen Kleinkunst und Bordell, geprägt von Spießigkeit, Geilheit und dem Wunsch nach Unterhaltung mit künstlerischem Einschlag. Aber immer war da die Hoffnung, der richtige Mensch, der ihnen das Tor zur Künstlerwelt öffnen würde, könnte im Publikum sitzen. Und so war es dann auch, zumindest für Lilli. In der «Shéhérézade» hörte sie der französische Vertreter von Walt Disney. Der bat beide, auf einem privaten Fest eines Disney-Managers aufzutreten. Dort lernte Lilli einen Herrn kennen, der das «Fräulein» nach ihrem Auftritt fragte, was denn ihr Ziel im Leben sei. Es sei ihre Absicht, in kürzester Zeit eine der größten Schauspielerinnen der Welt zu werden, antwortete sie. Der Herr lachte herzlich – und brachte sie bald darauf mit einem der berühmten Produzenten der britischen Filmindustrie, mit Alexander Korda, zusammen. «Wir suchen gerade ein junges Mädchen für eine bestimmte Rolle. Hier ist meine Karte. Wenn Sie nach London kommen, machen wir einen Kameratest von Ihnen.»

Aber Lilli fuhr nicht sofort. Sie wollte Irene nicht im Stich lassen. Erst nachdem die «Schwesternnummer» zusammengebrochen war und nichts mehr ging, fuhr sie 1935 nach London. Völlig ruiniert, mit einer einzigen Adresse, eben jener von Alexander Korda. Der erinnerte sich an sie, machte auch Probeaufnahmen und ließ sie fallen. Trotzdem gelang es ihr, innerhalb kürzester Zeit in den Besitz eines Arbeitsvertrags zu kommen, und mit dem rannte sie dann überglücklich in das Emigrantenhotel, in dem sie untergekommen war. Dort schaute man sie mitleidig an. Wer schon länger im englischen Exil war, wußte, was solch ein Arbeitsvertrag bedeutete: nichts. Bald mußte Lilli tatsächlich feststellen, daß ihr Vertrag nichts wert war, denn das Innenministerium verweigerte die Arbeitserlaubnis. Aber Lillis Glaube an die Machbarkeit des Unmöglichen war stärker als die Dekrete des Innenministeriums. 1936, nachdem sie dramatische Niederlagen hatte einstecken müssen, war es soweit – sie kam nicht nur bei den Warner Brothers unter Vertrag, sondern erhielt auch eine Aufenthalts- und Arbeitsgenehmigung. Somit war der Weg frei für die Erfüllung von drei Wünschen: Sie konnte sich einen Hund anschaffen, ein kleines schwarzes Auto kaufen und ein Haus mieten – für sich, die Schwestern und die Mutter. 1936 holte sie ihre Familie nach London – und Irene aus Paris.

Hilde war damals 16 Jahre alt. Auf die Frage, ob sie Angst vor der Emigration gehabt habe, antwortet sie: «Nein. Überhaupt nicht. Wir wollten nur noch raus.» Mit Ausnahme der Möbel konnten sie nichts mitnehmen. Der Anfang war schwer. Aber zum ersten Mal seit vielen Jahren war die Familie wieder zusammen. Wenigstens für eine kurze Zeit. Denn von 1940 an tingelte Lilli durch England, um sich über Wasser zu halten (die Filmindustrie lag durch den Krieg brach), und bezog 1943 mit ihrem zukünftigen Mann Rex Harrison ein Landhaus; Irene heiratete bald darauf einen britischen Rechtsanwalt, und Hilde war die ganze Kriegszeit über mit Bühnenengagements beschäftigt.

Im Jahr 1936 waren die Schwestern und die Mutter in einem bescheidenden Maße versorgt. Vor allem Rose Peiser war überglücklich, mit ihren Töchtern zusammenzusein. Bis zu ihrem Tod sind sie ihr die wichtigsten Menschen geblieben. In der ersten Zeit wohnten sie in einer Wohnung in der Parsifal Road, später bezogen sie ein Haus in Hampstead. Das Haus war so groß, daß die Mutter Zimmer an Emigranten vermieten konnte. Ihre Rolle als Vermieterin machte ihr sogar Spaß.

Hilde verließ schon sechs Monate später die Schwestern-Mutter-Gemeinschaft. Sie hatte, als sich die Schweizer Tänzerin und berühmte Mime Trudi Schoop in London aufhielt, die Gelegenheit bekommen, bei ihr vorzutanzen. Lilli begleitete ihre Schwester und stand wahnsinnig aufgeregt hinter dem Vorhang. Das war gar nicht nötig. Denn Trudi Schoops Urteil fiel positiv aus. Die Schwestern waren ganz begeistert – im Gegensatz zu Mutter Peiser. Die war entsetzt. Denn das «Kind» sollte doch zur Schule gehen – und nicht tanzen! Aber Lilli hatte ein Wörtchen mitzureden, schließlich war Hilde ihre Schwester. Hilde könne mit der Truppe von Trudi Schoop quer durch Europa und Amerika reisen, das sei doch eine einzigartige Chance!

Die Mutter mußte nachgeben, gegen Lilli kam sie nicht an. Vielleicht war Mutter Peiser auch stolz. Lebten ihre Töchter nicht, was ihr versagt worden war? So kam es, daß Hilde zunächst für ein paar Monate in die Schweiz reiste, zu Probearbeiten. Und dann tingelte die Compagnie quer durch Amerika, mit einem Greyhound-Bus, insgesamt 3000 Meilen. «Ich war die Dümmste und wahrscheinlich auch die Schlechteste. Aber komisch», meint Hilde. Dreihundert Meilen fuhr die Truppe pro Tag, abends mußte sie tanzen und dann zurück in den Bus. Wenn Geld da war, übernachtete sie sogar in einem Hotel. Als Hilde 1937 nach England zurückkehrte, wurde sie von Lilli und Rolf empfangen. Lilli schaute sie entsetzt an: «Was hast du mir zu sagen?» Hilde erinnert sich auch noch an den Grund für diese Frage. «Ich sah nämlich aus, als wäre ich im siebten Monat. Bei Trudi Schoop in Zürich war ich in einer Pension untergebracht gewesen und hatte lauter Dinge gegessen, die ich zu Hause nie essen durfte. Und wurde viel zu dick. Ich habe dann – genau wie Lilli – entsetzlich Diät gehalten, immerzu, bis es dann besser wurde. Und so blieb es dann. Wie bei Lilli. Auch nach dem Krieg.»

Lilli, die 1937 mit dem Film «The silent barrier» erste Erfolge als Schauspielerin hatte, kümmerte sich nach deren Rückkehr aus Amerika um Hilde. «Sie hat alles für mich bezahlt – Gesangsstunden, Tanzstunden, die Schauspielschule. Dort habe ich auch Englisch gelernt. Bis dahin konnte ich ja fast gar nichts.» Da Lilli mit dem Filmen bereits Geld verdiente, konnte sie auch der Mutter helfen. Und Irene. «Die ganze Last lag bei Lilli», erinnert sich Hilde. Lilli verhalf Hilde, die ihr «understudy» war, zum ersten großen Theaterauftritt in London. «Das heißt: Wenn sie krank war, sprang ich ein. Da ich mit ihr die Texte einstudierte, kannte ich sie irgendwann auch selber auswendig.» Eines Tages trat dann die befürchtete Situation ein. «Im Theater, so sagt man, soll man nichts Grünes tragen», erzählt Hilde. Zufall, daß die schlimmsten Befürchtungen wahr wurden, als Lilli in dem Stück «Die unentschuldigte Stunde» ein grünes Kleid trug? Hilde hatte eine Nebenrolle. Als Hilde die Treppe runterging, hörte sie ihre Schwester rufen: «Schnell, schnell, schnell. Du mußt jetzt den letzten Akt spielen.» Lilli hatte sich die Schulter ausgerenkt. Hilde, die sonst vor ihren Auftritten so wahnsinnig aufgeregt war, blieb ganz ruhig. Denn sie sah nur Lilli, wie sie dalag und schließlich weggetragen wurde. «Ich habe das Stück zu Ende gespielt. Das Publikum hat nichts gemerkt.»

Voraussetzung für die Schauspielerei war – das galt natürlich auch für Hilde – eine Arbeitserlaubnis. Durch ihre Heirat mit einem Engländer kam Irene, die bald darauf Mutter von Zwillingen wurde,

Lilli Palmer 1938 in dem Film «A Girl Must Live». 1935 war die Emigrantin von Paris nach England gegangen. Ein Jahr später bekam sie einen Vertrag mit Warner Brothers – und die Aufenthalts- und Arbeitsgenehmigung. Jetzt konnte die Familie nachkommen.

in den Besitz des begehrten Papiers. Irenes Mann war es gelungen, Hilde die Erlaubnis zu besorgen. «Weiß der liebe Gott, wie!» ruft Hilde noch heute bei der Erinnerung an dieses Wunder aus. Ihr war es jetzt möglich, während der Kriegsjahre zu arbeiten – als Tänzerin, als «Komische», als Sängerin («laut und häßlich», so Hilde) und als Schauspielerin. Das war nicht das einzig Ungewöhnliche, was Hilde im englischen Exil erlebte. Ungewöhnlich war auch die englische Polizei. «Wann immer ich als Schauspielerin mit einer Truppe durch England tingelte, mußte ich mich anmelden, als Ausländerin, als enemy alien. In London war die Polizei so furchtbar nett, daß ich direkt gerne hingegangen bin. Die sagten dann: Setz dich, was singst du heute abend? Ich hab' ihnen dann vorgesungen. Die waren von einer Nettigkeit. Phantastisch! All die Kriegsjahre über!»

Eines Tages kam es zu einer folgenschweren Begegnung. Sie spielte in einem Musical des amerikanischen Komponisten Cole Porter mit, das im Londoner Kolosseum aufgeführt wurde. Im Publikum saß ein Freund von ihr und neben ihm ein Amerikaner, der während der Vorstellung erzählte, daß er dringend jemanden suche, der Deutsch könne. Und zwar für den «Soldatensender West», einen englischen Radiosender, der auch in Deutschland zu empfangen sei. Nach der Vorstellung war Hilde bereits engagiert. Das war 1944. Der Kurzwellensender «Soldatensender West» wurde in Sussex ausgestrahlt und war 1943 unter dem Namen «Soldatensender Calais» ins Leben gerufen worden. Unter den Mitarbeitern waren vor allem Sozialdemokraten und Anhänger der «Volksfront». Die Sendungen wurden an einem geheimen Ort produziert. Bis zum Ende des Krieges arbeitete und lebte Hilde dort und wirkte an dem Programm mit. Es sollte eine Gegenkraft sein zur Goebbelsschen Propaganda und die Deutschen über das informieren, was die «Lingua Tertii Imperii» (Victor Klemperer) verschwieg und entstellte. Zwischen den gesprochenen Texten wurde Musik gespielt. «Wir wußten ja, daß die Deutschen und Österreicher Jazz so gern hatten. Zwei andere Mädchen und ich haben deswegen die beliebtesten Jazz-Songs vorgetragen. Alle diese Songs waren ganz phantastisch übersetzt von dem deutschen Schriftsteller Rudolf Bernauer.»

Ähnlich wie die «Freiheitssender», die von den verschiedenen Gruppierungen der politischen Emigration ins Leben gerufen worden sind, waren auch die meisten Mitarbeiter der Tarnsender in Großbritannien deutschsprachige Emigranten. Sowohl die «Freiheitssender» wie die Tarnsender, die von den Alliierten finanziert wurden, sollten die Deutschen wachrütteln, ihren Widerstand mobilisieren und sie auffordern, sich nicht mit der «stumm gewordenen Stimme des deutschen Volkes» (Heinrich Mann) abzufinden. Am berühmtesten sind die Radioreden «Deutsche Hörer» von Thomas Mann geworden, die während des Krieges von den USA aus über die Sender der BBC in das Deutsche Reich hineinwirken sollten.

Für die Emigranten hatte die Mitarbeit am «Soldatensender West», für den auch Marlene Dietrich sang, einen unmittelbaren sozialen und auch materiellen Nutzen. Hilde schwärmt noch heute von dieser Rundfunkarbeit und der Improvisationskunst der Mitarbeiter. So gelang es trotz der beschränkten Mittel, ein kleines Orchester zusammenzustellen. Ein besonderes Glück waren auch die «american rations» – das gute Essen, die Zigaretten und die Strümpfe. Außerdem gab es 20 Pfund Lohn. Das war damals ein Vermögen.

HOLLYWOOD

Als der Krieg vorbei war, kam das Jahr der Trennung. 1945 verließ Hilde England. Zum zweiten Mal in ihrem Leben fuhr sie nach Amerika, diesmal auf einem winzigen Schiff. «Daß wir überhaupt angekommen sind, ist erstaunlich», erinnert sie sich. Mit von der Partie war ihr Ehemann, ein amerikanischer Schriftsteller und kein Geringerer als der ehemalige Leiter des «Soldatensenders West». Ist es Zufall, daß ihre geliebte Schwester Lilli im gleichen Jahr nach Amerika übergesiedelt ist? Lilli hatte 1939 auf einer Theatertournee von «You of all people» den Erfolgsschauspieler Rex Harrison in Birmingham kennengelernt. Ein Jahr später, im Dezember 1940, standen sie bereits gemeinsam auf der Bühne, 1943 ließen sie sich in Westminster trauen. Am 19. Februar, in einer der schlimmsten Bombennächte, die London erleben mußte, brachte Lilli ihren Sohn Carey zur Welt.

Kurz nach der Premiere von «The Rake's Progress» (dt.: «Der letzte Sündenfall – die Geschichte eines Wüstlings») – der erste gemeinsame Film von Lilli und Rex – erhielt er einen Anruf aus Hollywood. «Rex war wie besessen von der Idee, nach Hollywood zu gehen. Er wäre sogar so weit gegangen, uns einfach in England sitzenzulassen», erzählte Lilli Palmer ihrem Biographen Michael

O. Huebner. Was aber sollte sie, für die sich dort niemand zu interessieren schien, in Hollywood? Dann kam der erlösende Anruf: Während Rex sich auf einer Tournee durch Europa befand, bot ihr Warner Brothers einen Siebenjahresvertrag an. Im Herbst 1945 überquerten beide mit der «Queen Elizabeth» den Atlantik. In New York wurden sie von der amerikanischen Presse empfangen, ein Vorgeschmack auf Zukünftiges. «Fotos von dem ankommenden Paar», so Huebner, «zeigen einen verärgerten Harrison mit einer strahlenden Palmer an seiner Seite.» Und im Mai 1946 stand Lilli dann zum ersten Mal in Hollywood vor der Kamera.

Während Lilli und Rex Harrison in den folgenden Jahren zum «Traumpaar» Hollywoods avancierten, gestaltete sich Hildes Leben in New York schwierig. Durch die Heirat hatte sie die amerikanische Staatsbürgerschaft erworben, ihre Assimilationsprobleme löste das nicht. Genausowenig wie die materiellen Schwierigkeiten, mit denen nicht nur die Emigranten aus Nazideutschland in Amerika zu kämpfen hatten, sondern auch die aus dem Krieg zurückgekehrten GIs wie Hildes Mann. Er fand keine Arbeit. Auch das Apartment, das sie bezogen, war alles andere als angenehm. Aber sie waren froh, überhaupt etwas gefunden zu haben. Gleichwohl war Hilde immer «phantastisch angezogen», denn Lilli schickte die schönsten Kleider aus Hollywood. «In Wirklichkeit waren wir aber furchtbar arm.» Hilde fing sofort an zu arbeiten, beim Fernsehen, auf der Bühne und im Musical «Inside USA», wo sie gemeinsam mit ihrer Freundin Beatrice Lillie auftrat, mit der sie schon in England zusammengearbeitet hatte. Die Show wurde kein großer Erfolg, hielt sich aber ein paar Monate. Kurz darauf wurde Hilde krank. «Es war sehr heiß in New York, und wir waren zu arm für die Anschaffung einer Aircondition. Es war einfach alles zu schwierig. Ich konnte mich nicht eingewöhnen.» Dann brachte sie Nicola, ihre erste Tochter, zur Welt. Von der Mutter, die aus England anreiste, erhielt sie Unterstützung. Und auch von Lilli, die Hilde eine bessere Wohnung und ein Kindermädchen besorgte. Auf Wunsch der Mutter wurden Nicola (wie auch die späteren Kinder) christlich getauft, denn «sie wollte nicht, daß den Kindern später dasselbe widerfährt wie uns».

An ein Theaterengagement war jetzt erst einmal nicht mehr zu denken. Hilde arbeitete hin und wieder noch für das Fernsehen und kümmerte sich ansonsten um ihren «etwas schwierigen Mann». Drei Jahre später brachte sie ihren Sohn Jonny zur Welt. Gelegentlich besuchte sie Lilli in Hollywood, lernte die Stars kennen und begriff, wie schwierig das Leben dort war.

Lilli war bislang für Hilde immer eine Art zweite Mutter gewesen: Fürsprecherin, Vorbild, Beschützerin, ein Halt. War Lilli von Kindheit an die «große Schwester», das Objekt ihrer Bewunderung gewesen, so hatte sich dieses Schwesternverhältnis durch die besondere Situation des Exils potenziert. Lilli wurde zeitweise zur Ernährerin und «Mutter», die auch die Vaterrolle übernahm. Erst in Amerika, als Lilli die erste schwere Lebenskrise erlebte, änderte sich diese Rollenverteilung. Und noch einmal 1959, als die Mutter starb.

Zu der ersten großen Krise, durch die Lilli ihre «kleine Schwester» dann ganz anders wahrnahm, kam es 1948. Lilli mußte feststellen, daß ihr Mann eine Geliebte hatte. Ganz Hollywood wußte es schon, nur sie hatte es nicht wissen wollen. Lilli reiste ab, sie fuhr nach New York zu Hilde und quartierte sich dort ein. «Ich konnte ihr ein bißchen helfen. Es war eine furchtbare Zeit für sie.» (Auch in späteren Lebenssituationen standen die Mutter und die Schwestern Lilli bei.) Kurz darauf beendete die Geliebte von Rex ihr Leben. Die Zeitungen titelten mit dem Bild der Toten. Schlimmer hätte es kaum kommen können. Lilli verließ ihre Schwester und begab sich in die Höhle des Löwen, um ihrem Mann beizustehen. Der Selbstmord schweißte das Ehepaar wieder zusammen, wenn auch nur vorübergehend. Mit der Hollywood-Karriere war es für beide zunächst vorbei. Sie wechselten nach New York über, traten dort im Theater auf, mit großem Erfolg. Aber die Tage dieser Ehe waren gezählt. 1951 drehten sie noch einmal in Hollywood, «Das Himmelbett». In dieser Zeit lernte Lilli ihren zukünftigen Ehemann Carlos Thompson kennen, einen Schauspieler, der aus Argentinien emigriert war. 1954, während eines Theateraufenthaltes mit Rex in London, kam es zum endgültigen Bruch. Und zum Wiedersehen mit Carlos. Diese Ehe bestand bis zu ihrem Tod.

Für Lilli war Hilde immer die kleine Schwester, der sie über existentielle Nöte als Beschützerin hinweghalf. Aber als starke Persönlichkeit stand auch Hilde ihrer Schwester in schwierigen Situationen zur Seite.

RÜCKKEHR NACH EUROPA

Auch Hildes erste Ehe hielt nicht. 1954, nach der Scheidung von ihrem Ehemann, verließ sie Amerika. «Wir haben alles probiert. Aber die Ehe war einfach nicht mehr zu retten. Obwohl wir sehr befreundet waren und es auch jetzt noch sind.» Warum hätte sie in Amerika bleiben sollen? Mit ihren beiden Kindern ging sie nach England. (War es wieder einmal Zufall, daß auch Lilli, ihr Mann Rex und Carey im gleichen Jahr nach England kamen?) Hildes Entscheidung hatte naheliegende Gründe: In England lebten ihre Mutter und auch Irene, dort hatte sie glückliche Jahre verbracht. Wieder sprang die Schwesterngemeinschaft ein. «Lilli hat mein Leben völlig aufgebaut», erzählt Hilde über ihre Rückkehr nach England. Sie kaufte ihr ein Apartment. Hilde ließ ihre beruflichen Ambitionen endgültig fallen. Und zwar mit Begeisterung, wie sie betont. «Ich hatte das ja im Grunde gar nicht gelernt. Ich war begabt. Aber das war nicht genug. Ich hatte eine solche panische Angst vor jeder Vorstellung. Lilli war ja wirklich Schauspielerin. Vier Jahre lang hatte sie das studiert.»

Zudem war Hilde inzwischen zum zweiten Mal verheiratet und Mutter geworden. Als nach ihrer Tochter Lilli später ein drittes Kind zur Welt kam, war das Ende ihrer Bühnenlaufbahn endgültig besiegelt. «Ich wollte auch gar nicht mehr. Ich hatte viel zuviel zu tun. Das Theater hat mir überhaupt nicht gefehlt. Auch Lilli hat sich irgendwann für das Schreiben und Malen viel mehr interessiert als fürs Filmen. Filmen war gut fürs Geldverdienen.» Irene Prador war da ganz anders. Bis kurz vor ihrem Tod 1996 arbeitete sie begeistert als Schauspielerin, hauptsächlich für das englische Fernsehen, und hielt Vorträge im Radio. Noch 1994 war sie wegen Dreharbeiten in Osteuropa unterwegs.

«Oh, mein Papa» – Die Bundesrepublik entdeckt Lilli Palmer

Ende 1953 klingelte in der New Yorker Wohnung von Lilli Palmer das Telefon. «Frau Palmer?» fragte eine Stimme. Das war das erste «Frau Palmer», das Lilli in ihrem Leben hörte. Am Telefon: Erik Charell. «Wollen Sie die Iduna in meinem Farbfilm ‹Feuerwerk› spielen? Sie wissen doch, das berühmte Lied.» Und Eric Charell sang in den Hörer: «Oh, mein Papa». Lilli dachte lange nach. «Ehrlich gesagt, ich hatte schreckliche Angst», schreibt sie in ihren Memoiren. Ihr Schwager David Kilmuir, englischer Staatsanwalt beim Nürnberger Prozeß, riet ihr, das Filmangebot anzunehmen. Jetzt sei es wichtig, Brücken zu bauen. «Gut, Brücken bauen. Aber war das nicht auch das Land, das Juden ermordet hatte? Meine Tante in den Selbstmord getrieben hatte?» Schließlich entschloß sie sich zu fahren, gemeinsam mit ihrer Mutter, die eigentlich gar nicht wollte. Wegen der Erinnerungen. Dann überlegte sie es sich anders.

Zum ersten Mal seit zwanzig Jahren betraten beide wieder deutschen Boden, spielte Lilli in einem deutschen Film mit. Das war der Anfang ihrer zweiten Filmkarriere, diesmal in Europa. Im Gegensatz zu anderen Emigranten, die nach 1945 vergeblich versuchten, an ihren Filmerfolg in der Weimarer Republik anzuknüpfen, war die Situation der Palmer ganz anders: Sie war außerhalb Deutschlands der Star geworden, als der sie nun in ihr Geburtsland zurückkam.

Ausführlich schreibt sie in ihren Memoiren, wie schwierig es für sie war, einen Umgang mit den Deutschen, mit ihren Kollegen zu finden. «Als man mich der Belegschaft vorstellte, addierte und subtrahierte ich dann in aller Eile. Der könnte dabeigewesen sein, der nicht. Der war mit Sicherheit einer von ihnen.» Diese Art des Denkens und Bangens gab Lilli erst nach einem Gespräch mit Kurt von Molo, dem Mann ihrer Freundin Beate Moissi, auf, so der Palmer-Biograph. Er erklärte ihr, daß es Nazis, Mitläufer und Deutsche, die keine Parteimitglieder gewesen seien, gegeben habe. «Das half mir vorerst. Ich tat also meine Arbeit, freundete mich aber mit niemandem an und war froh, als der Film abgedreht war. Es war alles schrecklich deprimierend.» «Feuerwerk» war der Auftakt einer neuen, aber zerbrechlichen Freundschaft mit Deutschland. Lilli schloß Frieden mit Deutschland, und so auch Hilde, die später ihre geliebte «Waldschule» wieder aufsuchte. Dieser «Frieden» bedeutete natürlich nicht, daß es kein Erinnern gab. «Das Gerede von der späten Geburt ist Quatsch», sagte Lilli einmal in einem Gespräch. Die Toten kann man nicht wegdiskutieren. Die wenigsten Deutschen, die sie in den folgenden Jahren auf der Leinwand bewunderten oder ihr zum Bundesfilmpreis im Jahr 1955 gratulierten, werden gewußt haben, daß Lilli Palmer eine aus Deutschland vertriebene Schauspielerin war, eine Jüdin, die für die Deutschen spielte. Sie war es, die Brücken baute. Daß sie ein distanziertes Verhältnis zur Bundesrepublik behielt, ist an einem wiederholten Ausspruch von ihr sehr leicht abzulesen. Immer wenn einer ihrer Filme in der BRD schlechte Kritiken erhalten hatte, pflegte sie deutschen Kollegen zu sagen: «Deine Landsleute haben mir wieder mal was ins Stammbuch geschrieben.»

In den sechziger Jahren geriet Lilli Palmer in eine ernsthafte Krise. Aufgrund ihres Alters bekam sie keine traditionellen weiblichen Filmrollen mehr (statt dessen erhielten beispielsweise Liselotte Pulver oder die Knef den Zuschlag). In den siebziger Jahren steigerte sich die Angst, völlig «out» zu sein. «Wie eine Verhungerte» nahm sie in dieser Zeit jedes Filmangebot an und akzeptierte sogar Nebenrollen, um nur nicht vergessen zu werden. Denn das wäre für sie das schlimmste gewesen. Bis zu ihrem Tod war sie sehr produktiv und wirkte in vielen deutschen Filmen mit. Gleichzeitig ließ ihr Interesse am Film nach. Spätestens seit den sechziger Jahren, in denen sie sich ernsthaft fragte, ob sie nun in Zukunft (auch aus finanziellen Gründen) nur noch «dumme Filme» drehen oder sich für frivole Breitwandschinken wie «The amorous adventures of Moll Flanders» hergeben solle, verlagerte sich ihr künstlerisches Interesse. Immer stärker reizte es sie, sich auch als Schriftstellerin zu betätigen. Gleichzeitig begann sie häufiger für das deutsche Fernsehen zu arbeiten, nicht nur im «Kommissar», sondern auch als Gesprächspartnerin von Prominenten. Berühmt wurde unter anderem das «unpolitische Gespräch», das sie 1982 mit Helmut Schmidt führte. Schmidt war damals noch Bundeskanzler und wollte seine privaten Ansichten eigentlich nicht öffentlich machen, weil die politischen Folgen nicht abzuschätzen waren. Aber Lilli Palmers Angebot konnte er nicht abschlagen.

Drei Jahre später, im Jahr 1985, stellte man bei ihr Krebs fest. Im November des gleichen Jahres unterzog sie sich in Los Angeles der ersten Operation. Ihr Arzt machte ihr Hoffnung. Im Januar bekam sie unerträgliche Schmerzen. Erneut flog sie nach Los Angeles. Lilli hoffte vergeblich auf Heilung. Damit sie nicht im Krankenhaus sterben mußte, mietete Carlos ein Apartment. Im Januar 1986 starb sie. An der Beerdigung nahmen die Schwestern nicht teil, nur ein Direktor namens Bill Richardson und eine Angestellte, Alba Velasquez. Lillis Sohn Carey, mittlerweile ein erfolgreicher Stückeschreiber, hielt sich zum Zeitpunkt des Todes in Sri Lanka auf. Er veranlaßte Trauerfeiern in London und Zürich. Die Schwestern wünschten sich, daß Lilli in die Schweiz überführt würde. Aber Carlos stimmte dem nicht zu. Er war es auch, der darauf bestand, daß die Beerdigung ohne ihre Schwestern, ohne Freunde und Kollegen stattfand. In einem Interview für Radio Luxemburg sagte er: «Ich wollte, daß niemand aus ihrem Tod ein Geschäft machen kann. Sie selbst wollte keinen Rummel, keine Fotos.»

HEUTE

«Lilli und ich, wir haben immer dafür gesorgt, daß wir zusammen sind», sagte Hilde zum Schluß unseres langen Gespräches. Sie schaut mich an, als müsse sie mich überzeugen. «Nicht so sehr mit meiner ältesten Schwester, obwohl wir in einer Stadt lebten.» Schwesternliebe – eine unerschütterliche Gemeinschaft fürs Leben? Für Hilde war es offenbar so. «Irene hat es sehr schwer gehabt», sagt sie. Nicht nur, weil sie zeit ihres Lebens außerhalb dieser engen Schwesterngemeinschaft Lilli–Hilde gestanden habe. Ihre große Tragödie war der Verlust von zweien ihrer drei Söhne, die sie über alles liebte. Einer der Zwillinge starb im Alter von 48 Jahren, ihr Jüngster mit 37. Sie habe furchtbar viele Krankheiten gehabt und viel zuviel Tabletten geschluckt. «Im Alter», erzählt Hilde, «hat sich einiges geändert. Da haben wir uns viel gesehen.»

Gibt es einen Lebenstraum, der nicht in Erfüllung gegangen ist – durch die Emigration, wegen der Schwestern oder durch andere Umstände? «Als ich neun oder zehn Jahre war, nahm mich meine Cousine Alice, die Opernsängerin war, mit nach Landshut, zu einer gewissen Cilly. Nachdem wir zusammen gesungen hatten, sagte die: Du hast ja eine richtig gute Stimme! Ich schmetterte das hohe C hin wie nichts. Das war mir gar nicht aufgefallen. Da dachte ich mir, Opernsängerin werden, das wäre sehr schön. Weil Alice fand, daß meine Stimme so erstaunlich sei, habe ich mir gedacht: Na, wenn das mit dem Tanzen nicht mehr so geht, da wäre es doch ganz schön, Opernsängerin zu werden. Aber daraus ist nichts geworden. Was auch nicht schlecht war.»

Später hat sie sich sehr für Tapisserien interessiert. Da habe sie viel von Lilli gelernt. Ihre große Liebe ist heute aber ihr Garten. Auch Lilli, erzählt sie, liebte ihn, vor allem die Obstbäume. Mit zunehmendem Alter fällt Hilde die Gartenarbeit schwer. Die Kräfte lassen nach. Es gibt so viele Äpfelbäume, Weintrauben und Himbeeren. Vor zwei Jahren hat sie sich die Kniescheibe gebrochen, als sie versuchte, ihrem Hund auszuweichen. In der Zeit, in der das Bein in Gips lag, begann sie intensiv deutsche Literatur zu lesen. Mittlerweile sind es über fünfzig Bücher im Jahr. «Jetzt muß ich den ganzen Thomas Mann lesen! Und das nur, weil ich die Biographie von Klaus

Harpprecht so verschlungen habe.» Dieses Buch, das eigentlich viel zu schwer sei, als daß man es ohne Kissen lesen könne, hat ihr Interesse an deutscher Sprache und Kultur stark reaktiviert. Während des Krieges habe sie nie Deutsch gesprochen und später in Amerika nur dann, wenn die Kinder das Gesprochene nicht verstehen sollten. «Deswegen hat meine Nicola sehr gut Deutsch gelernt. Denn sie war neugierig. Im Gegensatz zu meinem Sohn Jonny. Der hat sich gar nicht darum gekümmert.» Wenn sie bei Sportübertragungen im Fernsehen das Deutschlandlied hört, überkommt Hilde ein komisches Gefühl. Sofort sind die Erinnerungen da, an das Horst-Wessel-Lied. Andererseits: Wenn sie in einer Gesellschaft zu Gast ist, in der Deutsche sind, hat sie ein Gefühl von zu Hause. Obwohl Deutschland schon lange nicht mehr ihr Zuhause ist. Das ärgert sie, aber es ist trotzdem so.

Als wir von Spaziergang und Tierfütterung zurückkommen, ziehen wir die Gummistiefel aus. Hilde schaut mich erwartungsvoll und begeistert an. «Ist es nicht schön hier?» Hilde Ross ist glücklich. Die Freundlichkeit in Person. Sie ist herzlich, berlinerisch und auch ein bißchen mädchenhaft geblieben, offen und direkt. «Ich lebe sehr, sehr gerne hier. Vor allem jetzt. Die ganze Welt ist ja verrückt geworden.» Einmal, so ganz nebenbei, sagt sie: «Wenngleich das Leben am Anfang, sagen wir: schwierig war, so habe ich dann eigentlich sehr viel Glück gehabt.»

«MAN MUSS ETWAS MACHEN, UM SELBST KEINE SCHULD ZU HABEN»

Sophie und Inge Scholl
von Hermann Vinke

Universität München, Hörsaal 209: Mit einiger Mühe erklimmt Inge Aicher-Scholl das Podium, um vormarkierte Ausschnitte aus Briefen und Tagebuchaufzeichnungen von Sophie Scholl vorzulesen. Der Vortrag fällt ihr nicht leicht; geschwächt von Phasen längerer Krankheit, liest sie dennoch unermüdlich.

Es ist Donnerstag, der 9. Mai 1996. An diesem Tag wäre Sophie Scholl 75 Jahre alt geworden. Tatsächlich wurde sie kaum älter als 21 Jahre. Sie starb am 22. Februar 1943 unter dem Fallbeil der Nazis, wie ihr Bruder Hans und andere Mitglieder der Münchner Widerstandsgruppe «Die Weiße Rose».

Und so lebt sie im Gedächtnis vieler Menschen weiter – nicht als alte Frau, sondern als Studentin mit einem jungen, fast jungenhaften Gesicht, die – kaum erwachsen – das tat, was zu wenige Deutsche taten: Sie stellte sich gegen das Unrecht, gegen die Unfreiheit, gegen Niedertracht und Terror.

Sophie und Inge Scholl – die ältere Schwester, Jahrgang 1917, bleibt die Für-Sorgerin der jüngeren, auch Jahrzehnte nach deren Tod. Sophie ist die zweitjüngste, Inge die älteste Tochter von Magdalene und Robert Scholl. Zwei von insgesamt fünf Kindern verlor das Ehepaar auf dem Schafott, das dem Schandurteil des Volksgerichtshofes folgte. Ein drittes, der jüngste Sohn Werner, geboren 1922, ist seit Sommer 1944 in Rußland vermißt. Die Schwestern Elisabeth und Inge überlebten das Dritte Reich. Inge Aicher-Scholl hat die gemeinsame Kindheit der Geschwister in eindringlichen Schilderungen festgehalten, so wie sie vieles im Laufe der Jahre rekonstruiert und dokumentiert hat.

Kindheit und Jugend von Sophie und Inge Scholl in Forchtenberg am Kocher und später in Ulm verliefen zunächst ohne besondere Einschnitte. Sophie war ein Mädchen mit Träumen und

Hans und Sophie Scholl mit ihrem Vater und den Geschwistern vor dem Schloß Favorite in Ludwigsburg.

Hoffnungen wie andere Mädchen auch. In einem Punkt unterschied sie sich jedoch von vielen anderen Kindern. Sie und ihre Geschwister wuchsen in einem Elternhaus auf, in dem eine offene, freie Atmosphäre herrschte und in dem der Nationalsozialismus nicht verherrlicht wurde.

Robert Scholl war in Forchtenberg Bürgermeister. In dieser Funktion versuchte er, bevor die Nazis an die Macht kamen, einiges von seinen liberalen und fortschrittlichen Ideen durchzusetzen, was ihm, dem überzeugten Pazifisten, manche Schwierigkeit einbrachte.

Zugleich verstand er es, zusammen mit seiner Frau, der ehemaligen Diakonissenschwester Magdalene Müller, den Kindern in einer von Arbeitslosigkeit, Inflation und politischer Gewalt gekennzeichneten Zeit eine Insel der Geborgenheit zu schaffen.

Sophie und Inge Scholl lernten früh, mit Büchern umzugehen, eigene Anlagen und Fähigkeiten zu entwickeln und selbständige Entscheidungen zu treffen, notfalls auch Entscheidungen gegen den Willen der Eltern.

So trat Sophie Scholl wie zuvor Inge und die anderen Geschwister der Hitler-Jugend bei, obwohl ihr Vater eindringlich vor dem «Rattenfänger» Hitler gewarnt hatte. Die Hitler-Jugend vermittelte den Mädchen und Jungen zunächst das Gefühl, ernst genommen zu werden und sich bewähren zu können.

Doch bald empfand Sophie das Gruppenleben mit seinen ständigen Appellen, dem Fahnenhissen und den Aufmärschen als abstoßend. Außerdem störte sie, daß ihre jüdischen Freundinnen nicht dem «Bund Deutscher Mädel» (BDM), der Mädchenabteilung in der Hitler-Jugend, beitreten durften. Sie besaß ein ausgeprägtes Gerechtigkeitsempfinden, konnte sich spontan zur Wehr setzen und war in den Augen ihrer Schwester Inge zugleich eher nachdenklich und beinahe schüchtern.

Im Familienverbund kam der ältesten Tochter Inge eine besondere Verantwortung für die jüngeren Geschwister zu. Sie half, den immer größer werdenden Freundeskreis zu organisieren. Sie förderte Talente und fand in dieser Hinsicht insbesondere bei Sophie ein reiches Betätigungsfeld. Sophie Scholl besaß eine musikalische und zeichnerische Begabung. Zum Freundeskreis der Familie zählten Maler und Bildhauer, von denen manche Anregung kam. Aber vor allem war da die ältere Schwester:

«Malen und Zeichnen – das gehörte schon von Kind an zu unseren Hauptbeschäftigungen. Von uns Kindern besaß Sophie die größte Begabung auf diesem Gebiet. Ich selber hatte mir eingebildet, es als Malerin auch zu etwas zu bringen, aber mit 15 Jahren hörte meine künstlerische Laufbahn schlagartig auf. Fortan betätigte ich mich als Mäzen für Sophie. Ich kaufte Bücher, Farben und andere Malutensilien, und manchmal stellte ich sie vom Geschirr-Abwaschen und Abtrocknen frei, damit sie Zeit zum Malen hatte.

Auf eine bestimmte Art war sie mein Schützling und das kleine Genie, das ich zu fördern hatte.»

Neben dem Malen und Zeichnen war das Schreiben die wichtigste Form der Selbstfindung und vor allem natürlich der Kommunikation. Sophie Scholl führte Tagebuch, tauschte zahlreiche Briefe mit Bekannten, Freunden und Verwandten, und sie verfaßte Aufsätze und kurze Geschichten. Schreiben war für sie auch ein Mittel, um sich über sich selbst oder ihren Zustand klarzuwerden.

HITLER-JUGEND

Für die Geschwister Scholl gewann neben der Hitler-Jugend eine andere Jugendorganisation immer mehr an Bedeutung, die sich Anfang der dreißiger Jahre in den größeren deutschen Städten zu entwickeln begonnen hatte: die «Deutsche Jungenschaft vom 1.11.» Ihre Mitglieder sprachen nur von der ‹d.j.1.11.› nach dem Gründungstag 1. November 1929. Diese Organisation war ein später Ableger der Bündischen Jugend, die um die Jahrhundertwende entstanden war und als Wandervogelbewegung Natur und Umwelt neu entdeckt hatte.

Nach der Machtübernahme durch die Nationalsozialisten im Januar 1933 war die Bündische Jugend und damit auch die ‹d.j.1.11.› verboten worden. Eine eigenständige Jugendorganisation neben HJ und BDM wollten die Nazis nicht dulden. Aber gerade unter diesem Verbot entwickelte sich in Ulm wie anderswo eine illegale Jugendarbeit, bei der nicht genehme Lieder gesungen und Bilder von verfemten Malern ausgetauscht wurden – Aktivitäten, die der Geheimen Staatspolizei nicht verborgen blieben. Im November 1937 holte die Gestapo überall in Deutschland zum Schlag gegen verbotene Jugendgruppen aus. Die Kinder des Ulmer Steuer- und Wirtschaftsberaters Robert Scholl wurden ebenfalls verhaftet, irrtümlicherweise auch die damals fünfzehnjährige Sophie Scholl, weil man sie für einen Jungen gehalten hatte.

Magdalene Scholl wehrte sich vergebens gegen das Vorgehen der Gestapo-Beamten. Ihre älteste Tochter Inge erlebte die Mutter von einer ganz anderen Seite. Die Mutter habe aufgetrumpft. Aber ihr Zorn half nichts. Sophie, Werner und Inge mußten mit. Die Kinder wurden in das Ulmer Stadtgefängnis gesperrt. Hans, der damals schon bei der Wehrmacht war, wurde in der Kaserne festgenommen. Sophie kam sofort wieder frei. Inge und Werner wurden im offenen Lastwagen auf der soeben fertiggestellten Autobahn von Ulm nach Stuttgart gebracht, einer Fahrt, die beide nicht so schnell vergaßen, ebensowenig wie die anschließende Inhaftierung in Einzelzellen.

Beim Verhör spielte Inge die Rolle, auf die sie sich gut verstand und die ihr dankbar abgenommen wurde; sie gab sich ahnungslos. Auf die Frage, ob sie schon mal etwas von einem Widerstandskreis gehört habe, erwiderte sie: «Ja, ich habe davon in der Zeitung gelesen.» Gemeint war der Kreis um die Zeitschrift «Widerstand», herausgegeben von Ernst Niekisch. «Der Beamte wollte mehr wissen: ‹Und was haben Sie sich dabei gedacht?› Ich sagte: ‹Ich denke, das ist ein Freundeskreis, der sich zusammengetan hat, um das Böse zu bekämpfen.› Da haben sie schallend gelacht. Das erschien ihnen so was von saudumm ... Und ich dachte: Vielleicht ist es gut, wenn sie lachen. Und ich hab auch mitgelacht.»

«Dann wollten sie wissen: ‹Bei Ihnen in der Wohnung gab es diese grau-roten Bücher. Was können Sie dazu sagen?› Meine Antwort war: ‹Ich finde, grau-rot ist eine schöne Farbzusammenstellung.› Da haben sie genauso brüllend gelacht. Das war vielleicht mein Glück, denn die grau-roten Bücher waren die Bücher und Hefte der ‹d.j.1.11.›»

Der Schock der Verhaftung wirkte nach innen wie nach außen. Sophie bekam Schwierigkeiten in der Schule und im BDM. Sie wurde immer wieder gefragt, was sie denn angestellt habe. Und als ob der vorausgegangene Schrecken noch nicht ausgereicht hätte, erfuhr Inge, die selber dem BDM nicht mehr angehörte, von einem Zwischenfall in der Mädchengruppe.

Ein Mädchen berichtete ihr von einer Führerbesprechung, an der Sophie teilgenommen habe. Eine hohe BDM-Führerin sei eigens aus Stuttgart gekommen, um mit den Mädchen die Lektüre an den Heimabenden zu besprechen. Mit großer Selbstverständlichkeit habe Sophie vorgeschlagen, Heinrich Heine zu lesen. Als sie gemerkt habe, daß die anderen schroff und ablehnend reagierten, habe sie fast flüsternd gesagt: «Wer Heinrich Heine nicht kennt, kennt die deutsche Literatur nicht.»

Freundschaften

Spätestens nach diesen Vorfällen empfand Inge, «daß der Boden unter unseren Füßen porös und unsicher geworden war». Dieses Gefühl verstärkte sich noch in den folgenden Jahren; mehr als die anderen Geschwister empfand sie die Bedrohung, die das Regime für die ganze Familie bedeutete, auch wenn der Alltag im Nationalsozialismus oft auch unbeschwert war.

Zugleich wurde deutlich, daß die Geschwister Scholl im Elternhaus ein sicheres Fundament hatten, eine Grundlage, auf der der Widerstand von Sophie und Hans entstand, eine Basis, auf der Inge Scholl die Zeit des Nationalsozialismus und die schwierigen Nachkriegsjahrzehnte überstehen sollte. Während Inge nach Abschluß der Oberrealschule in der Steuer- und Wirtschaftsprüfungskanzlei ihres Vaters in Ulm tätig war, steuerte Sophie zielstrebig auf ihr Abitur zu. In dieser Zeit wurde der Freundeskreis der Geschwister Scholl immer größer und dementsprechend auch die gemeinsamen Aktivitäten. Inge und Sophie besuchten Faschings- und Künstlerbälle. Tango, Foxtrott und English-Waltz waren damals modern, vor allem jedoch Schlager zum Tanzen.

Manchmal traf man sich auch am Nachmittag, um am Grammophon die neuesten Platten zu hören. Bei einer solchen Gelegenheit haben sich 1937 Sophie Scholl und Fritz Hartnagel kennengelernt. Sophie war damals 16 Jahre alt, Fritz Hartnagel war vier Jahre älter. Er hatte ebenfalls der Bündischen Jugend angehört und war auch in der HJ aktiv gewesen. Da er jedoch die Verbindung zu einzelnen Mitgliedern der verbotenen Jugendorganisation nicht aufgeben wollte, verzichtete er auf seinen Posten als «Jungvolkführer» der HJ.

Hartnagel hatte die Kriegsschule in Potsdam absolviert und war zunächst als Leutnant in Augsburg stationiert. Nach dem Ausbruch des Zweiten Weltkrieges nahm er am deutschen Einmarsch in

Holland und Nordfrankreich und ab Juni 1941 am Rußlandfeldzug teil. Die Freundschaft zwischen der Schülerin Sophie Scholl und dem Offizier Fritz Hartnagel war von Anfang an von ihrer gegensätzlichen Einstellung zum NS-Regime überschattet, die sie vor allem brieflich ausgetragen haben.

In einem ihrer zahlreichen Briefe an ihn erwähnte sie ihr enges Verhältnis zur ältesten Schwester, und zwar mit einem halb ironischen Unterton («Sie paßt auch in jeder Beziehung auf mich auf, das weißt Du ja») und zugleich mit dem ganz ernst gemeinten Hinweis, daß ihr auch Phasen kurzer Trennung von Inge schwerfielen.

Bei Sophie Scholl waren die sich vordergründig widerstrebenden Pole von Gefühl und Verstand jeweils besonders ausgeprägt. Sie konnte in einem Augenblick schwärmen und Glück empfinden und im nächsten angesichts einer bestimmten Himmelskonstellation tief reflektieren. Inge Scholl dagegen dachte zuerst und überhaupt an die anderen, weniger an sich; sie erkannte, je mehr die Familie in Schwierigkeiten geriet, die ihr zwangsläufig zuwachsende größere Verantwortung.

Der Beginn des Zweiten Weltkrieges am 1. September 1939 mit dem Überfall auf Polen veränderte die Tonlage in den Briefen von Sophie Scholl. Allen Freunden, die eingezogen wurden, nahm sie das Versprechen ab, daß sie niemals schießen würden. Aber sie wußte selber, wie unwirklich ein solches Versprechen war.

Fritz Hartnagel schrieb sie die bitteren Zeilen: «Nun werdet Ihr ja genug zu tun haben. Ich kann es nicht begreifen, daß nun dauernd Menschen in Lebensgefahr gebracht werden von anderen Menschen. Ich kann es nie begreifen und finde es entsetzlich. Sag nicht, es ist fürs Vaterland.»

Einige Tage später teilte sie dem Freund mit, wie sie die Aussichten auf Frieden beurteilte: «Der Hoffnung, daß der Krieg bald beendet sein könnte, geben wir uns nicht hin, obwohl man hier der kindlichen Meinung ist, Deutschland würde England durch Blockade zum Ende zwingen. Wir werden ja alles noch sehen ...»

Seit diesem schicksalhaften Herbst 1939 gehörte Otl Aicher, ein Schulfreund von Werner Scholl, zum engeren Freundeskreis der Geschwister Scholl. Aicher, späterer Ehemann von Inge Scholl, war künstlerisch hoch begabt, philosophisch und literarisch interessiert;

er hatte die Nazis früh durchschaut. Er lehnte es ab, der Hitler-Jugend beizutreten, und wurde deswegen nicht zur Reifeprüfung zugelassen. Als Aicher 1941 zur Wehrmacht eingezogen wurde, verzichtete er ausdrücklich auf die ihm angebotene Offizierslaufbahn. Otl Aicher brachte im Gespräch manche Dinge auf den Punkt. Von ihm sind nach Angaben von Inge Scholl «wichtige gedankliche Anstöße» für die späteren Aktionen der «Weißen Rose» ausgegangen, obwohl er der Widerstandsgruppe nicht unmittelbar angehörte. Er war Briefpartner von Sophie und Hans Scholl und zusammen mit seiner Schwester Hedwig Aicher ein praktischer Helfer, als nach der Zerschlagung der «Weißen Rose» die überlebenden Mitglieder der Familie Scholl bis auf Werner in Sippenhaft kamen.

ZWISCHENSTATIONEN

Ihre Reifeprüfung Anfang März 1940 bestand Sophie Scholl ohne große Mühe. Sie empfand diese Hürde zwar als lästig, maß ihr aber kein größeres Gewicht bei als vorausgegangenen Versetzungen von einer Klasse in die nächste. Noch kurz vor dem Abitur hatte sie einige Tage die Schule geschwänzt, um mit Fritz Hartnagel, der kurzfristig Urlaub bekommen hatte, in die Berge zu fahren.

Nach dem Abitur hätte Sophie Scholl am liebsten gleich mit ihrem Studium der Biologie und der Philosophie in München begonnen. Bevor sie jedoch zusammen mit ihrem Bruder Hans sowie dessen Freunden die Universität besuchen konnte, vergingen zwei Jahre.

In dieser Zeit absolvierte sie zunächst eine Ausbildung als Kindergärtnerin am Fröbel-Seminar in Ulm; dann wurde sie zum Reichsarbeitsdienst (RAD) nach Krauchenwies bei Sigmaringen an der oberen Donau abkommandiert. Die jungen Frauen waren in einem heruntergekommenen Schloß untergebracht, das an einen großen Park grenzte. Für Sophie Scholl wurden die folgenden Monate oft zur Qual. Anfangs machten ihr Heimweh und Kälte zu schaffen. Vor allem aber gingen ihr der Drill, die Schikanen ihrer Vorgesetzten und oft auch das dümmliche Geschwätz der anderen Mädchen auf die Nerven und strapazierten ihre Geduld und ihre Anpassungsfähigkeit.

Zu den meisten anderen Mädchen hielt Sophie Scholl bewußt Distanz. «Kein besonders guter Durchschnitt», lautete ihr Urteil, das durch die abstoßende Atmosphäre des RAD-Lagers vermutlich mitgeprägt war. Ihr war klar, daß es ihr als Hochmut ausgelegt wurde, wenn sie abends im Bett mit der Taschenlampe oder tagsüber in der knapp bemessenen Freizeit hochgestochene Literatur wie den an sich verbotenen «Zauberberg» von Thomas Mann oder «Augustinus – Die Gestalt als Gefüge» las. Diese Lektüre war Teil der eigenen Gesetze, die sie sich für die harten Monate im RAD-Lager gestellt hatte, um nicht zu «versanden». «Ich lebe so dahin», notierte sie eines Nachmittags in einer Vesperpause, auf einem Baumstamm im Park sitzend, «nicht traurig und nicht besonders fröhlich, immer mich an meine selbstgestellten Gesetze haltend.»

In Krauchenwies entstand eine Reihe von Tagebuchaufzeichnungen, in denen sie ihre Lage reflektierte und immer wieder in Gedanken Kontakt mit dem heimatlichen Ulm aufnahm. An einer Stelle erwähnte sie die älteste Schwester: «Seltsam – sobald ich von Inge entfernt bin, habe ich einen viel innigeren Kontakt mit ihr. Da ist sie mir richtig Schwester – noch mehr Freundin.»

WIDERSTAND

Die Bemühungen der Eltern, den Kriegshilfsdienst zu umgehen, schlugen fehl. Ab Oktober 1941 war Sophie in einem Kindergarten in Blumberg südwestlich von Donaueschingen tätig. Erst zum 1. April 1942 wurde sie entlassen. Noch vier Wochen blieben ihr bis zum Beginn des Sommersemesters in München.

Nach der Phase des Allein- und Auf-sich-gestellt-Seins fiel es Sophie zunächst schwer, sich in der Familie wieder zurechtzufinden. Sie half im Haus und im Büro ihres Vaters mit und unternahm wie früher Ausflüge.

Anfang Mai hieß es wieder, Abschied von den Eltern und den Schwestern zu nehmen. Der Abreisetag nach München stand bevor.

Inge Scholl half der Mutter bei den Vorbereitungen. «Ich sehe sie noch vor mir, meine Schwester, wie sie dastand, reisefertig und voll Erwartungen, eine gelbe Margarite steckte an ihrer Schläfe. Und es sah schön aus, wie ihr so die dunkelbraunen Haare glatt und glänzend auf die Schultern fielen.»

Die 150 Kilometer lange Fahrt von Ulm nach München legte Sophie Scholl Anfang Mai 1942 mit der Eisenbahn zurück. Ihren einundzwanzigsten Geburtstag feierte sie bereits in München. In den folgenden Tagen und Wochen lernte sie den Freundeskreis um ihren Bruder näher kennen. Dieser Kreis bestand überwiegend aus Studenten, die wie er Medizin studierten und gleichzeitig einer Studentenkompanie angehörten. Diese veranstaltete regelmäßig Wehrübungen und konnte jederzeit zu einem Fronteinsatz abkommandiert werden.

Die engsten Freunde von Hans Scholl waren Alexander Schmorell, genannt Schurik oder Alex, Christoph (Christl) Probst und Willi Graf. Schmorell war der Sohn einer Russin und eines Münchner Arztes. Alex hatte mehr seinem Vater zuliebe als aus Neigung das Fach Medizin gewählt. Mit ihm teilte sich Sophie Scholl später ein Modell zum Zeichnen und Modellieren. Christl Probst entstammte einer bayerischen Gelehrtenfamilie. An ihm bewunderte Sophie seine Intellektualität und umfassende Bildung. «Er hat einen guten Einfluß auf Hans», schrieb sie einmal.

In seinen theologischen und philosophischen Gedanken mag er ihr besonders nahe gestanden haben, ähnlich wie Willi Graf. Dieser war in Saarbrücken geboren und gehörte der längst verbotenen katholischen Jugendorganisation Neu-Deutschland (ND) als aktives Mitglied an. Graf hatte 1937 dieselbe Verhaftungswelle der Gestapo getroffen wie Hans, Werner und die übrigen Geschwister Scholl.

In diesem Kreis fühlte Sophie Scholl sich vom ersten Tag an wohl. Die unkomplizierte Art des Umgangs, das Interesse an Kunst, Literatur und Musik und die Begeisterung für die Natur – das alles entsprach ihrer eigenen Vorstellung vom Leben.

Außerdem bekam sie gleich am Anfang engen Kontakt zu einem Mann, der auf ihren Bruder und dessen Freunde einen erheblichen Einfluß ausübte: Professor Carl Muth. Der Fünfundsiebzigjährige war Herausgeber der von den Nazis verbotenen Zeitschrift «Hoch-

Im November 1937 wurde Sophie Scholl, die man irrtümlich für einen Jungen hielt, von der Gestapo bei einer Aktion gegen die «d.j.1.11.» verhaftet. Dieses Erlebnis verstärkte ihr Urteil über das verbrecherische NS-Regime und den Willen zum Handeln. 1942 entschloß sie sich zum Widerstand.

land» gewesen, die bei fortschrittlichen Katholiken in Deutschland hohes Ansehen genoß. Hans Scholl ordnete Professor Muths umfangreiche Bibliothek, und als freundschaftliche Gegenleistung überließ dieser Sophie, die zunächst noch keine eigene Unterkunft besaß, ein Zimmer in seinem Haus in Solln bei München.

Im Frühjahr 1942, also zum Zeitpunkt der Ankunft Sophie Scholls in München, wurde im Freundeskreis bereits heftig über Möglichkeiten des Widerstands gegen die NS-Diktatur diskutiert. Die Gruppe war zu der Überzeugung gelangt, daß endlich etwas getan werden müsse. Informationen über Massendeportationen und -erschießungen in den besetzten Gebieten, das unermeßliche Elend des Krieges, das mörderische Vorgehen gegen Juden und geistig Behinderte hatten die Studenten alarmiert. Worauf noch warten, fragten sie sich. Es ging nur noch um das Wie des Widerstandes. Sie entschlossen sich, in Flugblättern eine Anti-NS-Bewegung zu mobilisieren.

Die ersten vier Blätter mit der Überschrift «Die Flugblätter der Weißen Rose» entstanden im Juni / Juli 1942, und zwar in einer Auflage von einigen hundert Exemplaren. Zunächst wurden sie in München, später auch in anderen Städten verteilt. Sie richteten sich an die Intelligenz, also an Professoren, Schriftsteller, Ärzte und Buchhändler in München und Umgebung.

Wann und wie Sophie Scholl in die Flugblattaktionen eingeweiht worden ist, läßt sich nicht eindeutig feststellen. Ob der Bruder die Schwester anfangs aus der Sache heraushalten wollte, um sie nicht zu gefährden? Nichts wäre verständlicher. Fritz Hartnagel dagegen erinnert sich, daß Sophie Scholl ihn schon im Mai 1942 gebeten habe, einen Vervielfältigungsapparat zu besorgen. Einen Grund für ihren Wunsch nannte sie nicht. Das Gerät konnte auch vom Freund nicht beschafft werden.

Anzunehmen ist jedoch, daß Sophie Scholl schon bald nach ihrer Ankunft von den Aktivitäten der Gruppe Kenntnis bekam, sich jedoch zurückhielt und erst in der zweiten Phase vom Herbst 1942 bis Februar 1943 an den Aktionen der Widerstandsgruppe entschlossen und direkt beteiligt war.

Diesen Eindruck vermitteln auch die Ermittlungsakten mit den Vernehmungsprotokollen von Hans und Sophie Scholl. Diese Dokumente sind erst nach der Wende im wiedervereinigten Deutschland aufgetaucht. Sie werden im Bundesarchiv Potsdam aufbewahrt und wurden erstmals 1996 wissenschaftlich ausgewertet.

Noch bevor die Münchner Widerstandsgruppe Fuß fassen und weitere Aktionen planen konnte, war alles schon wieder vorbei. Die Studentenkompanie, der Hans Scholl und seine Freunde angehörten, wurde bis auf Christl Probst plötzlich nach Rußland abkommandiert. Am 22. Juli 1942 war der Abreisetermin. Am Abend vorher trafen sie sich noch einmal im Atelier des Architekten Eickemeyer, das ihnen in den Wochen zuvor als Treffpunkt gedient hatte, um über die Möglichkeiten des Widerstandes nach der Rückkehr aus Rußland zu reden.

Die Adresse von Rilke

Nach Abschluß des Sommersemesters hielt Sophie Scholl in München nichts mehr. Sie mußte ohnehin dringend nach Ulm zurückkehren, und dies aus mehr als einem Grund. Am 3. August 1942 sollte ein Prozeß gegen ihren Vater beginnen. Das Verfahren war seit längerem erwartet worden. Robert Scholl hatte unvorsichtigerweise in seinem Büro in Anwesenheit einer Angestellten seine Ansicht über die politische Situation gesagt und Hitler «eine große Gottesgeißel» genannt.

Seine Mitarbeiterin verständigte die Gestapo, so daß eines Morgens zu früher Stunde – wie schon einmal im November 1937 – zwei Männer an der Wohnungstür klingelten und sich als Beamte der Geheimen Staatspolizei zu erkennen gaben. Sie verlangten nach Robert Scholl, stellten ihm einige Fragen, durchsuchten die Wohnung und führten ihn und Inge Scholl – diese nunmehr zum zweitenmal – schließlich ab.

Einen kleinen Aktenkoffer mit beschlagnahmten Unterlagen nahmen sie mit. Der Koffer enthielt unter anderem einen kritischen Artikel über Napoleon, der so formuliert war, daß ein eingeweihter Leser die Parallelen zu Hitler sofort bemerkte. Im Dienstzimmer der Gestapo konnte Inge Scholl den Aufsatz beiseite schaffen, als die Sekretärin des gerade abwesenden Vernehmungsbeamten demonstrativ zur Seite blickte.

Beim Verhör fragte der Beamte Inge Scholl nach der Adresse von Rainer Maria Rilke. Da konnte sie aufatmen und glaubhaft versichern, daß Rilke schon lange nicht mehr lebe. Nach der Vernehmung durfte sie wieder gehen. Ihr Vater kehrte einige Tage später nach Hause zurück. Die Gestapo hatte ausdrücklich darauf verwiesen, sein «Fall» sei noch nicht erledigt. Die Angelegenheit wurde dann Anfang August 1942 vor einem Sondergericht in Ulm verhandelt. Robert Scholl erhielt wegen «Heimtücke» eine viermonatige Gefängnisstrafe, die er kurze Zeit später antreten mußte.

Von seiner Tochter Sophie bekam Robert Scholl in dieser Zeit Briefe, deren Inhalt ihm über manche schwere Stunde hinweggeholfen haben dürfte. Sie versicherte, sie habe nie die Sorge gehabt, «daß Dein guter Mut durch Deine sogenannte Strafe gebrochen werden könnte». Und einige Zeilen weiter heißt es: «Von vielen Freunden, denen ich von Dir schrieb, soll ich Dich grüßen, sie bauen alle an der Mauer von Gedanken, die um Dich sind, Du spürst doch, daß Du nicht allein bist, denn unsere Gedanken, die reißen die Schranken und Mauern entzwei; die Gedanken –! Deine Sophie.»

Beide Schwestern ließen sich von ihrem mutigen Dennoch nicht abbringen. Inge half tatkräftig an der Existenzsicherung der Familie mit. Sophie handelte auf ihre Weise; klarer als je zuvor begriff sie, daß die Inhaftierung ihres Vaters letztlich ein Ausdruck der Schwäche des NS-Regimes war; an einem Sommerabend stellte sie sich in die Nähe des Gefängnisses, in dem ihr Vater inhaftiert war, und spielte auf ihrer Flöte das Lied, das ein Symbol geworden war: «Die Gedanken sind frei ...»

Außer dem Prozeß gegen ihren Vater hatte es für Sophie Scholl noch einen weiteren Grund gegeben, nach Ulm zurückzukehren. Trotz ihrer Zeit beim Reichsarbeitsdienst und trotz des Kriegshilfsdienstes in einem Kinderheim verlangte der NS-Staat weiteren Tribut. Wie andere Studenten auch wurde sie für einen «Rüstungseinsatz abgestellt». Das bedeutete, daß sie zwei Monate in einem Rüstungsbetrieb arbeiten mußte, damit der Nachschub für die Front gesichert blieb.

Nicht in erster Linie die damit verbundene körperliche Arbeit schreckte die Studentin ab, vielmehr die Tatsache, daß sie selber direkt dazu beitragen sollte, das sinnlose Morden und Sterben zu verlängern. Dennoch versuchte sie erst gar nicht, sich davon zu befreien. Sie wußte, wie zwecklos dies gewesen wäre. Die Monate August und September 1942 arbeitete sie also in einem Ulmer Unternehmen und sicherte mit diesem Einsatz die Voraussetzung, ihr Studium an der Münchner Universität im Wintersemester 1942/43 fortzusetzen.

Neue Flugblätter

Anfang November 1942 kehrten Hans Scholl, Alexander Schmorell und Willi Graf von ihrem Einsatz in Rußland zurück. Von diesem Zeitpunkt an wurde der Widerstand der «Weißen Rose» radikaler und vor allem politischer, und Sophie Scholl war ein Teil dieses Widerstandes, der den Eltern und den übrigen Geschwistern verborgen blieb. Die älteste Schwester Inge hat gelegentlich geahnt, daß der Familie neue Gefahren drohten. Wie groß diese Gefährdung tatsächlich war, konnte auch sie nicht wissen.

Über die Ereignisse vom Herbst 1942 bis Februar 1943 existieren wiederum zahlreiche Zeugnisse, Zeugnisse der unmittelbar aktiven Mitglieder der Gruppe, die in Form von Briefen und Tagebuchaufzeichnungen vorliegen, Zeugnisse auch von Überlebenden, die mit Zuchthausstrafen davonkamen, ferner Dokumente wie die Vernehmungsprotokolle der Gestapo nach der Verhaftung von Sophie und Hans Scholl am 18. Februar 1943, die jedoch nur bedingt als Quelle herangezogen werden können, weil die Aussagen der beiden jeweils von taktischen Überlegungen bestimmt waren.

Insgesamt bleiben allerdings wichtige Abschnitte zwangsläufig im dunkeln, denn in dieser neuen Phase des Widerstandes ging die Gruppe trotz aller Entschlossenheit behutsam vor. Nur die unmittelbar Beteiligten wußten jeweils von einer Aktion.

An einem Novemberwochenende fuhren Hans Scholl und Alexander Schmorell nach Chemnitz, um Falk Harnack zu treffen, den Bruder von Arvid Harnack, der als einer der führenden Köpfe der

Widerstandsorganisation «Rote Kapelle» bereits inhaftiert war. Über Falk Harnack sollte die Verbindung zu den Männern und Frauen hergestellt werden, die später am 20. Juli 1944 dann vergeblich versuchen würden, Hitler durch ein Attentat zu beseitigen. Falk Harnack stellte die Kontakte zum Kreis Bonhoeffer/ Dohnanyi her. Ein Treffen mit Bonhoeffer war für den 25. Februar 1943 in Berlin geplant. Es kam wegen der Verhaftung der Geschwister Scholl und der beginnenden Zerschlagung der «Weißen Rose» nicht mehr zustande; «eines der faszinierendsten Kapitel des deutschen Widerstandes blieb ungeschrieben», bemerkte dazu Inge Scholl später. Ferner sollten mit Hilfe der «Weißen Rose» an möglichst vielen Universitäten in Deutschland Zellen gebildet werden, um nach dem Vorbild der Münchner Gruppe Aufklärungsaktionen zu starten.

Doch vor allem brauchten die Studenten Geld, um ihre Aktivitäten zu finanzieren. Anfang Dezember fuhren Sophie und Hans Scholl nach Stuttgart, wo Hans den Steuerberater Eugen Grimminger aufsuchte, um ihn um Unterstützung zu bitten. Grimminger war mit einer Jüdin verheiratet und hatte in freundschaftlicher Weise das Büro von Robert Scholl betreut, solange dieser im Gefängnis gesessen hatte. Während Hans Scholl mit Grimminger verhandelte, besuchte Sophie Scholl ihre Freundin aus dem Fröbel-Seminar, Susanne Hirzel, die in Stuttgart Musik studierte. Die Freundin berichtete später, wie Sophie versucht habe, sie für die «Weiße Rose» zu gewinnen. Sophie habe Andeutungen von Flugblattaktionen gemacht. Als beide Hans treffen wollten, habe Sophie unterwegs plötzlich gesagt: «Wenn hier Hitler mir entgegenkäme und ich eine Pistole hätte, würde ich ihn erschießen. Wenn es die Männer nicht machen, muß es eben eine Frau tun.» Ihre Freundin erwiderte, dann sei doch gleich der Himmler zur Stelle und nach diesem genügend andere. Sophie habe sich jedoch nicht beirren lassen: «Man muß etwas machen, um selbst keine Schuld zu haben.»

Die Studenten selbst blieben bis in die zweite Dezemberhälfte des Jahres 1942 aktiv. Dann trennten sie sich mit dem Vorsatz, die Weihnachtsfeiertage zu nutzen, um im Freundes- und Bekanntenkreis weitere Helfer und Mitstreiter für den Widerstand zu gewinnen.

Eine Episode der Weihnachtstage verdeutlicht, wie schwierig es nach den Erfahrungen der vorausgegangenen Monate und Jahre war, das Thema «Widerstand» innerhalb der Familie Scholl überhaupt anzusprechen. Hans Scholl unternahm den Versuch, die Münchner Aktivitäten anzudeuten, indem er mit großer Anteilnahme berichtete, in Mannheim seien erst kürzlich vierzehn kommunistische und sozialdemokratische Widerstandskämpfer hingerichtet worden. Es sei höchste Zeit, daß endlich auch von christlicher Seite etwas geschehe. «Es muß ein sichtbares Zeichen des Widerstandes von Christen gesetzt werden. Sollen wir am Ende dieses Krieges mit leeren Händen vor der Frage stehen: Was habt ihr getan?»

Als Hans merkte, welche Panik er bei seiner Schwester Inge auslöste, wußte er, daß er nicht weiterreden durfte. Inge fragte zurück: «Warum müssen wir es tun? Die Fährte zu uns ist schon tief genug ausgetreten. Können wir es nicht anderen überlassen, von denen die Gestapo noch nicht viel weiß.» Der Bruder wechselte das Thema.

Zu den wichtigsten Vorhaben nach dem Jahreswechsel gehörte ein neues Flugblatt, das fünfte, das in großer Auflage weiträumig verteilt werden sollte. Es trug die Überschrift «Flugblätter der Widerstandsbewegung» und richtete sich an «alle Deutsche». In diesem Flugblatt, an dessen Verbreitung Sophie Scholl unmittelbar mitwirkte, äußerten die Studenten erstmals eigene Vorstellungen über die Zeit nach dem Krieg:

«Das kommende Deutschland kann nur föderalistisch sein. Nur eine gesunde, föderalistische Staatenordnung vermag heute noch das geschwächte Europa mit neuem Leben zu erfüllen. Die Arbeiterschaft muß durch einen vernünftigen Sozialismus aus ihrem Zustand niedrigster Sklaverei befreit werden. Das Truggebilde der autarken Wirtschaft muß in Europa verschwinden. Jedes Volk, jeder Einzelne hat ein Recht auf die Güter der Welt!»

Das neue Flugblatt wurde in einer Auflage von 6000 bis 9000 Exemplaren hergestellt. Nur ein Teil der Blätter wurde innerhalb des Stadtgebietes von München verschickt. Der größte Teil wurde von den Studenten selbst als Kurieren in andere Städte gebracht.

Als der Gruppe die Briefumschläge ausgingen, verlegte sie sich auf nächtliche Spontanaktionen. Die Blätter wurden an publikumswirksamen Stellen verteilt. Hans Scholl, Willi Graf und Alexander Schmorell teilten sich bestimmte Stellen der Stadt München auf, um

Hans Scholl, Sophie Scholl und Christoph Probst (v. l.). Für den 22. Juli 1942 war die Studentenkompanie von Hans Scholl und seinen Freunden nach Rußland abkommandiert worden. Sophie begleitete sie zum Münchner Hauptbahnhof: «Jedes kleine Wort und jede kleine Gebärde des Abschieds ist noch so lebendig in mir.»

eine intensive Wirkung zu erzielen. Auch Sophie Scholl war dabei; sie verteilte Flugblätter in Telefonkabinen sowie auf parkenden Autos.

Die Flugblätter der «Weißen Rose» tauchten bald in vielen deutschen Städten auf, in Frankfurt, Berlin, Hamburg, Freiburg und Saarbrücken, auch in Salzburg und Wien. Und sie erregten erhebliches Aufsehen. In Deutschland protestierte sonst kaum noch jemand offen gegen den Nationalsozialismus. Die meisten Widerstandsgruppen waren zerschlagen. Ihre Anhänger saßen entweder im Konzentrationslager, waren emigriert oder bereits liquidiert worden. Die Menschen ertrugen Leid und Zerstörung mit einem dumpfen Schweigen. Plötzlich artikulierten sich Protest und Zorn. Die Gestapo in München war aufs höchste alarmiert. Sie bildete eine Sonderkommission mit dem einzigen Auftrag, die Widerstandsgruppe ausfindig zu machen.

Nach erfolgreichen Aktionen setzte bei den Beteiligten nicht selten eine Phase der inneren Leere ein, die oft noch schwerer zu ertragen war als die eigentlichen, mit hohen Risiken behafteten Aktivitäten. Sophie Scholl spürte diesen Bruch besonders stark. Sie notierte unter dem 13. Januar 1943:

«Sobald ich allein bin, verdrängt eine Traurigkeit jede Lust zu einer Tätigkeit in mir. Wenn ich ein Buch zur Hand nehme, dann nicht aus Interesse, sondern so, als ob es ein anderer täte ... Die schlimmsten Schmerzen, und wären es bloß körperliche, sind mir tausendmal lieber als diese leere Ruhe.»

EUPHORIE NACH STALINGRAD

Von Ende Januar bis zum 5. Februar besuchte Elisabeth Scholl, die jüngste Tochter der Familie Scholl, die beiden Geschwister in München. Sie wohnte bei Sophie in der Franz-Joseph-Straße 13 und entdeckte, wie sie später berichtete, keine Spur von irgendwelchen Aktionen. Sie habe sich angeboten, «die Wohnung der beiden einer gründlichen Frühjahrsreinigung zu unterziehen». Aber auch dabei habe sie nichts gefunden, was einen Verdacht hätte erregen können. Lediglich ein kleines Detail habe ihr später zu denken gegeben. «Unverständlich war mir Sophies Aufregung, als Alex (Schmorell) einmal einen Militärfahrschein aus Saarbrücken hatte liegenlassen. Sie war aufgebracht über diese ‹Unvorsichtigkeit›.»

Zu der Überzeugung, daß der Krieg nicht mehr lange dauern könne, trug vor allem die Schlacht um Stalingrad bei, die Ende Januar/Anfang Februar 1943 mit der Kapitulation der sechsten deutschen Armee zu Ende ging. Allein dieses Ereignis löste in der Münchner Gruppe eine regelrechte Euphorie aus und inspirierte neue, zum Teil risikoreiche Aktivitäten. Elisabeth Scholl erlebte, wie die Studenten einige Male übernächtigt, aber in gelöster Stimmung heimkehrten.

Eines Morgens begleitete sie ihre beiden Geschwister in die Universität, wo sie eine Vorlesung von Professor Huber über Leibniz hören wollten. Am Eingang stießen sie auf eine größere Menschenmenge. Es waren Studentinnen und Studenten, die auf ein Wort blickten, das in schwarzer Farbe auf die Wand gemalt worden war: «Freiheit».

Momente entsetzlicher Angst sowie plötzlicher ungeahnter Freude wechselten in diesen Februartagen des öfteren. So wußte Sophie Scholl von ihrem Freund Fritz Hartnagel, der in Stalingrad mitgekämpft hatte und eingeschlossen war, daß er überlebt hatte, aber nicht, in welchem Zustand. Ein Telefonanruf brachte schließlich Gewißheit: Hartnagel war dem Kessel entkommen. In einem Lazarett in Lemberg waren ihm erfrorene Finger amputiert worden. In der Erwartung eines möglichen Wiedersehens schrieb sie dem Freund am 13. Februar 1943: «Ich freue mich so, bis ich endlich wieder mit Dir sprechen kann. Denn was ich schreiben kann, ist doch bloß ein Tropfen aus dem großen Reservoir, das sich allmählich angesammelt hat.»

Zu dem Zeitpunkt, als dieser Brief auf den Weg ins Lazarett in Lemberg geschickt wurde, war das sechste und letzte Flugblatt der «Weißen Rose» bereits fertiggestellt. Es war von Hans Scholl, Alexander Schmorell und Willi Graf erarbeitet worden und richtete sich, ähnlich wie die Mauerparolen, vor allem an die Studentenschaft, die in der Überschrift direkt angesprochen wurde:

«Kommilitoninnen! Kommilitonen! Erschüttert steht unser Volk vor dem Untergang der Männer von Stalingrad. Dreihundertdreißigtausend deutsche Männer hat die geniale Strategie des Weltkriegsgefreiten sinn- und verantwortungslos in Tod und Verderben gehetzt. Führer, wir danken dir!»

VERHAFTUNG

Um den 15. Februar wurde das an die Studenten gerichtete Flugblatt vervielfältigt und anschließend verteilt bzw. verschickt. Weil die Briefumschläge wiederum nicht ausreichten, falteten sie die Flugblätter und beschrifteten die Außenseiten mit Anschriften, die übrigens einem veralteten Studentenverzeichnis entnommen wurden. Zu diesem Zeitpunkt war Sophie Scholl von ihrem Aufenthalt bei den Eltern nach München zurückgekehrt. Sie geriet sofort in einen Strudel von Aktivitäten: Flugblätter auf den Weg bringen, nächtliche Malaktionen, riskante Verteilaktionen an verschiedenen Stellen in München.

Zwischen dem 16. und dem 18. Februar, dem Tag ihrer Verhaftung, schrieb Sophie Scholl noch zwei Briefe – einen an Fritz Hartnagel, in dem sie ihren Besuch in Ulm resümierte und in zwei Sätzen die Welten beschrieb, die für sie zwischen Ulm und München lagen: «Die 150 Kilometer, die zwischen Ulm und München liegen, verändern mich dann so rasch, daß ich selbst erstaunt bin. Ich werde von einem harmlosen ausgelassenen Kind zu einem auf sich gestellten Menschen.»

Lisa Remppis, ihre treue Brieffreundin, ließ sie in ihrem letzten Brief teilhaben an ihren Gefühlen: «Man kann ja nicht anders als sich freuen und lachen, so wenig man unbewegten oder traurigen Herzens die Frühlingswolken am Himmel und die vom Wind bewegten knospenden Zweige in der glänzenden jungen Sonne sich wiegen sehen kann. O, ich freue mich wieder so auf den Frühling.»

Der 18. Februar 1943 war ein Donnerstag. Sophie und Hans Scholl waren zur üblichen Zeit aufgestanden. Sie frühstückten gemeinsam und gingen zur Universität. Gegen 10.45 Uhr erreichten sie den Haupteingang. Traute Lafrenz und Willi Graf waren gerade auf dem Weg vom Vorlesungssaal zur Nervenklinik, als ihnen die Geschwister Scholl mit einem Handkoffer entgegenkamen. Sie hatten die Vorlesung früher verlassen, um noch rechtzeitig an einem Seminar in der Klinik teilnehmen zu können. Die vier wechselten ein paar Worte und verabredeten sich für den Nachmittag.

Die Geschwister Scholl hatten es ebenfalls eilig. Sie liefen zu den Hörsälen, in denen zu diesem Zeitpunkt die Vorlesungen noch andauerten, und verteilten auf den menschenleeren Treppen, Fensterbänken und Mauervorsprüngen die mitgebrachten Flugblätter bis auf einen Rest. Sie hasteten zum Hinterausgang in Richtung Amalienstraße, und als sie schon wieder draußen waren, kam ihnen vermutlich der spontane Gedanke, sie müßten den Handkoffer ganz leeren und auch die restlichen Flugblätter verteilen. Also stürmten sie wieder die Treppe hinauf. Sophie Scholl warf vom zweiten Stockwerk der Universität etwa 80 bis 100 Flugblätter in den Lichthof.

Kurz darauf öffneten sich die Hörsäle. Sophie und Hans Scholl rasten wieder nach unten. Ihnen entgegen kam der Hausmeister, der Pedell Jakob Schmied, ein ehemaliger Schlosser, der gesehen hatte, wie die Blätter herunterflogen. In großer Erregung packte er die beiden am Arm und schrie mehrmals: «Sie sind verhaftet.»

Hans und Sophie waren plötzlich ganz ruhig und ließen alles weitere mit sich geschehen. Der Hausdiener führte sie zum Hausverwalter, dieser zum Rektor, dem SS-Oberführer Professor Dr. Walter Wüst. Die Gestapo wurde alarmiert. Noch in der Universität mußten die Geschwister erste Fragen beantworten. In ruhigem Ton erklärten beide, sie hätten mit den Flugblättern nichts zu tun. Sie seien zufällig vorbeigekommen und vom Hausmeister zu Unrecht festgehalten worden. Die Gestapo-Beamten legten die eingesammelten Flugblätter probeweise in den Handkoffer, um zu sehen, ob sie überhaupt hineinpaßten. Sie paßten.

Als die beiden schließlich abgeführt wurden, konnte Hans noch seiner Freundin Gisela Schertling zurufen: «Geh nach Haus und sag Alex, wenn er da ist, er soll nicht auf mich warten.»

Wem genau dieser Zuruf galt, konnten die Beamten nicht feststellen. Sie verhafteten einen unbeteiligten Studenten, so daß Gisela Schertling sich schnell entfernen konnte. Im Wittelsbacher Palais, der Gestapo-Zentrale, begann das eigentliche Verhör. Es dauerte bis in die Morgenstunden und wurde an den folgenden Tagen fortgesetzt. Während am 18. Februar 1943 Propagandaminister Joseph Goebbels im Berliner Sportpalast zum «totalen Krieg» aufrief, mußten Sophie und Hans Scholl der Gestapo Rede und Antwort stehen.

VERHÖRE

Zäh und unnachgiebig leugneten beide jede Verbindung zu einer Widerstandsbewegung, so daß der vernehmende Beamte Robert Mohr allmählich Zweifel bekam, ob er tatsächlich zwei Mitglieder der «Weißen Rose» vor sich hatte. Doch dann wurde im Laufe des Abends das Ergebnis der Durchsuchung ihrer Zimmer in der Franz-Joseph-Straße 13 bekannt. Dort fand die Gestapo 180 Achtpfennigbriefmarken, ein gefährliches Indiz, welches die beiden stark belastete.

Noch schlimmer war ein anderes Beweisstück. In der Wohnung entdeckten die Beamten Briefe an Hans Scholl, und zwar in der gleichen Handschrift, die die Gestapo von einem Zettel kannte, den Hans Scholl bei der Verhaftung in seiner Jackentasche aufbewahrte und vergeblich zu zerreißen versucht hatte. Es handelte sich um einen Flugblattentwurf von Christoph Probst, der Hans auch die Briefe geschrieben hatte.

Christoph Probst fiel der Gestapo am nächsten Tag, dem 19. Februar 1943, in die Hände. In der Schreibstube einer Studentenkompanie in Innsbruck sollte er wie an jedem Freitag seinen Sold erhalten. Statt des Geldes lag ein Befehl vor, sofort zum Kompaniechef zu kommen. Dort standen die Gestapo-Schergen schon bereit, ihn zu verhaften und in Fesseln nach München zu bringen.

Als die Indizienlast stärker wurde, gaben zunächst Hans und dann auch Sophie in den Morgenstunden des 19. Februar das Leugnen auf und bekannten sich zu den Flugblattaktionen. Unabhängig voneinander verfolgten sie fortan ein Ziel: Sie zogen alle Verantwortung auf sich, nannten aus diesem Grund viele Einzelheiten und hofften, die Freunde entlasten zu können.

So erklärte Hans Scholl, er habe seinen Freund Christoph Probst um ein Manuskript zur Einschätzung der politischen Lage gebeten. Der Text von Probst, der bei ihm gefunden war, sei auf keinen Fall zur Veröffentlichung bestimmt gewesen. Hans Scholl: «Als ich mich zur Herstellung und Verbreitung von Flugblättern entschieden habe, war ich mir darüber im klaren, daß eine solche Handlung gegen den heutigen Staat gerichtet ist ... Was ich damit auf mich nahm, wußte ich, ich habe auch damit gerechnet, dadurch mein Leben zu verlieren.»

Das Protokoll der Vernehmung von Sophie Scholl, das der Gestapo-Beamte Robert Mohr anfertigte, enthält dem Inhalt nach ähnliche Passagen. Bei den Fragen zur Person schilderte Sophie den Bruch mit der Hitler-Jugend und erinnerte an die erste Verhaftung der Geschwister wegen bündischer Umtriebe. «Ich bin heute noch der Auffassung, daß das Vorgehen gegen uns sowohl als auch andere Kinder aus Ulm vollkommen ungerechtfertigt war.» Sie beklagte den Mangel an geistiger Freiheit und erklärte, «daß ich für meine Person mit dem Nationalsozialismus nichts zu tun haben will».

Diese Passage stammte aus dem ersten Teil der Vernehmung, als sie jede Verbindung zu den Flugblättern abstritt. Als alles Leugnen nichts half, entschloß sie sich, die ganze Verantwortung auf sich und ihren Bruder zu lenken. Sie schilderte die Reisen nach Augsburg und Stuttgart und berichtete, wo sie in München Flugblätter hinterlegt habe – «in Telefonkabinen, parkenden Autos etc». Sophie Scholl: «Ich war mir ohne weiteres im klaren darüber, daß unser Vorgehen darauf abgestellt war, die heutige Staatsform zu beseitigen und dieses Ziel durch geeignete Propaganda in breiten Schichten der Bevölkerung zu erreichen ... Wenn die Frage an mich gerichtet wird, ob ich auch jetzt noch der Meinung sei, richtig gehandelt zu haben, so muß ich hierauf mit ja antworten ...»

Ihr Bruder und sie selber hätten aus «ideellen Gründen» gehandelt und alle entstandenen Unkosten aus eigener Tasche bestritten. Am Ende des vielstündigen Verhörs unternahm der Gestapo-Beamte Mohr, der sich um eine relativ sachliche Atmosphäre bemüht hatte, den letzten Versuch, Sophie Scholl zu einer Distanzierung zu bewegen:

«Schlußfrage: Während der Gesamtvernehmung, die sich über zwei volle Tage erstreckte, haben wir zwischendurch, wenn auch nur streiflichtartig, verschiedene politische und weltanschauliche Fragen besprochen. Sind Sie nach diesen Aussprachen nun nicht doch zu der Auffassung gekommen, daß Ihre Handlungsweise und das Vorgehen gemeinsam mit Ihrem Bruder und anderen Personen gerade in der jetzigen Phase des Krieges als ein Verbrechen gegenüber der Gemeinschaft, insbesondere aber unseren im Osten schwer und hart kämpfenden Truppen anzusehen ist, das die schärfste Verurteilung finden muß.

Antwort: Von meinem Standpunkt aus muß ich diese Frage verneinen. Ich bin nach wie vor der Meinung, das Beste getan zu haben, was ich gerade jetzt für mein Volk tun konnte. Ich bereue deshalb meine Handlungsweise nicht und will die Folgen, die mir aus meiner Handlungsweise erwachsen, auf mich nehmen.»

Ob eine andere Äußerung an ihrem Schicksal etwas geändert hätte, ist ebenso ungewiß wie die Frage, weshalb die Geschwister

Scholl an diesem 18. Februar noch einmal in die Universität gegangen sind, um auch den Rest der Flugblätter zu verteilen. Mehr als Mutmaßungen über die Beweggründe sind nicht möglich, wobei nur eines sicher ist, und zwar, daß die Widerstandsgruppe sich in einer extremen Ausnahmesituation befand, die mit rationalen Erklärungen allein kaum zu fassen ist.

Nach der Vernehmung erließ das Amtsgericht München formell den Haftbefehl gegen Sophie und Hans Scholl. Der Prozeß wurde mit großer Eile vorangetrieben. Zwischen Verhaftung und Verurteilung vergingen ganze vier Tage. Am Montag, dem 22. Februar 1943, kurz nach neun Uhr wurde Sophie Scholl von zwei Beamten abgeholt, die sie zum Justizpalast brachten. Etwa um die gleiche Zeit verließ Hans Scholl seine Zelle. An die Wand hatte er wenige Minuten zuvor das Goethe-Wort und Familienmotto «Allen Gewalten zum Trutz sich erhalten» gekritzelt. Gegen zehn Uhr begann die Verhandlung des Volksgerichtshofes gegen Hans und Sophie Scholl und Christoph Probst.

Zu den wenigen Augenzeugen, die dem Schauprozeß ablehnend gegenüberstanden, gehörte der damalige Münchner Gerichtsreferendar Dr. Leo Samberger. Er erlebte «die tobende, schreiende, bis zum Stimmüberschlag brüllende, immer wieder explosiv aufspringende Figur des berüchtigten Präsidenten des Volksgerichtshofes, Roland Freisler». Freisler sei es bei der ganzen Verhandlungsführung offenkundig darum gegangen, terroristischen Schrecken mit nachhaltiger Breitenwirkung zu erzeugen.

Die Eltern der Geschwister Scholl hatten sich Zugang zum Gerichtssaal verschafft. Als Robert Scholl merkte, daß die Vernichtung seiner Kinder beschlossene Sache war, versuchte er verzweifelt, sich Gehör zu verschaffen. Freisler reagierte unverzüglich; er ließ die Eltern aus dem Saal führen.

Samberger war tief beeindruckt von der Haltung der Angeklagten. Ihre Antworten auf die teilweise unverschämten Fragen des Vorsitzenden seien ruhig, gefaßt, klar und tapfer gewesen. Lediglich an körperlichen Reaktionen habe man das Übermaß an Anspannung erkennen können, dem sie standhalten mußten. «Hans Scholl, der aufrecht stand, wurde plötzlich bis zur Ohnmacht blaß, ein Schütteln durchlief seinen Körper. Aber er fiel nicht um, sondern gab seine

Antwort mit fester Stimme. Seine Schwester Sophie und sein Freund Christoph Probst zeigten dieselbe standhafte Haltung.»

Gegen 13.30 Uhr zogen sich die Richter zur Beratung zurück. Nach kurzer Unterbrechung sprach Freisler das Urteil: Hinrichtung durch das Beil. Begründung: Die Angeklagten hätten im Kriege in Flugblättern zur Sabotage der Rüstung und zum Sturz der nationalsozialistischen Lebensform des deutschen Volkes aufgerufen, defaitistische Gedanken propagiert und den Führer aufs gemeinste beschimpft und dadurch den Feind des Reiches begünstigt und die Wehrkraft zersetzt.

Für 17.00 Uhr war die Hinrichtung angesetzt. Nur wenige Stunden blieben den Angeklagten noch. Die drei wurden in das Vollstreckungsgefängnis München-Stadelheim gebracht, das neben dem Friedhof am Rande des Perlacher Forstes liegt. Gegen 16.00 Uhr bekamen die Eltern der Geschwister Scholl ihre Kinder noch einmal zu sehen. Magdalene und Robert Scholl wußten zu diesem Zeitpunkt noch nicht, daß der Tod ihrer Kinder unmittelbar bevorstand.

Nach einer Schilderung von Inge Scholl hat sich die Begegnung so zugetragen: «Zuerst wurde ihnen Hans zugeführt. Er trug Sträflingskleider. Aber sein Gang war leicht und aufrecht, und nichts Äußeres konnte seinem Wesen Abbruch tun. Sein Gesicht war schmal und abgezehrt, wie nach einem schweren Kampf... Er neigte sich liebevoll über die trennende Schranke und gab jedem die Hand ... Vater schloß ihn in die Arme und sagte: ‹Ihr werdet in die Geschichte eingehen, es gibt noch eine Gerechtigkeit.›»

«Darauf wurde Sophie von einer Wachtmeisterin herbeigeführt. Sie trug ihre eigenen Kleider und ging langsam und gelassen und sehr aufrecht ... Sie lächelte immer, als schaue sie in die Sonne. Bereitwillig und heiter nahm sie die Süßigkeiten, die Hans abgelehnt hatte: ‹Ach ja, ich habe noch gar nicht Mittag gegessen› ... Dann betonte auch sie, wie Hans, fest, überzeugt und triumphierend: ‹Wir haben alles, alles auf uns genommen›, und sie fügte hinzu: ‹Das wird Wellen schlagen.›»

Christoph Probst konnte sich nicht mehr von seiner Familie verabschieden. Er ließ sich von einem katholischen Geistlichen taufen, bevor er aufs Schafott stieg. Kurz vor 17.00 Uhr erlaubten die Gefängniswärter den drei Häftlingen, gemeinsam eine Zigarette zu rauchen. Um 17.00 Uhr starben unter dem Fallbeil des Scharfrichters Reichart Sophie, Hans und Christoph. Ehe Hans seinen Kopf auf den Block legte, rief er laut: «Es lebe die Freiheit.»

SIPPENHAFT

«Dann wurden sie abgeführt, zuerst das Mädchen. Sie ging, ohne mit der Wimper zu zucken. Wir konnten alle nicht begreifen, daß so etwas möglich ist. Der Scharfrichter sagte, so habe er noch niemanden sterben sehen.» Das Gefängnispersonal war betroffen und zugleich bestürzt von der Stärke, mit der die jungen Menschen in den Tod gingen.

Etwa eineinhalb Stunden nach der Hinrichtung war der Gerichtsreferendar Leo Samberger mit den Eltern der ermordeten Geschwister Scholl verabredet, um Einzelheiten eines Gnadengesuches zu besprechen. Während des Treffens in einer Münchner Gaststätte erfuhr Samberger von einem Bekannten am Nebentisch zufällig, daß die Todesurteile schon vollstreckt waren. Dies sei im Radio bekanntgegeben worden. Samberger brachte es nicht über sich, der Familie dies noch zu sagen. Magdalene und Robert Scholl kehrten also nach Ulm zurück in dem Glauben, daß ihre Kinder nicht sofort hingerichtet würden und noch am Leben seien.

Inge Scholl übernahm es am nächsten Morgen, zusammen mit Otl Aicher nach München zu fahren, um beim Generalstaatsanwalt eine Besuchserlaubnis zu bekommen. Die Sekretärin informierte sie über das Geschehene. Sie konnten zunächst keinen klaren Gedanken fassen; sie liefen ziellos durch die Stadt.

Schließlich suchten Inge Scholl und Otl Aicher die Zimmer der beiden in der Franz-Joseph-Straße auf. Im Schreibtisch von Sophie entdeckte Inge das Tagebuch der Schwester, das die Gestapo offenbar übersehen hatte: «Ich empfand das als ein Geschenk des Himmels.»

Am 24. Februar 1943 wurden Sophie und Hans Scholl auf dem Perlacher Friedhof in unmittelbarer Nähe zum Gefängnis Stadelheim beigesetzt. Eine reguläre Beerdigung für zum Tode verurteilte

NS-Gegner, dies war keineswegs eine Selbstverständlichkeit, sondern ein «Entgegenkommen» der Behörden, die sich jedoch schon bald wieder von einer ganz anderen Seite zeigten.

Am 27. Februar 1943 standen morgens erneut Gestapo-Beamte vor der Wohnungstür am Münsterplatz in Ulm. Drei Tage nach der Beerdigung der Geschwister Sophie und Hans Scholl wurden bis auf Werner, der allein übrigblieb, die Eltern sowie Inge und Elisabeth Scholl ins Ulmer Gefängnis gebracht und in «Sippenhaft» genommen.

Magdalene und Inge Scholl verbrachten fünf Monate in der Strafanstalt, Elisabeth kam nach zwei Monaten frei wegen einer akuten Blasenentzündung. Ihr oblag es, einen Anwalt zu besorgen, was nicht so einfach war, weil mehrere Rechtsvertreter sich weigerten, die Verteidigung zu übernehmen. Und Elisabeth mußte die Reaktionen der Mitmenschen ertragen. Einige wenige halfen, die meisten machten einen großen Bogen um die Familie Scholl oder verhöhnten die Überlebenden. Eines Tages klingelte eine Frau an der Haustür und erklärte, sie wolle bloß mal jemand aus der Familie der Geköpften sehen.

Robert Scholl kam sofort in Einzelhaft, seine Frau Magdalene nach einer kurzen Übergangszeit ebenfalls. Der Mut zum Überleben so kurz nach dem Tod zweier ihrer Kinder verlangte von den Eltern fast übermenschliche Kraft. Inge Scholl berichtet von Überlegungen ihres Vaters zu einem kollektiven Suizid der Familie aus Protest gegen das Naziregime. Sie habe ihn beschworen, dies sei nicht im Sinne von Hans und Sophie.

Bei Magdalene Scholl gab es ebenfalls eine Phase, in der sie nicht mehr weiterleben wollte. «Als sich hinter uns, Mutter und den Schwestern Elisabeth und Inge, die Zellentür geschlossen hatte, erlosch Mutters Lebenswille für einen langen, langen Augenblick. Das hereingereichte Mittagessen lehnte sie ab. Sie war wie erstarrt. Wir beide boten unsere ganze Energie auf, um Mutter seelisch wiederzubeleben.»

Der Gefängnisalltag verlief jedoch nicht gänzlich ohne Lichtblicke. Die Inhaftierten konnten gelegentlich miteinander kommunizieren. Die Behörden hatten Robert Scholl nämlich erlaubt, die Jahresabschlüsse seiner Kunden noch fertigzustellen, um anschließend seine

Wirtschaftskanzlei aufzulösen. Die Unterlagen wurden ins Gefängnis gebracht und von Inge sowie Robert Scholl bearbeitet. Zwischen den Geschäftspapieren wurden Kassiber versteckt mit Botschaften, die halfen, den Überlebensmut nicht zu verlieren.

Dennoch empfand Inge Scholl an ihrer Situation im Gefängnis als besonders deprimierend und bedrückend «das Ausgeliefertsein, die Ohnmacht, das Bewußtsein, nie die Türe selbst öffnen zu können. Dazu der Gestank des Gefängnisses, der Lärm der Stiefel auf den Fluren und der zuschlagenden Türen, das Geschrei der Wachtmeister, die erbarmungslose Schelle frühmorgens, das ununterbrochene Weinen eines Gefangenen an einem nicht enden wollenden Feiertag.»

Rechtsanwalt Dr. Eugen Wizigmann, ein alter Mann aus der Zentrumsbewegung, übernahm schließlich die Verteidigung der Familie Scholl. Im Mai 1943 kam ein Verfahren wegen «Rundfunkverbrechen» in Gang. Den Scholls wurde zur Last gelegt, Ansprachen von Thomas Mann im Schweizer Rundfunk gehört zu haben. Im September wurden die Urteile gesprochen. Robert Scholl erhielt eine Freiheitsstrafe von eineinhalb Jahren. Seine Frau Magdalene und seine Tochter Inge wurden freigesprochen.

Inge Scholl hatte zuvor das Gefängnis in Ulm im Rollstuhl verlassen. Sie litt unter den Folgen einer schweren Diphtherie mit Herzrhythmusstörungen sowie einer Lähmung der Beine. Es dauerte viele Wochen, bis sie wieder gehen konnte. Zum Prozeß konnte sie ebenfalls nur im Rollstuhl erscheinen. Anschließend notierte sie in ihrem Tagebuch: «Ich saß zwischen Vater und Mutter auf der Anklagebank. Aber ganz hinten saßen Fritz (Hartnagel), Liesel (Elisabeth), Lilli (Holl, eine Freundin der Familie) und Herr Aicher. – Ich wurde so ruhig. Es ist nicht verächtlich über Sophie und Hans' Tod gesprochen worden.»

Versteckt

Nach seiner Verurteilung wegen «Rundfunkverbrechens» wurde Robert Scholl von Ulm in das Zuchthaus Kislau bei Bruchsal verlegt. Das Maß an Verfolgung reichte den Nazis noch immer nicht. Bald war die bisherige Bleibe der Familie Scholl, eine großzügige Wohnung in einem Haus am Münsterplatz in Ulm, nicht mehr sicher. Immer wieder kamen Leute vorbei, die wissen wollten, wann die Wohnung endlich frei werde. Der Eigentümer, die Württembergische Metallwarenfabrik, schickte schließlich die Kündigung. Begründung: Es stünde einer berüchtigten Familie wie den Scholls nicht an, eine der schönsten Wohnungen Ulms zu bewohnen.

Im Juni 1944 räumte die Familie Scholl die Wohnung, die Lebensmittelpunkt nicht nur der ganzen Familie, sondern auch eines großen Freundeskreises gewesen war. Bei einem schweren Luftangriff im Dezember 1944 wurde das Wohnhaus am Münsterplatz gänzlich zerstört.

Zu diesem Zeitpunkt lebten Magdalene Scholl und ihre beiden Kinder Elisabeth und Inge bereits gut versteckt auf einem Einödhof im Schwarzwald. Auch Robert Scholl kam nach seiner vorzeitigen Entlassung auf dem «Bruderhof», wie das Anwesen vom Eigentümer genannt wurde, unter. Als nächster traf dort Otl Aicher ein, der an der Westfront desertiert war. Er blieb bis Kriegsende unentdeckt.

Die Tatsache, daß Fritz Hartnagel als Zuschauer am Prozeß gegen das Ehepaar Scholl sowie dessen Töchter Inge und Elisabeth im September 1943 teilgenommen hatte, sollte noch ein Nachspiel haben. Dienstliche Schwierigkeiten kannte Hartnagel schon seit der Verurteilung und Hinrichtung seiner Freundin Sophie Scholl, wovon er erst mit erheblicher Verzögerung erfahren hatte. Durch einen Brief von Magdalene Scholl hörte er vom Todesurteil, nicht jedoch von der Vollstreckung. Erst bei einem Anruf in Ulm erfuhr er von Werner Scholl, daß alle seine Bemühungen um ein Gnadengesuch sinnlos geworden waren; Sophie und Hans waren bereits tot.

Nach dem Prozeß im September 1943 wurde die NSDAP-Kreisleitung in Ulm aktiv. An die Wehrmachtskommandantur der Stadt erging die deutliche Aufforderung des Kreisleiters, «dem Herrn Hauptmann Hartnagel gegenüber unzweideutig zum Ausdruck zu bringen, daß er sich eines Besseren besinnen soll, widrigenfalls wir von Seiten der Partei nichts unversucht lassen werden, ihn zur Vernunft zu bringen».

Fritz Hartnagel erwiderte, es sei ihm unerklärlich, inwiefern die Teilnahme als Zuhörer an einer öffentlichen Gerichtsverhandlung ein untragbares Benehmen für einen Wehrmachtsangehörigen darstelle. Außer zahlreichen anderen Zuhörern seien doch der Kreisleiter selbst sowie mehrere Parteiführer ebenfalls anwesend gewesen. Hartnagel blieb bei der Wehrmacht. In Dresden hatte er den Auftrag, eine Flugmeldekompanie aufzubauen. Anschließend war er in Frankreich, dann in Halle und Weimar eingesetzt. Nach dem Zusammenbruch geriet er in amerikanische Kriegsgefangenschaft. Im Oktober 1945 heiratete er Elisabeth Scholl, Sophies jüngere Schwester.

Aufbau

Der Krieg und die Erfahrungen, die das Ehepaar Scholl, die überlebenden Schwestern sowie ihre engsten Freunde im Dritten Reich sammeln mußten, hatten ein enges Band um diesen Kreis von Menschen gelegt. Das gemeinsame Schicksal bestimmte ihren weiteren Lebensweg nach 1945, wobei die folgenden Jahre und Jahrzehnte insbesondere für Inge Scholl neue Prüfungen und Herausforderungen mit sich brachten.

Für Fritz Hartnagel war die Beziehung zu Elisabeth Scholl «die logische Fortsetzung der Beziehung zu Sophie». Nach den schrecklichen Ereignissen habe sich von Anfang an eine selbstverständliche Nähe ergeben. Hartnagel wurde Richter und zog eine radikale Konsequenz, indem er die Wiederbewaffnung der Bundesrepublik entschlossen politisch bekämpfte und jahrzehntelang Wehrdienstverweigerer beriet.

Für Inge Scholl war zunächst nicht ganz klar, was sie in Angriff nehmen sollte. Die Familie war nach Ulm zurückgekehrt, wo die amerikanische Besatzungsmacht Robert Scholl im Juni 1945 als Oberbürgermeister einsetzte. Eigentlich wollte Inge Scholl Geschichte und Soziologie studieren. Aber Otl Aicher, ihr Freund und Gefährte in der schweren Zeit nach der Hinrichtung von Sophie und Hans Scholl, meinte, beide Fächer könne sie im praktischen Leben viel besser erlernen. Er drängte sie, in Ulm eine Volkshochschule aufzubauen, und versprach jede erdenkliche Unterstützung.

Und so entstand bereits 1946 in Ulm eine Volkshochschule unter der Leitung von Inge Scholl. Während andere Einwohner der Stadt Nahrungsmittel für die nächste Mahlzeit und Brennholz organisierten, suchte sie Räume und Dozenten. Inge Scholl legte viele Kilometer mit dem Fahrrad durch Trümmerlandschaften zurück. Otl Aicher besorgte sich ein klappriges Motorrad, um Referenten nach Ulm zu verpflichten.

Das Erstaunliche war, daß die Menschen nicht nur körperlich ausgehungert waren, sondern insbesondere auch seelisch. Sie strömten in die Vorträge der vh ulm, wie die Volkshochschule kurz genannt wurde. Anfangs bekamen die Redner eine Glühbirne ausgehändigt, die sie anschließend wieder im Sekretariat ablieferten. Es fehlte an allem. Nur eines besaßen Inge Scholl und Otl Aicher in reichem Maße: einen unbändigen Willen zum Aufbau und zum demokratischen Neubeginn. Als es noch keine Zeitungen gab, hingen bereits von Otl Aicher entworfene Plakate an den zerschossenen Wänden und den von Brandbomben zerrissenen Bäumen.

Die Volkshochschule wurde bald zum Sinnbild für den Neuanfang im geteilten und zerschlagenen Deutschland. Namhafte Publizisten, Schriftsteller, Theologen, Politiker und Wissenschaftler, die zum Teil jahrelang zum Schweigen verurteilt gewesen waren, traten erstmals in Ulm auf: Martin Buber, Romano Guardini, Konrad Lorenz, Werner Heisenberg, Theodor Heuss, Walter Jens, Hildegard Hamm-Brücher, Carl Zuckmayer, Heinrich Böll, Günter Eich, Ilse Aichinger ... Letztere schrieb später: «So war Ulm die erste Stadt, die ich in Deutschland betrat, und das erste Haus in Ulm war das der vh, damals auf dem Marktplatz 9.»

Inge Scholl beeindruckte viele mit der Art, wie sie ihre Ziele verfolgte, darunter auch den amerikanischen Hochkommissar in Deutschland, John J. McCloy, den sie in Frankfurt besuchte, um seine Unterstützung für ihr Vorhaben zu erbitten. McCloy berichtete später in einem Vortrag in Boston von «diesem deutschen Mädchen», das ihm von seinem Plan berichtet habe, Abendkurse zu einer vollen Schule mit Tagesbetrieb für Studenten aus ganz Deutschland zu entwickeln. «Es fehlen mir die Worte, Ihnen ihre Stimme und ihr Wesen zu beschreiben», erklärte der Hochkommissar.

Mit dem Willen zum demokratischen Neubeginn engagierten sich Inge Scholl und Otl Aicher in den ersten Jahren nach dem Krieg für gemeinsame Projekte. 1946 entstand als erstes die vhs Ulm.

Natürlich öffnete auch der Name Scholl manche verschlossene Tür, insbesondere als es darum ging, mit Hilfe deutscher und amerikanischer Unternehmen und Stiftungen die ehrgeizige Idee einer Hochschule für Gestaltung umzusetzen. Dieses gemeinsame Projekt von Inge Scholl und Otl Aicher, das 1953 verwirklicht wurde, verstand sich als die Weiterführung des Bauhauses. Ateliers, Labors, Werkstätten und Studios sollten sich ergänzen und zu gemeinsamer Arbeit zusammenschließen. Die Hochschule besaß bereits nach wenigen Jahren einen künstlerischen Ruf, der weit über Deutschland hinausreichte.

Eva

Bis 1974 blieb Inge Aicher-Scholl Leiterin der Volkshochschule. Dann kam der endgültige Abschied von Ulm, der Stadt, mit der sie sich auf vielfache Weise verbunden fühlte. Die Trennung begründete sie damit, sie könne das Wechselbad zwischen Familie und Beruf auf Dauer physisch und psychisch nicht mehr ertragen. Im Jahre 1974 war sie selber bereits Mutter von fünf Kindern, eines davon schwer behindert. Sie und Otl Aicher hatten 1952 geheiratet. Im Sommer 1953 wurde ihre Tochter Eva geboren, ihr erstes Kind, das beide mit großer Freude erwartet hatten.

Eva Aicher kam mit einem «Down-Syndrom» auf die Welt. Angst und Entsetzen der Eltern und die Überwindung dieser Gefühle bis hin zur immer wieder geforderten Geduld und zu Momenten des Glücks angesichts einzelner Fortschritte, darüber hat Inge Aicher-Scholl Tagebuch geführt. Sie veröffentlichte diese Texte 1996 unter dem Titel «Eva – Weil Du bei mir bist, bin ich nicht allein.»

Diese Aufzeichnungen verdeutlichen – mehr noch als ihre entschlossene Haltung während der NS-Zeit – die ihr eigene Kraft und Zähigkeit. Unerbittlich gegen sich selbst rang sie um jeden winzigen Fortschritt, sei es in der persönlichen Hygiene der mongoloiden Tochter, sei es im Sprechen oder Singen, beim Anziehen oder Fahrradfahren. «Evchen», wie sie ihre älteste Tochter nennt, wurde nicht versteckt, sondern nahm und nimmt teil am häuslichen Leben ebenso wie an außerhäuslichen Aktivitäten der Familie.

Die schwere geistige Behinderung von «Evchen» war nicht der einzige Schicksalsschlag, den die Eltern hinnehmen mußten. Im Februar 1975 verunglückte ihre 1954 geborene Tochter Pia kurz nach dem Abitur bei einem Verkehrsunfall, bei dem auch Otl Aicher verletzt wurde. Das Mädchen erlitt einen unheilbaren Hirnschaden, dem es, ohne das Bewußtsein wiedererlangt zu haben, im Krankenhaus erlag.

Rotis

Rotis war seit 1972 der Mittelpunkt der Familie Aicher-Scholl. Otl Aicher, der bereits seit 1969 an der visuellen Gestaltung der Olympischen Spiele in München arbeitete, hatte eine verfallene Getreide- und Sägemühle unweit der Kreisstadt Leutkirch als ein Refugium entdeckt für familiäre Geborgenheit und künstlerische Kreativität. Er renovierte die vorhandenen Anlagen von Grund auf und ergänzte sie um etliche Gebäude, die die ursprüngliche Mühle wie graphische Elemente umgeben und als Ateliers und Seminarräume dienen.

Die «autonome Republik Rotis», wie Aicher sein Anwesen gern nannte, besitzt eine eigene Stromversorgung und ist ein Kleinod ökologischer Architektur. Das Büro für Visuelle Kommunikation, das bereits in Ulm entstanden war, verlegte Otl Aicher ebenfalls nach Rotis. Viele Unternehmen verdanken dem Designer ihr graphisches Erscheinungsbild. Aicher gestaltete Küchen, Nähmaschinen, Elektrogeräte, Leuchten usw. Immer ging es ihm um die subtilen Verbindungslinien zwischen dem Äußeren und der «Sache». Und immer war es seine eigene unverwechselbare Handschrift, die einem Produkt zugute kam.

Rotis war nicht nur ein kreatives Biotop, sondern auch Ausgangspunkt vieler Initiativen und Aktivitäten der Friedensbewegung, der sich vor allem Inge Aicher-Scholl in den achtziger Jahren verschrieben hat. Im Vorfeld der Stationierung amerikanischer Mittelstreckenraketen, der sogenannten Nachrüstung, agierte sie in vorderster Reihe mit, unterschrieb Protestaufrufe, mobilisierte Prominente und beteiligte sich an Sitzblockaden vor dem US-Depot in Mutlangen.

Eine Menschenkette von Stuttgart quer durch Baden-Württemberg bis Ulm, von Inge Aicher-Scholl mitorganisiert und durchgeführt, war am 22. Oktober 1983 der Höhepunkt der Protestbewegung in Süddeutschland. Der Bundestag ließ sich davon bekanntlich nicht beeindrucken. Das Parlament stimmte der Stationierung amerikanischer Pershing-II-Raketen zu. Für Inge Aicher-Scholl hatte, wie für andere prominente Nachrüstungsgegner auch, die Sitzblockade ein gerichtliches Nachspiel. Sie wurde wegen Nötigung zu einer Geldstrafe verurteilt.

In den achtziger Jahren wurde Inge Aicher-Scholl zu einer der prominentesten Nachrüstungsgegnerinnen innerhalb der Friedensbewegung. Sie erklärte, sich «mit Stolz dem Widerstand gegen die Machthaber angeschlossen zu haben».

Vor Gericht erklärte sie, sie lehne eine Verteidigung ab und betrachte jede Form der Verurteilung als eine Auszeichnung. Sie sprach von dem Widerstand gegen die Machthaber, dem sie sich mit Stolz angeschlossen habe, und verwahrte sich gegen Belehrungen des damaligen baden-württembergischen Ministerpräsidenten Lothar Späth (CDU), der den Widerstand der «Weißen Rose» gegen die Sitzblockade von Mutlangen ins Feld geführt hatte. «Die Rüstungspartei in unserem Land, die sich christlich nennt, kommt in arge Bedrängnis», konstatierte die Pazifistin.

Die «Weiße Rose» – das Vermächtnis ihrer beiden ermordeten Geschwister – blieb neben Beruf, Familie und Friedensbewegung der eigentliche Bezugspunkt ihrer Existenz. Bereits 1952 hatte Inge Aicher-Scholl unter dem Namen der Münchner Widerstandsgruppe ein Buch veröffentlicht, das bald zu den wichtigsten Büchern über den Widerstand im Dritten Reich gehörte. Der schwarzgebundene schmale Band wurde zur Pflichtlektüre in den Schulen.

«Die Weiße Rose» hat nicht nur viele andere Buchprojekte, Rundfunksendungen sowie Film- und Fernsehproduktionen inspiriert, das Buch half vor allem auch, das Ansehen der Bundesrepublik im Ausland zu verbessern, wo zahlreiche Übersetzungen erschienen sind.

Im Jahre 1979 ließ Inge Aicher-Scholl sich auf ein Buchprojekt ein, das ihre Schwester Sophie aus dem Verbund der «Geschwister Scholl» herauslösen sollte. In Gesprächsform rekapitulierte sie viele Details aus der gemeinsamen Kindheit und Jugend und gab erstmals Ausschnitte aus Briefen und Tagebüchern sowie Zeichnungen der Schwester zur Veröffentlichung frei. Dadurch entstand die Grundlage für das Buch «Das kurze Leben der Sophie Scholl», das 1980 erschien.

Über zweieinhalb Tage ließ sie sich für dieses Projekt befragen: Manchmal holte sie Fotos und andere Erinnerungsstücke zur Hilfe. Selten gab sie sich einer bitteren Wehmut hin. «Wer ahnt so etwas, was aus Kindern einmal wird», sagte sie beim Anblick eines Fotos ihrer Schwester.

Wer ahnt, was einmal wird ... 1991 traf Inge Aicher-Scholl ein neuer Schicksalsschlag, vielleicht der härteste Schlag unter all den Heimsuchungen, die sie bereits durchgestanden hatte. Am 1. September starb ihr Mann an den Folgen eines Unfalls, der sich in Rotis ereignete. Otl Aicher wollte seiner Frau beim Rasenmähen helfen, überquerte mit einem kleinen Mähtraktor die Straße und wurde in diesem Augenblick frontal von einem Motorradfahrer erfaßt und so schwer verletzt, daß er das Bewußtsein nicht wiedererlangte.

Angesprochen auf den Unfall, wirkt Inge Aicher-Scholl gefaßt und zugleich fassungslos. «Der ist nicht zu ersetzen; er fehlt mir jeden Tag», sagt sie. Sie habe mit ihm alles besprechen können. Oft hätten sie abends zusammengesessen, bei einer Flasche Wein, und geredet. «Otl war aber auch ein großer Schweiger», berichtet Inge Aicher-Scholl weiter. Eine Zeitlang habe sie darunter gelitten. Eines Tages habe sie sich gesagt: «Schweig doch mit ihm. Das ist das Beste.»

Die Ost-West-Schwestern

Camilla und Steffie Spira

von Cornelia Geißler

An einem Sommerabend im Jahre 1990 stehen sie zum ersten Mal gemeinsam auf der Bühne. Die eine ist 84, die andere 82 Jahre alt, das Baden-Badener Publikum applaudiert freundlich, aber zurückhaltend. Camilla Spira ist vielen bekannt, wenngleich die einst berühmte Film- und Theaterschauspielerin schon lange nicht mehr aufgetreten ist. Sie ist es auch, die als erste das Wort ergreift: «Ich möchte Ihnen meine Schwester Steffie vorstellen», sagt sie und bittet die robuste Frau im weiten weißen Gewand näher heran. Neben ihr wirkt Camilla zierlich in dem schwarzen Kostümkleid. Schwarz und weiß – schon bei der Kleiderwahl springt der Gegensatz ins Auge.

Manch einer im Saal wird auch Steffie Spira schon einmal im Fernsehen gesehen haben, doch wohl kaum in einem Film, da hatte sie immer nur kleine Rollen, sondern in den Nachrichten – als am 4. November 1989 die Bilder von der großen Demonstration auf dem Ostberliner Alexanderplatz auch in die westdeutsche Provinz nach Baden-Baden gelangen. Damals gab es die DDR noch. Und obwohl die Organisatoren wie auch die an der Demonstration Beteiligten inständig Gewaltfreiheit beschworen, konnte keiner vorhersagen, daß diese Sonnabendvormittagsstunden wirklich so friedlich vorübergehen würden. Damals kletterte die rundliche Frau mit dem glatten grauen Haar als letzte Rednerin auf einen Lastkraftwagen und sprach wenige Sätze, die von der Menschenmenge auf dem Platz mit stürmischem Beifall bedacht wurden: «1933 ging ich allein in ein fremdes Land. Ich nahm nichts mit, aber im Kopf hatte ich einige Zeilen eines Gedichts von Bertolt Brecht, Lob der Dialektik: ‹So wie es ist, bleibt es nicht. / Wer lebt, sage nie Niemals. / Wer seine Lage erkannt hat, wie soll der aufzuhalten sein. / Und aus Niemals wird Heute noch!› Ich wünsche mir für meine Urenkel,

Mit dem Bau der Berliner Mauer wurde auch die Unvereinbarkeit der Charaktere beider Schwestern zementiert: Camilla, die unpolitische Erfolgreiche, lebte im Westen, Steffie, die kämpferische Kommunistin, im Osten. Sie sahen sich nur selten und ertrugen sich kaum – bis sie sich 1989 als Vorzeigepaar deutscher Geschichte wiederfanden.

daß sie aufwachsen ohne Fahnenappell, ohne Staatsbürgerkunde und daß keine Blauhemden mit Fackeln an den hohen Leuten vorübergehen. Ich habe noch einen Vorschlag: Aus Wandlitz machen wir ein Altersheim! Die über Sechzig- und Fünfundsechzigjährigen können jetzt schon dort wohnen bleiben, wenn sie das tun, was ich jetzt tue – Abtreten!» Wie es weiterging, ist bekannt: Fünf Tage später ging die Mauer auf, den Staat, der Staatsbürgerkunde unterrichten ließ, gibt es nicht mehr, einige der «hohen Leute» mußten sich wegen des Schießbefehls an der deutsch-deutschen Grenze vor Gericht ihrer Verantwortung stellen, und aus Wandlitz, wo die SED-Spitze wohnte, wurde zwar kein Altersheim, aber doch immerhin ein Rehabilitationszentrum.

Als die Schwestern Spira in Baden-Baden abwechselnd Gedichte vortragen, muntere Texte von Heine, Morgenstern und Tucholsky, da ist diese Entwicklung bereits abzusehen, steht die deutsche Einheit unmittelbar bevor. Die Spiras werden an diesem Abend freundlich aufgenommen, bringen die Pointen so über die Bühne, daß an den richtigen Stellen gelacht wird, und genießen es sichtlich, im Mittelpunkt zu stehen – zum ersten Mal gemeinsam. Das Publikum betrachtet sie wie ein Wunder, wie die leibhaftige deutsche Vereinigung, ja Wiedervereinigung: Die zwei betagten Damen sind gerade eben als deutsche Schwestern entdeckt worden, als durch die Mauer getrenntes und nun wieder zusammengeführtes Paar. Sie werden als solches in den nächsten fünf Jahren im Berliner Renaissance-Theater eine «Berliner Lektion» abhalten, auf dem Hamburger Frauen-Festival als «Die ungleichen Schwestern» auftreten, in den Mittelpunkt der Fernsehdokumentation «So wie es ist, bleibt es nicht» gestellt werden und in Zeitungsartikeln porträtiert. An ihren Lebensläufen läßt sich deutsche Geschichte so schön illustrieren, daß sie ein Glücksfall für den Journalismus sind. Leider nicht für lange: Am 10. Mai 1995 stirbt Steffie Spira. Das wahre Märchen von den deutschen Schwestern, die so unterschiedlich sind wie die beiden deutschen Staaten, muß nun aus dem Rückblick erzählt werden.

Die Geschichte beginnt noch im Kaiserreich, in einer Schauspielerfamilie. Der Vater, Fritz Spira, brüskiert seine streng jüdischen Verwandten in Wien, als er die protestantische Lotte Andresen heiratet. Lotte ist in Berlin geboren, ihre Familie stammt aus Dänemark. Auf alten Fotos sind schöne Menschen zu sehen. Fritz Spira ist ein Mann, nach dem die Frauen sich auf der Straße umdrehen, einer, der nicht nur im seriösen Theater, sondern auch im Kabarett auftritt und gern mal einen Batzen Geld verspielt, ein Bonvivant. Die Mutter steht ihrem Gatten an Schönheit und Ausstrahlung nicht nach. Sie sei gern und oft auf Bälle gegangen, und ihre Erscheinung habe die Lehrer in der Schule fasziniert, wenn sie ihre Kinder für einen Ausflug vom Unterricht befreien wollte, erzählen die erwachsenen Töchter später. Als Camilla am 1. März 1906 geboren wird, lebt die Familie in Hamburg, bei Steffies Geburt am 2. Juni 1908 in Wien. Bald darauf ziehen sie nach Berlin um. Sie wohnen in der Koblenzer Straße in Wilmersdorf. Die Mädchen spielen draußen mit einem Kreisel und mit einem Reifen, und natürlich lieben sie die Hopse, so wie ganz normale Berliner Gören. In der Wohnung wird es ihnen bald langweilig, sich immer nur in Königinnen und Prinzessinnen zu verwandeln, also schlüpfen sie auch in die Rollen von Portiers- oder Toilettenfrauen – sie sind eben Schauspielerkinder. Camilla kommt mit sechs, Steffie erst mit sieben Jahren zur Schule, weil sie ein äußerst mageres Kind ist. Camilla dagegen ist als Mädchen recht drall, und so können die Eltern ihre Sachen nicht an die jüngere Schwester zum Auftragen weitergeben.

Wenn Steffie später von sich behauptet, sie sei zweisprachig aufgewachsen, meint sie damit den Wiener Dialekt des Vaters und das Berlinerische der Großtante Malchen, die mit ihrem Mann ein Zimmer in der Wohnung der Eltern hatte. Großonkel Wilhelm Wetzel, der Drucker beim «Lokalanzeiger» war, spielt eine wichtige Rolle für die Mädchen, weil sie durch ihn etwas von einem Leben draußen erfahren, das sich von dem ihrer Eltern unterscheidet. Camilla Spira hat ihn noch genau vor Augen: «Er war ein stattlicher Mann mit einem weißen Bart und einem Schlapphut. Wenn er nach Hause kam, gab er Steffie seinen Hut und mir den Stock. Und dann spielten wir zusammen Skat, vielmehr eine Idee von Skat, bis Tante Malchen das Essen fertig hatte.»

Camilla Spira sitzt in einem hellen geblümten Kleid auf der Terrasse ihrer Wohnung in Dahlem, wenige Schritte vom Haus des Altbundespräsidenten Richard von Weizsäcker entfernt. Auch als Frau von Anfang Neunzig ist sie noch eine Dame, die auf sich hält. Sie trägt das graue gewellte Haar locker zusammengesteckt, hat ein leichtes Make-up aufgelegt und achtet darauf, daß bei Kaffee und Kuchen die Servietten nicht fehlen. Daß ihr, von Krankheit geschwächt, jeder Schritt eine Anstrengung bedeutet, ist ihr unangenehm. Über ihren Stock schimpft sie, wie «schrecklich lila» er sei. Gefragt, ob es sie stört, wenn das Aufnahmegerät mitläuft, antwortet sie empört: «Na, hören Sie mal, Kindchen, ich bin Schauspielerin!» Allerdings findet sie, daß die Fragen nach ihrem Leben und dem ihrer Schwester jetzt zu spät kämen, denn ihr fällt die Erinnerung mittlerweile schwer. Steffie hätte immer schon das bessere Gedächtnis gehabt. «Wenn sie jetzt noch hier wäre, wäre alles viel einfacher.» Steffie Spira aber hat ihre Erinnerungen in zwei Büchern festgehalten. Das eine, «Trab der Schaukelpferde», ist eine Art Autobiographie der ersten Lebenshälfte, das andere enthält ausgewählte Tagebuchaufzeichnungen von 1954 bis 1971 und 1988 bis 1990 unter dem Titel «Rote Fahne mit Trauerflor».

In dem ersten Buch, das 1984 in der DDR und 1991 als gesamtdeutsches Reprint erschienen ist, erzählt sie auch von zu Hause. Sie liebte ihre Eltern, und die liebten die Kinder. Der Vater war jedoch selten da. «Er wollte ein bürgerliches Leben führen und wünschte, daß seine Kinder ihn achteten. Aber gerade er brachte uns dazu, ein Bohème-Leben zu führen. Wenn er im Spiel gewonnen hatte, so fuhren wir manchmal überraschend fort.» Dann wurden die beiden Mädchen aus der Schule genommen, bekamen ein paar neue Sachen zum Anziehen gekauft und gingen mit den Eltern auf Reisen, bis das Geld ausgegeben war.

Camilla Spira erzählt, daß sie und ihre Schwester viel zusammen unternommen hätten, solange sie noch zu Hause lebten. Ihr Lieblingsspiel war ein kleiner Sketch, der nur aus drei Sätzen bestand. Für den Fernsehfilm führen sie ihn noch einmal vor; es wird die schönste Szene der zweiteiligen Dokumentation. Camilla sagt erst: «Der Papst ist tot.» Tief betroffen fragt Steffie nach: «Woran ist er denn gestorben?» Darauf antwortet Camilla keck: «Am Pips.» Da kichern die beiden alten Damen ausgelassen, Camilla dreht das Gesicht von der Kamera weg, Steffie hält sich ein Taschentuch vor den Mund – sie können nur mit Mühe aufhören zu lachen. Als sie sich gefangen haben, spielen sie den Dialog ein zweites Mal, diesmal berlinisch-skeptisch, dann folgt die nächste Variante, die intellektuell-bornierte. Unendlich viele Versionen hätten sie damals ausprobiert, erzählen sie unter Prusten. Ihre Mutter, die ihnen den Spaß beigebracht hatte, ermunterte die Mädchen, ihn auch Gästen vorzuführen.

Sie hätten als Kinder wirklich ein gutes Verhältnis zueinander gehabt, sagt Camilla, «obwohl wir todverschieden waren». Sie, die ältere, wurde der jüngeren Schwester gern als Vorbild vorgehalten. «Da hieß es immer: Ach Steffielein, deine Strümpfe sind in den Schuhen, wie sehen deine Haare schon wieder aus, und das Schürzchen ist schmutzig. Sieh dir doch Millachen an!» Sie selbst sei von Kindheit an eitel gewesen, stets darum besorgt, «anständig» auszusehen. Ihrer Schwester wäre das immer «vollkommen wurscht» gewesen. «Auch später, wenn wir als junge Mädchen irgendwohin gegangen sind, war es ihr völlig egal, ob sie eine rote Tasche zum grünen Kleid trug oder schwarze Schuhe zu 'nem weißen. Sie war geistig hoch interessiert, aber das Äußerliche interessierte sie nicht.» Dabei sei es in einer Schauspielerfamilie «das A und O» gewesen, gut auszusehen, «da war es eigentlich unmöglich, daß sie so wenig auf sich hielt».

Siebzig Jahre später, als beide auf der Bühne des Renaissance-Theaters sitzen und während der «Berliner Lektionen» von Nikolaus Sombart zu ihren Biographien befragt werden, bemerken auch die Journalisten im Publikum die Unterschiede im äußeren Erscheinungsbild, die für die verschiedenen Wege zu stehen scheinen. Camilla Spira würde «einen Hauch von Geschichte wie einen Hauch von Chanel» verbreiten, heißt es, Steffie aber über das, «was von guten Genossen schon immer verlangt wurde: Selbstkritik». Die schlanke Dame, die vom Moderator mit «gnädige Frau» angesprochen wird, tupft sich das Näschen mit einem Tuch aus schwarzer Spitze, die füllige Frau neben ihr benutzt schlicht ein Papiertaschentuch, wird an anderer Stelle vermerkt. Die eine verkörpert die in die Jahre gekommene Diva, die andere die alte Kämpferin. Und in dieses Bild, begleitet vom Salongeplänkel zwischen dem Moderator und Camilla, fügt sich harmonisch die Frage der großen Schwester an die kleinere: «Wie kannst du nur nach alldem noch immer an den Sozialismus glauben, Steffielein?»

Im «Trab der Schaukelpferde» erinnert sich Steffie Spira, daß ihrer beider Interessen schon früh auseinandergegangen seien. Nachdem sie zu Hause häufiger miterleben mußten, wie unangenehm es war, wenn etwa das gemietete Klavier regelmäßig von Möbelpackern davongeschleppt wurde, weil die Familie die fällige Gebühr wieder einmal nicht bezahlen konnte, soll die fünfzehnjährige Camilla zur Schwester gesagt haben: «Also weißt du, ich werde ganz reich heiraten, damit mir so etwas nicht passiert.» Sie aber habe sich damals vorgenommen, die Welt zu verändern, auf daß «so etwas nicht mehr vorkommt, daß der eine viel Geld hat und der andere gar nichts». Auch von Eisensteins Film «Panzerkreuzer Potemkin» war Steffie damals auf andere Weise begeistert als ihre Schwester, und die bestätigt im nachhinein: Sie habe ihn schlicht «mit den Augen einer Schauspielerin» gesehen.

Im Treppenhaus der Dahlemer Villa, wo Camilla Spira zusammen mit der Familie ihrer Tochter wohnt, schaut ihr Selbstporträt als etwa Sechzigjährige freundlich zwischen großen Blumen hervor, woanders hängt ein Bildnis ihres verstorbenen Mannes, das ihn hinter seinem Schreibtisch stehend zeigt. Die Gemälde in kräftigen Farben lenken meist durch eine leicht verschobene Perspektive den Blick direkt auf einen Menschen oder Gegenstand. Camilla wollte eigentlich Malerin werden. Als Dreizehnjährige geht sie mit ihren Skizzen und Bildern zur Kunstakademie, wo man ihr zwar bescheinigt, begabt zu sein, aber auch erklärt, sie solle mit dem Studium warten, bis sie sechzehn sei. So lange reicht ihre Geduld nicht. Sie bewirbt sich bei Max Reinhardt an der Berliner Schauspielschule und wird prompt angenommen. Ihr erstes Engagement erhält sie am Wallner-Theater in Berlin-Friedrichshain, wo sie unter anderem in «Emilia Galotti» und «Minna von Barnhelm» auftritt. Camilla ist schon am Beginn ihrer Karriere als Schauspielerin so überzeugend, daß sie im Frühjahr 1924 engagiert wird, bei der Wiedereröffnung des zu den Reinhardt-Bühnen gehörenden Theaters in der Josefstadt in Wien aufzutreten. Die ganze Familie kommt mit, um Camilla dort auf der Bühne zu sehen. Sie hat Erfolg, und die Zeitungen bestätigen ihr Talent. Für ihre jüngere Schwester allerdings wird der Ausflug in die Vaterstadt zu einem Desaster.

Auch Steffie wollte nicht von vornherein Schauspielerin werden. Von klein auf träumte sie vom Tanzen, und sie liebte den Großonkel Wilhelm auch deshalb so sehr, weil der abends manchmal ein Liedchen pfiff, zu dem sie sich dann drehen konnte. Es war nicht das klassische Ballett, das sie reizte, das war ihr viel zu starr in Positionen und Regeln gefangen. Was sie faszinierte, das war die Möglichkeit, mit dem Körper eine eigene Sprache zu entwickeln. Die Eltern unterstützten ihren Wunsch, und Steffie war angemeldet, um ab September 1924 bei Mary Wigman in Dresden in die Tanzschule zu gehen. Nun hätte ihre große Zeit beginnen können. Doch während die Sechzehnjährige vor dem Auftritt der Schwester in Wien zu Besuch ist, mit ihren Cousins und Cousinen durch die Gegend tollt und dabei einen Abhang hinunterläuft, stürzt sie unglücklich und zieht sich einen Sehnen- und Kapselriß zu. So etwas verheilt natürlich, doch fürs Tanzen ist das Bein fortan nicht mehr ausreichend be-

Zu jung für die Kunstakademie, bewarb Camilla sich 1919 bei Max Reinhardt in Berlin. 1924 war sie bereits eine erfolgreiche Schauspielerin und trat in Wien auf. Zeichnung von Emil Orlik, 1926.

lastbar. Aus der Traum. Und so kommt es, wie es in der Familie Spira kommen muß: Steffie geht zum Theater. Zunächst einmal schickt der Vater sie zur Schauspielschule der Genossenschaft Deutscher Bühnen-Angehöriger.

Schon am ersten Tag im Genossenschaftshaus hat Steffie eine Begegnung, die für ihr weiteres Leben prägend ist: Sie sieht auf der

Bühne den jungen Schauspieler Günter Ruschin, den sie später heiraten sollte. «Er war der erste Mann, mit dem ich zusammen im Kornfeld lag; ich zählte siebzehn und er einundzwanzig Jahre, und ich wollte nichts anderes als ihn.» In der Erinnerung an diesen Mann macht sich die sonst so resolute Frau ganz klein. «Er war Fleisch von meinem Fleisch, und seine Art zu denken wurde meine», schreibt sie und behauptet sogar: «Wenn aus mir ein Mensch geworden ist, so hat Günter den größten Anteil daran.»

Günter Ruschin ist wie Steffie jüdischer Abstammung, seine Eltern haben ein kleines Geschäft im mecklenburgischen Pasewalk. Sie schicken ihn zum Bruder der Mutter nach Dresden, damit er dort etwas Vernünftiges lerne. Der Onkel, ein Juwelier, sollte den Jungen im Bankgewerbe unterbringen. Doch der geht am liebsten ins Staatstheater, verpatzt ungeschickt seine Chancen in der Banklehre und geht schließlich dorthin, wohin es ihn eigentlich zieht: nach Berlin, zur Schauspielschule der Genossenschaft Deutscher Bühnen-Angehöriger. Er wählt diese Schule, in der ihm dann Steffie über den Weg läuft, auch aus politischen Gründen, denn schon damals steht er den Kommunisten nahe. Und er beginnt, seine Ideen mit Steffie zu teilen. So fängt ihr politisches Leben in einem Alter an, in dem man sich eisern für das einsetzt, was man für richtig hält. «Und dadurch», resümiert ihre Schwester rückblickend, «waren wir schon recht früh auseinandergekommen.» Im Mai 1931 tritt Steffie in die Kommunistische Partei ein, im August des gleichen Jahres heiratet sie Günter Ruschin. Ins Tagebuch schreibt sie später: «Wir hatten von vornherein eine offene Beziehung. Er war nicht mein einziger Mann und ich nicht seine einzige Frau.» Kollegen bestätigen das, und als Steffie Spira stirbt, verrät ihr Sohn einer Boulevardzeitung, daß seine Mutter noch als Siebzigjährige ein Verhältnis mit einem zwanzig Jahre jüngeren Mann hatte.

Ihr erstes Engagement führt Steffie Spira zu Viktor Barnowsky ins Theater an der Königgrätzer Straße, dem späteren Hebbel-Theater. Vor dem Auftritt erscheint die große Elisabeth Bergner in Steffies Garderobe, um sie zu schminken. Mit dieser alten Theatertradition wird die Elevin eingeführt. Steffie tritt als Hymen in Shakespeares «Was ihr wollt» auf, als zweite Besetzung in einer Inszenierung, die schon eine Weile läuft. Ihre nächste Station ist das Berliner Theater in der Charlottenstraße. Dann kommt sie zur Volksbühne, die «ihr» Theater bleiben sollte.

Es ist die Zeit der späten Weimarer Republik. Nicht nur auf den Straßen kommt es zu Konfrontationen, auch in den Theatern entzweien sich die Schauspieler aufgrund ihrer unterschiedlichen politischen Überzeugungen. Steffie und Günter Ruschin schließen sich einer Agitprop-Gruppe an, die später den Namen «Truppe 31» bekommt. Kommunistische Schauspieler wie Curt Trepte, Heinrich Greif und Gustav von Wangenheim gehören dazu. Sie machen politisches Kabarett. Ihr erstes Stück «Die Mausefalle» erlebt etwa 350 Aufführungen. Das nächste Stück «Da liegt der Hund begraben» ist etwas weniger erfolgreich. Doch dann folgt «Wer ist der Dümmste?». Die Resonanz ist groß und hat politische Konsequenzen. Denn der Dümmste, das war Adolf Hitler. Anfang März 1933 wird das Stück verboten. Und kurz darauf ist der «Künstlerblock» im Laubenheimer Platz in Berlin-Wilmersdorf, wo die Ruschins wie viele andere Angehörige der Bühnengenossenschaft und des Schriftstellerschutzverbandes wohnen, von SA-Leuten umstellt. Ein SA-Mann kommt in Begleitung eines Polizisten in die Wohnung des Ehepaars. Günter Ruschin wird sofort verhaftet und abgeführt. Der Polizist wendet sich Steffie zu und fragt sie, sobald sie allein sind: «Sie sind doch die Schwester von der Camilla, nicht wahr?» Dann läßt er die Schwester des Stars gehen. Mit Hilfe von Freunden ihrer Eltern kauft sie eine Bahnfahrkarte erster Klasse in die Schweiz, wo sie in Zürich bei Bekannten unterkommt. Auf dem Bahnhof in Berlin sollte Steffie ihren Vater zum letzten Mal sehen.

Camilla wird zu jener Zeit auf der Bühne bejubelt. Auch sie ist inzwischen verheiratet. Den Rechtsreferendar Dr. Hermann Eisner hatte sie auf einem Ball kennengelernt, er verliebte sich auf der Stelle in sie. Zunächst zögert sie vor der ihr angetragenen Ehe. Sie fürchtet sich vorm Kinderkriegen und will das Theater nicht verlassen. Dr. Eisner erweist sich als hartnäckiger Werber. «Müde des Neinsagens» entscheidet sie sich schließlich doch für ihn. Die Zeitungen berichten über die Hochzeit im Jahr 1927. Kindererziehung und Beruf kann Camilla später sehr wohl miteinander vereinbaren, unterstützt von einer Hausangestellten.

Nach dem einjährigen Engagement in Wien geht Camilla Spira zunächst an die Kammerspiele und zum Deutschen Theater, dann ans Renaissance-Theater. Ihre Doppelbegabung fürs Spielen und Singen bringt ihr mehrere Rollen in Operetten ein, so in «Annemarie» von Robert Gilbert und «Pariser Leben» von Jacques Offenbach. Mit der Rößl-Wirtin Josepha Vogelhuber im «Weißen Rößl» erlebt sie ihren größten Erfolg. Im November 1930 wird das Stück, das als Schwank ohne Musik schon recht bekannt war, in der Regie von Eric Charell uraufgeführt und steht dann über ein Jahr lang auf dem Spielplan des Großen Schauspielhauses. Seit Piscators Agitprop-Revue «Trotz alledem» hatte das «Theater der Fünftausend» keinen solchen Publikumsrenner mehr gesehen. Die Kritik ist begeistert, denn was da geboten wird, ist nicht einfach nur ein Rührstück, sondern eine Inszenierung mit Lust an Ironie und Nonsens. Camilla Spira ist als Rößl-Wirtin jetzt ein Star und wird ihr Leben lang mit diesem Erfolg verbunden bleiben. Als das Theater des Westens das Stück im Sommer 1990 wieder auf die Bühne bringt und als die Geschwister Pfister es Ende 1994 noch einmal in einer schrägen Version in der Berliner «Bar jeder Vernunft» präsentieren, wird die einstige Rößl-Wirtin jedesmal zur Premiere eingeladen und von den Schauspielern wie vom Publikum begeistert begrüßt.

Anfang der dreißiger Jahre hat Camilla einige Rollen beim Film, seichte Ware zumeist, Abenteuer- und Kriminalstoffe. Dann wird sie von Gustav von Ucicky als Tochter des Funkers Jaul für die Ufa-Produktion «Morgenrot» verpflichtet, für einen Film, den der Soziologe Siegfried Kracauer später als Schlüsselfilm der kollektiven mentalen Wende zum nationalsozialistischen Weltbild charakterisiert. Die Handlung ist im Ersten Weltkrieg angesiedelt. Kapitänleutnant Liers (gespielt von Rudolf Forster) liebt nur sein U-Boot, seine Mutter (gespielt von Adele Sandrock) ist in großer Sorge um ihn. Als das U-Boot seine Mission erfüllt, einen englischen Kreuzer zu versenken, wird es stark beschädigt. Nur für acht von zehn Besatzungsmitgliedern besteht überhaupt eine Chance, gerettet zu werden. Um den anderen zu helfen, erschießen sich zwei Männer selbst. Der Erste Offizier schickt der Kugel in seinem Kopf die Worte voraus: «Ich könnte zehn Tode sterben für Deutschland.» Das sind Helden, wie der «Führer» sie sich wünscht: ihre Tugenden heißen Patriotismus,

1933 war Camilla Spira in «Morgenrot» zu sehen und bekam von der Ufa eine Auszeichnung: «Der Darstellerin der deutschen Frau». 1938 sahen sie und ihr jüdischer Ehemann Hermann Eisner sich gezwungen, ins Exil zu gehen.

Heroismus und bedingungslose Hingabe an das Führerprinzip. Am 2. Februar 1933 wird «Morgenrot» im Berliner Ufa-Palast am Zoo uraufgeführt. «Das ganze Mörderregime» sei bei der Premiere anwesend gewesen, erinnert sich Camilla Spira: «Also Hitler und all diese gräßlichen Menschen, dieser Himmler, es hat keiner gefehlt, es war die ganze Crew des Nationalsozialismus, alles in Uniform.» Die Schauspieler, erzählt sie, hätten sich nicht ganz wohl in ihrer Haut gefühlt, bei so viel gerade zur Macht gekommener Prominenz. Sie gehen erst auf die Bühne, um den Applaus entgegenzunehmen, als sie dazu aufgefordert werden. Und Camilla bekommt einen Lorbeerkranz umgehängt, eine Auszeichnung. Auf einem Brokatband steht in goldenen Lettern geschrieben: «Der Darstellerin der deutschen Frau – die Ufa».

Doch diese deutsche Frau ist Tochter eines jüdischen Vaters und Gattin eines jüdischen Mannes. Sie lebt bis dahin fern der Politik – unmöglich, möchte man heute meinen, zumal sie die Schwester einer Frau ist, die auf die Zeichen der Zeit längst reagiert hat. Camilla war einfach nur Schauspielerin und interessierte sich nicht für das Geschehen außerhalb des Theaters. «Ich habe nichts gemerkt, bis zu dem 1. April, bis die Gesetze herauskamen und ich nicht mehr weiterspielen durfte.» Camilla und ihr Mann lebten in der tragischen Naivität vieler assimilierter Juden in Deutschland. Hermann Eisner hatte ein Eisernes Kreuz aus dem Ersten Weltkrieg, er «fühlte deutsch», sagt seine Frau. Doch dann werden jüdische Geschäfte auf Beschluß der NSDAP boykottiert, jüdische Beamte aus ihren Positionen entfernt, Hochschullehrer und Wissenschaftler müssen die Universitäten verlassen, etwa achttausend jüdische Künstler erhalten Auftrittsverbot. Auch die gutaussehende Blondine Camilla Spira. Heinrich Himmler persönlich macht ihr das Angebot, sich von ihrem jüdischen Mann scheiden zu lassen, um ihre Karriere zu retten. Sie selbst sei schließlich nur Halbjüdin, da sie eine arische Mutter hätte. «Ich sag: Is wunderschön, aber das kann ich nicht, das mach ich nicht.» Himmler habe geantwortet: «Ja das tut mir leid, Frau Spira, dann müssen wir uns verabschieden.» – «Ja, sag ich, das müssen wir.»

Ein anderer Film, in dem sie in dieser Zeit spielt, kommt in Nazideutschland nicht mehr zur Aufführung, weil er ideologisch nicht ins Bild paßt: «Das Testament des Dr. Mabuse» von Fritz Lang. Die Rolle der Juwelen-Anna war extra für Camilla Spira ins Drehbuch hineingeschrieben worden. Der Regisseur will die begabte Schauspielerin mit nach Hollywood nehmen. Es heißt, ihm schwebe vor, aus Camilla eine zweite Mae West zu machen, doch sie lehnt ab: «Ich hatte hier meinen Mann und mein Kind.» Camilla, die nun ohne Engagement ist, stellt sich zunächst ein eigenes kleines Theater- und Konzertprogramm zusammen, mit Liedern aus den erfolgreichen

Operetten, aber auch mit Texten von Heinrich Heine und Kurt Tucholsky. Mit einer Pianistin, Ernchen Klein, die später im Konzentrationslager umgebracht wird, tritt sie bei – noch – wohlhabenden jüdischen Familien im Garten oder im Wohnzimmer auf, denn das «arische» Publikum zeigt ihr die kalte Schulter. Kurze Zeit gehört sie zum Ensemble des Theaters des Jüdischen Kulturbundes, doch dessen Themen und Stoffe bleiben ihr fremd. «Mein Mann und ich waren völlig assimiliert», erzählt sie, «wir wollten Deutsche sein und hier wohnen bleiben. Ich hätte lieber deutsche Stücke gespielt.» Es dauert lange, bis Camillas Mann sich entschließen kann, die Papiere für eine «Informationsreise» nach New York zu organisieren. Mit ihnen reisen ausschließlich Juden auf dem Schiff. Im Oktober 1938 in der Neuen Welt angekommen, bleiben sie nur die zwei Wochen, auf die das Visum lautet. Es gefällt ihnen nicht.

Auf dem Rückweg, in Amsterdam, warnt man sie dringend davor, nach Deutschland zurückzukehren. Denn dort haben die Nazis gerade mit der Reichspogromnacht zum entscheidenden Schlag gegen die Juden ausgeholt. So bleibt Familie Spira-Eisner in Amsterdam. Ihre Kinder, Peter, geboren 1927, und Susanne, geboren 1937, werden ihnen aus Deutschland gebracht. Notgedrungen spielt Camilla in Amsterdam Kabarett, etwa mit Kurt Gerron und Rudolf Nelson. Und sie spricht ihre Texte sogar in der holländischen Sprache, reist mit einem Theaterensemble durchs kleine Land. Der Titel des Stücks lautet: «Het witte pard», «Im weißen Rößl».

Das Kabarett sollte auch Camillas Schwester und ihrem Schwager im Exil eine Bühne bieten. Günter Ruschin wird durch einen Behördenirrtum nach zehn Wochen wieder aus der Haft entlassen und kann sich zu seiner Frau in die Schweiz retten. Dort treten beide zusammen mit Adele Sandrock, die gerade noch neben Camilla in dem Film «Morgenrot» zu sehen war, in einem Lustspiel auf. Eigentlich hatten sie mit ihrer «Truppe 31» nach Moskau gehen wollen. Doch Steffie ist im fünften Monat schwanger und fürchtet die anstrengende Reise. Jahre später, als sie erfahren, daß auch emigrierte Kommunisten in Stalins Lagern umkamen, sind sie über diese Entscheidung glücklich. Steffie und Günter gehen nach Paris. Dort wird Ende November 1933 ihr Sohn Thomas geboren.

Die exilierten Schauspieler schließen sich dem Schutzverband deutscher Schriftsteller im Exil (SDS) an. Die Kommunistische Partei hat auch eine Zelle in Paris, und die Mitglieder streiten sich heftig über die richtige Strategie gegen den Faschismus, über ihr Verhältnis zur Sozialdemokratie und über die Entwicklung in der Sowjetunion. Es kommt zum Ausschlußverfahren gegen den Querdenker Willi Münzenberg, bei dem sich Steffie, wie sie in ihren Erinnerungen schreibt, der Stimme enthält. Anfang der neunziger Jahre erklärt sie allerdings, sie habe nur der Zensur in der DDR wegen diese Enthaltung behauptet, in Wirklichkeit aber gegen den Ausschluß gestimmt – wie auch später an der Volksbühne in Ostberlin bei den Parteiverfahren gegen Fritz Marquardt und Mathias Langhoff. Wie auch immer, Steffie hat es schwer mit der Partei, zu der sie gehört. Und mit dem Geldverdienen erst recht. 1934 gründet eine kleine Gruppe von Schauspielern das Kabarett «Die Laterne», die vor allem Szenen aus dem Emigrantenleben auf die Bühne bringt – die Zuschauer sind zum Großteil auch Emigranten. Als Bertolt Brecht im Herbst 1937 nach Paris kommt und eine Aufführung der Truppe sieht, übergibt er ihnen sein Stück «Die Gewehre der Frau Carrar» und einige Szenen aus «Furcht und Elend des Dritten Reiches» zur Aufführung.

Vom Theater allein können die Ruschins nicht leben. Einen Teil des Unterhalts verdient Steffie als Putzfrau bei reichen Franzosen. Nur durften die sie nicht auf der Bühne sehen, denn sonst wäre es mit dem Job schnell wieder vorbei gewesen. Den Leuten ist es peinlich, eine Schauspielerin mit niederen Arbeiten zu beschäftigen. Als die Nazis am 1. September 1939 Frankreich besetzen, werden die deutschen Emigranten in «Sicherungsverwahrung» genommen. Steffie kommt in das ausschließlich für Frauen bestimmte Lager Rieucros bei Mende, Günter nach Le Vernet, fast zwei Jahre bleiben sie interniert. 1941 dürfen dann diejenigen Deutschen, die ein Visum für ein drittes Land haben, ausreisen. Zu ihnen gehören auch Steffie Spira und ihr Mann. Solange sie sich in Frankreich befinden, stehen sie allerdings noch unter polizeilicher Beobachtung. Und Steffie erwartet ihr zweites Kind. Nach Krankheit, schlechter Ernährung und durch die Anstrengung der Reise kommt das Mädchen zu früh auf die Welt und stirbt nach wenigen Tagen. Es ist nicht ihr einziges Unglück: Das amerikanische Visum wird den Ruschins wieder entzogen, weil sich die Regierung nicht mit Kommunisten belasten will. Kaum ein Staat ist bereit, Flüchtlinge aus Deutschland aufzunehmen. Allein der mexikanische Konsul in Marseille, Gilberto Bosques, den die Nazis nach der Besetzung Vichy-Frankreichs in Bad Godesberg festsetzten, erteilt großzügig Einreisevisa für sein Land. Nach Mexiko auswandern dürfen vornehmlich verfolgte Franco-Gegner, aber auch einige deutsche Kommunisten – so wie Steffie Spira und ihr Mann. Als sie für sich und ihren Sohn die Durchreisevisa für Spanien, Portugal, die Dominikanische Republik und Kuba beisammen haben, können sie im Juli 1941 mit dem Lastschiff «Serpa Pinto» (Rote Schlange) von Lissabon ablegen. Ihr Ziel heißt Veracruz, Mexiko.

Unterdessen versucht Camilla 1940, mit ihrer Familie weiter nach England zu fliehen, denn die Besetzung Hollands durch die deutschen Truppen steht unmittelbar bevor. Es gelingt ihnen nicht mehr, denn der Zug, den sie nehmen wollen, wird bombardiert. Nun müssen sie als Juden auch in Holland den gelben Stern tragen, dürfen kein Fahrrad mehr besitzen und nicht mehr mit der Bahn fahren. Aber es kommt noch schlimmer: Mit einem Viehtransport wird die Familie im Sommer 1942 ins Lager Westerbork gebracht. Camilla Spira legt ihre Ehrenschleife als «Darstellerin der deutschen Frau» um. Aus Trotz. Sie spielt im Häftlingsensemble des Lagers und muß vor SS-Leuten singen – Lieder aus dem «Weißen Rößl».
Gemeinsam mit den Filmemachern Marlet Schaake und Horst Cramer fährt Camilla Spira 1991 noch einmal nach Westerbork. Die Kamera zeigt, wie sie auf dem denkmalgeschützten Gelände des ehemaligen Lagers die Bahnschienen für den Weitertransport sucht, einen jungen Mann danach fragt. Diese sonst so fröhlich plaudernde Frau ringt um Fassung. Da läßt sich erahnen, warum in den vielen Porträts, die die Zeitungen zu jedem ihrer runden Geburtstage bringen, immer der Satz wiederkehrt, sie wolle nicht über die Zeit im KZ reden. Nun beginnt sie stockend davon zu sprechen, daß sie mit ansehen mußte, wie Kinder in die für Auschwitz bestimmten Waggons gestopft wurden. «Ich habe damit gelebt, bis zum heutigen Tag. Es war so entsetzlich, daß es kein Mensch hören sollte.»

Camilla und ihre Familie haben Glück. Westerbork bedeutet für sie nicht das, was es für viele tausend andere Juden war: die letzte Station vor der Hölle. Sie werden nicht nach Auschwitz deportiert, weil es Camillas Mutter gelingt, zu den maßgeblichen Stellen vorzudringen und dort den falschen Eid abzulegen, daß ihre erste Tochter, geboren noch vor der Heirat mit Fritz Spira, gar nicht vom Juden Spira gezeugt worden sei. Camilla entstamme einem Verhältnis und sei deshalb «arisch». Für diese lebensrettende Lüge kann Lotte Spira das Einverständnis ihres Mannes voraussetzen. Denn der hatte sie schon bald nach dem Erlaß der Judengesetze überredet, sich von ihm zu trennen, damit sie, die Nichtjüdin, unbehelligt weiterleben könne. Ein einflußreicher holländischer Freund hilft Camilla und ihrem Mann dann weiter, bürgt und zahlt für die Familie. So kommen sie nach sieben Monaten KZ wieder in ihre Wohnung in Amsterdam. «Da war zwar alles geklaut, was gut und teuer war, aber wir waren frei», erzählt Camilla Spira. «Es war so schön, aber auch sehr quälend, zu wissen, was wir für ein Glück hatten und daß wir alle anderen zurückließen. Das ist eine schwere Belastung, bis heute.»

Vom Schicksal der Eltern wissen wir aus Gesprächen, die zwei Theaterwissenschaftlerinnen mit Steffie Spira für ein Buch über das Exil von Schauspielern führten. Offensichtlich unter Qualen spricht sie darüber, wie sich ihr Vater quasi selbst an die Nazis auslieferte, als er sich – von einem Gastspiel in Holland zurückgekehrt – einen neuen Paß abholt. Eine Freundin der Familie ist auf dem Paßamt in Wien dabei, als er ein makelloses Dokument in die Hand gedrückt bekommt, das er jedoch wieder zurückgibt, weil das «J» darin fehle. Der Beamte hatte ihm helfen wollen. Mit dem «J» aber wird der Paß zum Todesurteil, Fritz Spira ist sich dessen durchaus bewußt. Er versucht noch, nach China auszuwandern, wird verhaftet und 1943 im Konzentrationslager Ruma bei Rijeka in Jugoslawien umgebracht. Lotte Spira erfährt von alldem nichts. Sie tritt noch eine Weile lang auf, zum Beispiel in Lazaretten, und stirbt, kurz nachdem sie ihre Tochter Camilla vor dem sicheren Tod bewahrt hat, sechzigjährig in Berlin. Es ist die Zeit, da sich Steffie mit ihrer Familie bereits in Mexiko befindet. Was mit ihren Eltern ist, wie es Camilla ergeht, kann sie nicht in Erfahrung bringen. Während all der Jahre des Exils haben die Schwestern keinen Kontakt zueinander.

Als Steffie mit ihrer Familie Ende 1941 in Mexiko ankommt, werden sie schnell in die dort lebende deutsche Kolonie Gleichgesinnter aufgenommen. Neben Egon Erwin Kisch und seiner Frau Giesl sind es vor allem die bereits seit einigen Monaten in Mexiko lebenden Schriftsteller Anna Seghers und Bodo Uhse, die für einen freundlichen Empfang sorgen. Nach einer kurzen Zeit des Einlebens beginnen die Schauspieler wieder, Theater zu spielen – auch hier vor allem für die deutschen Emigranten. Und sie gründen innerhalb des Heinrich-Heine-Clubs der deutschen Intellektuellen in der Hauptstadt eine Theatergruppe. Gespielt werden Stücke von Kisch und Johannes R. Becher, Brechts «Dreigroschenoper», Büchners «Woyzeck», der «Sommernachtstraum» und und und. Auch Uraufführungen stehen auf dem Programm, so von Ferdinand Bruckner «Denn seine Zeit ist kurz» und Uhses Stück «Preis des Lebens». So wichtig das Theaterspielen in der Muttersprache für die Schauspieler in einem fremden Land ist, leben können sie davon nicht. Steffie Spira geht wieder als Haushaltshilfe oder als Kassiererin in einem Andenkenladen arbeiten, und manchmal vertritt sie auch eine Blumenverkäuferin. Ihr Mann verdingt sich mehr schlecht als recht in handwerklichen Berufen, und der Sohn, der schon längst besser Französisch als Deutsch spricht, lernt von seinen neuen Schulkameraden als erstes, auf spanisch zu fluchen. Steffie Spira gefällt es in Mexiko. Sie liebt das Klima, die vielfältigen Landschaften, die Pflanzen und Früchte, die Lebensweise der Indios – und vor allem: die Sicherheit nach den unruhigen Jahren. 1982 fährt sie noch einmal in dieses Land und trifft sich mit alten Freundinnen, die dort geblieben sind. In ihren Erinnerungen schreibt sie: «Mexiko hat in den fünfeinhalb Jahren, die wir dort lebten, für mich nie etwas von einem Traumdasein verloren.»

1947 kommen Camilla und Steffie wieder nach Deutschland, nach Berlin. Jetzt erst erfahren sie vom Tod ihrer Eltern. Daß die Schwestern im selben Jahr zurückkommen, ist reiner Zufall. Daß sie überhaupt zurückkommen, erzählen beide später unabhängig voneinander, geht vor allem auf den Wunsch ihrer Männer zurück. Doch deren Anschauungen sind extrem unterschiedlich. Trotz vieler enttäuschender Nachrichten aus der Sowjetunion ist Günter Ruschin der Hoffnung, auf deutschem Boden einen sozialistischen Staat nach sowjetischem Vorbild mitbauen zu können. Hermann Eisner dagegen wünscht sich eine Demokratie nach amerikanischem Muster. Camilla berichtet heute, daß dies eine Zeit war, da beide Schwestern «wenig Verständnis füreinander» hatten – vor allem für die jeweils anderen Vorstellungen von der Zukunft Deutschlands.

Steffie und ihr Mann sind den Amerikanern gegenüber schon deshalb skeptisch, weil sie als Kommunisten kein Visum für ein «Liberty-Schiff» von den USA nach Deutschland erhalten hatten. Mit diesen Schiffen, die amerikanische Soldaten aus Europa zurückholten und also praktisch leer nach Europa fuhren, gelangten auch zahlreiche Emigranten nach Deutschland zurück. Wiederum mit Hilfe ihrer Freundin Anna Seghers waren Steffie und ihre Familie schließlich mit einem sowjetischen Dampfer nach Rostock gefahren und drei Tage später mit einem klapprigen Bus weiter nach Berlin. Steffie stürzt sich sofort in die Arbeit. Am Deutschen Theater spielt sie in Brechts Szenenfolge «Furcht und Elend des Dritten Reichs», an der sie ja schon im französischen Exil mitgearbeitet hatte. Im März 1992 erzählt sie in einem Zeitungsinterview, welches ihr intensivster Eindruck war, als sie nach Berlin zurückkam: «Wen ich auch fragte, kein Mensch war je Nazi. Das ist so, wie wenn jetzt niemand je mit der SED zu tun gehabt hat oder immer versuchte, da rauszukommen. Das ist alles Quatsch.» Diese politische Atmosphäre, die Nachrichten vom Tod der Eltern und vieler Freunde, aber auch die Umstellung des Lebens nach der Zeit in Mexiko gehen über ihre Kräfte. Völlig erschöpft, kommt sie für mehrere Wochen ins Krankenhaus.

Camilla verkraftet die Rückkehr besser; auch sie beginnt gleich wieder zu arbeiten. Ihr Mann eröffnet eine Anwaltskanzlei und wird Direktor bei der Brauerei Engelhardt, die der Familie von den Nazis genommen worden war. Boleslaw Barlog holt Camilla zum Schiller- und Schloßpark-Theater. Sie spielt im «Revisor», «Kaiser vom Alexanderplatz», «Zerbrochnen Krug» und die Tante Olly in «Des Teufels General», einem der größten Theatererfolge der Nachkriegszeit. Auch in der Verfilmung des Zuckmayer-Stücks 1954 unter der Regie von Helmut Käutner bekommt Camilla eine Rolle an der Seite von Curd Jürgens und Marianne Koch, diesmal die der Operettensängerin Olivia Geiss. Wenn sie heute gefragt wird, was das für ein Gefühl gewesen sei, als eben noch Verfemte plötzlich mit Stars wie Curd Jürgens oder Hans Albers zusammenzuarbeiten, dann klingt es gar nicht unbescheiden, wenn sie entgegnet, daß sie es nicht als etwas Besonderes empfunden habe: «Ich war nun mal erste Klasse und brauchte auch erstklassige Partner.» Als man sie von der Bühne vertrieb, war sie eine beliebte Schauspielerin, die sich die Rollen aussuchen konnte, eine blendend aussehende Frau von 27 Jahren, der die Verehrer Blumen in die Garderobe schickten und über die in den Zeitungen geschrieben wurde. Was sie an Theater und Filmprogrammen von damals besitzt, haben ihr ihre Fans nach dem Krieg geschenkt, denn sie hatte durch die Emigrationswirren all diese Erinnerungsstücke verloren. Als Camilla Spira wieder vor deutschem Publikum spielen darf, ist sie einundvierzig und für viele reizvolle Hauptrollen schon zu alt. Sie wird also vornehmlich in der zweiten Reihe besetzt, gibt Frauen «im besten Alter», etwa in den Verfilmungen von Zuckmayers «Fröhlichem Weinberg», Hauptmanns «Fuhrmann Henschel» und den «Buddenbrooks» von Alfred Weidenmann. Besonders überzeugt sie die Kritiker als wuselige Gattin Martin Helds in Wolfgang Staudtes Film «Rosen für den Staatsanwalt». Sie spielt Muttertypen mit großer Wandlungsfähigkeit.

Ein herausragendes Beispiel für ihre Gestaltungskraft wird ausgerechnet ein Film der zum Ostsektor gehörenden DEFA aus dem Jahre 1949: «Die Buntkarierten». Die Handlung des Films spielt zwischen 1884 und 1949. Das Dienstmädchen Guste bekommt, als sie den Arbeiter Paul heiratet, von ihrer Herrschaft buntkarierte Bettwäsche als Mitgift. «Buntkarierte» sind typisch für die Vertreter der unteren Schichten. Es geht in dem Film um individuelle politische Erfahrungen und darum, ob man aus der Geschichte lernen kann. Im Ersten Weltkrieg dreht Guste noch Granaten für die Front. Am Ende des Films näht sie aus den «Buntkarierten» ein Kleid für ihre Tochter Christel, die studieren wird. Die Guste, die am Beginn des Films 17, am Ende 70 Jahre zählt, wird von nur einer Darstellerin verkörpert: Camilla Spira. Am 8. Juli 1949 hat der Film im Kino Babylon im sowjetischen Sektor Premiere und wird dort euphorisch gefeiert. Die «Berliner Zeitung» schreibt: «Die zwei Hauptdarsteller vor allem: Werner Hinz und Camilla Spira, bieten Leistungen, deren

Außerordentlichkeit man nur gerecht wird, wenn man sich vergegenwärtigt, daß es im allgemeinen auch unseren besten Schauspielern versagt ist, echte Arbeiter, echte Proletarier zu verkörpern.» Und die «Tägliche Rundschau», die Zeitung der Sowjetischen Militäradministration, jubelt: «Hier wurde eine Menschengestalterin von hohem Rang für den Film neu entdeckt.» In dem mit rot-weißen Karos unterlegten Pressematerial wird erwähnt, daß Camilla Spira unter den Nazis nicht arbeiten konnte, von der – in Anführungsstriche gesetzten – «künstlerischen Auslese» und «Kulturpolitik» der «Hitlerzeit» ist die Rede, nicht aber davon, daß sie Jüdin ist.

Für ihre Arbeit in «Die Buntkarierten» erhält Camilla Spira, die sich selbst eine «Wessi» nennt, eine der ersten Nationalpreise der DDR. Ironie der Geschichte. Diese Auszeichnung, die eines Tages auch die im Osten arbeitende Schwester erhalten soll, wird in späteren Artikeln nicht mehr erwähnt.

Neben weiteren Rollen auf dem Theater wird Camilla Spira immer wieder als mütterlicher Typ für den Film verpflichtet, darunter in Schnulzen wie «Roman eines Frauenarztes» (1954), «Zwei blaue Augen» (1955), übrigens vom «Morgenrot»-Regisseur Gustav von Ucicky gedreht, oder «Das Herz von St. Pauli» (1957) mit Hans Albers, Gert Fröbe und dem jungen Hansjörg Felmy. Camilla Spira hat ihren Platz als Schauspielerin in der Bundesrepublik der Nachkriegszeit gefunden. Und als das Fernsehen beginnt, das Publikum mit Familienserien zu unterhalten, kommt es an «Mutter Spira» nicht vorbei.

Nachdem Steffie Spira das Krankenhaus wieder verlassen hat, kehrt sie zur Volksbühne zurück, an der sie schon in den dreißiger Jahren spielte, und gehört bis 1975 mit einem festen Vertrag zum Ensemble dieses Theaters. Auch danach gibt sie dort noch eigene Abende, etwa «Vorstellung von Vorstellungen» oder «Frauen», und wird Ehrenmitglied des Hauses. 1990, als Achtundachtzigjährige, ist sie in ihrer letzten Rolle zu sehen, als alte Göttin in «Gilgamesch».

Doch ihr Leben an der Volksbühne ist nicht ungetrübt, denn ihr Mann, der als Chefdramaturg an das Haus gekommen war, verliert 1959 durch eine politische Intrige seine Arbeit. Er wird verantwortlich gemacht dafür, daß in der Inszenierung von Majakowskis «Das Schwitzbad» der Apparatschik mit deutlich auf Stalin verweisenden Merkmalen ausgestattet ist, was den SED-Kulturfunktionären mißfällt – obwohl Stalin längst gestorben und nicht mehr unantastbar ist. Nach drei oder vier Aufführungen wird das Stück abgesetzt, man macht Ruschin den fadenscheinigen Vorwurf, er habe für «Das Schwitzbad» ein anderes, ein «wichtiges Zeit-Stück» zurückgehalten. Er bekommt eine Ersatzarbeit als Theateragent zugeteilt, zerbricht jedoch an der Demütigung. Steffie Spira bleibt an der Volksbühne, obwohl es ihr schwerfällt. Sie bietet ihrem Mann an, zu kündigen, um mit ihm nach Dresden oder Altenburg, vielleicht sogar nach Österreich oder in die Schweiz zu gehen. Doch der beschwört sie, zu bleiben. Den Theaterwissenschaftlerinnen Beate Lause und Renate Wiens schildert sie seine Reaktion so: «Wenn du von diesem Theater weggehst, nehme ich mir das Leben. Die einzige, die mich rehabilitieren kann, bist du. Wir wurden gekränkt, aber wir sind keine Gekränkten.» Kurz hintereinander erleidet er zwei Herzinfarkte und stirbt im Sommer 1963 im Alter von 59 Jahren.

Die Schwestern sehen sich zunächst kaum. Steffie wünscht sich in ihrem Tagebuch eine geeinte Stadt herbei. Damit wäre sie bei Camilla sicherlich nicht auf Widerstand gestoßen. Aber wenn die beiden sich in dieser Zeit treffen, sind sie bemüht, die Politik aus ihren Gesprächen auszuklammern. Sie befürchten, schnell auf Reizthemen zu stoßen. «Wir sind uns nie mit irgendwelchen mickrigen Ansichten über eine Sache oder einen Menschen auf den Wecker gegangen. Wir waren uns immer einig, daß es wichtigere Dinge gibt», sagt Camilla und nennt als die wesentliche schwesterliche Gemeinsamkeit: Großzügigkeit im Denken. Dann fällt ihr doch ein Streit mit ihrer Schwester ein, eine Anekdote, die nur noch bruchstückhaft in ihrer Erinnerung ist: «Steffie besuchte mich, ich lag in der Badewanne, wir unterhielten uns. Da waren wir plötzlich über einen Menschen vollkommen unterschiedlicher Meinung. Es war wohl ein Linker, den ich nicht leiden konnte.» Sie unterbricht sich, weil sie unsicher ist, denn es ging vielleicht auch um etwas anderes, den Vietnamkrieg möglicherweise, an den Gegenstand kann sie sich beim besten Willen nicht entsinnen. Nur daran, daß ihre Schwester eine völlig andere Ansicht vertrat. «Da stand ich aus der Badewanne auf und haute ihr eine runter. Steffie hat sich umgedreht und ist heulend davongerannt. Obwohl ich mich noch aus dem Badezimmerfenster gelehnt hatte und ihr hinterherrief, doch zurückzukommen, eilte sie immer weiter fort.» Gedankenversunken schüttelt sie den Kopf. «Natürlich haben wir uns schnell wieder vertragen. Wir waren schließlich erwachsene Menschen. Wahrscheinlich war es sogar das einzige Mal, daß wir uns ernsthaft gestritten haben.» Einen anderen Wortwechsel notiert Steffie im April 1956 in ihr Tagebuch, als die Schwester sich zu Besuch ankündigt: «Am Telefon konnte sie heute doch nicht unterlassen zu flachsen: ‹Stalinallee, heißt sie denn noch so?› Darauf ich: ‹Für mich darf und wird sie immer so heißen.› ... Du lieber Himmel, als ob dieser Mann befohlen hätte, unsere neue Straße müsse nach ihm heißen. Ob es nicht vielmehr eine schöne Geste des Dankes war – für das Neueste in dieser Stadt den Namen des Menschen zu setzen, mit dem das Neue Wirklichkeit wurde.» Ihre Wohnung in der Vorzeigestraße haben Steffie und ihr Mann mit einem Los in der Lotterie des «Nationalen Aufbauwerks» der DDR gewonnen.

Nach dem Mauerbau darf Steffie ihre Schwester alle zwei Wochen besuchen, sie nutzt diese Möglichkeit jedoch seltener. «Wenn sie etwas brauchte, haben wir es gekauft», sagte Camilla. Zum Beispiel auch Medikamente für Steffies kranke Freundin Anna Seghers, wie sich deren Tochter erinnert. Man versuchte, die Begegnungen so normal wie möglich zu gestalten, obwohl Camilla zugibt, daß ihrer Schwester in ihrer Familie zunächst keine besondere Herzlichkeit entgegengebracht worden sei, «es war nicht angenehm, daß sie mit den Roten zusammenging». Und Camilla Spira verspürt selten Lust, in den Osten zu fahren. Rückblickend sieht sie sich wiederum in der Rolle der Unpolitischen, die zwar zur Wahl gegangen ist, aber kein Interesse hatte, in irgendeiner Richtung aktiv zu werden. Die Frage, ob sie je versucht hätte, die Schwester zu überzeugen, in den Westen zu gehen, weist sie vehement zurück: «Nein, das habe ich nicht versucht. Sie hätte ja wirklich, wenn sie gewollt hätte, zu mir rüberkommen können. Aber sie wollte nie. Sie war links, und sie blieb links. Im Gegensatz zu mir wußte Steffie stets sehr genau, was sie wollte.» Später, nachdem auch Camilla ihren Mann verloren hat, werden die gegenseitigen Besuche häufiger.

In der Arbeit gehen sie allerdings immer getrennte Wege. Auch wenn sie sich zu Generalproben oder Premieren manches Mal auf der Bühne beobachten, beraten haben sie sich, versichert Camilla, niemals. In ihren Augen liegt der Grund ganz einfach darin, daß sie die Karriere gemacht hat «und Steffie nicht. Ich war so erfolgreich, daß es blödsinnig gewesen wäre, wenn ich sie um Rat gefragt hätte. Sie war vielleicht auch talentiert, aber sie war ganz anders als ich. Wir waren im Berufsleben von Anfang an getrennt. Jede hat sich gewünscht, daß es der anderen gutgeht, aber wenn es nicht so war, konnten wir es auch nicht ändern.» Sie gibt zu, daß ihr wenig von dem gefiel, was sie in Ostberlin im Theater gesehen hat. Steffie Spira dagegen wird nicht müde zu erklären, daß sie ihrer Schwester ihre Erfolge und ihren Umgang immer von Herzen gegönnt und sie dafür bewundert habe. Für sie sei dies aber überhaupt nicht wichtig gewesen. Sie habe immer gemeinsam mit vielen anderen auf der Bühne stehen wollen, genieße eine Inszenierung als Ensembleleistung.

Camilla Spiras Gesicht hellt sich auf, wenn sie von ihren Erfolgen spricht, und sie ist überzeugt, daß sie die vor allem dem zu verdanken hat, was sie «vom lieben Gott als Geschenk mitbekommen habe»: ihrem Aussehen und ihrem Talent. Doch sie wurde nicht jünger, und Rollen für ältere Frauen waren rar. So verschwand der Star Camilla Spira langsam aus dem Berliner Theaterleben.

Auch Steffie Spira muß erfahren, daß mit zunehmendem Alter die Arbeit für Frauen auf der Bühne knapp wird. Sie vertraut ihrem Tagebuch schon 1961 an, am Theater eigentlich keine Freude mehr zu haben: «Meine Aufgaben sind so bescheiden, daß sie mich nicht interessieren. Ich mache nur noch in BGL.» BGL, das ist die Betriebsgewerkschaftsleitung, eine Arbeit, die Steffie schon vor dem Krieg in Berlin ausübte. Zeitweilig ist sie sogar stellvertretende Vorsitzende der Gewerkschaft Kunst in der DDR. Sie engagiert sich für den Staat, den sie bewußt zu ihrem Aufenthaltsort gewählt hat. Sie glaubt an einen Kommunismus, «in dem der einzelne für das Wohl der anderen lebt», und muß am Ende erkennen, naiv gewesen zu sein. Am 30. November 1989 nennt sie sich dafür in ihrem Tagebuch eine «dumme Trütsche».

Steffie Spira am 4. November 1989 auf dem Berliner Alexanderplatz: «Ich wünsche mir für meine Urenkel, daß sie aufwachsen ohne Fahnenappell, ohne Staatsbürgerkunde und daß keine Blauhemden mit Fackeln an den hohen Leuten vorübergehen.»

Zu dieser Zeit bringen die Medien bereits täglich neue Enthüllungen über die Korruption an der Spitze des Staates, über die Mißwirtschaft der DDR, über die bewußten Manipulationen der Öffentlichkeit. Doch aus Steffies Aufzeichnungen wird deutlich, daß sie schon seit längerem im Widerspruch leben mußte – nicht nur aufgrund der Affäre um die Absetzung ihres Mannes. Da klagt sie innerhalb der Parteigruppe des Theaters, wie instinktlos es sei, NVA-Soldaten gemeinsam mit den Warschauer-Pakt-Truppen 1968 in die Tschechoslowakei einmarschieren zu lassen; da fragt sie in ihrem Tagebuch nach dem Sinn der Ausbürgerung Wolf Biermanns aus der DDR 1976 und gibt zu: «Ich bin nicht frei davon zu sagen, daß das Wort ‹Ausbürgerung› bei mir einen ganz schlechten Klang hat. Es erinnert mich in grauenvoller Weise an die Nazizeit.» 1984 geht der Sohn Thomas Ruschin über Österreich in den Westen. Er erinnert sich, seine Mutter habe seine Flucht «weiß Gott nicht gutgeheißen, aber akzeptiert». Und als Erich Honecker erklärt, den vielen Menschen, die im Sommer und Frühherbst 1989 die DDR über Ungarn und die bundesdeutsche Botschaft in Prag verlassen, keine Träne nachzuweinen, da hängt Steffie Spira als Zeichen des Bedauerns am 7. Oktober, dem Jahrestag der Staatsgründung, eine rote Fahne mit Trauerflor aus dem Fenster.

Wenn Steffie Spira zurückblickt, und das tut sie in den letzten Jahren ihres Lebens häufiger, dann beschäftigt sie vor allem die politische Entwicklung. Nach dem Mauerfall ist sie plötzlich eine gefragte Interviewpartnerin. Sie gehört zu den Idealisten in der DDR, die ihrer Enttäuschung darüber Luft machen, daß die meisten Menschen an der gewonnenen Freiheit vor allem die materielle Seite schätzen würden. Sie ist kritisch sich selbst gegenüber, weil sie nicht alle Möglichkeiten genutzt habe, ihre Meinung zu sagen. Aber auch, wenn es um das Verhalten anderer geht, nimmt sie kein Blatt mehr vor den Mund: «Ich empfinde Verachtung gegenüber jenen, die nur die Kaufhäuser stürmen und würdelos jeden billigen Westschund loben, wenn er nur gratis zu haben ist, und die alles, aber auch alles in den Dreck treten, was in den vergangenen Jahrzehnten hier entstanden ist.» Als Idee aber könne der Sozialismus niemals untergehen, behauptet Steffie immer wieder und unterstützt die PDS in deren Ältestenrat, damit diese wieder in den Bundestag einziehe «gegen die politische Langeweile in Deutschland».

Camilla war sicher als Schauspielerin die bekanntere der Schwestern. Doch durch die Rede vom 4. November 1989 wurde sie von Steffie in den Schatten gestellt. Die Politik nahm das Leben der Schwestern noch einmal in den Griff. Und wie Steffie immer beteuert, nicht auf die Erfolge der älteren Schwester neidisch zu sein, so spricht Camilla nun voller Bewunderung über sie. «Ich habe ihr damals erklärt: Was du getan hast, das kann ich nie einholen, du bist jetzt in der Weltgeschichte. Und ich dachte mir: Das gibt's doch nicht, meine Schwester, steht da vor fünfhunderttausend Menschen, und sie spricht wie eine politische Senderin.»

So kam es, daß die kämpferische Steffie und die feingeistige Camilla zu einem deutsch-deutschen Vorzeigepaar wurden. Ihre Erfahrungen gehen über die zweier Schauspielerinnen unterschiedlichen Charakters weit hinaus. Ihre Biographien stehen auch für die überwundene Trennung von Ost und West.

«Ich habe zwei Leben gelebt ...»

Grace Patricia und Petra Kelly
von Marina Friedt

Das Schicksal der kleinen Schwester Grace, die im frühen Alter von zehn Jahren an Krebs starb, ist für das Verständnis der Politikerin Petra Kelly wahrscheinlich wichtiger als alle ihre Bundestagsreden», schreibt der Journalist Peter Gatter in seinem politischen Porträt der Grünen.

Petra Kelly war elf Jahre alt, als ihre Schwester am 25. Mai 1959 in Augsburg zur Welt kam. Grace Patricia Kelly – kurz: «Grace Kelly», entschied die Familie, das hörte sich gut an und erinnerte an die berühmte Namensvetterin, die nach einer märchenhaften Traumhochzeit Fürstin Gracia Patricia von Monaco wurde. Petra Kelly, die als Kind darunter litt, ohne Geschwister aufzuwachsen, nannte ihre kleine Stiefschwester zeitlebens liebevoll «Gracie» oder «Gracilein». Sie hatte schon immer eine Vorliebe für diesen Namen, der im Englischen für Grazie, Anstand und Anmut steht. Auf die Frage nach ihren Lieblingsnamen nannte Petra Kelly den Namen Alexandra an zweiter Stelle. Die Autobiographie von Alexandra Michailowna Kollontai war eines ihrer Lieblingsbücher. «Ich habe viele Leben gelebt ...», lautet der Titel. Petra Kelly lebte mindestens zwei Leben: ihr eigenes und das ihrer Schwester Grace.

Omi und die Englischen Fräulein

Petra Karin Lehmann wird an einem Samstag, dem 29. November 1947, in Günzburg an der Donau geboren. Die ersten zwölf Jahre verbringt sie vor allem mit ihrer «Omi», Kunigunde Birle, die als Kriegerwitwe in einem kleinen zweistöckigen Giebelhaus lebt: «Omi war in diesen Jahren meine ganze Familie, meine wichtigste

Verbündete im Kampf gegen starre Schulregeln, gegen Diskriminierungen und Demütigungen, die ich aushalten mußte.» Die frühere OP-Schwester lehrt ihre Enkelin Petra eine «gehörige Portion Ungehorsam gegen Kirche und Männerbünde». Resolut und leidenschaftlich, trotzdem voller Herzlichkeit und Wärme, strahlt sie Würde und Charme aus. «Sie gab mir ein Gefühl von Kraft, Mut und Selbstsicherheit. Und wie verloren wäre ich mir vorgekommen, hätte ich sie nicht an meiner Seite gewußt.» Eine öffentliche Liebeserklärung an eine «Mutter», wie es ihre leibliche Mutter, Marianne Lehmann, für Petra Kelly nie sein konnte. Die Verbindung zu Kunigunde Birle, die später als «grüne Omi» an der Seite ihrer prominenten Enkelin für die grüne Partei so manchen Wahlkampf ausfocht, war zeitlebens stärker.

Ob im gemeinsamen Urlaub in Rom oder Athen oder auf den Antiatomdemonstrationen am Kaiserstuhl, in Holland oder in Irland – überall war «Omi» mit von der Partie. Marianne Lehmann arbeitete von früh bis spät als Verkäuferin in der «Base» bei den Amerikanern, um das Geld für den «Drei-Frauen-Haushalt» zu verdienen. Der Vater, Siegfried Lehmann, hatte die Familie früh verlassen. Petra beschloß, nie von einem Mann abhängig zu werden. Selbständig wollte sie sein, in jeder Hinsicht – wie ihre Großmutter.

Als die Ehe der Eltern geschieden wird, ist Petra sieben Jahre alt. Von den «Frommen» der bayerischen Kleinstadt wird sie fortan abgestempelt als «Kind der Sünde» aus einer geschiedenen Ehe zwischen einem Protestanten und einer Katholikin. Ihre Mutter wird von ihrer ersten heiligen Kommunion ausgeschlossen – behandelt wie eine Ausgestoßene. Später prangert Petra Kelly diese Anmaßung der Amtskirche immer wieder an.

Wie zuvor ihre Mutter, besucht Petra Lehmann das katholische Mädchengymnasium «Institut der Englischen Fräulein» in Günzburg. Benannt nach der englischen Gründerin, Maria Ward, die bereits im frühen 17. Jahrhundert unnachgiebig für die Rechte der Ordensfrauen eintrat: «Es gibt keinen Unterschied zwischen Männern und Frauen.» Nach dem Vorbild der Jesuiten gründete sie einen weiblichen Zweig des Ordens. Die «Jesuitinnen» widmeten sich in diesem auch Institut der Seligen Jungfrau Maria genannten Gymnasium der Unterrichtung und Erziehung der weiblichen Jugend: «Damit auch Frauen in Zukunft etwas Großes vollbringen». Im Bayern der Nachkriegszeit schickt man Mädchen auf katholische Schulen. Die Zeit bei den «Kolibris der katholischen Landschaft» war für Petra Kelly eine Qual: Zu sehr unterschieden sich die Ideale der Stifterin von dem Schulalltag.

Mittags wartet die «Omi» mit dem Essen auf sie und legt sofort damit los, die politischen Ereignisse der Zeit engagiert zu kommentieren. Einmal in der Woche sitzen sie unter dem warmen Licht der Wohnzimmerlampe zusammen, um im «Stern» oder «Spiegel» zu blättern: «Es waren wohl diese Lesestunden, die aus mir sehr bald eine richtige Bücherratte machten.»

Später, als grüne Politikerin, gehört das Lesen zu Petra Kellys größter Erholung, am liebsten nach getaner Arbeit, nachts zwischen zwei und vier Uhr. «Ich bin ein Nachtmensch, und ich lese sehr schnell. Ich überfliege die Seiten, zehn bis zwanzig Bücher pro Woche, das ist meine Schwäche.» Wie andere Leseratten sammelt sie mit Leidenschaft Bücher aus aller Welt. Neben Umwelt- und Natur-, Atom- und Techniklektüre standen in ihren Bücherregalen vor allem feministische Schriften ihrer Lieblingsautorinnen. Mit vielen prominenten Frauen und deren Biographien fühlte sie sich verbunden: Mit Alexandra Kollontai verband sie der Kindheitswunsch, Schriftstellerin zu werden. Die russische Politikerin und Schriftstellerin, Tochter eines russischen Adligen, verließ ihre Familie, Mann und Kind, um in der Emigration zur glühenden Revolutionärin und Internationalistin zu werden: «Kann man denn glücklich sein, wenn ringsherum soviel Not, Unrecht und Unterdrückung herrscht?» Nach der erfolgreichen Ablösung von «Väterchen Zar» war sie Botschafterin in Norwegen, Mexiko und Schweden. In ihren publizistischen und belletristischen Arbeiten trat sie als überzeugte Kommunistin vor allem für die Frauenfrage und eine freizügige Sexualität ein, ohne dabei radikal feministisch zu sein. Ähnlich wie später Petra Kelly. Hildegard von Bingen, Benediktinerin, wurde als Kind in die Obhut einer Gräfin und eines Klosters gegeben und galt als schwächliches Kind. Auch die zerbrechlich wirkende Schülerin Petra war viel krank und oft vom Turnunterricht befreit. Sie fühlte sich immer als die Schwächste. Mitte der sechziger Jahre hätte fast eine Niere entfernt werden müssen. Dunkelbraune Augenränder wurden

Petra Lehmann 1957 in Günzburg. «Es waren wohl diese Lesestunden, die aus mir sehr bald eine richtige Bücherratte machten.»

bei der schönen Frau mit dem extremen Lebens- und Arbeitstempo zu einem Markenzeichen. Sicher haben diese körperlichen Beschwerden ihren Willen gestärkt. Benutzte sie diese auch ab und zu als Druckmittel, um diesen Willen durchzusetzen? Eines ihrer Lieblingsbücher sind Rosa Luxemburgs Briefe aus dem Gefängnis: «Sie geben mir immer wieder neue Kraft und Mut, in all den Situationen, in denen man alleine steht, sich im alltäglichen politischen Einsatz ungerecht behandelt fühlt.»

«Wie die Zucht, so die Frucht» prangte einst über der Eingangspforte der straff, fast militärisch organisierten Ordensgemeinschaft – von feministischen oder revolutionären Gedanken noch keine Spur. In der Schule erging es ihr anfangs wie vielen anderen ihres Jahrgangs. Einige Lehrerinnen schlugen ihr immer wieder mit dem Stock auf die linke Hand, damit sie die rechte zum Schreiben benütze. Geblieben ist die Erinnerung an eine weitere ungerechte Strafe und ihre Angewohnheit, alles mit links zu machen. Ob Malen, Zeichnen, eben alle Fertigkeiten, die nicht unter strenger Aufsicht standen. Nur schreiben konnte sie fortan nur noch mit rechts. Das hart geführte Regiment und die Hierarchie unter den Lehr- und Arbeitsnonnen war ihr zuwider. Petra Kelly entwickelte hier ihren unbeirrbaren Willen, sich nicht unterkriegen zu lassen. Und übernahm eine an Militanz grenzende Rigidität, eine Unbedingtheit, wenn es um die Durchsetzung ihrer Positionen ging. Dennoch wollte sie damals, wie eine ihrer Großtanten, Dominikanernonne werden. Aber eine «weltliche Nonne in der Dritten Welt» sollte es sein. Um dann doch um «so weiter vom Stamm» zu fallen: Aus der lieben, braven Klosterschülerin wird in den USA eine engagierte Politologiestudentin.

Petra K. Kelly –
Ein neuer Name, ein neues Land

Einen Tag vor Weihnachten, im Jahre 1958, heiratet die neunundzwanzigjährige Nürnbergerin Marianne Lehmann den fünf Jahre älteren amerikanischen Captain John E. Kelly. Petra Lehmann bekommt damit nicht nur den ersehnten Vater, sondern auch einen neuen Namen. Sie freut sich über die Hochzeit ihrer Mutter, träumt davon, mit ihnen in die USA auszuwandern. Gern übernimmt sie von dem freundlichen, riesigen Mann irischer Herkunft den englischen Namen, aber adoptieren ließ sie sich nicht. Mit Grace' Geburt wird aus der geschiedenen Mutter endlich «Mom and Dad» – die ersehnte Familie. Als der Vater in die USA versetzt wird, entschließt sich Familie Kelly, in die Staaten zu ziehen und neu anzufangen. Marianne Kelly weiß um die tiefe Verbundenheit ihrer Tochter zu ihrer Mutter und ist davon überzeugt, daß Petra letztlich Grace zuliebe mitgeht. Anders als bei der Trennung von ihrem Vater, die sie als Kind nicht beeinflussen konnte, mußte Petra nun selbst entscheiden: Deutschland oder Amerika, «Omi» oder Grace? Es war die erste wichtige Entscheidung, die sie für ihre Schwester Grace traf. Ihren deutschen Paß behielt Petra Kelly. Vielleicht faßte sie schon damals den jugendlich-eigensinnigen Beschluß und versprach ihrer besten «Freundin», Kunigunde Birle, bald wieder zurückzukehren – wenn es ihr zum Beispiel in der Neuen Welt nicht gefallen würde.

Fortan sollte es zur Familientradition werden, daß immer ein Teil der Familie auf einem anderen Kontinent lebt. Die Trennung von ihrer Familie – eine Erfahrung, die Petra Kelly nachhaltig prägt.

Der Aufbruch in ein fremdes Land bedeutet für den Teenager jedoch auch eine Loslösung von der allzu vertrauten bayerischen Kleinstadtidylle. Ursprünglich wollte Petra als Nonne die Befreiung in die Dritte Welt bringen, jetzt aber empfand sie die Umsiedlung als eine «willkommene Befreiung aus der Strenge des kirchlichen Milieus. Vorher war der Priester der einzige alleinstehende ‹Mann› unter all den Mädchen und Frauen. Daher tat dieser auch immer, als ob er allwissend sei.»

In den Staaten erlebt sie zum ersten Mal weltlichen Schulunterricht, mit Jungen und Mädchen. Noch in Deutschland hatte sie angefangen Englisch zu lernen, um für das Land der unbegrenzten Möglichkeiten gerüstet zu sein. Am 18. Dezember 1959 kam die Familie im Hafen von New York an, ein paar Tage später flog sie nach Detroit, Michigan, um den Rest der Reise mit einem schwarzen Lincoln zurückzulegen. Eintausendzweihundert Meilen quer durch Ohio, Kentucky, Tennessee, Mississippi und Alabama bis nach Louisiana. Erstmals machen Petra und ihre unpolitische Mutter Erfahrungen mit dem Rassismus der fünfziger Jahre in den Südstaaten der USA: getrennte Eingänge, Sitzplätze und Toiletten, Berufsverbote und Diskriminierungen. Auf dem eindrucksvollen und anstrengenden Reisemarathon bemutterte Petra liebevoll Baby Grace.

Die Weihnachtstage verbringen sie zu Hause bei der Familie des Vaters, in Baton Rouge, Louisiana. Zum neuen Jahr tritt Captain Kelly seinen Dienst in Columbus, Georgia, an.

Als Zwölfjährige entdeckt Petra Karin Kelly das Amerika der sechziger Jahre: Mickey-Mouse und Superman-Comics, Coca-Cola, Jeans, Hollywood, Boogie-Woogie, Twist und Rock'n'Roll – the American way of life. Von allem ist sie fasziniert. Und eine amerikanische Besonderheit begreift sie schnell: Alles war Wettbewerb. Mitmachen, sein Bestes geben und vor allem: siegen! Nach Griechisch- und Lateinunterricht in der Kosterschule muß sie jetzt schnell Englisch lernen.

Sie braucht keine sechs Monate, um sich an die neue Sprache zu gewöhnen. Zeitgleich wandelt sich das brave, scheue Mädchen aus

Günzburg zu einem quirligen amerikanischen Teenager. «In den USA hat Petra sehr schnell einen unheimlich großen Freundeskreis gehabt. Sie hatte damals schon so einen Charme, und immer waren Freunde im Haus», erinnert sich ihre Mutter. Diese Kontakte, ihr Ameisenfleiß und ihre innere Disziplin, die sie sich bei den Nonnen erworben hatte, helfen ihr beim Lernen. Bald nach der Ankunft in Fort Benning wird Bruder John Lee, genannt Johnny, am 30. August 1960 geboren. Die kleine amerikanische Familie ist komplett.

Während in Deutschland alle konzentriert für das Wirtschaftswunder arbeiten, begeistert Amerika ein weiterer Wettkampf: das Sammeln von Clubkarten. Je mehr Clubs man angehört, um so mehr tut man für die Gemeinschaft. Während Grace und Johnny in den «Kindergarten» zu den «Little Folks» gehen, absolviert die ältere Schwester die High-School – erst in Georgia, später in Virginia. Einmal bat der Schuldirektor in Columbus, Georgia, die Mutter zu sich und gab ihr den Rat: «Geben Sie Petra die beste Ausbildung, die Sie ihr ermöglichen können, sie wird noch Großes leisten.» Aber Petra Kelly entgegnet ihrer Mutter: «Ich bin nicht so klug, wie die Leute denken, ich muß dafür sehr büffeln.» Jeden Samstag stöbert sie in den Büchern der Leihbücherei.

Der heute sechsunddreißigjährige Johnny erinnert sich an das nächtliche «Klack, klack, klack» ihrer Schreibmaschine bis in die frühen Morgenstunden. Niemand gibt sich im nachhinein über diese nächtliche Ruhestörung verärgert, man wollte die heranwachsende Schriftstellerin vielleicht nach Kräften unterstützen. Sie tippte für die Schulzeitung, für das literarische Magazin, das Jahrbuch, für den deutschen und französischen Club, auch für außerschulische Zeitungen und das Hamptoner Radioprogramm. Sie kämpft an allen Fronten. Für das Studium der Politischen Wissenschaften war diese Arbeit ein gutes Training. Im März 1966 wird sie in Hampton zur Oberschülerin mit der größten Aussicht auf Erfolg gewählt – im Beruf und im Leben.

Den Lehrern fiel nicht nur die Begabung der Schülerin Petra Kelly auf; sie waren angetan von ihrer Hingabe für eine Sache, bescheinigten ihr vielfältige Vorstellungskraft, Initiative und Zivilcourage. Zudem schwärmten sie von ihrer enormen Empfindsamkeit. Auch bei ihren Mitschülerinnen war sie wegen ihrer freimütigen Art beliebt.

So verwundert es niemanden, als sie zur «Klassendichterin» (Class poet) gewählt wird. Schon bei den ersten Worten ihres sechsseitigen Gedichts für die Abschlußfeier 1966 geht ein Raunen durch den Saal. Ihr Titel: «In defense for my generation» (In Verteidigung meiner Generation). Weder die anwesenden Eltern und Lehrer noch ihre Mitschüler vermochten ihrem sprachlichen und gedanklichen Höhenflug zu folgen. Die erste Strophe:

> This poem for itself will soon leave your mind
> Like most modern rhyme will let it die
> But yet I utter in hope to seek and find
> Someone to ascend with me in search of the sky

Kitsch? Oder die nicht ungewöhnliche poetische Ader eines Backfischs? Ein Backfisch war Petra Kelly eigentlich nie. Einige Zeilen später geht es weiter: Aber nichts läßt sich halten, alles fließt, alles ist gefährdet und vergänglich. Die Vergänglichkeit – Krieg, Zerstörung, Sterben!

Im Spätsommer zieht Petra Kelly nach Washington. Kurz nach ihrem Studienbeginn erkrankt die siebenjährige Schwester. Erst war es nur eine Schwellung am rechten Auge. Vielleicht eine Erkältung. Nach den üblichen Standardtests steht die Diagnose fest: ein Sarkom – ein besonders seltener und bösartiger Augenkrebs. In einer zweiten Operation muß das Auge entfernt werden. Marianne Kelly wundert sich noch heute über den Mut ihrer kleinsten Tochter: «Als der Arzt ihr erklärt hat, daß er das Auge rausnehmen müßte, da hat sie nur gesagt, aber meinem anderen Auge wird doch nichts passieren?» Der Armeearzt beruhigte Grace. Danach ist sie es, die ihre große Schwester beruhigt: «Ich hab ja noch ein zweites Auge. Es gibt ja Menschen, die gar nicht sehen können.» Stundenlang diskutieren Petra und Grace darüber, wie man die leere Augenhöhle verdecken könnte: sie erwägen eine dunkle Brille oder ein Glasauge. Der behandelnde Arzt sagt nach der umfangreichen Operation: «Frau Kelly, ich kann Ihnen gar nicht sagen, wie ich mich fühle, als hätte ich Gracie das Herz herausgerissen.»

Der gesamte Tumor kann nicht entfernt werden. Kleine Wucherungen wachsen immer weiter. Ein aussichtsloser Kampf gegen den

Tod beginnt. Das einzige, was die amerikanischen Ärzte noch tun können, ist die Kobaltbestrahlung. In Dosen, die man einem achtjährigen Mädchen gerade noch zumuten kann. Die Ärzte geben ihr nur ein paar Monate. «Grace hat nie gejammert, sich nie beschwert», erzählt ihre Mutter. «Sie war für ihr Alter ein hochintelligentes Kind. Die Lehrer versicherten mir, es sei ein Privileg, Gracie in der Klasse zu haben, sie sei ein ganz besonderes Kind, so voller Wärme und Liebe.» Vielleicht schmeichelten die Lehrer der Mutter angesichts der schweren Krebserkrankung. Doch später wird Grace zum Beispiel in ihren ausgefallenen Gedichten zeigen, daß sie tatsächlich einen eigenen Kopf hat, den sie auch einzusetzen weiß.

Petra Kelly studiert zu dieser Zeit Politische Wissenschaften und Weltpolitik im Zentrum der Macht, dem Sitz der US-Präsidenten. Mehr als zehntausend Studenten durchlärmen die großzügigen, prächtigen Gebäudekomplexe und den leicht verwilderten, idyllischen Campus der American University im Diplomatenviertel. Dagegen ist die School of International Service, die der Universität eingegliedert ist, ein ruhiger Ort mit einer überschaubaren Zahl von nur hundert Studenten aus aller Welt, denen, wie ihr, eine diplomatische Laufbahn vorschwebt. Jeder kennt jeden – zumindest vom Sehen. Schon im ersten Jahr kandidiert Petra Kelly als Vertreterin der ausländischen Studenten für den Studentensenat – ihr erster Wahlkampf. Ihr Motto: «Vote for a strong woman». Für die Wahlplakate läßt sich die Neunzehnjährige auf einem schweren Motorrad fotografieren. Sie trägt Kostüm, wie es der Mode entspricht, im Damensitz umgreift sie zaghaft die Lenkstange, denn sie besitzt nicht einmal einen Autoführerschein. Vielleicht war sie in diesem Punkt einfach unselbständig oder sah es auch nicht als einen Akt feministischer Selbstbefreiung, selbst ein Auto zu lenken. Später paßte es in ihr ökologisches Konzept.

Die erste Showeinlage hat Erfolg: mit überwältigender Mehrheit wird sie in den Studentensenat gewählt und am Ende eines Studienjahres zur «outstanding woman of the year», zur bemerkenswertesten Frau des Jahres. Das bleibt nicht ohne Folgen: Der Wahlkampf der hübschen, jungen, zierlichen und doch so energiegeladenen Frau fiel auch den Medien auf. Zusammen mit anderen ausländischen Studenten lädt man sie zu einer Talk-Show mit dem demokratischen Senator Hubert Humphrey ein. Wie noch oft in ihrem Leben, hielt Petra Kelly sich nicht an die abgesprochenen Fragen auf dem Papier, sondern sprach frei und ohne jemanden zu schonen. Scharf kritisiert sie den Demokraten Humphrey wegen seiner Vietnamposition – sie imponiert ihm und gewinnt seine Aufmerksamkeit.

Bald darauf beginnt ein langer und freundschaftlicher Briefwechsel zwischen der Studentin und dem Senator, der als Vizepräsident im Namen der Regierung sprechen und seine eigene Meinung zurückstellen muß. Die gegenseitige Sympathie verstärkt die Sorge um einen geliebten Menschen; er hing an seinem krebskranken Sohn, sie litt um Grace. Sooft es ihre Zeit erlaubt, besucht sie die kleine Schwester in Hampton. Petra Kelly genoß die Stunden des munteren Drauflosplauderns mit Grace. Sie lachten viel. Überhaupt konnte die kleine Kranke viel vergnügter sein als ihre Schwester. Der Abschied fällt beiden schwer, gern hätte Grace ihre Schwester begleitet.

Neben aktuellen Themen beschäftigt sich Petra Kelly mit dem deutschen Faschismus. Sie arbeitet dieses dunkle Kapitel der neugegründeten Republik gründlicher auf als viele Daheimgebliebene. Die Auseinandersetzung mit Adolf Hitler führt die angehende Politologin zu der Erkenntnis, daß Widerstand gegenüber staatlicher Willkür nie früh genug einsetzen kann. Ihre Bewunderung für Emigranten wie Willy Brandt oder für die Aktivisten der «Weißen Rose» ist geweckt. Oft zitiert sie Sophie Scholl vor dem Volksgerichtshof in München: «Einer muß ja damit anfangen.» Erst hier, jenseits des Atlantiks, hört die Studentin Kelly auch von den medizinischen Greueltaten der Nazis, insbesondere des «Todesengels» Mengele, der wie sie in Günzburg geboren wurde. Ihr Verhältnis zum «Deutschtum» ist fortan gestört. Sie beginnt, hier in Amerika, sich mehr als Europäerin, als Weltbürgerin zu fühlen.

«Krebs ist eine verschrumpelte Orange»

Während Petra Kelly in Washington Bücher wälzt und für das Leben lernt, kämpft ihre kleine Schwester ums Überleben. Der Krebs schreitet fort. Die amerikanischen Ärzte sind mit ihrem Latein am

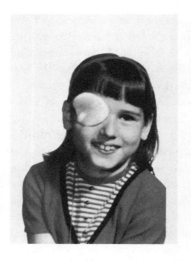

Aus dem Familienalbum der Familie Kelly: Als die Stiefschwester Grace Patricia 1959 zur Welt kam, war Petra bereits elf Jahre alt. Ein Jahr später wurde John Lee, «Johnny», geboren – die Familie lebte bereits in den USA.

Ende. Petra und ihre Mutter setzen sich mit anderen Kliniken in Verbindung. Entdecken, daß es in der Heidelberger Czerny-Klinik andere Bestrahlungsmöglichkeiten gibt, mit mehr Aussicht auf Heilung. Bald fliegt die Familie in die Bundesrepublik, um bei deutschen Ärzten Hilfe zu suchen. John E. Kelly läßt sich nach Deutschland versetzen, die Familie zieht nach Würzburg. Von hier fahren er oder seine Frau das Kind mit dem Auto wöchentlich zur Therapie in die Uniklinik – zweieinhalb Stunden hin, zweieinhalb Stunden zurück. An bestrahlungsfreien Tagen führen die Kellys ein fast normales Familienleben. Die beiden Jüngsten gehen in die Schule und spielen zusammen in der Mansarde der Offizierswohnung. Samstags ist Kinotag. Zu ihren Lieblingsstars gehören Elvis Presley und Julie Andrews.

Im glitzernden Scheinwerferlicht der Sechzigerjahrefilme haben reale Probleme von gutbürgerlichen Familien keinen Platz. Sie werden tabuisiert, als könne man sie damit ungeschehen machen, gar abwenden. Wenn Familie Kelly über Gracies Krankheit spricht, vermeidet sie das Wort «Krebs». Die Eltern vergleichen den Krebs immer mit einer Orange: «Wenn du die in die Sonne legst, dann schrumpft sie. Und so wie die Sonne die Orange austrocknet, trocknet die radioaktive Strahlung die Haut aus.»

Grace greift diese Erklärung auf und gibt sie an ihre Mitschüler weiter. Das sei wie bei einer angefaulten Orange, deren faulen Teil man herausschneiden müsse, um den Rest der Orange gesund zu erhalten. Als jemand sie wegen ihrer Augenbinde hänselt, sagt Grace: «Da darfst du nicht hinlangen, das muß erst ausheilen.» Nur einmal kam sie in Würzburg ganz niedergeschlagen aus der Schule. Jemand hatte zu ihr gesagt, sie habe Krebs.

Im nachhinein ist ihre Mutter froh, daß sie der Behandlung wegen nach Deutschland gegangen sind: «Die Ärzte haben Graces' Leben um drei Jahre verlängert.» Die Übersiedlung hat einen weiteren Vorteil: Am Wochenende wird die Grandma Omi Birle besucht, die inzwischen im nahe gelegenen Nürnberg wohnt. Nur die Schwester fehlt.

Petra Kelly fühlt sich schon bald hin- und hergerissen zwischen den beiden Ländern, in denen ihre Geschwister geboren sind. Zwischen zwei Kontinenten und zwei verschiedenen Kulturen, zwischen Politik und Familie. Als Deutsche in den USA und als Amerikanerin in der Bundesrepublik vertraut die Einundzwanzigjährige ihre Gefühle ihrer Brieffreundin Karin Amirany an: «Ich lebe nun in zwei Welten – Deutschland hat mir meine Prinzipien, meine Philosophie gegeben und meine Ansichten geformt. Dort sah ich die ersten Probleme.

Außerdem blieben starke Eindrücke: Donner, Sonnenschein, unvergeßliche Menschen und Erinnerungen, die mich später durchs Leben führen können. Hier in den Staaten habe ich mich gewissermaßen ‹gefunden›. Ich habe versucht, alle meine Fähigkeiten zu entwickeln und immer nach dem Höchsten zu streben. Was ich erreichen wollte, habe ich bekommen. Ich bezahle mit meiner Gesundheit. Es ist, als ob ich verrückt wäre, aber ich werde von meinem Herzen zu immer mehr und Besserem getrieben.»

«Beginne dort, wo Du bist»

Sooft sie Zeit hat, fliegt die große Schwester nach Deutschland. Trotz studentischer Nebenjobs ist sie knapp bei Kasse. Kurzerhand schreibt sie dem damaligen Bundeskanzler Kurt Georg Kiesinger: Sie habe kein Geld, und ihre Schwester sei schwerkrank. Petra Kelly hat Erfolg. Mit einem Flugticket, gesponsert vom Caritasverband Würzburg, fliegt sie nach Deutschland. Was war das Besondere an ihren Briefen? Sie fragte nicht lange, sie handelte einfach. «Beginne dort, wo du bist, warte nicht auf bessere Umstände. Sie kommen automatisch in dem Moment, wo du beginnst», zitiert sie ihr Lebensmotto, das ihr Unmögliches möglich gemacht hat.

Später schickt Petra Kelly ihre Anliegen, offenen Briefe und Telegramme an alles, was Rang und Namen hat. Ob als «Petra Kelly, deutsch, 24 Jahre alt» an den damaligen Bonner Politiker Rainer «Bonnabarzel» mit ihren Bemerkungen zu den Ostverträgen von 1972 – dem «fast gelungenen Putsch der CDU / CSU-Millionäre». Oder Mitte der achtziger Jahre an Erich Honecker in Fürsprache für die Dissidentin Bärbel Bohley oder an Papst Johannes Paul II. vor seinem Deutschlandbesuch mit dem Reisetip «Wir sind nicht zum Leiden bestimmt». Zu schweigen von ihren unzähligen Solidaritätsaufrufen an spanische, irische, neuseeländische und viele, viele andere Friedens- und Antiatombewegte weltweit. Die Liste der Adressaten scheint unendlich. Hat sie nur Zeit für einen dreiseitigen Text, entschuldigt sie sich für die kurze Stellungnahme.

Grace atmet immer schwerer, kann kaum essen, Erstickungsanfälle bedrohen sie. Die kleinste Anstrengung wird zur Strapaze. Sie erduldet das Leiden, ohne zu klagen, und beweist eine stille, fast heroische Tapferkeit, so daß die Familie oft Mühe hat, zumindest äußerlich die Fassung zu bewahren. Grace weint nicht, die eigenen Tränen muß man vor ihr verbergen. Wenn Petra Kelly in Deutschland ist, begleitete sie ihre kleine Schwester in die Klinik. In ihrem Buch «Viel Liebe gegen Schmerzen» erinnert sich Petra Kelly an das «etwas schäbige, barackenähnliche Gebäude in der Czerny-Klinik in der Voßstraße in Heidelberg. Die ambulanten Bestrahlungspatienten saßen stundenlang in den trostlosen verblichenen Wartezimmern, in denen es nur einige alte, zerrissene Zeitschriften gab. Mein Bruder Johnny, damals neun Jahre alt, zeichnete den kleinen Prinzen und seine Rose auf dem Planeten und gab seiner Schwester das Bild mit als Dekoration für das Wartezimmer. Grace hatte oft so lange dort warten müssen, warten, warten, warten auf den halbdunklen Behandlungsraum, dieses riesige, über ihrem Kopf schwebende Ungetüm, das sich Betatron-Strahlenapparat nannte.» Auch Gedankenlosigkeit und eine latente Boshaftigkeit bei Schwestern und Ärzten empören sie – ohnmächtig steht sie der Kälte, der perfekt geordneten Sterilität der Institution Klinik gegenüber. Als Grace endlich zur Behandlung aufgerufen wird, hat die Zwanzigjährige den Eindruck, daß in dieser entseelten Maschinerie nicht einmal auf die Technik Verlaß sei: Die Betatron-Maschine kommt ihr veraltet vor. Wieso hatte man nicht zwei, um die Wartezeiten für die Patienten zu verkürzen? Wieder in Amerika, berichtet sie dem Bundeskanzleramt von diesen Mißständen, Ungerechtigkeiten nicht hinnehmend, mit der Kraft der Worte dagegen angehend – Letter power, die Macht der Briefe.

Die neunjährige Grace überzeugt sie davon, daß Kinder wissen, was sie wollen und brauchen, daß Kinder viel bessere Ideen und Phantasien als Erwachsene haben und vor allem: daß krebskranke Kinder leben wollen, bevor sie sterben. Petra Kellys Engagement für krebskranke Kinder ist geweckt. Und irgendwo in dieser trostlosen Kulisse wird die Idee des Projekts, der «Kinderplanet», geboren. Eine psychosoziale Betreuungsstation, in der krebskranke Kinder mit ihren Eltern und Geschwistern gemeinsam seelisch auftanken können. Fortan beschäftigten Petra Kelly immer wieder folgende Fragen: Was macht die Kinder bei der Bestrahlung so kaputt? Warum sterben so viele Kinder an Krebs? Auch zermürbt sie sich immer wieder den Kopf darüber, ob vielleicht durch einen Japaneinsatz ihres Vaters, wenige Monate nach Abwurf der Hiroshimabombe, der tödliche Keim in ihre kleine Schwester eingepflanzt wurde. Oder ob nicht vielleicht die Stationierung in der Nähe von Militäranlagen Schuld an Gracies Erkrankung war. Die Auseinandersetzung mit dem Martyrium ihrer Schwester bringt Petra Kelly Anfang der siebziger Jahre auf den Weg in die Antiatomkraftbewegung.

Einen Eindruck davon, was Petra Kelly in dieser Zeit außerdem bewegt, gibt ein Artikel der «Washington Post» vom 30. März 1969 mit dem Titel: «Was sie so alles fertigbringt, also ...» Die Musterschülerin lehrt an der International School als Dozentin für Politologie (Woodrow Wilson Fellow), engagiert sich als Wahlhelferin in den Büros der demokratischen Senatoren Robert Kennedy und Hubert Humphrey, initiiert als Vorsitzende eine «Internationale Woche» sowie eine Reihe von weltpolitischen Seminaren, Vortragsveranstaltungen und kulturpolitischen Konferenzen.

Während sie mit Robert Kennedy über Stipendien verhandelt, marschieren Martin Luther King und die temperamentvolle Joan Baez singend auf das Weiße Haus zu: «We shall overcome ...»

Auch Petra Kelly nimmt an den Märschen der Bürgerrechtsbewegung teil. Im festen Glauben an die Wirkung des gewaltfreien Widerstandes. Am 4. April 1968 wird Martin Luther King, Friedensnobelpreisträger von 1964, ermordet. In dieser Nacht brennen die Ghettos von Washington: Haß, Wut, Trauer und Ohnmacht.

Die Politologin sympathisiert zwar mit den Demonstranten, doch allein fühlt sie sich während der Straßenkämpfe zwischen Weißen und Schwarzen als Weiße im Studentenwohnheim nicht sicher. Schließlich steht ihr die politische Gesinnung nicht auf der Brust geschrieben. Gern nimmt sie die Einladung einer befreundeten Dozentin, Elsbeth Rostow, der Frau des Sicherheitsexperten des US-Präsidenten, an, bei ihnen zu übernachten. Sie sitzen zusammen in angespannter Diskussion darüber, was der kommende Tag bringen würde. Erst spät wird das Bett für Petra Kelly gemacht – wie immer im Bibliothekszimmer. Dort steht ein externes Telefon – die Direktverbindung zum Präsidenten. Nachts schrillt das Klingeln Petra Kelly aus dem Schlaf. Walt Rostow nimmt den Hörer ab und bespricht in aller Seelenruhe mit seinem Präsidenten die Bombardierung vietnamesischer Städte am nächsten Tag. Sie ist entsetzt, fühlt sich ohnmächtig und hilflos zugleich – wie später noch oft in ihrem Leben. Nichts konnte sie tun, niemanden warnen, niemanden retten!

Wenige Monate später, am 6. Juni 1968, wird Robert Kennedy, in dessen Wahlkampfbüro sie mitarbeitet, ermordet. Petra Kelly war zutiefst schockiert. Wie fünf Jahre zuvor – wenige Tage vor ihrem sechzehnten Geburtstag –, als die Schüsse von Dallas John F. Kennedy hinrichteten und nicht nur die Nation erschütterten, sondern die ganze Welt.

Als im August 1968 die Warschauer-Pakt-Truppen in die Tschechoslowakei einmarschieren, macht die zwanzigjährige Studentin zufällig Urlaub mit Omi Birle in Prag. Untergebracht sind sie im selben Hotel wie Heinrich Böll, den sie erst später kennenlernt. Sofort nach ihrer Rückkehr schreibt sie einen Artikel, der im «Würzburger Volksblatt» unter dem Titel «Kommt bald nach Prag zurück – eine amerikanische Studentin schildert ihren Prager Aufenthalt» veröffentlicht wird. Wieder in Washington, rührt sie die Werbetrommel für Hubert Humphrey in dessen Wahlkampf.

Diese Ereignisse prägen ihr zukünftiges politisches Engagement. Ihre politischen Vorbilder sind fortan neben Humphrey Robert Kennedy, Martin Luther King und Mahatma Gandhi. Viel später, längst als Abgeordnete für die Grünen in den Bundestag eingezogen, nennt sie in einem Fragebogen der «Frankfurter Allgemeinen Zeitung» als «Lieblingsheldinnen in der Wirklichkeit» ihre Schwester Grace und ihre «Omi» Kunigunde. Andere Kandidaten versuchen sich bei dem Fragebogen in besonders originellen und pointierten Antworten, Petra Kelly antwortet einfach und ehrlich – persönlich.

GRACIE
UND DER VERZWEIFELTE PAPST

Eines Tages vertraut Grace ihrer großen Schwester einen innigen Wunsch an. Vielleicht könne der Papst ihr helfen, gesund zu werden. Petra Kelly bezeichnete sich zwar zeitlebens als tiefgläubig, doch schon auf der High-School hatte sie der Amtskirche mehr und mehr den Rücken gekehrt. In einem Brief übermittelte sie später dem Papst ihre Vorwürfe an den «Männerbund» Kirche, die «im Kampf gegen die Armut und für Gleichberechtigung der Frauen, die Einhaltung der Menschenrechte und für soziale Gerechtigkeit versagt» habe. Nur der Schwester zuliebe schreibt sie an einen befreundeten Kaplan. Um so überraschter war die Familie, als sie tatsächlich, und obendrein zu einer Privataudienz, eingeladen wird.

Proteste gleich an die richtige Adresse zu schicken war eine der Stärken von Petra Kelly. Erst wenige Monate zuvor marschierte sie als Studentin ins Pentagon: mit der Forderung, der Einsatzbefehl ihres Stiefvaters nach Vietnam solle zurückgezogen werden. Den Koreaeinsatz ihres Vaters, wenige Jahre zuvor, konnte sie nicht verhindern. Aber diesmal machte sie durch ihren persönlichen Einsatz die Sache dringend für die Herren Militaristen: ihre Schwester sei krebskrank und habe nur noch wenige Monate zu leben. Der Vater mußte nicht nach Vietnam. – Joseph Beuys sagt später an die Adresse der Grünen: «Ihr wollt die Petra immer stoppen, die Petra ist nicht zu stoppen.» Sie ließ sich nicht stoppen, unermüdlich und unbequem, so dachte sie auch mit den Grünen, könne sie Berge versetzen. Von den eigenen Mitstreitern längst ins Abseits gestellt, agiert sie unverdrossen auf internationalen Bühnen. Ihre Aufrufe unterschreibt sie immer wieder mit einer Erkenntnis, die die Krankheit ihrer Schwester sie lehrte: «Wo kämen wir denn hin, wenn alle sagten, wo kämen wir hin, und niemand ginge, um zu sehen, wohin man käme, wenn man ginge.»

Und sie ging, oft unsynchron mit den eigenen Reihen, den direkten Weg voran. Unvergessen die spontane Aktion auf dem Berliner Alexanderplatz im Mai 1983. Oder der Moment, als sie Honecker gegenübertritt, in einem T-Shirt mit der Parole: «Schwerter zu Pflugscharen» – kein Fotograf, keine Kamera kamen daran vorbei.

Am 18. Juni 1968 entstand das inzwischen schon legendäre Foto: die kleine Grace Patricia an der Seite ihrer großen Schwester Petra vor dem Papst. «On our vacation, private Audienz with the Pope in Rome. Italy» ist auf der Rückseite notiert. Petra hatte ihre kleine Schwester auf das Zusammentreffen mit dem Oberhaupt der Kirche gut vorbereitet, sagt Marianne Kelly. Ihr erklärt, wie die Feierlichkeit vonstatten gehen würde, und ihr auch den Vorschlag gemacht, dem Papst etwas zu schenken. Vielleicht ihr Lieblingsarmband, damit er sich an sie erinnere.

In einem Fernsehinterview Jahre später erzählt Petra Kelly, wie sie die damalige Szene erlebte. Petra, Grace, der kleine Johnny und ihre Eltern standen in der ersten Reihe: «Wir waren alle so beeindruckt von der feierlichen Zeremonie, aber meine Schwester war gar nicht beeindruckt.» Denn in dem Moment, als alle ihre Plätze einnehmen sollten und die Anweisung erhielten, die Geschenke für den Papst in einen großen Samtsack zu legen, damit der Papst an sie denke, beschloß ihre kleine Schwester drei Dinge, erzählt Petra Kelly: «Ich lege nichts in diesen Samtsack, ich gehe nicht in die Knie, ich werde dem Papst erklären, wer ich bin, und ihm mein Armband geben, damit er für mich beten kann. Wie soll er sich an mich erinnern, wenn er nicht weiß, wer ich bin?» – «Sie blickte kurz zu ihrer großen Schwester auf, um sich Mut zu holen», erzählt Marianne Kelly. «Sie gab ihm also das Armband, und er wollte es gerade in den Samtsack legen. Grace sagte nein, nein, legen Sie es in Ihre Tasche.» – «Paul VI. schaute verzweifelt und etwas hilflos, wußte nicht, was er mit dieser Aufforderung anfangen sollte», schreibt wiederum Petra Kelly später in dem Buchbeitrag «Wir sind nicht die Diener der Herrn!», «... und sagte, er verstehe das gar nicht so gut, natürlich werde er sich an sie wie an alle Menschen erinnern. Meine Schwester erklärte ihm noch einmal: ‹Das geht ja gar nicht, bei all diesen vielen Menschen, für die Sie beten, wie wollen Sie sich da an mich erinnern?› – Er hat dann dieses Armband doch in seine eigene Tasche genommen und Grace gesegnet, und der Vatikanfotograf hat dies alles selbstverständlich fotografiert, um es uns dann zuzuschicken. Mit großer Rechnung, versteht sich.» Was war in dieser Szene nun eigentlich passiert? War der Papst wirklich so verzweifelt? War Grace so mutig, oder sah Petra Kelly sie so mutig, oder wollte sie die kleine Schwester im nachhinein so mutig sehen? Hatte nicht sie selbst ihre Schwester auf das Zusammentreffen mit Seiner Exzellenz gut vorbereitet? Und die Idee mit dem Armband stammte auch von ihr. Fest steht: Ihre kleine Grace war enttäuscht. Sie hatte sich soviel Hoffnung auf Heilung gemacht.

Petra Kelly interpretiert dieses Erlebnis als Ausdruck für die Antihaltung ihrer Schwester gegenüber der Kirche, in der kein Platz für Kinder sei. Sie habe die menschenverachtende Hierarchie der katholischen Kirche zu spüren bekommen. Den Rest gab der Gutgläubigen die «Kriminalgeschichte der katholischen Kirche» über die Hexenverbrennung und den Faschismus – sie brach endgültig mit der Amtskirche.

«Gracie, don't leave me»

Am 17. Februar 1970, drei Monate vor ihrem elften Geburtstag, stirbt Grace Patricia – überraschend schnell für die Familie. Noch Ende Januar hatte sich Petra Kelly von ihrer Schwester überreden lassen, in die USA zurückzufliegen, um ihr Studium fortzusetzen. «Wir waren alle so verwirrt, wollten uns aber nichts anmerken lassen. Doch wir fürchteten die Auseinandersetzung mit Grace' Sterben und die Verzweiflung bei ihrem Tod. Grace war da viel mutiger. Sie fragte sehr direkt über solche Vorgänge wie Sterben oder Leben nach dem Tod und wie es denn da oben im Himmel sei, ob es ihr dort gefallen würde.» Und etwas weiter heißt es: «Durch Sterben und Tod meiner Schwester wurde mir bewußt, wie ich mich vor dem Tod fürchtete, wie wir uns alle vor dem fürchten, was wir nicht verstehen.» In gewisser Weise flüchtet sie nach Amerika. Ein eineinhalbseitiges Gedicht, das Petra Kelly kurz vor dem Tod Gracies schrieb, zeigt ihre Verzweiflung, aber auch eine fast verklärt-romantische Verbindung zu ihrer kleinen Schwester.

> *Gracie, don't leave me*
> You are in me
> and of me
> I cannot fall and tremble
> alone
> I am nothing without
> the proper hearts and fires
> burning
> for warmth, for love

Love binds, ties, makes one
And yet is so difficult to
comprehend.
(...)
A little touch
A smile that seems to be legendary –
a calming effort
to unterstand me –
hear me
guide me
And suddenly I remember
again
why life?

In der Nacht vom 17. Februar ist Petra Kelly allein in Washington, als sie durch einen Anruf, «der alles war und sein wird, wird und ist», von Gracies Tod erfuhr. Die Zweiundzwanzigjährige notiert in ihr Tagebuch: «Verlaß mich nicht, stärke mich. Ich werde für dich leben und lehren.» Und verspricht: «Ich werde ein Buch schreiben – werde sie immer fort verewigen für diese Welt – schreibe alles nieder.»

Eines ihrer ersten Bücher «Um Hoffnung kämpfen» über den gewaltfreien Weg «in eine grüne Zukunft» widmet sie ihrer Schwester Grace und ihrer «Omi». Erst sechzehn Jahre nach dem Tod der Schwester vollendet Petra Kelly als Herausgeberin das Buchprojekt, das sie ihr versprochen hat: «Viel Liebe gegen Schmerzen» ist krebskranken Kindern gewidmet. Darin schreibt die inzwischen Einunddreißigjährige: «Trotzdem ... strahlte Grace immer wieder Lebensfreude aus. Dennoch sehe ich sie vor mir, wie sie vor dem Spiegel stand und zusehen mußte, wie ihre schönen braungoldenen Haare weniger wurden, wie sich immer wieder neue Geschwülste an der Nase, über den Augenbrauen, in den Wangen, in den Ohren, und später am Hals bildeten. Ich konnte es oft nicht ertragen, wenn sie mit Pinzette und Watte das große, rohe Loch in ihrer Augenhöhle selbst reinigte, so geschickt, so geduldig wie eine ausgebildete Krankenschwester. Wie sie ihre Haare über das Ohr kämmte, so daß die eingezeichneten Filzstift-Markierungen für die nächste Betatron-Bestrahlung nicht sichtbar waren, und wie sie immer wieder ein Stückchen weiße Gaze mit Heftpflaster auf die Augenhöhle klebte und uns auch manchmal mit dem spontanen Abreißen dieser Gaze etwas verunsicherte, ja erschrecken wollte: Schaut mich an, so sehe ich aus mit meiner Behinderung, das bin ich – das könnt ihr nicht verbergen! Oft lösten diese Bilder Verzweiflung und Ohnmacht aus. Wie oft verkrochen wir uns auch damals in unseren Tränen, im Mitleid mit uns selbst!»

Noch Jahre später hat die Mutter Angst, ihre Kinder Johnny und Petra würden den Tod der Schwester nie überwinden. An die Kindheit der Geschwister erinnert sich die Mutter dennoch gerne zurück. Wenn Petra zu Besuch war, streunten sie zu dritt durch den Park, streiften durch Museen, lachten und alberten herum. Petra überlegte sich ständig irgend etwas Aufregendes oder Lehrreiches für die jüngeren Geschwister. Marianne Kelly sagt heute: «Alle drei waren sehr eng miteinander verbunden. Aber durch die Krankheit von Grace, dadurch, daß Grace nur noch einige Jahre hatte ... Ich hab immer gedacht, mein Gott, wir konzentrieren uns alle so auf Grace, und hatte Angst, daß Johnny nur danebensteht. Aber das hat Petra gar nicht zugelassen!»

Ihr Sohn Johnny, inzwischen selbst Vater eines einjährigen Jungen, sagt heute, er habe das nie gespürt. Petra Kelly jedoch hatte es gespürt – vielleicht identifizierte sie sich mit ihm, vielleicht empfand sie selbst so. Als Neununddreißigjährige schreibt sie: «Er blieb ja mit seinen Gedanken allein. Selten hatten die Eltern, noch seltener das Pflegepersonal Zeit, mit ihm ausführlich zu sprechen oder sich sonst mit ihm abzugeben. Man strich ihm über sein blondes Köpfchen und sagte: ‹Bist ein lieber, kleiner Junge.› Oder man gab ihm ein paar Süßigkeiten in der Klinik und klopfte ihm auf die Schultern. Mehr Hilfe erhielt er kaum. Doch umgekehrt gab er meiner Schwester ungeheuer viel Kraft und Freude durch die vielen Stunden, die sie gemeinsam verbrachten.» Oder schwingt in diesen Worten der späte Vorwurf der Politikerin gegen ihre unengagierte Mutter mit?

Nach zwei Jahren Stationierung in Würzburg wird der Vater für das letzte Jahr, das Grace noch blieb, nach Schwetzingen versetzt. Die Familie wohnt in Mannheim. Das verkürzt die Wegstrecke in die Heidelberger Bestrahlungsklinik enorm. Aber dafür müssen sie in den letzten Monaten vor Gracies Tod fast täglich in die Klinik.

Grace Kellys Kampf gegen den Krebs dauerte drei Jahre. Zuletzt, als die Krankheit sie zu sehr geschwächt hatte, ließ Grace sich die Aufgaben nach Hause bringen. Ihre Lehrerin ermutigte sie, wenn sie weiter gesund sei, dann könne sie genauso weitermachen wie die anderen. Aber Grace hatte immer Angst, hinter den anderen zurückzubleiben. Ständig aktiv sein, bloß keine Zeit vergeuden, jede Minute auskosten. Erst in den letzten Lebensmonaten äußerte sie ihre Hoffnungslosigkeit: «Ich glaub, das wird nicht mehr besser, mir geht's gar nicht gut», vertraute sie ihrer Mutter an.

Sie begann, Verse in ihr Tagebuch zu schreiben. Wie dieses Gedicht, das auch eine enge, liebevolle und dankbare Beziehung zu ihrer Mutter zeigt:

The Mother Day
The morning sits outside afraid
Until my mother draws the shade,
Then it bursts in like a ball
Splashing sun all up the wall.
And the evening is not night
Until she's tucked me in just right
And kissed me and turned out the light.
Oh if my mother went away
Who would start the night and day?

Nicht nur John Kelly, heute zweiundsiebzig Jahre alt, ist davon überzeugt, daß seine kleine Tochter das eigentliche Oberhaupt der Familie war. Sehr verständnisvoll für ihr Alter, konnte man mit ihr über alle möglichen Themen diskutieren: «Es war Grace, die uns in die Arme nahm und uns tröstete», schreibt auch Petra Kelly später.

Über Grace Kellys letzte Stunden gibt es unterschiedliche Berichte: Am Tag vor ihrem Tod bemerkt die Mutter, daß ihr kleiner Körper so merkwürdig blau aussehe. Grace kann nichts mehr essen, nicht mehr schlucken. Was zu diesem Zeitpunkt noch niemand wissen konnte: Ein zweiter Tumor drückte vom Hals in die Nasenhöhle. Marianne Kelly setzt ihre Tochter ins Auto und fährt ins amerikanische Militärkrankenhaus. Kurz vor der Klinik muß sie an einer Ampel stoppen. Nervös sitzt die Mutter am Steuer, als Grace sie vom Rücksitz aus ihren Gedanken reißt: «Mutti, das Licht hat sich schon geändert, du kannst weiterfahren.» – Endlich erreichen sie das Gelände. Nur noch zwanzig Treppenstufen liegen vor ihnen, ihre Mutter will sie tragen, «sie hat schon so geschnauft». «Nein», wehrt Grace ab, «ich will nicht, daß du mich trägst, ich lauf, ich lauf ...»

Petra Kelly schildert die letzten Lebensminuten von Grace anders: «Auf dem Weg zum Kinderarzt bat Grace zum ersten Mal in all den Jahren ganz leise um Hilfe. Sie blickte meine Mutter an und sagte: ‹Ich brauche jetzt Hilfe.› Es waren ihre letzten Worte.» Petra Kelly war nicht dabei. Sie dramatisiert, stilisiert ihre Schwester durch den Tod zu einer Märtyrerin. Eine Idealisierung aus zeitlicher Distanz oder Legendenbildung im Dienste ihres Kampfes gegen Krebs bei Kindern?

Später macht sie sich immer wieder schwere Vorwürfe. Warum war sie am Todestag nicht bei ihrer Schwester? Das letzte, was sie für Grace tun konnte, war, den Sarg von Heidelberg nach Würzburg zu begleiten. Die anderen Familienmitglieder waren nicht in der Lage, diese traurige Fahrt anzutreten. So fährt die Schwester allein im Leichenwagen. Nachts schreibt sich die sensible Zweiundzwanzigjährige ihre Empfindungen, ihren Kummer von der Seele – zu groß, zu unerträglich ist der Schmerz. «Briefe in den Himmel» lautet die Überschrift in ihrem Tagebuch.

Sie erinnert sich darin an den letzten gemeinsamen Weihnachtsbazar, an all die Geschenke, über die sich Grace so freute. Während sie schreibt, liegt Gracies blaue Strumpfhose neben ihr, die sie wie Gracies Hemdchen, Gracies pinkfarbenen Morgenmantel, Gracies Kommode, Gracies Puppen – wie viele andere Erinnerungen an ihre kleine Schwester aufbewahren wird. In ihrem Bonner Reihenhaus richtet sie das Gästezimmer als «Grace»-Zimmer ein. Überall stehen Utensilien von Grace, sitzen Puppen von Grace, hängen Bilder von Grace. Ähnlich den Familien, die nach dem Tod eines geliebten Angehörigen das ehemalige Zimmer so belassen, wie es war, nichts verändern. Auch Gracies Kinderringe trägt sie von nun an ständig an mehreren Fingern. Die Trennung von ihrer geliebten Schwester hat Petra Kelly nie vollständig vollzogen. Sie sollte weiterleben in ihrem vielfältigen politischen Engagement.

Immer wieder sind es die Probleme der Kinder, die ihr am Herzen liegen. Schon Anfang der siebziger Jahre beklagt sie ein «kinderfeindliches Europa», wo einem Auto mehr Abstellfläche zugemessen wird als einem Kind Platz zum Spielen, wo eine Million Kinder kein eigenes Bett haben und deutsche «Prügelkinder» zu Tode mißhandelt werden. Sie hofft auf Kinderkreuzzüge à la Brecht, weil Kinder anders entscheiden würden, könnten sie mitregieren. An die Frauen, «liebe Schwestern», richtet sie bei der Frage, ob Frauen dem Militär dienen sollten, den Appell, sich «weder für Kochtopf noch Stahlhelm» zu entscheiden. Zehn Jahre später benennt sie das offizielle «Jahr des Kindes» 1979 um in «Jahr des toten Kindes». Zu einem Alternativen Gesundheitstag in Berlin 1980 klagt sie an: «Das Atomzeitalter ist zum Krebszeitalter geworden. Erschütternde Beispiele von Bestrahlungsschäden nehmen zu, zum Beispiel meine Schwester, die mit zehn Jahren an Krebs gestorben ist.»

Ein Bild scheint sich ihr unauslöschlich einzubrennen, bleibt auch für ihren kleinen Bruder ein schockierendes Erlebnis: wie Grace dalag im offenen Sarg. Sie schreibt damals, in dem ihr eigenwilligen Schreib- und Zeichensetzungsstil, in ihr Tagebuch: «... wie sterbende Gracie von uns kalt (wie meine Füße jetzt) eingebettet – ein weißer Engel – das Kommunionskleid – ein stilles Kind ... das den Blick in die Ewigkeit schon gemacht hat – sooo steif – oft Worte genügen nicht – nie werden sie genügen – und ich muß doch alles wieder schreiben. Hochwürdig lag sie vor uns – nach der Fahrt im Totenwagen – wo ich immer einschlief – um auch auszuschalten die Welt um mich – ich konnte fast mit Gracielein sprechen – Habe ihre Haare gekämmt – ... Gracielein du hast die Probe bestanden – nun stehen wir noch alle davor – das Leben – was ist es nun – ... Gott in Deinem Angesicht hast Du sie gemacht ... gibst uns das Allerliebste – nimmst uns das Allerliebste ... Du bist da – Gracie, du bist da!» Und etwas später schreibt sie: «Tod ist nicht real.» Der Tagebucheintrag ist ein einziger Aufschrei tiefer Verzweiflung und Trauer. Hin- und hergerissen zwischen dem Glauben an einen Gott und dem Unerklärlichen und Unerträglichen. Die große Schwester denkt an Selbstmord.

In einem Gedicht zwei Monate nach dem Tod schreibt Petra Kelly:

Ich habe Angst
vor dem Weiterleben
dem altwerden
und jeden Tag mich an
mein Gracielein zu erinnern
Das Gedächtnis wird schwach
werden
Schon jetzt fliegen die
Sekunden, Minuten, Stunden
des Erinnerns vorbei.
Könnte ich jetzt sterben
so würde ich doch nun in der
Ewigkeit mit Gracie sein –
Doch kann man da sich an alles
erinnern
Bin ich ohne Mut
soll ich nun sterben?
Oder beruhigt mich meine Religion
nun?
Ich lese über Weltveränderung
social irrevitebility
Mann und Natur gehen und kommen
Wie die Regel es vorschreibt –
Doch was ist diese Welt –
Wo sind die anderen
ohne Regel –
die nur der Atem Gottes antreibt
in der er nun meine Gracie
liebend in seinen Armen
durch die Wiesen trägt.
In der das Lachen das Leiden
vertreibt ...

Hoch über Würzburg auf dem Waldfriedhof liegt Grace Kelly begraben. Die Inschrift auf dem Grabstein mit dem Engel: «Do not stand at my grave and weep. I am not there, I am not sleep» hatte Petra Kelly mitformuliert. Jahre vor Grace' Tod war hier oben ein wunderschöner Waldweg, auf dem die Familie gern spazierenging. Damals schwärmte Grace: Wenn sie wieder gesund sei, ja, dann wolle sie hier oben ein Haus bauen.

Gestorben war Grace in Heidelberg, Familie Kelly wohnte inzwi-

«Das Atomzeitalter ist zum Krebszeitalter geworden. Erschütternde Beispiele von Bestrahlungsschäden nehmen zu, zum Beispiel meine Schwester, die mit zehn Jahren an Krebs gestorben ist.» Petra Kelly 1979.

schen in Mannheim, der Vater war nur kurz in Würzburg stationiert. Zudem war Grace Kelly keine deutsche Staatsbürgerin, hatte keinen deutschen Paß. Erst nach einem Hin und Her mit der Friedhofsverwaltung konnte Grace an dem Ort zur letzten Ruhe gebettet werden, den sie so liebte.

Petra Kelly bastelt, wie sie es seit Kindertagen nach jeder Reise, nach jedem außergewöhnlichen Ereignis getan hat, Collagen und ein umfangreiches Erinnerungsalbum – wahrscheinlich ihre Art, die

Geschehnisse aufzuarbeiten. In ihren zahlreichen Funktionen fühlt sich Petra Kelly später zwangsläufig an vielen Terminen zum mahnenden Gedenken aufgerufen: als eine der drei ersten Sprecherinnen der Grünen im Bundestag, als Mitglied des Auswärtigen Ausschusses, des Unterausschusses für Abrüstung, der Vollversammlung der Westeuropäischen Union und als Mitglied des Europarates. «Vergeßt die ‹Weiße Rose› nicht», mahnt sie am 22. Februar 1985 zum 42. Jahrestag der Hinrichtung der Geschwister Scholl. «Wie glaubwürdig sind deutsche Politiker», fragt die Grüne anläßlich des 40. Jahrestages der Kapitulation Deutschlands unter dem Titel: «Über die unbewältigte Vergangenheit». Es gelte Kurt Schumachers Wort: «Demokratie ist eine Sache des guten Gedächtnisses.» Zusammen mit ihrem Mitstreiter Gert Bastian organisiert sie 1983 das Nürnberger Tribunal gegen Erstschlags- und Massenvernichtungswaffen in Ost und West, nimmt an einem «Die Inn» in Melbourne und Hiroshima zum Gedenken an den Atombombenabwurf teil. Die beschämende Rede von Bundestagspräsident Jenninger über «Guernica und die Deutschen» ist für sie «ein schwarzer Tag für die Vergangenheitsbewältigung». In Form von Weihnachtsgrüßen schreibt sie Anfang der achtziger Jahre an die Bundesregierung und die USA gegen das geplante Raketenabwehrsystem im Weltraum (SDI) und appelliert, den «Krieg der Sterne» zu verhindern. «Was ist mit der Friedensbewegung los?» fragt sie zum Jahrestag der Niederschlagung der Demonstration auf dem Platz des Himmlischen Friedens: «Ich selber kann so recht an Urlaub überhaupt nicht denken, sitze in den drückend heißen, schwülen Büroräumen des Hochhauses Tulpenfeld und begreife nicht ... Bei der Mahnwache vor der Chinesischen Botschaft in Bad Godesberg waren wir gerade zwölf Teilnehmer», schreibt sie «mit traurigen Grüßen aus dem Sommerloch in Bonn».

Urlaub machen, als Grüne einfach so auf einer Wiese sitzen und völlig abschalten – dazu bleibt ihr wenig Zeit. Zu schwer trägt sie an der Vergangenheitsbewältigung.

Den rotglänzenden Pappdeckel des Grace-Albums ziert ein Gedicht von Khalil Gibran. Darin eingeklebt: zahlreiche Beileidsschreiben, Mitgefühls- und Sympathiebekundungen in englischer und deutscher Sprache. Aus vielen Ländern der Welt für die kleine (un)-prominente Schwester. Alle sind voller Mitgefühl für Familie Kelly.

Neben «Tante Della» und «Onkel Bill» schreibt ein Referent des Roten Kreuzes, ebenso Hubert Humphrey, fast alle adressiert an Miss Petra Kelly in der Taylor Street No. 13 in Mannheim. Noch im gleichen Jahr organisiert der US-Senator Humphrey eine Messe in der Kapelle der American University in Washington, D.C., zum elften Geburtstag der toten Schwester Grace. Zwischen Bibelzitaten wie: «Let the children come to me! ...» und «Glory, Glory, Halleluja ...» Gedichte von Grace, wie eines, das sie zum Erntedankfest geschrieben hat.

> *Thanksgiving:*
> Blest be God
> Who did create
> Porridge with milk
> A whole full plate
> And after porridge also an orange
> O Thanks to him
> From whom they come
> Blessed be He and Bless His name!

Auf den Briefen und Karten finden sich kleine Notizen und Kommentare von Petra. Daß das ein wundervoller Brief sei. Daß sie ein Foto von Grace an die Absender geschickt hat. Daß sie die Adresse an ihre Mutter weitergeleitet hat. Alles liebevoll und sorgfältig archiviert. Auch später bei ihrer Arbeit im Bundestag wird jedes Manuskript, jedes Interview mit ihren persönlichen Notizen versehen. Nichts durfte verlorengehen – kein Gedanke, kein Ansprechpartner.

Ihr Nachlaß, ihre Bücher, ihre Studien und Dokumentationen, interne und offene Briefe, Manuskripte, Anfragen und Reden, Reiseberichte und Texte füllen heute Regalwände im Archiv Grünes Gedächtnis in Bonn. Die Titel der Aktenordner: Sicherheits- und Gesellschaftspolitik, Friedensbewegung, Wirtschaft und Energie, Gesundheit, Krefelder Appell, Faschismus, Neofaschismus, Nationalsozialismus, Grüne, EAP, DDR, BRD, Berlin, Westeuropa, Europäische Gemeinschaft, Militarisierung, Nuklearisierung, Osteuropa, Menschenrechte, Abrüstung, Ökologie, Pazifik, Tibet und Guernica. Selten sah man sie ohne Ordner unter dem Arm – ob in Bonn, Brüssel oder auf dem Bildschirm. Sie fühlte sich für alles gleichermaßen verantwortlich, engagierte sich in den letzten Jahren vor allem für unpopuläre Themen: Menschenrechte und Kinderkrebs.

Ein Jahr später feiert die Familie «ONE YEAR IN HEAVEN – A Memorial Mass For Us All-Inspired by the spirit of Grace». Auf dem selbstentworfenen Deckblatt eine Zeichnung von Johnny. Grace als Engel, darunter steht «For my dear sister Gracie, Love, Johnny».

Auch zwei Jahre später begeht die Familie «Two Years in Heaven» – es fällt auf, daß der Titel der eigenwilligen Veranstaltung inzwischen nicht mehr ganz so groß geschrieben wird. Familie Kelly schöpft bei den alljährlichen Gedenkfeiern aus dem katholischen Brauchtum der Alten und dem Totenkult der Neuen Welt. Die Inszenierung der Trauer kennt im Land der unbegrenzten Möglichkeiten keine Grenzen. Noch heute schickt Marianne Kelly Spenden an amerikanische Diözesen, damit die Namen ihrer toten Töchter in einer Messe vorgelesen werden – zu Geburtstagen, zu Todestagen, an Weihnachten: «Denn sonst könnte ich es gar nicht verkraften.» Zwischen Gedichten von Borchert, King, Neruda, Fried auch ein Zitat von Anne Frank (April 1944): «Ich möchte weiterleben, auch nach dem Tod.» Und eine Textzeile aus «Der kleine Prinz»: «Aber die Augen sind blind. Man muß mit dem Herzen suchen.»

Petra Kelly hat nicht nur mit dem Herzen gesucht, sondern Politik mit dem Herzen gemacht. Ihre «Texte für eine glaubwürdige Politik» bündelt sie gut zwanzig Jahre später unter dem Titel: «Mit dem Herzen denken». Ihre Spontaneität, ihre innere Wahrhaftigkeit machen sie zu einer überzeugten und glaubwürdigen Streiterin, wie man sie heute in der politischen Landschaft vergeblich suchen würde. Ihr Anspruch an eine ehrliche, leidenschaftliche Politik wirkt in den Parlamenten der neunziger Jahre hoffnungslos veraltet.

Schon die Beerdigung war nicht wie ein typisch katholisches Requiem, sondern laut Petra Kelly «von Unkonventionalität geprägt. Es war keine Totenmesse, sondern eine Auferstehungsmesse». In ihrem Tagebuch erneuert Petra ihr Versprechen: «werde für dich Gracielein weiterleben – rotes Auto, Holland – ich werde Gracielein malen – über sie dichten». Am 31. Mai 1970, drei Monate nach dem Tod ihrer Schwester, beendet Petra Kelly ihr Studium der Politischen Wissenschaften in Washington – mit Auszeichnung. Damit kann sie zwischen mehreren Stipendienangeboten wählen.

Von jetzt an auf den Spuren von Grace

Familie Kelly fuhr früher oft und gerne nach Holland. Grace hatte die Stadt der Grachten, das «Venedig des Nordens», so geliebt. Sie war fasziniert von den kleinen Häuschen, den bunten Hausbooten auf idyllischen Kanälen. Grace schwärmte davon, einmal hier leben zu können – zusammen mit ihrer großen Schwester. Petra Kelly hatte sich selbst versprochen, für ihre Schwester weiterzuleben. Und eben dazu gehörte auch ein Leben in Holland.

Mit ihrem ausgezeichneten Abschluß stand ihr die Welt offen, sie konnte zwischen verschiedenen namhaften Universitäten wählen. Sie will zurück nach Europa und entscheidet sich erst bei der Überfahrt für Amsterdam. Die Schule der «European Integration» galt als eine der besten.

«Das Leiden und Sterben meiner Schwester Grace regte die ganze Familie an, über den Tod und darüber hinaus nachzudenken», resümiert Petra Kelly 1988. John E. Kelly verlängerte seinen Armeedienst nicht und ging in Pension. Krankheit und Tod seiner Tochter bedeuteten eine Wende in seinem beruflichen Leben. Auch für ihren Bruder Johnny bedeutet Gracies Tod ein Alptraum. Er hatte seine beste Freundin verloren. «Viele Monate danach hatte er schwerste Depressionen und Angstzustände, ständig das Bedürfnis, mit Grace … in Kontakt zu bleiben. Er verarbeitete ihr Sterben durch sehr viel Zeichnen, durch viele Bilder und Briefe», schreibt Petra Kelly später über ihren Bruder. Monatelang unterschrieb er seine ersten kreativen Ausflüge in die Malerei mit Grüßen von «Johnny + Grace». Auch hier ist es wieder die ältere Schwester, die durch einen geschenkten Zeichenblock ihren Bruder Johnny animierte, sein Talent zu vertiefen. Oder projiziert sie damit nur ihr Versprechen, zu malen, auf ihn? Später absolviert er in den USA sein Kunstdiplom, und Petra Kelly nennt ihn neben Emil Nolde als ihren Lieblingsmaler. Heute arbeitet er in der Werbeabteilung einer Zeitung, ganz in der Nähe seiner Eltern.

Petra Kelly fühlte sich fortan verantwortlich, gegen das für sie größte Unglück verbal zu kämpfen: daß Kinder sterben müssen, sei es durch Hunger, Krieg, Not oder Krankheit. Das Krebsleiden und

«Beginne dort, wo Du bist, warte nicht auf bessere Umstände.» Seit ihrem ersten medienwirksamen Engagement 1966 im Studentensenat von Washington setzte Petra Kelly ihr Lebensmotto in «Letter power» um.

der Tod der Schwester werden zum Trauma und sind ihr Ansporn, jeden Tag sinnvoll auszufüllen. Sie entschied sich nicht zu sterben, sondern fortan für ihre Überzeugung zu streben. Neben ihrem Studium der Politischen Wissenschaften und Europäischen Integration arbeitet sie als Forschungsassistentin am Europa-Institut. 1971 schließt sie mit dem Master's Degree ab.

In «Viel Liebe gegen Schmerzen» schreibt Petra Kelly über ihre Schwester: «Ich habe von ihr gelernt, Wünsche und Forderungen anzumelden, sich mit dem Bestehenden nicht zufriedenzugeben, und ich habe durch sie gelernt, daß man einfach nicht aufgeben darf.» In Hochphasen der politischen Aktivität leistete sie ein Arbeitspensum, das viele andere Politiker nur mit einem großen Mitarbeiterstab bewältigten. Von den Nonnen lernte sie die eiserne Disziplin und den unerschöpflichen Fleiß. Doch ihrer Schwester Grace und der «Omi» verdankte sie ihre Kraft.

Geliebte Genossin

1971 wird Petra Kelly für mehr als zehn Jahre Mitarbeiterin der Europäischen Gemeinschaft in Brüssel, der «Stadt der europäischen Monster-Bürokratie». Neben ihrer beruflichen Tätigkeit – 1972/73 als Verwaltungsreferendarin im Wirtschafts- und Sozialausschuß, später als Verwaltungsrätin im Sekretariat der Fachgruppen Sozialfragen, Umweltschutz, Gesundheitswesen und Verbrauch der EG in Brüssel – engagiert sie sich in der europäischen Frauen-, Friedens- und Antiatombewegung. 1972 tritt sie dem Bundesvorstand Bürgerinitiativen Umweltschutz bei und ist von 1979 bis 1980 für internationale Kontakte zuständig.

Als Praktikantin im Kabinett und im Generalsekretariat der Europäischen Gemeinschaft bekommt sie Einblick in Dokumente, die man lieber vor ihr verschlossen hätte. Bei ihren Nachforschungen für die in Amsterdam begonnene Studie über die politischen Ziele und Inhalte der verschiedenen Europabewegungen entdeckt sie, daß «nur die reaktionären, klerikalen, die stramm auf ein Europa der mächtigen Konzerne und Supermächte fixierten Vereinigungen Geld aus dem großen Topf bekommen haben. Die fortschrittlichen Gruppen, die Sozialisten, die um ein Europa-von-unten-Bemühten wurden nicht oder kaum unterstützt», notiert ihre Biographin Monika Sperr. Ihre scharfe Kritik stieß auf ebenso harte Ablehnung. Man war nicht gewillt, sie für den zweiten Teil ihrer Studie zu unterstützen. Aber Druck erzeugte bei Petra Kelly immer Gegendruck.

Im Jahre 1973 gründet sie zusammen mit Kunigunde Birle, ihrer Mutter und vielen anderen Gleichgesinnten eine internationale Bürgerinitiative und benennt sie nach ihrer Schwester. Die Grace P. Kelly-Vereinigung setzt sich für krebs- und chronisch kranke Kinder ein. Das Hauptziel ist der «Kinderplanet»: einen Raum innerhalb der sterilen Krankenhausatmosphäre zu gestalten, in dem Kinder ihre eigene kleine Welt erschaffen können; in dem Geschwister miteinander spielen, Eltern für ihre Kinder kochen, kurz: krebskranke Kinder mit ihren Familien einen fast normalen Tag verbringen können. Animiert wurde Petra zu diesem Projekt durch Johnnys Wartezimmer-Zeichnung für Grace.

In den Spendenaufrufen für die Vereinigung wird die kleine

krebskranke Schwester zeitweise zur Genossin: «Gedenkend des 14. Geburtstages unserer Genossin ... übersende ich Euch ihre Liebe. Die Zeit der Liebe ist kurz – nur ein Leben lang! Nie genug! Geben wir alle etwas LIEBE an die Grace P. Kelly-Vereinigung zur Unterstützung der Krebsforschung für Kinder e. V. Konto Nr. Deutsche Bank in Nürnberg ...»

Auch zur Weihnachtszeit bittet sie um Spendengelder. Zwischen Zitaten von Feuerbach und Hölderlin klebt ein Associated-Press-Foto, das um die Welt ging: nackte vietnamesische Kinder, die vor dem Inferno einer Napalmbombe fliehen. «Wir dürfen nicht mehr gleichgültig sein ... nukleare Reaktoren verseuchen das Blut und die Lungen der Kinder ... wir bauen einen klassenlosen Spiel-Therapie- und-Schulpavillon für krebs- und chronisch kranke Kinder in Heidelberg... der Grace P. Kelly-Kinderplanet! Wir versuchen etwas zu verändern, nicht zu verwalten! Weit mehr als eine Klinik – ein Ausweg für oft todgeweihte Kinder! Schicken Sie bitte etwas Solidarität an: ... Vereinigung, BLZ Nürnberg ...

DANKE!»

Flehentliche Spendenaufrufe zwischen pathetischer Poesie und kämpferischer Aufklärung. Die Behandlungstortur ihrer kleinen Schwester soll anderen Kindern erspart bleiben. Vor dem Schicksal ihrer kleinen Schwester klingen die Aufrufe von Petra Kelly wütend und bestimmt, dennoch wird sie Gracie nicht «vermarkten». Das Wort «Geld» fällt nicht einmal. Im ersten Jahr lautet der Appell «LIEBE», im nächsten Jahr ist es die «Solidarität», zu der Petra Kelly aufruft. Heute arbeitet die Vereinigung unter dem Vorsitz von Erika Heinz, Petra Kellys bester Freundin, auf der Basis von Spendengeldern. Einer der Schwerpunkte war in den letzten Jahren die Betreuung von Kindern aus Tschernobyl.

«POLITIKERIN AUS BETROFFENHEIT»

Eineinhalb Jahre nach dem Tod ihrer Schwester schreibt Petra Kelly einen Brief an das SOS-Kinderdorf in Wien. Sie möchte die Patenschaft für ein asiatisches Kind übernehmen. «Grace war indischen

Kindern gegenüber gern hilfsbereit ...» Kurz vor Weihnachten 1971 bekommt sie die Unterlagen zugeschickt. Die Organisation hat für sie ein kleines Mädchen ausgesucht: die zweijährige Waise Nima Chonzom aus Tibet, die in dem Flüchtlingsdorf Dharamsala lebt. Nima, inzwischen dreifache Mutter, wird Petras neue Großfamilie. Durch ihre Patentochter lernt Petra Kelly Tibet kennen. Ihr Engagement für die Menschenrechte beginnt hier. Die Geisteshaltung des Buddhismus ist ihr nah: keinem Leben zu schaden, niemanden zu töten und barmherzig zu sein. Fortan klagt sie gegen die «Barbarei auf dem Dach der Welt». Im «grauen Bonner Raumschiff» erntet sie für ihren parteiübergreifenden Einsatz meist Häme und Spott. Ihre Fürsprache für den späteren Friedensnobelpreisträger, den Dalai Lama, und ihr Engagement für krebskranke Kinder wird belächelt. Auch in den eigenen grünen Reihen. – Das schmerzte sie besonders. Aber die grüne Politikerin wollte nie ein gefügiger Parteisoldat sein, sondern immer nur Petra Kelly. Sie war unter Willy Brandt als Kanzler in die SPD eingetreten und trat später aus Protest gegen Helmut Schmidts «unehrliche und gefährliche Atompolitik» wieder aus. Am 17. Februar 1979 spricht sie dem SPD-Kanzler in einem offenen Brief ihr Mißtrauen aus: «Es ist eine Frage des *Gewissens* und so entscheide ich mich zum Austritt am neunten Todestag meiner kleinen Grace ... Sie, Herr Bundeskanzler, haben die SPD zu einem Vollzugsinstrument des Atomstaates gemacht und nun sind Sie und die SPD auf dem Weg uns eine Plutoniumwirtschaft zu verordnen. (...) Sie und die SPD haben grünes Licht für den weiteren Ausbau der Atomenergie einschließlich schneller Brüter und Wiederaufarbeitungsanlagen gegeben.»

Die euphorische Gründungsphase der Grünen, ihr Wahlkampfmarathon: «Es war eine besondere Zeit, in der wir wie im Rausch lebten», zitiert sie die Erinnerungen von Alexandra Kollontai. Wie diese erlebt sie Kundgebungen, wo sie nicht nur vor Zehntausenden, sondern – wie im Herbst 1983 – vor Hunderttausenden spricht.

Doch die Zeiten der Menschenketten für den Frieden waren bald auch bei den Grünen vorbei. Die alternative Friedensnobelpreisträgerin von 1982 konnte von ihrem Credo, das nicht mehr das der Partei war, nicht ablassen. Als grüne Botschafterin, die mehr mit dem Engagement von Greenpeace und amnesty international verband als

Petra Kelly auf dem Münchner Odeonsplatz. Als Spitzenkandidatin erreichte sie bei der Landtagswahl am 10. Oktober 1982 ein Ergebnis von 4,6 Prozent für die Grünen.

mit Parteipolitik, stand sie in den letzten Jahren fast ganz allein da – isoliert von den Grünen und von den Medien. Zum letzten Mal war ihr moralisches Sendungsbewußtsein, das so viele satt hatten, anläßlich des Golfkrieges in einem Fernsehinterview gefragt: «Und das, was ich jetzt erlebe an diesem schrecklichen Golfkrieg und an den Heucheleien, die drum herum sind, da ist kein Wort mehr von Wahrheit, von Wahrhaftigkeit, von Barmherzigkeit, da ist kein Wort mehr davon übrig. Und ich glaube, das muß die Rolle weiterhin bleiben, von Menschen in der Friedensbewegung, immer wieder die Finger in die Wunde zu legen und zu zeigen, nur wenn man wirklich eine innere Einstellung, eine positive hat, dann kann ich versuchen, die Welt zu verändern.»

Die Borniertheit der Macht, der Doppelmoral, Taktik, Intrigen und unsäglichen Lügen war ihr verhaßt. Sie bekräftigte noch einmal ihre Vorwürfe an die grüne Partei, die an Glaubwürdigkeit verloren habe: «Wir sind angetreten und wollten mehr Menschlichkeit in die

Petra Kelly im Kreise von Mitstreitern, unter ihnen Lukas Beckmann, bei einer Aktion während des Münchner Parteitages der SPD am 20. April 1982 in der Olympiahalle.

Politik bringen. Und sind menschlich daran gescheitert.» – Ob sie selbst nie der Wahrheit ein wenig nachgeholfen hat oder zumindest in ihren Erzählungen zu Übertreibungen neigte? Petra Kelly als die Unantastbare, eine Heilige der Neuzeit? Inkonsequenz oder Fraktionszwänge hat man ihr nicht vorwerfen können.

Wie Alexandra Kollontai und Rosa Luxemburg wollte sie sich nicht von Strömungen in der Partei vereinnahmen lassen. Weder von rechts noch von links. Und ihr politisches Engagement sollte auch in privaten Beziehungen immer im Vordergrund stehen können! Der Mann an ihrer Seite sollte ihre Unabhängigkeit sowie sexuelle Freiheit akzeptieren und ihre politischen Ideale und beruflichen Ziele mittragen. Zuletzt verband sie eine «symbiotische» Beziehung mit Gert Bastian, von den Grünen oft als «Fraktion Kelly / Bastian» tituliert.

Petra Kelly – für die einen war sie die Galionsfigur der grünen Bewegung, die Jeanne d'Arc des Atomzeitalters, eine Feministin, die an allen Fronten gleichzeitig stritt. Wenn sie in ihrer politischen Arbeit einen Schwerpunkt setzte, dann den, daß es keinen gab.

Für die anderen war sie eine weltliche Nonne, eine nervöse, hektische Frau, die mit heiserer Stimme Zahlen und Fakten herunterratterte wie ein Maschinengewehr. Eine «Politikerin aus Betroffenheit», unbequem und unermüdlich. Ihre Betroffenheit führte dazu, daß sie alles persönlich nahm, sich für alles zuständig fühlte. Ihrem hochgradig emotionalen Einsatz in der Sache entgegneten die Grünen oft mit unbarmherziger Härte: «Eine Träne von der Kelly, und wir verlassen den Saal.»

Was war das für eine Frau, die doch oft so weinerlich verzweifelt war und auf der anderen Seite mit ihren Reden messerscharf ins Schwarze traf? Für Petra Kelly waren die Dinge, die Welt nicht kompliziert. In ihrer Moral gab es keine Grauzonen und Kompromisse – nur Schwarz und Weiß, nur Entweder-Oder. Es gibt keinen halben Frieden.

Petra Kelly wollte leben und arbeiten «wie eine Kerze, die an zwei Enden brennt» (Rosa Luxemburg). «Ich glaube, eine Woche des Lebens kann oft wertvoller sein als ein Jahr, in dem man abgestumpft lebt.» Für viele hat sich Petra Kelly genau so eingeprägt. Sie hat sich nie gegen diese Legendenbildung gewehrt. Sicher waren Spaß im Leben und Erfolg im Beruf überschattet vom Schicksal der kleinen Grace. Doch das war nur eine Seite der Petra Kelly. Ihre «Nenn-Schwester», die langjährige Freundin Erika Heinz, erzählt, daß sie auch lauthals loslachen konnte, daß sie es liebte, ganze Bundestagsdebatten nachzuspielen und wild gestikulierend Kohl und Konsorten zu imitieren. An ihren eigenen Tod wollte sie nie denken. Auf die Frage, wie sie sterben wolle, antwortete Petra Kelly: «Nicht allein, in der Nähe derer, die mir nahe sind.»

Sie starb am 1. Oktober 1992, dem Tag, an dem ihre Großmutter ihren 87. Geburtstag feierte. Sie starb – wie ihre Vorbilder Rosa Luxemburg, Martin Luther King, Robert Kennedy – durch eine Kugel. Aus der Waffe des Mannes, den sie «ihren Helden in der Wirklichkeit» nannte, des Generals, mit dem sie eine zehnjährige Liebes- und Arbeitsbeziehung verband. Heute liegt sie begraben in der Nähe derer, die «ihre Lieblingsheldin in der Wirklichkeit» war: ihrer Schwester Grace.

Sister is watching you!

Die Kessler-Zwillinge

von Michael Winter

Welch ein Gedanke. Dein Spiegelbild wird zu einer realen Gestalt, die sich von dir trennt, mit dir spricht, dir widerspricht, sich dennoch dein ganzes Leben lang synchron zu dir bewegt und dich nie aus den Augen läßt. Ein Leben lang wirst du an eine zweite, geklonte Ausführung von dir gekettet, und es gibt kein Entrinnen. Alle Fluchtversuche scheitern. Zuerst macht es dir vielleicht nichts aus, dann kommt die Auflehnung, am Ende schließt du Kompromisse. Uns kommt ein solches Leben vor wie von Homer erfunden. Eine antike Götterstrafe. Oder ein Bild aus Dantes Hölle. Wir würden einem solchen Schicksal, würde es uns als Mythos oder als Höllenphantasie entgegentreten, mit Staunen, Schauder und Ehrfurcht begegnen. Es kommt aber ganz munter und bieder daher. In Form von zwei sechzigjährigen, jung und fit gebliebenen Damen, die in einem Münchner Vorort in einem Doppelhaus wohnen, dessen Räume um einen gemeinsamen, wenn auch in der Mitte teilbaren Salon spiegelbildlich angeordnet sind. Alles in diesem Haus gibt es doppelt, Küche, Schlafzimmer, Büro, Wohnräume, Giebel und die Bewohnerin. Während in anderen Doppelhäusern unserer Republik Ähnlichkeiten von rechts und links dem Architekten oder dem Willen der Bewohner zuzuschreiben sind, sind es hier die Unterschiede.

Die Damen sind Schwestern. Zwillinge. Eineiige Zwillinge. Und sie heißen Kessler. «Wenn ich bedenke, wo wir aufgewachsen sind und was wir alles mitgemacht haben, dann kann man doch nur von Glück sprechen», schreibt Ellen Kessler am Ende der Autobiographie, die die beiden Schwestern Alice und Ellen zu ihrem sechzigsten Geburtstag im Jahr 1996 herausgegeben haben. Glück? Ist es Glück, eine Schwester zu haben, von der man ein Leben lang nicht loskommt? Ist es Glück, eine Schwester zu haben, die einem zu über neunzig Prozent gleicht? Ist es beneidenswert, wenn zwei Menschen dasselbe im Kopf herumgeht, auch wenn sich jeder am andern Ende der Welt befände? Bei Liebenden geschieht das – für kurze Augenblicke – und bei alten Ehepaaren, die sich darüber ärgern, darüber lachen oder es resigniert zur Kenntnis nehmen. Geschwister, Schwestern, Brüder können sich, wenn der Familienkäfig geöffnet wird, für den Rest des Lebens aus dem Weg gehen, wenn sie wollen. Auch Zwillinge können das. Bei eineiigen Zwillingen ist es vielleicht sogar ratsam. Wenn aber zwei eineiige Schwestern ihre Existenzgrundlage auf der unheimlichen Verdopplung des einzelnen aufbauen und von dem Erfolg dieser Doppelheit ökonomisch und psychisch abhängig werden, sind sie einen Teufelspakt eingegangen.

Karrieren sind eine komplizierte Mischung aus günstigen Umständen, individuellen Talenten, die zufällig mit dem Zeitgeist übereinstimmen, mit rationalen Steuerungen, emotionalen Entscheidungen und glücklichen Zufällen. Liest man noch einmal alle Interviews, Reportagen und Porträts, die in der Yellow press seit 1956 über Alice und Ellen Kessler erschienen sind, so ergibt sich aus den ewig gleichen Fragen und Antworten besonders für die ersten zwanzig Jahre des Zwillingslebens nichts weiter als das dünne Datengerüst einer Bilderbuchkarriere zweier Provinzmädels, die sich bis auf die Showbühne des Pariser «Lido» und zu dessen absoluten Stars hochgetanzt haben. Geburt 1936 in Nerchau, Kreis Grimma. Aufgewachsen in Tauchau bei Leipzig. Vater Maschinenbauingenieur, der davon besessen ist, seine Töchter als Zwillingsattraktion zu präsentieren. 1942 Ballettschule in Leipzig, 1947 im Kinderballett der Leipziger Oper. 1950 Aufnahmeprüfung zur Operntanzschule mit Auszeichnung. 1952 Übersiedlung nach Düsseldorf und Engagement im Varietétheater «Palladium». 1954 Engagement am «Lido». 1963 Start der Amerika-Karriere in der «Red Skelton Show». 1966 Auftritt mit Frank Sinatra in der «Hollywood Palace Show». Und Höhepunkt der Showkarriere: Auftritt in einer Gala des Sands-Hotels in Las Vegas. Die Kessler-Zwillinge wurden zum Inbegriff des deutschen «Fräuleinwunders» der Nachkriegszeit und gehören zu den wenigen Deutschen, die es im internationalen Showgeschäft zu Weltruhm gebracht haben.

Die Autobiographie der Zwillinge läßt uns Blicke hinter die glänzende Oberfläche tun. Wir erfahren mehr über ihren Aufstieg als aus allen Presseartikeln. Und dennoch bleibt der Leser der Memoiren merkwürdig unberührt vom Weg der Schwestern aus dem Dunkel der Ruinenstädte Deutschlands ins Neonlicht der Wüsten- und Spielerstadt. Dieser Lebensweg ist nirgends überzeichnet, weder in seinen Tiefen noch in seinen Höhen. Überall haben die Schatten auch helle Einsprengsel. Für die glänzenden Höhepunkte genügt den Kesslers die Arbeitsbeleuchtung. Es fehlen die dramatischen Effekte, die Wunder. Wir staunen nicht, wir sind nicht betroffen oder bestürzt, es stockt uns nicht der Atem, und es rinnen keine Tränen, wenn wir den Erzählungen der Zwillinge lauschen. Der Aufstieg von Leipzig über Düsseldorf und Paris bis nach Las Vegas ist viel näher am Alltag als an der Legende. Warum gibt es keine Kessler-Legende, an der wir gerührt Anteil nehmen könnten? Warum bleibt alles so normal? Die meisten Autobiographien von berühmten Menschen sind ein utopisches Konstrukt. Die Lebensgeschichte wird als aufsteigende Linie aus dem Dunkel der Anonymität zum Licht des Weltruhms arrangiert. Je dunkler der Beginn, desto glänzender die Höhepunkte. Das Auf und Ab des Lebens, die Brüche, Neuansätze, Abstiege und Katastrophen werden dabei ausgeblendet, verwischt oder im Rückblick als notwendig interpretiert, so daß auch der Mißerfolg im Lebenslauf seinen positiven Platz erhält. Jede Autobiographie wird so zu einem Stück Theodizee.

Bei den Kesslers erscheint der dunkle Anfang, trotz aller Enthüllungen, nicht gänzlich finster. Wir wissen, daß eine Kindheit in Deutschland zwischen 1936 und 1946 Tod und Terror, Bomben, Schrecken und Ruinen, Not und Hunger mit einschloß. Wir erfahren, daß die Ballettschule von Bomben zerstört wurde und daß die Kinder Kessler die Kriegs- und Nachkriegszeit als gar nicht so schrecklich empfunden haben. Sie fühlten sich wohl in ihrer kleinen Stadt, spielten Akkordeon für die GIs, sangen deutsche Schlager in den Kantinen und wurden mit Blöcken von Kernseife, Konserven, Zigaretten und Schokolade beschenkt. Die russischen Wachposten bestachen sie mit selbstgezeichneten Pin-up-Girls. Dann aber blicken wir in einen Abgrund. Der Vater ist Alkoholiker. Er verprügelt die Mutter, vertreibt sich die Nächte mit anderen Frauen in den Kneipen, behandelt die Mutter als Sklavin, drillt die Töchter für musikalische und tänzerische Darbietungen, terrorisiert sie mit einer peniblen Kleiderordnung. Alles mußte genau gleich sein, die Kragen, die Haare, die Pferdeschwänze. Sie mußten bis ins Detail gleich gekleidet in seinen Stammkneipen zwischen den Tischen tanzen und singen. Es gab zwei ältere Brüder. Der eine starb 1942 an Gelbsucht, der andere 1945 an Typhus. Die Mutter wollte die Zwillinge abtreiben lassen. «Daheim regierte das heulende Elend», erzählt Ellen. «Es gab eine Zeit, da schlug er Mutter jede Nacht ... Ich erinnere mich noch alptraumhaft, wie das war, wenn er betrunken nach Hause kam ... Eines Nachts drohte er, sie umzubringen ... Bei seiner Ankündigung – ‹Ich haue ab!› – fiel uns ein Stein vom Herzen.»

Diese Seite ihrer Kindheit haben die Kessler-Zwillinge bis zum Erscheinen der Autobiographie geheimgehalten. Ebenso die Tatsache, daß Alice während ihres Engagements im Lido als «Bluebell»-Girl eine Abtreibung vorgenommen hat, um die Karriere der Schwestern zu retten. «Ohne Narkose», erzählt Alice. «Ich ... hatte unsägliche Schmerzen, lag auf den Knien, die Hände vor dem Bauch ... Doch am nächsten Tag stand ich schon wieder auf der Bühne ... mit farbigen Kreisen vor den Augen ... Bei der Premiere hatte ich fast vierzig Grad Fieber ... Zwei Wochen lang schleppte ich mich abends ins ‹Lido›, tagsüber ins Filmstudio ... mit ständigen Blutungen, aber mit zusammengebissenen Zähnen und nur einem Gedanken im Kopf: ‹Das Publikum darf nichts merken!›»

Wir schauen auf ein eisernes Gerüst aus Disziplin, das selbst die Erinnerung noch in Schach hält. Der Drill des Vaters ist tatsächlich der Grundstein zur Karriere, und er wird lebensbestimmend für die Zwillinge. Was für ein Schicksal. Eineiige Zwillinge, zusätzlich zusammengekettet durch eine Hundedressur. Sie brauchen nur irgendwo synchron die Beine zu werfen, in den Spagat zu fallen und sich auf Zehenspitzen zu drehen. Alle Welt jubelt ihnen zu. Hätten Alice und Ellen bürgerliche Berufe ergriffen und geheiratet, es gäbe nicht die Kessler-Zwillinge, und es gäbe nicht den Käfig, der sie ihr Leben lang gefangenhält. Es ist eine doppelte Gefangenschaft, durch Natur und Umwelt. Der Zwillingszustand ist kein Grund, ein Leben

Erst 1960 nahmen Alice und Ellen bei professionellen Lehrern in Paris und München Gesangsunterricht und ließen sich zu Schlagersängerinnen ausbilden. In mehr als tausend Live-Auftritten zwischen Las Vegas und Tokio perfektionierten sie ihr Handwerk. Es gibt allerdings auch zahlreiche Einspielungen aus den fünfziger Jahren, auf die die Zwillinge nicht sehr stolz sind.

lang aneinandergekettet zu sein. Der Terror im Elternhaus ist eher ein Grund dafür, daß sich zwei wehrlose Kinder für ein Leben eng miteinander verbünden und unfähig sind, selber Familien zu gründen. Bei Alice und Ellen Kessler kommt fatalerweise das vom Vater geförderte Tanztalent dazu, das in Düsseldorf, wohin sie ihm 1952 aus der DDR folgen, aufgrund der örtlichen Verhältnisse in Richtung Showbusineß gelenkt wird. Nach den ersten Erfolgen im Düsseldorfer «Palladium» und erst recht nach den ersten Welterfolgen im Pariser «Lido» will niemand mehr einen Zwilling allein engagieren. Aus dieser Mischung von Geburt, kindlichem Zwang und karrierebedingter Notwendigkeit entsteht ein Käfig, in dem die Schwestern gefangen bleiben, ob sie sich nun wegen des Spiegelbildes, wegen gemeinsamer traumatischer Erinnerungen oder wegen des nur gemeinsam garantierten Erfolges hassen oder lieben.

Die Folgen davon sind gescheiterte Ausbruchsversuche, gescheiterte Beziehungen zu Männern, gescheiterte Versuche des einen Zwillings, sich vom anderen zu distanzieren. Alle räumlichen, ästhetischen, beruflichen, geistigen und gesellschaftlichen Trennungsversuche der Zwillinge zwischen ihrem dreißigsten und fünfzigsten Lebensjahr blieben erfolglos. Das Erlebnis des Vaters prägt bis heute das Verhältnis der Schwestern zu Männern. Lieber Homosexuelle als Machos und lieber Distanz als Nähe. Der Leser der Memoiren merkt, daß die Erzählerinnen über die Katastrophen ihrer Männerbekanntschaften, über die Erniedrigungen und Alltagsgrotesken hinaus sind. Es bleiben im Rückblick Verachtung und Anerkennung – aus der Distanz. Vor allem aber Spott. Die Anerkennung wird auch dem Vater zuteil: «Vater war sehr musisch», erzählt Ellen, «spielte Knopfziehharmonika, konnte dichten, malen, war auch handwerklich Spitze ... er war begabt, fast genial.»

Wir sind als Zeitungsleser darauf gedrillt, hinter jeder Showkarriere die Katastrophe zu suchen: Bettgeschichten, Orgien, Drogen, Reichtum und Absturz in vollkommene Armut, Krankheit und Hilflosigkeit, Wahnsinn und Selbstmord. Ein typisches Beispiel ist die Lebensgeschichte der englischen Rocklegende Marianne Faithfull. Vom blonden Engel zur obdachlosen Heroinabhängigen, aus den Luxusvillen in die Hölle der Junkietreffs. Marianne Faithfulls

Zwang zum Doppelwesen und zum «Doppel»-Leben. «Les jumelles du Lido»: Von 1954 bis 1960 tanzten Alice und Ellen Kessler in der Truppe der «Bluebell-Girls» im Pariser «Lido». Sie sind die ersten Deutschen, die nach dem Krieg im französischen Showgeschäft fest integriert werden. Am Anfang behandelt man sie wie Luft, aber bald steigt ihr Stern am «Lido»-Himmel.

Karriere begann zehn Jahre später als die der Kessler-Zwillinge. Daß zwischen beiden Lebensläufen Welten liegen, ist nicht auf den kurzen Zeitabstand zurückzuführen. Die Rocksängerin wurde von irgendeiner Party vor ein Mikrophon geschleppt und war entdeckt. Die Kesslers haben brav ihr Leben lang Tag für Tag trainiert, sich wie die meisten Tänzer und Artisten die Knochen durchgeschuftet. In der Rock- und heute in der Popszene gelten andere Regeln als im traditionellen Showbusineß. Dennoch sind die Kessler-Zwillinge eine seltsame Ausnahme. Seit sie zur Weltattraktion wurden, suchte die Presse dreißig Jahre hindurch ihr Leben nach Katastrophen und Skandalen ab. Schreckensmeldungen gingen durch den Blätterwald, wenn eine von beiden in Rom oder Paris mit einem Mann in einem Lokal aufgespürt wurde: Hochzeit, Trennung, Ende. Man suchte verzweifelt nach erotischen Abenteuern, Entgleisungen. Einige suchten überhaupt nach Erotik. Die Kessler-Zwillinge haben es geschafft, ihre rührende Netzstrumpf-Frivolität durch die Zeiten eines hysterischen Pornovoyeurismus in ein Reservat anspruchsvoller Liveshow-Kunst zu retten, das jedoch in der MTV-Phase globaler Popkultur höchstens als Zitat überleben kann.

Die Kessler-Zwillinge galten als unberührbar, und selbst die Bettgeheimnisse, die die beiden in ihrer Autobiographie endlich verraten, bestätigen den Eindruck. Eine der beiden landete Ende der fünfziger Jahre von der «Lido»-Bühne aus im Hotelbett Burt Lancasters. «Ich lag im Bett wie eine tote Flunder», gesteht Ellen im «Stern». «Ich war wegen meiner Komplexe wie gelähmt. Ich dachte, daß ich zu lang bin, daß ich zu dünn bin, daß ich nicht genug Busen habe. Außerdem hatte es zu Hause immer geheißen: ‹Zieh dich ja nie vor einem Mann aus!›» Er sei noch nie mit einer Statue im Bett gewesen, war Lancasters Fazit. Seitdem galten die Kessler-Zwillinge als Kühlschränke. Unterkühlung, dieses Image haben sie sich bis heute erhalten. Es brachte die Italiener zur Raserei, die Deutschen langweilten sich, die Engländer fanden es normal, die Franzosen exotisch, die Amerikaner heroisch und die Japaner abenteuerlich.

Als die italienische Ausgabe des «Playboy» in der Januarnummer von 1975 Nacktfotos des Zwillingspaars veröffentlichte, war das Heft in wenigen Stunden ausverkauft. Wir schauen heute etwas ratlos auf die Bilder. Die Nacktheit ist absolut clean oder klinisch, und das liegt nicht an den Posen oder den neckischen Accessoires. Marianne Faithfull, die sich neun Jahre früher von Terry O'Neill in schwarzen Dessous ablichten ließ, strahlt noch heute auf dem Bild wesentlich mehr Erotik aus. Die Verdopplung steht der voyeuristischen Lust im Wege. Diese Fotos zeigen deutlicher als alle Beschreibungen die Unmöglichkeit der einen Schwester im Anblick ihrer Doppelgängerin, als Individuum zu erscheinen. Die absolute Synchronie zweier Wesen, die mit ihren Tanznummern die Welt fasziniert haben, wirkt in der Nacktheit öde. Die Kehrseite der entzückenden Verdopplung, die den Kessler-Zwillingen soviel Erfolg eingebracht hat, ist die Horrorvorstellung, die Natur oder die Technik könnte eine Welt aus lauter identischen Wesen schaffen. Sie bekomme eine Gänsehaut, sagt Alice in einem Interview, bei dem Gedanken, mit ihrer Schwester und einem Mann im Bett zu liegen. Das Erschrecken voreinander hat die Zwillinge schon sehr bald nach den ersten öffentlichen Erfolgen im Privatleben auseinandergebracht. Sie begannen, sich bewußt unterschiedlich zu kleiden, suchten sich unterschiedliche Freundeskreise, wohnten getrennt, die eine in Rom, die andere in Kitzbühel, versuchten, sich dauerhaft an entgegengesetzte Männertypen zu binden, und hoben in allen Interviews ihre Charakterunterschiede hervor. Es gab Experimente mit Alleingängen in Filmen und auf Schauspielbühnen. Es gab öffentliche Auseinandersetzungen in Talk-Shows vor einem Millionenpublikum. Alle Distanzierungsversuche schlugen schließlich fehl. Heute gestehen beide resigniert, daß sie einander ähnlicher sind, als sie wahrhaben möchten. Wenn sie sich nicht absprechen, kaufen sie unabhängig voneinander dieselben Kleider und geben dieselben Antworten. Man hat sie, von einer Wand getrennt, tanzen lassen. Die Bewegungen blieben synchron.

Die Kessler-Zwillinge haben ihr Schicksal inzwischen akzeptiert. Sie definieren haarscharf und illusionslos ihren Zustand. Jede ist ein eigenes Einzelwesen und zugleich die Verdopplung eines anderen. «Wir kommen aus diesem Zwillingsschlamassel nicht mehr raus», sagt Alice. «Man kann oft nicht miteinander, aber ohne einander erst recht nicht.» Und Ellen ergänzt: «Man steckt in einer Zwangsjacke. Wir beobachten und kontrollieren uns ständig. Eigentlich können wir uns gar nicht richtig entspannen. Wenn man seine Zwillingsschwester im Augenwinkel hat, geht man nicht aus sich heraus, wie man es gerne tun würde. Man ist dauernd gehemmt.» Hier mag der eigentliche Grund für die kalte Erotik der Zwillinge liegen, für den geraden, skandalfreien Weg über die Abgründe der Welt des Showbusineß und schließlich für das distanzierte Erzählen der eigenen Biographie, der Lebenshöhen und -tiefen.

Es ist sehr wahrscheinlich, daß das kritische Verhältnis der Schwestern zu Männern von den Kindheitserlebnissen beeinflußt wird.

Beide betonen, daß sie der Machotyp abstößt, daß sie sich zu weichen, einfühlsamen Männern hingezogen fühlen, daß ihnen seit der «Lido»-Zeit der Umgang mit Homosexuellen angenehm ist. In den sechziger Jahren kursierte die Legende, die Schwestern hätten sich ewige Treue geschworen. Ellen war zwanzig Jahre mit einem italienischen Schauspieler verlobt. Alice hatte mehrere langjährige Beziehungen zu Männern. Von Männern abhängig zu sein war für die Kesslers immer undenkbar. Dann lieber die Abhängigkeit vom anderen Zwilling. Alice und Ellen waren bereits in einem modernen Sinn emanzipiert, als die Frauenbewegung der siebziger und achtziger Jahre noch nicht in Sicht war. Emanzipiert als Zwillingspaar. Vom ersten Tag an, so betonen sie, habe ihnen der Beruf mehr bieten können als jeder Mann mit Häuschen und Familienglück. In ihrer Bindungsangst und der Angst vor der Unberechenbarkeit von Kindern hinsichtlich der Karrierekalkulation gehören die Kessler-Zwillinge bereits in den sechziger und siebziger Jahren zu einem mentalen Typ, der erst in unserer Zeit zu einem Massenphänomen wurde, der alle gesellschaftlichen Traditionen von Grund auf revolutioniert hat. Es gab den Single-Typ auch in den sechziger Jahren schon verbreitet im Showgeschäft, aber noch kaum in anderen gesellschaftlichen Bereichen. Vor allem aber waren darunter keine Frauen zu finden. Die Kessler-Zwillinge haben als Rechtfertigung für ihre Single-Existenz immer auf den Zwillingspartner verwiesen und auf das Verantwortungsgefühl für die Karriere der Schwester. Sie konnten damit ihr Pionierdasein als weibliche Singles kaschieren. Es war wahrscheinlich gar nicht anders möglich als nur in der Kessler-Konstellation, diesen modernen Frauentyp vorwegzunehmen, ohne beruflich und privat zu scheitern. Von heute aus gesehen, gehören die Kesslers zu jenem starken Frauentyp, der Männer erschreckt. Besonders in Italien, wo sie noch heute als die Heiligen des Showgeschäfts verehrt werden und wo seit den sechziger Jahren ihre eigentliche künstlerische Heimat liegt, sind die Männer bei ihrem Anblick wie gelähmt zwischen Faszination und Erschrecken. Für die Kesslers ist ökonomische, soziale und familiäre Unabhängigkeit selbstverständlich. Auf Männer, die in einem traditionellen Rollenverhalten verharren, reagieren sie mit Gelassenheit und Ironie, nie mit Hysterie. «Nach dem Restaurant», erzählt Alice über eine Bekanntschaft,

Tanzen noch mit fünfzig? Auf keinen Fall! Das schworen die Zwillinge Anfang der siebziger Jahre. Mit achtundvierzig, in der Mitte der achtziger Jahre, waren sie immer noch dabei und immer noch an der Spitze. Tausend Mark für die Fernsehminute in Deutschland und fünfzigtausend Dollar für einen Showabend in den USA. Wer sie heute engagieren will, muß tiefer in die Tasche greifen.

«wollte er mir in seinem Penthouse gleich an die Wäsche. Der glaubte, wegen seines teuren Penthouse würde man umfallen. Männer sind ja so einfallslos.» – «Man wird immer wählerischer», sagt Ellen, «aber die Männer haben scheinbar auch immer weniger Mut.»

Die Kehrseite der Single-Existenz: Einsamkeit. Immerhin eine Einsamkeit zu zweit. Die Angst, von einem Menschen abhängig zu werden, ist bei den Zwillingen größer als die Angst vor der Einsamkeit. Die Abhängigkeit voneinander genügt ihnen. Einer der Gründe, warum die Kesslers ihren Beruf nicht mit vierzig oder fünfzig an den Nagel gehängt haben, ist ökonomische Unabhängigkeit. Nach dem Ende des großen Showbooms, der Revuetheater, der aufwendigen Fernsehunterhaltung haben sie auch mal vor 1500 Friseuren in Travemünde oder auf Kreuzfahrtschiffen getanzt. Die Unterhaltungskultur der sechziger Jahre ist von der Diskokultur weggefegt worden. Das Sands-Hotel in Las Vegas, der Tempel des Showbusineß der Sechziger, wird gerade abgerissen. Die Pariser Revuetheater leben von über fünfzigjährigen Pauschaltouristen und Kegelclubs. Opfer dieses radikalen Wandels sind auch die Kessler-Zwillinge.

Von ihrer Tanzkunst, von ihren Show- und Filmauftritten, von den Geschichten um Männer und Zwillingseifersucht, vom öffentlichen Rätselraten um das Intimleben und von den öffentlichen Sorgen um die Frauenkarriere eines Zwillingspaars in einer von Männern dominierten Showwelt ist in der Erinnerung nur das Gefühl von Rührung zurückgeblieben. Die Kessler-Zwillinge sind heute ein nostalgisches Symbol für die goldenen sechziger und siebziger Jahre des weißen Europa und Amerika, vor allem für die alte Bundesrepublik: fein, anständig, ein wenig frivol, ein wenig verklemmt. Liest man die Autobiographie der Kesslers, dann kommt es einem manchmal vor, als sei die Showwelt der fünfziger, sechziger und siebziger Jahre ein einziges von Adenauer regiertes globales Dorf. Der Glaube an eine heile Welt ist gerade nach 1989 gründlich zerbrochen. Die Kessler-Zwillinge würden in der Show- und Werbewelt, die statt des Heilen das Ruinöse, das Riskante und das Lebensbedrohliche als verkaufsfördernd entdeckt hat, nur noch Stirnrunzeln ernten. Für die Diskogeneration sind sie aus dem Spiel, und im alltäglichen zivilen Kriegszustand wirken sie exotisch. Innerhalb der

«Mit wem würden Sie gern streiten und worüber?» Alice: «Mit dem Papst über den Paragraphen 218.» – Ellen: «Mit Helmut Kohl über Politik.» Wünsche zum Sechzigsten: ein Auftritt am Broadway, eine Personality-Show. Das Bundesverdienstkreuz haben sie schon zum Fünfzigsten bekommen.

DJ-Kultur ist Symmetrieästhetik out. Eine Biographie, in der das Elend noch am Anfang steht und nicht am Ende, gilt hier als altväterlich. Die gemeinsame Basis von Menschen, die 1936, und von solchen, die 1976 geboren sind, ist schmal. Noch schmaler, wenn die Angehörigen dieser Jahrgänge im Showgeschäft arbeiten. Für Bertolt Brechts Ballett «Die sieben Todsünden der Kleinbürger» waren die Kessler-Zwillinge eine Idealbesetzung. «Wir sind eigentlich nicht zwei Personen, sondern nur eine einzige», heißt es im Libretto. Alice und Ellen hatten mit dem Ballett in Brüssel und München ihre größten Theatererfolge. Was bleibt? Nicht die Auftritte mit Frank Sinatra, die Fernsehshows, Musikfilme und Musicals, nicht die «Playboy»-Fotos und das Brecht-Stück. Es bleibt die Showkarriere zweier Frauen, die ihren Erfolg vor allem ihrem Zwillingsdasein zu verdanken haben, und möglicherweise wiederholt sich dieses Zwillingsschicksal gerade vor unseren Augen in der Enkelgeneration bei den Zwillingsmoderatorinnen des Kölner Pop-Senders «Viva», den Schwestern Isabel und Nathalie Dziobek.

DIE AUTORINNEN
UND IHRE BEITRÄGE

Beatrix Borchard, geboren und aufgewachsen in Lingen / Ems, studierte in Bonn und Berlin Musikwissenschaft, Germanistik und Geschichte und promovierte 1983 über «Clara und Robert Schumann, Bedingungen künstlerischer Arbeit in der ersten Hälfte des 19. Jahrhunderts». Seitdem sind ihre wissenschaftlichen und publizistischen Arbeitsschwerpunkte: Musikalische Sozialgeschichte, Komponistinnen und Interpretinnen gestern und heute, Frauenbilder in der Literatur und Musik, Musik der NS-Zeit, Regionalforschung. Letzte Buchveröffentlichung: «Clara Schumann. Ein Leben», Frankfurt a. M. / Berlin 1991. Zur Zeit arbeitet sie an ihrer Habilitation über den Geiger und Gründer der Berliner Musikhochschule Joseph Joachim und seine Frau Amalie, eine der bedeutendsten Lieder- und Konzertsängerinnen ihrer Zeit. An der Hochschule der Künste Berlin hat sie einen Projektbereich «Gender und Musik» aufgebaut und veranstaltet regelmäßig mit Studenten und Studentinnen Porträtkonzerte zu verschiedenen Musikern und Musikerinnen.

Literaturhinweise: Wolfgang Boetticher: Eugenie Schumann, die letzte Tochter Robert Schumanns. In: Die Musik, XXXI Jg. Heft 2, November 1938, S. 73–77; Beatrix Borchard: Clara Schumann. Ihr Leben, Frankfurt a. M. / Berlin 1991; Clara Schumann: Mein liebes Julchen, hrsg. von Dietz-Rüdiger Moser, München 1990; Eugenie Schumann: Erinnerungen, Stuttgart 1925, Neuausgabe von Eva Weissweiler mit einem Nachwort, Köln 1995; Eugenie Schumann: Robert Schumann. Ein Lebensbild meines Vaters, Leipzig 1931; Robert Schumann: Tagebücher, Bd. II, hrsg. von Gerd Nauhaus, Leipzig 1987.

Unveröffentlichte Quellen mit freundlicher Genehmigung des Stadtarchivs Bonn (Nachlaß Eugenie Schumann), der Bayerischen Staatsbibliothek München (Nachlaß Levi), der Universitätsbibliothek Leipzig (Nachlaß Bendemann) und der Stadtbibliothek Wien (Nachlaß Marie Fillunger).

Eleonore Büning, Jahrgang 1952, aufgewachsen in Bonn, Studium der Musik-, Literatur- und Theaterwissenschaften an der Freien Universität Berlin, mit einem Abstecher zur Musiktherapie. 1988 Promotion mit einer Arbeit über frühe Beethoven-Rezeption («Wie Beethoven auf den Sockel kam», Metzler Verlag, Stuttgart).

Seit 1983 freie Musikjournalistin, vor allem für die «tageszeitung» (Berlin) und die «Weltwoche» (Zürich) und für den Rundfunk. Seit 1994 Redakteurin im Feuilleton der «Zeit», ab Frühjahr 1997 Redakteurin im Feuilleton der «FAZ».

Literaturhinweise: Carr, Francis: Mozart und Konstanze, Stuttgart 1986; Blümml, Emil Karl: Aus Mozarts Freundes- und Familienkreis, Wien, Prag, Leipzig 1923; Diez, Klemens: Constanze ... gewesene Witwe Mozart. Ihre ungeschriebenen Lebenserinnerungen. Nach vorwiegend authentischen Unterlagen, Wien und München 1982; Eibl, Joseph Heinz: Die «Weberischen», in: Österreichische Musikzeitschrift, 34. Jg. 1979, Heft 10, S. 481–485; Gärtner, Heinz: Folget der Heißgeliebten. Frauen um Mozart, München 1990; Gidwitz, Patricia Lewy: Ich bin die erste Sängerin.

Vocal profiles of two Mozart sopranos, in: Early Music, November 1991, S. 565–579; Novello, Vincent & Mary: Eine Wallfahrt zu Mozart. Die Reisetagebücher aus dem Jahre 1829. Hrsg. von Nerine Medici di Merignano und Rosemary Hughes. Deutsche Übertragung von Ernst Roth, Bonn 1959; Prod'homme, J.-G.: The wife of Mozart: Constanze Weber, in: Musical Quarterly 12, 1927, S. 384–409; Schurig, Arthur: Konstanze Mozart, Briefe, Aufzeichnungen, Dokumente 1782–1842. Im Auftrage des Mozarteums zu Salzburg mit einem biographischen Essay, Dresden 1922; Wagner, Renate: Schicksale im Schatten. Die Frauen um Wolfgang Amadeus, in: Wolfgang Amadeus, summa summarum. Hrsg. von Peter Csobádi, Wien 1990, S. 35–51; Welsh, Renate: Constanze Mozart. Eine unbedeutende Frau, Wien 1990.

Christa Dericum, Dr. phil., geboren und aufgewachsen am Niederrhein. Studium der Geschichte, Kunstgeschichte und Soziologie in Heidelberg und Ann Arbor/ Michigan, USA. Verlagslektorin, Rundfunkredakteurin. Seit 1968 freie Autorin.

Bücher u. a.: «Burgund und seine Herzöge», 1966 und 1980; Kulturhistorischer Reiseführer «Belgien–Luxemburg» und «Holland», 1970 und 1972; «Fritz und Flori – Tagebuch einer Adoption», 1976 u. 1980; «Maximilian I. – Kaiser im Heiligen Römischen Reich Deutscher Nation», 1980; «Florian Geyer und der deutsche Bauernkrieg», 1980 u. 1987; «Faszination des Feuers. Das Leben der Ingeborg Bachmann», 1996. In Vorbereitung: «Vom politischen Eigensinn der Historiker», 1997.

Zahlreiche Essays in Anthologien, Zeitschriften, Zeitungen und im Radio. Hörspiele, Übersetzungen. Mitglied des PEN.

Literaturhinweise: Bettina von Arnim: Werke und Briefe in vier Bänden. Hrsg. von Walter Schmitz und Sibylle von Steinsdorff. Deutscher Klassiker Verlag, Frankfurt a. M. 1995; Werke und Briefe. Hrsg. von G. Konrad. Bd. I–IV, Frechen 1958–1963; Bd. V, Briefe, hrsg. von J. Müller, 1961; «Meine Seele ist eine leidenschaftliche Tänzerin». Texte zum Nachdenken, ausgewählt und eingeleitet von O. B. Betz, Freiburg 1983; «Die Sehnsucht hat allemal Recht». Gedichte, Prosa, Briefe. Hrsg. und mit einem Nachwort von Gerhard Wolf, Berlin 1984, Frankfurt a. M. 1985; «Ist Dir bange vor meiner Liebe». Briefwechsel mit Philipp Hössli, nebst dessen Gegenbriefen und Tagebuchnotizen. Hrsg. von Kurt Wanner, Frankfurt a. M. 1996; Goethes Briefwechsel mit einem Kinde. Hrsg. von Waldemar Oehlke, Frankfurt a. M. 1984; Armenbuch. Hrsg. von Werner Vordtriede, Frankfurt a. M. 1981; Die Günderode. Mit einem Essay von Christa Wolf, Frankfurt a. M. 1983; Der Briefwechsel Bettine von Arnims mit den Brüdern Grimm 1838–1841. Hrsg. von Hartwig Schultz, Frankfurt a. M. 1985; Clemens Brentanos Frühlingskranz, aus Jugendbriefen ihm geflochten, wie er selbst schriftlich verlangte. Mit einem Nachwort von Hartwig Schultz, Frankfurt a. M. 1985; «Herzhaft in die Dornen greifen». Bettine von Arnim 1785–1859. Ausstellungskatalog. Freies Deutsches Hochstift. Frankfurter Goethe-Museum, Frankfurt a. M. 1985.

Hans Magnus Enzensberger: Requiem für eine romantische Frau. Die Geschichte der Auguste Bussmann und Clemens Brentano. Nach ungedruckten Quellen überliefert von H. M. E., Berlin 1988; Helmut Hirsch: Bettine von Arnim, mit Selbstzeugnissen und Dokumenten, Reinbek 1987; Ingeborg Drewitz: Bettine von Arnim. Romantik – Revolution – Utopie, München und Hildesheim 1978.

Marina Friedt, 1964 geboren in Idar-Oberstein. Studium der Agrarwissenschaften in Bonn. Assistentin (Pressestelle und Intendanz) am Schauspiel Bonn. Fortbildung zur Fachjournalistin für Umweltfragen in Köln. Seit 1991 freie Journalistin in Hamburg für Printmedien und Hörfunk.
 1993 Buch zum Tod von Petra Kelly und Gert Bastian (unveröffentlicht). 1994 Robert-Bosch-Stipendiatin. Seit 1995 freie Fernsehredakteurin in Hamburg für Deutsche Welle tv international, Berlin, Greenpeace, Hamburg.

Literaturhinweise: Petra Kelly: Um Hoffnung kämpfen – Gewaltfrei in eine grüne Zukunft, Bornheim-Merten 1983; Petra Kelly (Hrsg.): Viel Liebe gegen Schmerzen – Krebs bei Kindern, Reinbek 1986; dies. (Hrsg.): Mit dem Herzen denken – Texte für eine glaubwürdige Politik. München 1990; Monika Sperr: Petra Kelly. Politikerin aus Betroffenheit, Gütersloh 1983, 1985; Alexandra Kollontai: Ich habe viele Leben gelebt... Autobiographische Aufzeichnungen, Köln 1980; Peter Gatter: Die Aufsteiger. Ein politisches Porträt der Grünen, Hamburg 1987.
 Materialien zu Leben und Arbeit von Petra Kelly im Nachlaßarchiv «Grünes Gedächtnis» in Bornheim bei Bonn. Die Autorin dankt Familie Kelly, Yorktown, Virginia, und Erika Heinz, Calw.

Cornelia Geißler, geb. 1965 in Berlin (Ost), studierte Journalistik in Leipzig und Moskau und arbeitet seit 1990 als Literaturredakteurin bei der «Berliner Zeitung».

Literaturhinweise: Steffie Spira: Trab der Schaukelpferde, Berlin 1984, Freiburg 1991; dies.: Rote Fahne mit Trauerflor. Tagebuch Notizen, Freiburg 1990; Beate Lause und Renate Wiens: Theater Leben. Schauspieler erzählen von Exil und Rückkehr, Frankfurt a. M. 1991; Joe Hembus: Klassiker des deutschen Tonfilms 1930–1960, München 1980.

Dagmar von Gersdorff, geboren 1938 in Trier. Heirat, drei Kinder. Studium der Literatur- und Kunstwissenschaft an der FU Berlin. Dissertation über Thomas Mann und die Romantik.
 Veröffentlichungen: «Lebe der Liebe und liebe das Leben. Der Briefwechsel von Clemens Brentano und Sophie Mereau», Frankfurt a. M. 1981; «Dich zu lieben kann ich nicht verlernen. Das Leben der Sophie Brentano-Mereau», Frankfurt a. M. 1984; «Kinderbildnisse aus vier Jahrtausenden», Berlin 1986; «Liebespaare und Eheleute. Sammlungen der Berliner Museen», Berlin 1987; «Marie Luise Kaschnitz. Eine Biographie», Frankfurt a. M. 1993; «Königin Luise und Friedrich Wilhelm III.», Berlin 1996.

Literaturhinweise: Paul Bailleu: Königin Luise. Ein Lebensbild, Berlin 1908; Wolfgang Behringer: Thurn und Taxis. Die Geschichte der Post und ihrer Unternehmen, München / Zürich 1990; Margarete Braungart: Hildburghausen als Residenz, Schriften des Stadtmuseums Hildburghausen; Hildburghausen, Schriften des Vereins für Sachsen-Meiningensche Geschichte und Landeskunde 1908–1912; Heinz Ohff: Ein Stern in Wetterwolken. Königin Luise von Preußen, Berlin 1989; Königin Luise von

Preußen: Briefe und Aufzeichnungen 1786–1810. Hrsg. von Malve Gräfin Rothkirch, München 1985; Merete van Taack: Friederike, die galantere Schwester der Königin Luise. Im Glanz und Schatten der Höfe, Düsseldorf 1987; Luise Fürstin Radziwill: Fünfundvierzig Jahre aus meinem Leben (1770–1815), Braunschweig 1912; Sophie Marie Gräfin von Voß: Neunundsechzig Jahre am preußischen Hofe, Leipzig 1876.

Gabriele Mittag, geb. 1962 in Delmenhorst, studierte in Berlin und Paris Literatur- und Theaterwissenschaft. Seit 1990 publizistische Tätigkeit für Printmedien und Hörfunk. Angeregt durch Begegnungen mit der aus Nürnberg stammenden und 1937 emigrierten Malerin Herta Hausmann Durchführung der Ausstellung «Gurs – deutsche Emigrantinnen im französischen Exil» (mit dem Werkbund-Archiv, Berlin 1991) und 1994 Promotion an der FU Berlin über «Literatur, Alltag und Kultur im französischen Internierungslager Gurs» (Tübingen, Attempto 1996). Arbeiten zum «Exil 1933–1945» und zur Geschichte des deutschen Kabaretts. Lehraufträge an der Bremer Universität. 1995 Mitarbeit an der europäischen Studie «Art as catalyst. Artistic youth work in socially troubled areas» im Auftrage des europäischen Jugendkulturzentrums «Schlesische 27» (Berlin). Seit 1995 Redakteurin bei der Ost-West-Wochenzeitung «Freitag».

Literaturhinweise: Lilli Palmer: Dicke Lilli, gutes Kind, Zürich 1974; Michael O. Huebner: Lilli Palmer. Ihre Filme – ihr Leben, München 1986; cinegraph. Lexikon zum deutschsprachigen Film, hrsg. von Hans-Michael Bock, Wolfgang Jacobsen und Jörg Schöning (edition text+kritik); Helmut Schmidt: Weggefährten. Erinnerungen und Reflexionen, Berlin 1996.

Zum Thema Exil: Jahrbücher der Exilforschung Nr. 11 und Nr. 14 (Frauen und Exil), München; Frauen im Exil, hrsg. von Renate Wall, Freiburg 1996; Ernst Loewy: Rundfunk gegen das «Dritte Reich». Ein Handbuch, München 1986; Zwischen Aufbruch und Verfolgung. Künstlerinnen der zwanziger und dreißiger Jahre, hrsg. von Denny Hirschbach und Sonja Nowoselsky. Bremen 1993.

Ursula Naumann, geb. 1945 in Görlitz; Studium der Germanistik, Vergleichenden Literaturwissenschaft und Kunstgeschichte in München, Erlangen und Berlin. Promotion mit einer Arbeit über Jean Paul. Nach mehrjähriger Lehrtätigkeit an der Universität Erlangen-Nürnberg freischaffende Autorin. Seit 1978 Mitarbeiterin des Bayerischen Rundfunks. Veröffentlichungen u. a.: «Adalbert Stifter», Stuttgart 1978. – «Charlotte von Kalb. Eine Lebensgeschichte», Stuttgart 1985. – Mit Nachwort hrsg.: Annette von Droste-Hülshoff: «Berta. Ledwina», Berlin 1991. – «Mein lieb lieb Lies!» Briefe der Annette von Droste-Hülshoff an Elise Rüdiger, Berlin 1992. – «Briefe an Schiller 1790–1794», (Bd. 34/I/II der Schiller-Nationalausgabe), Weimar 1991; 1997 (Edition und Kommentar).

Literaturhinweise: Handschriftliche Quellen (Briefe, Aufzeichnungen, literarische Arbeiten) besonders im Schiller-Nationalmuseum Marbach am Neckar und im

Goethe- und Schiller-Archiv Weimar. – Zu beiden Schwestern bieten die Briefbände (besonders Bd. 25 und 26 und Bd. 33) der Schiller-Nationalausgabe (Weimar 1943 ff.) reiches Material, ebenso: Schiller und Lotte. 1788–1805. Dritte, den ganzen Briefwechsel umfassende Ausgabe. Bearbeitet von Wilhelm Fielitz. 3 Bde. 3. Ausgabe, Stuttgart 1879. – Vor allem Quellen zu Caroline vgl.: Die Brautbriefe Wilhelms und Karolinens von Humboldt. Leipzig 1920; Wilhelm und Caroline von Humboldt in ihren Briefen. Hrsg. von Anna von Sydow. 7. Aufl. Neudruck der Ausgabe 1907–1918, Paderborn 1968. – Literarische Werke der Caroline von Wolzogen: Agnes von Lilien, Berlin 1798. – Erzählungen von der Verfasserin des Agnes von Lilien. 2 Bde., Stuttgart 1826 / 1827. – Schillers Leben, verfaßt aus Erinnerungen der Familie [...], Stuttgart 1830. – Cordelia. 2 Bde., Leipzig 1840. – Literarischer Nachlaß der Frau Caroline von Wolzogen. Hrsg. von Karl Hase. 2 Bde. 1848 / 1849 (abgedruckt sind vor allem Briefe an Caroline). – Paul Schwenke: Aus Karoline von Wolzogens Nachlaß. In: Zeitschrift für Bücherfreunde. 9. Jg. 1905 / 1906. Heft 2 / 3, S. 49–62. – Nachdruck: Gesammelte Schriften. Hrsg. von Peter Boerner. 3 Bde., Hildesheim 1988–1990. – Zu Caroline: Carmen Kahn-Wallerstein: Die Frau im Schatten. Schillers Schwägerin Caroline von Wolzogen, Bern 1970. – Peter Boerner: Caroline von Wolzogen. In: Literaturlexikon. Autoren und Werke deutscher Sprache. Bd. 12, München 1992. – Literarische Arbeiten von Charlotte sind abgedruckt in Bd. 1 von: Charlotte von Schiller und ihre Freunde. Hrsg. von Ludwig Urlichs. 3 Bde., Stuttgart 1860–1865. – Übersetzungen in Bd. 16 der Schiller-Nationalausgabe. Hrsg. von Hans Heinrich Borcherdt. Weimar 1954. – Zu Charlotte u. a.: Hermann Mosapp: Charlotte von Schiller, Stuttgart 1896. – Hansjoachim Kiene: Schillers Lotte, Frankfurt am Main 1996. – Zum familiengeschichtlichen Hintergrund: Selma von Lengefeld: Carl Christoph von Lengefeld, Schwarzburg-Rudolstädter Oberforstmeister. In: Schwäbischer Schillerverein Marbach / Stuttgart, 32. Rechenschaftsbericht (1927 / 1928), Stuttgart 1928, S. 15–46. – Mathilde Donata von Beulwitz: Friedrich Wilhelm Ludwig von Beulwitz und Caroline von Lengefeld (Wolzogen). In: Schwäbischer Schillerverein Marbach / Stuttgart. Rechenschaftsbericht (1929 / 30), Stuttgart 1930, S. 65–103. – Karl August Freiherr von Wolzogen: Geschichte des Reichsfreiherrlich von Wolzogen'schen Geschlechts. Bd. 2, Leipzig 1859. – Zum lokalgeschichtlichen Hintergrund: Das Tagebuch (1788) des Prinzen Ludwig Friedrich von Schwarzburg-Rudolstadt (1767–1807) befindet sich im Staatsarchiv Rudolstadt. – Lutz Unbehaun: «Ein wertes Band der Freundschaft». Friedrich Schiller und seine Zeit in Rudolstadt, Rudolstadt 1996 (reich illustriert).

Christiane Raabe, geboren 1962, Studium der Geschichte, Kunstpädagogik, Philosophie und Pädagogik, Wissenschaftliche Assistentin am Friedrich Meinecke Institut der FU Berlin, Promotion in mittelalterlicher Geschichte. Lebt und arbeitet seit 1993 als Lektorin in München. Ausstellungen und publizistische Arbeiten. Im letzten Jahr erschien von ihr (und Katharina Festner) der literarische Reiseführer «Spaziergänge durch das München berühmter Frauen» (Arche Verlag 1996).

Literaturhinweise: Marie Baum: Leuchtende Spur. Das Leben Ricarda Huchs, Tübingen und Stuttgart 1950; Ricarda Huch 1864–1947. Eine Ausstellung des Deutschen Literaturarchivs im Schiller-Nationalmuseum Marbach am Neckar (Marbacher Kataloge 47), Marbach am Neckar 1994; Cordula Koepcke: Ricarda Huch. Ihr Leben und ihr Werk, Frankfurt a. M. und Leipzig 1996; Ricarda Huch: Erinnerungen an das eigene Leben, Köln 1980; Richarda Huch: Briefe an die Freunde. Ausgewählt und eingeführt von Marie Baum, Tübingen 1955; Josef Viktor Widmann: Briefwechsel mit Henriette Feuerbach und Ricarda Huch, Zürich und Stuttgart 1965; Renate Feyl: Ricarda Huch. In: dies., Der lautlose Aufbruch. Frauen in der Wissenschaft, Frankfurt a. M., 3. Auflage 1989, S. 133–150.

Ich danke dem Deutschen Literaturarchiv in Marbach und besonders Frau Jutta Bendt für die Unterstützung bei der Einsicht des Briefnachlasses von Ricarda Huch. Herrn Dr. Heinrich Gauss danke ich für seine hilfreichen Hinweise über das Leben seiner Großmutter Lilly Huch.

Hazel Rosenstrauch, geboren in London, aufgewachsen in Wien, nach der Ausbildung längerer Aufenthalt in USA und Kanada, danach 23 Jahre in der BRD, hauptsächlich Berlin-West, lebt seit 1989 in Wien, freischwebend zwischen Lehre, Forschung, Journalismus und Literatur. Publikationen: Viele Essays, Kritiken, Feuilletons; Bücher zu historischen und aktuellen Themen: «Aus Nachbarn wurden Juden. Ausgrenzung und Selbstbehauptung 1933–1942», Berlin 1988; «Beim Sichten der Erbschaft. Wiener Bilder für das Museum einer untergehenden Kultur», Mannheim 1992; «Die Grazie der Intellektuellen. Natascha und der Faktor S.», Mannheim 1995.

Literaturhinweise: Sebastian Hensel: Die Familie Mendelssohn 1729–1847, Frankfurt a. M. 1995; Carola Stern: Ich möchte mir Flügel wünschen. Das Leben der Dorothea Schlegel, Reinbek 1990; Adolph Kohut: Geschichte der Juden, Berlin o. J.; Josef Körner: Krisenjahre der Frühromantik. Briefe aus dem Schlegelkreis, Bern 1958; Felix Gilbert: Bankiers, Künstler und Gelehrte. Unveröffentlichte Briefe der Familie Mendelssohn aus dem 19. Jahrhundert, Tübingen 1975; Herbert Kupferberg: Die Mendelssohns, Tübingen 1977.

Ariane Thomalla, geb. 1943 in Gumbinnen (Ostpreußen). Studium der Vergleichenden Literaturwissenschaft, Germanistik und Romanistik in Freiburg, Bonn und Paris. Nach der Promotion Verlagslektorin. Danach freie Journalistin / Autorin vor allem für den Rundfunk – mit Schwerpunkt Literatur, Theater, Mittel- und Osteuropa. Große Radio-Features u. a. über Marina Zwetajewa, Hanna Krall, Eda Kriseova, Ellen Auerbach, Das Mädchenbuch im Nationalsozialismus, Deutsche Literatur in Israel, Mittel- und osteuropäische Intellektuelle im Gespräch. Veröffentlichungen u. a. «Die ‹femme fragile›, ein literarischer Frauentypus der Jahrhundertwende», 1971. Wohnt in der Nähe von Bonn.

Literaturhinweise: Familie Marx in Briefen. Zusammengestellt und eingeleitet von Manfred Müller. Institut für Marxismus-Leninismus beim ZK der SED, Berlin 1966; Bert Andreas: Briefe und Dokumente der Familie Marx aus den Jahren 1862–1873 nebst zwei unbekannten Aufsätzen von Friedrich Engels, Hannover 1962; Yvonne Kapp: Eleanor Marx. Vol. 1 Family life (1855–1883), London 1972, Vol. 2 The crowded years (1884–1898), London 1976; Marx, Jenny (die Mutter): «Sie können sich denken, wie mir oft zu Muthe war.» Jenny Marx in ihren Briefen an eine vertraute Freundin. Hrsg. von Wolfgang Schröder, Leipzig 1989; Irina Petschernikowa: Erziehung in der Familie Marx. Aus dem Russ. übers. von Helga Gutsche, Berlin (DDR) 1978; Die Töchter von Karl Marx. Unveröffentlichte Briefe. Aus dem Französischen und aus dem Englischen von Karin Kersten und Jutta Prasse. Ediert von Olga Meier. Mit einem Vorwort von Margarete Mitscherlich, Frankfurt a. M. 1983; Chushichi Tsuzuki: The life of Eleanor Marx, 1855–1898: a socialist tragedy, Oxford 1967; Ruth Zimmermann: Jenny Marx und ihre Töchter. Frauen im Schatten des Revolutionärs, Freiburg 1984.

Hermann Vinke, geb. 1940 in Rhede-Ems, Niedersachsen. Studium der Geschichte und Soziologie. Redakteur, Radiokorrespondent in Tokio, Washington und Berlin. Seit 1992 Hörfunkdirektor von Radio Bremen. Autor mehrerer Bücher und politischer Biographien, darunter «Carl von Ossietzky», «Gustav Heinemann» und «Das kurze Leben der Sophie Scholl».

Literaturhinweise: Dieser Lebensbeschreibung, die 1979/80 vor allem auf der Basis von Gesprächen mit Inge Aicher-Scholl entstand, wurden Zitate und inhaltliche Angaben entnommen. Über die Zeit nach 1945 äußerte sich Inge Aicher-Scholl in einem Gespräch im November 1996, aus dem ebenfalls zitiert wird. Weitere Quellen: Inge Jens (Hrsg.): Hans Scholl, Sophie Scholl – Briefe und Aufzeichnungen, Frankfurt a. M. 1984; Anneliese Knoop-Graf (Hrsg.): Briefe und Aufzeichnungen, Frankfurt a. M. 1988; Inge Aicher-Scholl (Hrsg.): Sippenhaft, Frankfurt a. M. 1993; Inge Aicher Scholl: Eva – Weil Du bei mir bist, bin ich nicht allein, Riedhausen 1996; ferner Christiane Moll: Die Weiße Rose, Schriftenreihe der Bundeszentrale für pol. Bildung, Bd. 323; Ulrich Chaussy: Allen Gewalten zum Trutz sich erhalten – Zur Geschichte der Widerstandsgruppe «Die Weiße Rose», ein Hörbild, Bayerischer Rundfunk, 20. Februar 1993.

Alena Wagnerová, geboren und aufgewachsen in Brünn (Brno), Tschechoslowakei, studierte Biologie, Pädagogik und Theaterwissenschaften.
1969 übersiedelte sie in die BRD, wo sie ihre publizistische Arbeit fortsetzte. Ihre Schwerpunkte sind die deutsch-tschechischen Beziehungen (u. a. «1945 waren es Kinder», Köln 1990, Praha 1993) und, in publizistischer sowie literarischer Darstellung, die vielen Aspekte der Stellung der Frau in der modernen Gesellschaft. Veröffentlichungen: «Die Frau im Sozialismus», Beispiel ČSSR, Hamburg 1974; «Mutter – Kind – Beruf», Reinbek 1976; «Scheiden aus der Ehe», Reinbek 1981; «Die Doppelkapelle», Olten 1982; «Milena Jesenská», Mannheim 1994; «Prager Frauen» (Hrsg.), Mannheim 1995; «Die Briefe von Milena» (Hrsg.), Mannheim 1996; «Tagebuch einer heimlichen Symmetrie», Hörspiel 1992.

Literaturhinweise: H. G. Adler: Theresienstadt 1941–1945. Tübingen 1958; Hartmut Binder, Kafka-Handbuch 1979; ders.: Kafka und seine Schwester Ottla. In: Jahrbuch der deutschen Schillergesellschaft 12, 1968, 403–456; ders.: Kafkas Briefscherze, Jahrbuch der deutschen Schillergesellschaft 13, 1969, 536–559; Max Brod: Franz Kafka, Frankfurt a. M. 1962; Josef Čermák: Die Kafka-Rezeption in Böhmen

(1913–1949). In: Germano-Slavica, Jg. I/1 (1994), S. 127–144. Anna Maria Jokl: Das Ende des Weges, FAZ, 27. 6. 1969; Frantisek Kafka: Das Schicksal der Schwestern Franz Kafkas. In: Informationsbulletin, hrsg. vom Rate der jüdischen Gemeinden in Böhmen und Mähren u. v. Zentralverband der jüdischen Gemeinden in der Slowakei, Dezember 1965, S. 41; Franz Kafka: Tagebücher in der Fassung der Handschrift, Frankfurt a.M. 1990; ders.: Briefe an Felice, Frankfurt a.M. 1967; ders.: Briefe an Ottla und die Familie, Frankfurt a. M. 1974; ders.: Briefe an Milena, Frankfurt a.M. 1983; ders.: Brief an den Vater, Frankfurt a.M. 1975; Hans Gerd Koch (Hrsg.): Als Kafka mir entgegenkam ..., Berlin 1995; Ernst Pawel: Das Leben von Franz Kafka, Reinbek 1990; Klaus Wagenbach: Franz Kafka – Bilder aus seinem Leben, Berlin 1983; ders.: Franz Kafka. Bern 1958; Alena Wagnerová: Eine Landärztin. In: Neue deutsche Literatur 12/1993, S. 60–73; Hélène Zylberberg: Das tragische Ende der drei Schwestern Kafkas. In: Wort und Tat 2 (1946/47), S. 137. Für wichtige Informationen ist die Autorin Vera Hájková, Anne Marie Jokl, Kurt Krolop, Hans Gerd Koch, Josef Čermák und Marianne Steiner zu Dank verpflichtet.

Michael Winter, geboren 1946 in Braunschweig. Studium der Germanistik, Geschichte und Musikwissenschaft in Berlin. Lehr- und Forschungstätigkeit in Saarbrücken und Bielefeld. Seit 1984 freier Journalist und Schriftsteller. «Zeit»-Autor und Mitarbeit bei der «Süddeutschen Zeitung».

Hörspiele, Romane, Essays und Satiren, u. a.: «Rückkehr in die Metropolen», Roman 1987; «Claire oder die achte Reise Sindbads», Roman 1990; «Auf den Trümmern der Moderne», Kurzprosa 1992; «Ende eines Traums», Essay 1993. Zuletzt erschienen: «Im Gewühle der Gefühle. Ein erotischer Verführer», Berlin 1996.

Literaturhinweise: Alice und Ellen Kessler: Eins und eins ist eins. Die Autobiographie. Aufgezeichnet von Herbert Maria Christian, München 1996; Marianne Faithfull mit David Dalton: Faithfull. Eine Autobiographie. Aus dem Englischen von Sigrid Ruschmeier. Frankfurt a.M., 4. Aufl. 1996.

Die Herausgeberin wurde 1957 in Hamburg geboren, studierte Musik, Philosophie und Musikwissenschaft und lebt als Verlagslektorin in Berlin

ABBILDUNGSNACHWEIS

Archive und private Leihgeber
Archiv Klaus Wagenbach, Berlin: 284, 289, 295; Archiv für Kunst und Geschichte, Berlin: 21, 29 (u. r.), 73, 93, 132, 143, 150, 155, 169, 217, 227, 232, 330, 385, 389; Bildarchiv Preußischer Kulturbesitz, Berlin: 29 (u. l.), 111; Bilderdienst Süddeutscher Verlag: 451, 453; Deutscher Kunstverlag, München / Berlin (Foto: Walter Steinkopf, Berlin): 36; Joachim Fieguth, Berlin: 402; Geheimes Staatsarchiv, Preußischer Kulturbesitz: 29 (o. r.); Geschwister-Scholl-Archiv, Rotis 05, Leutkirch: 342, 351 (Foto: Jürgen Wittenstein) 358; Jean Guyaux, Bruxelles: 429; Erika Heinz, Calw: 407; Marianne Kelly, Yorktown, Virginia: 414; Timm Rautert, Essen: 376; Robert-Schumann-Haus, Zwickau: 175, 183, 193, 208; Mrs V. Ross, Ashford: 310, 335; Schiller-Nationalmuseum / Deutsches Literaturarchiv Marbach: 57, 63, 68, 246, 254, 277; Elisabeth Schmiedel, Privatbesitz: 198; Stadtarchiv Bonn, Eugenie-Schumann-Nachlaß: 213; Stadtarchiv Braunschweig, Rudolf-Huch-Nachlaß: 271; «Stern», Hamburg: 434, 438, 439: Stiftung Staatliche Schlösser und Gärten, Potsdam: 29 (o. l.); Ullstein Bilderdienst, Berlin: 223 (Foto: Günter Schneider) 379; (Foto: Harry Croner) 445, 447.

Publikationen
Ilse Aichinger. Materialien zu Leben und Werk. Hrsg. von Samuel Moser, Frankfurt a. M. 1990: 373; Fritz Böttger: Bettina von Arnim. Ein Leben zwischen Tag und Traum. Berlin 1986: 162; Ricarda Huch: Erinnerungen an das eigene Leben, Köln 1996: 249; Eckart Kleßmann: Die Mendelssohns. Bilder aus einer deutschen Familie. Frankfurt a. M. 1990: 98, 121; Cordula Koepcke: Ricarda Huch. Ihr Leben und Werk. Frankfurt a. M. 1996: 259; Lilli Palmer: Dicke Lilli, gutes Kind. Zürich 1974: 325.